"十四五"国家重点出版物出版规划项目

★ 转型时代的中国财经战略论丛 ◢

企业信息安全外包
与保险的决策优化及风险控制

Enterprise Information Security Outsourcing
and Cyber Insurance: Decision Optimization
and Risk Control

董坤祥 著

中国财经出版传媒集团

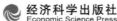
经济科学出版社
Economic Science Press

图书在版编目（CIP）数据

企业信息安全外包与保险的决策优化及风险控制/
董坤祥著 . —北京：经济科学出版社，2021.10
（转型时代的中国财经战略论丛）
ISBN 978 - 7 - 5218 - 2903 - 7

Ⅰ. ①企… Ⅱ. ①董… Ⅲ. ①企业管理 - 信息安全 -
对外承包 - 研究 - 中国②企业管理 - 信息安全 - 保险管理
- 研究 - 中国 Ⅳ. ①F279.23

中国版本图书馆 CIP 数据核字（2021）第 195820 号

责任编辑：于 源 冯 蓉
责任校对：靳玉环
责任印制：范 艳

企业信息安全外包与保险的决策优化及风险控制
董坤祥 著
经济科学出版社出版、发行 新华书店经销
社址：北京市海淀区阜成路甲 28 号 邮编：100142
总编部电话：010 - 88191217 发行部电话：010 - 88191522
网址：www. esp. com. cn
电子邮箱：esp@ esp. com. cn
天猫网店：经济科学出版社旗舰店
网址：http：//jjkxcbs. tmall. com
北京季蜂印刷有限公司印装
710 × 1000 16 开 24 印张 390000 字
2022 年 1 月第 1 版 2022 年 1 月第 1 次印刷
ISBN 978 - 7 - 5218 - 2903 - 7 定价：96.00 元
（图书出现印装问题，本社负责调换。电话：010 - 88191510）
（版权所有 侵权必究 打击盗版 举报热线：010 - 88191661
QQ：2242791300 营销中心电话：010 - 88191537
电子邮箱：dbts@ esp. com. cn）

本书由国家社会科学基金青年项目"强制性标准下企业信息安全外包与保险决策的协同机制及风险控制研究（批准号：17CGL019）"支持完成。

总　序

　　《转型时代的中国财经战略论丛》是山东财经大学与经济科学出版社合作推出的"十三五"系列学术著作,现继续合作推出"十四五"系列学术专著,是"'十四五'国家重点出版物出版规划项目"。

　　山东财经大学自2016年开始资助该系列学术专著的出版,至今已有5年的时间。"十三五"期间共资助出版了99部学术著作。这些专著的选题绝大部分是经济学、管理学范畴内的,推动了我校应用经济学和理论经济学等经济学学科门类和工商管理、管理科学与工程、公共管理等管理学学科门类的发展,提升了我校经管学科的竞争力。同时,也有法学、艺术学、文学、教育学、理学等的选题,推动了我校科学研究事业进一步繁荣发展。

　　山东财经大学是财政部、教育部、山东省共建高校,2011年由原山东经济学院和原山东财政学院合并筹建,2012年正式揭牌成立。学校现有专任教师1688人,其中教授260人、副教授638人。专任教师中具有博士学位的962人。入选青年长江学者1人、国家"万人计划"等国家级人才11人、全国五一劳动奖章获得者1人,"泰山学者"工程等省级人才28人,入选教育部教学指导委员会委员8人、全国优秀教师16人、省级教学名师20人。学校围绕建设全国一流财经特色名校的战略目标,以稳规模、优结构、提质量、强特色为主线,不断深化改革创新,整体学科实力跻身全国财经高校前列,经管学科竞争力居省属高校领先地位。学校拥有一级学科博士点4个,一级学科硕士点11个,硕士专业学位类别20个,博士后科研流动站1个。在全国第四轮学科评估中,应用经济学、工商管理获B+,管理科学与工程、公共管理获B-,B+以上学科数位居省属高校前三甲,学科实力进入全国财经高校前十。工程学进入 ESI 学科排名前 1%。"十三五"期间,我校聚焦内涵式发展,全面实施了科研强校战略,取得了一定成绩。获批国家级课题项目 172 项,教育部及其他省部级课题项目 361 项,承担各级各类横向课题 282 项;教师共发表高水平学术论文 2800 余篇,出版著作 242 部。同时,新增了山东省重点实验室、省重点新型智库和研究基地等科研平台。学校的发展为教师从事科学研究提供了广阔的平台,创造了更加良好的学术生态。

"十四五"时期是我国由全面建成小康社会向基本实现社会主义现代化迈进的关键时期,也是我校进入合校以来第二个十年的跃升发展期。2022 年也将迎来建校 70 周年暨合并建校 10 周年。作为"十四五"国家重点出版物出版规划项目,《转型时代的中国财经战略论丛》将继续坚持以马克思列宁主义、毛泽东思想、邓小平理论、"三个代表"重要思想、科学发展观、习近平新时代中国特色社会主义思想为指导,结合《中共中央关于制定国民经济和社会发展第十四个五年规划和二〇三五年远景目标的建议》以及党的十九届六中全会精神,将国家"十四五"期间重大财经战略作为重点选题,积极开展基础研究和应用研究。

与"十三五"时期相比,"十四五"时期的《转型时代的中国财经战略论丛》将进一步体现鲜明的时代特征、问题导向和创新意识,着力推出反映我校学术前沿水平、体现相关领域高水准的创新性成果,更好地服务我校一流学科和高水平大学建设,展现我校财经特色名校工程建设成效。通过对广大教师进一步的出版资助,鼓励我校广大教师潜心治学,扎实研究,在基础研究上密切跟踪国内外学术发展和学科建设的前沿与动态,着力推进学科体系、学术体系和话语体系建设与创新;在应用研究上立足党和国家事业发展需要,聚焦经济社会发展中的全局性、战略性和前瞻性的重大理论与实践问题,力求提出一些具有现实性、针对性和较强参考价值的思路和对策。

山东财经大学校长

2021 年 11 月 30 日

前　言

　　企业信息安全强调采取措施削减并控制风险，让信息资产免遭威胁或将威胁后果降至最低。"十三五"国家信息化规划中指出，我国网络空间安全面临严峻挑战，应主动防范和化解风险，全面落实信息安全等级保护制度；促进政府、企业等多方共同参与，提升网络安全防护水平。《中华人民共和国国民经济和社会发展第十四个五年规划纲要》进一步指出，培育壮大网络安全产业，全面加强网络安全保障体系和能力建设，切实维护新型领域安全，健全国家网络安全法律法规和制度标准，加强重要领域数据资源重要网络和信息系统安全保障。目前，一方面，政府通过立法、网络安全审查制度、GB 17859—1999 标准等强制性措施，迫使企业提高应对风险能力，保障网络空间安全。另一方面，企业在面临有限资金预算和风险应对能力下，力图通过信息安全外包和保险来降低风险与损失；但是由于企业信息安全的策略依赖性和动态性，导致企业在外包与保险中背负成本压力而影响核心业务。基于此，本书分析了企业信息安全外包和保险的动机、协同决策和激励等问题，并进一步探讨了在政府强制性标准约束下，信息安全外包和保险对企业风险控制的作用路径与机理，对于增加企业遵从强制标准意愿、控制企业信息安全风险、提高网络空间安全水平均有重要的理论与现实意义。

　　1. 企业信息安全风险防控机制构建的基本思路

　　以企业信息安全风险控制系统为研究对象，研究企业信息安全外包和保险的契约设计与协同机制，以及信息安全外包和保险对企业风险控制的作用路径与机理。其目的是，通过研究强制性标准与企业的信息安全外包和保险决策、激励契约设计，风险控制和企业绩效的相互作用关系，提高企业信息安全和社会总福利水平，进一步改进和完善信息安全风险管控的政策设计与实施。

第一，企业信息安全外包的采纳及其决策机制的构建。①利用问卷调研的数据与 TAM 和 TOE 理论，利用多元回归方法分析企业采纳信息安全外包的影响因素和影响路径；②构建了不同攻击类型下企业信息安全外包的决策模型，考虑了企业完全自主防御、完全外包、将非核心业务外包和将核心业务外包四种不同的外包决策，回答了企业应如何进行信息安全外包决策的问题；③进一步分析强制性标准下，在异质性资产中实行强制性等级保护标准约束下的企业网络信息安全外包决策，以解构强制性约束的作用机理。

第二，企业信息安全保险最优决策机制的设计。①利用统计和仿真方法对企业信息安全风险进行度量，以说明信息安全风险的可保性，并计算不同风险类型下的保费和风险资本；②刻画了保险公司参与企业信息安全风险防御情况下的道德风险规避问题，认为此举可以实现双赢；③进一步分析了强制性标准下企业为了控制信息安全风险而采取信息安全投资和信息安全保险两种风险控制手段，研究了信息不对称情形下企业信息安全的最优投资决策，并拓展至破产概率约束下的保费厘定计算。

第三，企业信息安全外包和保险协同决策机制。①分析了理想条件下企业信息安全外包与保险协同决策模型，研究了企业自我防御投资、MSSP 外包服务和信息安全保险，及其组合策略在降低企业网络信息安全风险和企业期望效用方面的作用；②进一步深化研究，分析了考虑资金约束时，企业在自我防御投资、购买 MSSP 外包服务和信息安全保险的决策问题，并分析了不同情形下企业的期望效用和网络安全脆弱性；③研究了企业最优信息安全防御策略问题，在考虑政府强制性标准和政府补贴下，构建了企业、MSSP 和保险公司之间的最优决策模型，分别分析购买 MSSP、信息安全保险和两者组合的最优策略。

第四，基于系统动力学的多主体联动风险控制。①从外部的恶意软件攻击方式入手，分析在不同的信息安全风险应对阶段企业应采取的风险控制手段。利用系统动力学在改进的传染病模型的基础上，分析信息安全风险传染的特点，并进行刻画，同时分析不同信息安全风险控制手段对企业风险和期望效用的影响；②研究攻击者、企业、政府、MSSP 和保险公司多个主体联合防御情形下的系统动力学模型，分别刻画，政府子系统、保险子系统、MSSP安全防御子系统和企业防御子系统，并获得了各个主体之间关联的因果关系图，最终形成多主体联动防御网络信息安全策略的系统动力学模型。

2. 构建企业信息安全风险防控机制的有效措施

企业信息安全风险防控的机制既要企业采取自我防御、购买信息安全外包服务等主动防御措施，又要对未来可能产生的信息安全风险损失通过信息安全保险服务进行可行的转移，还需要相关利益主体联合起来进行协同防御。只有这样才能最大限度降低企业信息安全风险，以及减少因信息安全风险产生的信息安全风险损失。企业风险防控机制的有效措施具体如下：

（1）要对企业信息安全业务进行模块化外包。

将具有高安全技术的部分业务外包给MSSP，以满足企业的战略需求。这不仅使企业获得了高于自我防御的安全水平，还能降低因此所支付的安全成本，企业还能将精力集中于企业的核心业务。同时，企业在安全资金预算受限的情况下应将核心业务的安全外包给MSSP，而非核心业务因其受到攻击的可能性较小，企业采取自我防御即可。因此，企业在进行信息安全外包时，应该对企业的资产进行分类、分模块，将脆弱性较大的模块进行外包，可以获得更大的期望效用。

（2）信息安全外包与保险协同整合控制信息安全风险。

信息安全保险是企业转移信息安全风险的有效手段。在信息安全外包和保险协同作用下企业信息安全风险会进一步降低，企业的期望效用和社会的福利水平均有所提升，所以将信息安全外包与保险整合具有更好的风险控制效果。同时我们还研究了第三方保险和保险公司参与安全防御的情形，均显示外包和保险的协同控制具有更优的防御效果。

（3）由内及外的多主体协同联动控制信息安全风险。

在面对外部动态、复杂的恶意软件攻击情况下，企业应采取全周期的防御措施。在企业内部，应加强员工安全教育和安全工具的购买的使用，此时可以最有效地抗击外部攻击；若进行后期的积极恢复，则会大幅减少企业的损失。在企业进行信息安全风险控制时，企业应配合或利用MSSP、保险公司进行风险防御，同时政府在规避企业信息安全防御中的道德风险和激励安全投资积极性也要有所作为，并不是制定很好的强制性标准，而是在适当的标准下促进企业安全防御。

3. 成果的学术价值和应用价值

（1）学术价值：①以往研究对于企业信息安全及其风险控制的研究多讨论安全技术的研发与采纳。本书则是从信息安全经济学和管理学的角度，探讨企业信息安全外包与保险决策对企业风险控制的影响。通过综合运用博弈论、政府规制理论、委托代理理论和最优化理论，重点研究了政府强制性标准规制政策下企业的信息安全决策、努力激励和风险控制水平问题，提供了系统性、综合性的研究新视角，丰富了信息安全风险管理和风险控制理论。②因企业信息安全牵涉社会多方利益，本书以提高社会资源配置的合理性、效率以及公平性为目标，分析四方参与者——企业、MSSP/承保人、政府及用户之间的相互作用及博弈行为，深入研究政府信息安全法律法规规制、信息安全标准规制与企业信息安全战略决策与风险控制、管理安全服务商技术创新与产品定价、承保商保单设计和社会总福利的交互作用关系，对各类规制政策的利弊进行对比研究与探讨。研究成果进一步丰富了保险理论和风险决策理论。③本书立足于企业的信息安全风险控制实践，侧重考虑企业如何制定信息安全战略和控制信息安全风险的协同决策。对信息安全管理战略决策、运营决策和信息安全风险管理决策的整合性研究，进一步丰富了网络空间安全战略理论和信息安全保险理论。

（2）应用价值：①本书深入研究强制性标准、企业信息安全外包和保险决策对企业信息安全风险、企业市场绩效的抑制或激励作用，分析在不同博弈情形下，企业在强制性标准下的投资资源分配以及最优外包和保险决策，旨在降低信息安全事件发生的概率及产生的损失，提高企业风险控制水平，合理化信息安全管理及运营决策，对于提高企业防御外部威胁和应对信息安全事件能力具有现实指导意义。②本书可以帮助政府进一步制定和完善信息安全规制和激励政策，发挥其积极作用。这些政策对于引导和鼓励企业提高风险控制水平，协调多个关联主体的利益关系，完善信息安全风险防御、应对机制，提高网络空间的信息安全水平，保证企业产品/服务信息安全的保密性、真实性、完整性，以及社会福利水平的公平性、效率性和可持续性都具有重要的借鉴意义。

本书对信息安全管理领域的学者和企业管理人员都有一定的启示。首先，本书可以指导企业在信息安全管理中实施信息安全防御策略和风险转移策略以及设计相应的激励契约。其次，已有文献较少对信息安全风险管理体系中各参与主体的决策行为进行系统、深入的研究，因此本书可以引导有关学者继续探索和研究信息安全管理中的信息安全外包和网络安全保险问题。

本书的完成，要特别感谢国家社会科学基金、山东财经大学"转型时代的中国财经战略论丛"学术专著出版计划的支持，感谢研究团队谢宗晓副研究员，甄杰博士和陈琳博士对本书内容的指导、斧正与支持，感谢经济科学出版社付出的卓有成效的辛苦工作。

由于笔者的水平有限，书中的疏漏在所难免，殷切希望读者不吝赐教，在此表示衷心的感谢！

目　录

第三篇　企业信息安全保险及其风险控制

第四篇　企业信息安全外包和保险协同决策

第五篇 基于系统动力学的多主体联动风险控制

第一篇

研究背景与文献综述

本篇概括：

随着新一代信息技术和新基建的发展，企业的数字化进程和智能化进程不断加快，极大促进了企业的数据资产积累，同时也产生了前所未有的信息安全风险和挑战。企业的信息安全风险防控强调采取措施削减并控制风险，让信息资产免遭威胁或将威胁后果降至最低。"十四五"规划纲要指出，全面加强网络安全保障体系和能力建设，健全国家网络安全法律法规和制度标准，加强重要领域数据资源、重要网络和信息系统安全保障。目前，一方面，企业通过增加信息安全投资或购买信息安全服务提供商的服务规避潜在的风险敞口，以提高应对风险能力。另一方面，信息安全保险因可以有效地转移企业网络安全风险损失，而逐渐受到关注。对于大型企业而言，在增加信息安全投资或者将安全进行外包的同时，购买保险进行风险转移可以有效地缓解信息安全风险损失带来的负面效应，然而对于中小型企业而言，在资金预算受限的情况下如何在信息安全投资、外包与保险之间进行平衡，就显得尤为重要。基于此背景，本书聚焦于利用运营管理的手段和方法研究，在特定情境下信息安全外包与保险决策的优化问题。该篇主要阐述本书研究问题的背景、研究方法与相关学术史梳理，以便为后续四篇的研究提供理论与方法基础。因此，本篇由两个章节构成：

第1章：绪论

第2章：学术史梳理与文献评述

通过上述两个章节的研究，我们对企业信息安全外包与保险相关的文献作出了系统的评述，梳理了既有研究的脉络，并为本书内容提供了坚实的研究基础。

第1章 绪 论

1.1 选题背景

信息技术广泛应用和网络空间的发展，极大促进了企业的数字化发展与数据资产的积累，同时也带来了前所未有的安全风险和挑战。IBM Security 发布的《2019 年全球数据泄露成本报告》显示，全球范围内 500 多家知名企业的数据泄漏平均规模为 25575 条记录，数据泄漏的平均总成本为 392 万美元，这造成了严重的社会数字资源隐私侵犯。在我国，随着"新基建"的建设，工业互联网、大数据、人工智能、云计算等新一代信息技术与企业经营的进一步深度融合发展，使得传统工业迈向数字化和网络化，而这无疑进一步增加我国"新基建"发展过程中企业面临的网络信息安全风险。2019 年赛迪发布的《2019 中国网络安全发展白皮书》指出，数据泄露事件是发生频率最多的安全事件，安全漏洞报告数量和产生的严重性创下历史新高，黑客攻击、勒索病毒事件越发猖獗复杂，给企业和社会造成了严重影响，使得企业信息安全面临着非常严峻的考验。

由于企业的信息安全具有外部性、策略依赖性、动态性和公共属性等特征，其安全水平不但取决于自身的安全措施，而且与政府规制、关联企业和黑客行为有关（Anderson and Moore，2006）。因此，单一激励某个企业提高信息安全尚不足以应对频发的信息安全事件，故应需同时考虑为企业提供信息安全服务的外包商（MSSP）和为企业信息安全分担风险的保险商之间的协同策略与激励问题。面对日益严峻的信息安全环境，提高我国企业的信息安全水平、降低相关经济风险既是企业生存发展的必然要求，又是决定全国网络空间安全水平的关键，因而具有重要的现实意义与研究价值。

企业信息安全强调采取措施削减并控制风险，让信息资产免遭威胁或将威胁的后果降至最低。"十三五"国家信息化规划中指出，我国网络空间安全面临严峻挑战，应主动防范和化解信息安全问题，全面落实信息安全等级保护制度；激励企业、政府、安全服等多方共同参与，增加全社会的信息安全防护水平。目前，一方面，政府采取了立法如《中华人民共和国网络安全法》《网络安全审查办法》《计算机信息系统安全保护等级划分准则》等强制性措施，迫使企业提高应对风险能力，保障网络空间安全。另一方面，企业在面临有限资金预算和风险应对能力下，力图通过信息安全外包和保险来降低风险与损失；但是由于企业信息安全的策略依赖性和动态性，导致企业在外包与保险中背负成本压力而影响核心业务。基于此背景，本书结合风险管理、运营管理、博弈论理论、政府规制理论、信息安全经济学和产业组织理论，探讨强制性标准规制框架和市场环境交互作用下，企业的信息安全投资策略及风险控制问题，分析信息安全法律法规与信息安全标准规制对企业信息安全外包和保险等投资策略、风险控制水平及企业市场绩效的影响，研究企业信息安全投资决策与风险管理、强制性标准，关联企业之间的协同策略与激励，提出企业的信息安全外包和保险战略以及多主体风险控制的协调机制，帮助政府制定和完善针对企业信息安全和风险控制的管控政策。这对于增加企业遵从强制标准意愿、控制企业信息安全风险、提高网络空间安全水平均有重要的理论与现实意义。

1.2 研究方法和内容

1.2.1 研究方法

本书的研究属于信息安全经济与管理、风险控制管理及运营管理的交叉领域，采用文献分析法、多元回归法、数理模型和系统仿真的综合方法解决所提出的科学问题。具体研究方法包括：

（1）通过文献梳理，明晰和扩充目前对企业信息安全外包和保险的契约设计、激励机制、协同决策机制及风险控制的研究脉络，找出企业风险控制系统中存在的强制性标准遵从性、信息安全外包和保险采纳与实施等问题。

（2）通过问卷和访谈调查法获得数据，结合 TAM 和 TOE 理论，利用多元回归方法研究，分析企业采取信息安全外包采纳动机与意愿的影响机理，初步探究信息安全外包和风险控制之间的相互作用机理。

（3）利用统计学和精算理论对信息安全风险进行度量，首先利用蒙特卡洛方法对所构建的信息安全风险模型进行模拟分析，然后利用实证方法对信息安全风险模型进行校正，以确定真实的信息安全风险分布、VaR 值和可保性。

（4）应用博弈论和风险控制理论，采用动态、静态分析方法、数值仿真方法求解和修正重构的外包与保险决策模型。通过对均衡解和变量的比分析，深入研究强制性标准对企业信息安全外包和保险契约设计和激励机制的影响，以及外包和保险对风险控制的作用路径与机理。

（5）利用系统动力学仿真方法，结合实证研究和数理模型研究的结论，构建企业风险控制系统的动力学模型，仿真政府强制性标准、企业内部、外包和保险决策等因素的变量对企业信息安全风险控制的影响及作用机理，提出合理的政策建议。

1.2.2 研究内容

本书以企业信息安全风险控制系统为研究对象，研究企业信息安全外包和保险的契约设计与协同决策机制，以及信息安全外包和保险对企业风险控制的作用路径与机理。其目的是，通过研究强制性标准与企业的信息安全外包和保险决策、努力激励设计，风险控制水平和企业绩效的相互作用关系，提高企业信息安全水平和社会总福利，进一步改进和完善企业信息安全风险防控的政策设计与实施。为完成研究目的，本书的主要研究内容如下。

1. 第二篇：企业信息安全外包及其风险控制机制

（1）利用问卷调研的数据与 TAM 和 TOE 理论，利用多元回归方法分析企业采纳信息安全外包的影响因素和影响路径，研究结果表明，感知有用性、感知易用性、相对优势、兼容性、组织能力、高管支持、竞争压力和制度压力是企业采用 MSSP 信息安全外包服务的重要决定因素。该模型解决了 MSSP 信息安全外包服务采纳意愿的关键问题，并通过使 IT 专业人员能够考虑有效的防控领域，使他们能够在其组织中的 MSSF 信息安全外包服务采纳过程中采取有效的行动。因此，这还与 IT 专业人员的视野与素质具有相关性。

（2）企业信息安全自我防御与外包最优策略研究。构建了不同攻击类型下企业信息安全外包的决策模型，考虑了企业完全自主防御、完全外包、将非核心业务外包和将核心业务外包四种不同的外包决策，并分析了在最大化企业期望效用和系统总期望效用下的最优网络安全投资决策，回答了企业应如何进行信息安全外包决策的问题。

（3）强制性标准下企业信息安全外包决策研究。研究强制性标准下，在异质性资产中实行强制性等级保护标准约束下的企业信息安全外包决策。首次拓展了信息安全外包中对资产异质性外包的模型构建，研究发现，当企业资产都满足脆弱性的强制要求时，企业可以选择自我防御、MSSP 全包或者高价值资产外包给 MSSP，但是不能将低价值资产的安全性外包 MSSP；但是，若当企业资产都不满足脆弱性的强制要求时，企业要将资产的安全保护外包给 MSSP，才能最大化自身期望效用。

2. 第三篇：企业信息安全保险及其风险控制

（1）利用单一分布、拼接分布和混合分布对信息安全事件进行刻画，并应用蒙特卡洛模拟方法对所构建模型进行模拟分析，我们认为信息安全风险具有长尾分布的特征，适用于混合分布进行刻画。

（2）我们首次根据金雅拓公司（Gemalto）数据刻画不同类型的信息安全风险，也是国内首篇利用漏洞事件和 VaR 和 CVaR 准则对我国信息安全风险进行度量，并根据精算理论给出可保性结论，以及期望保费。

（3）研究消除保险市场失灵的要素之一——保险企业参与企业信息安全风险控制活动，分析保险公司对被保险企业安全软件投资的均等、最重要和按比例三种策略机制，研究在强相依和弱相依的信息安全风险下保险公司在简单情形和复杂情形中的不同投资决策机制，及其对系统效用和风险的影响。

（4）强制性标准下企业信息安全保险决策研究。分析了强制性标准下企业为了控制信息安全风险而采取信息安全投资和信息安全保险两种风险控制手段，研究了信息不对称情形下企业信息安全的最优投资决策，并拓展至破产概率约束下的保费厘定计算。

3. 第四篇：企业信息安全外包和保险协同决策

（1）企业信息安全外包与保险的协同决策。作为本部分的基础研究，首先分析了不带强制标准约束的企业信息安全外包与保险协同决策模型，研究了企业自我防御投资、MSSP外包服务和信息安全保险，及其组合策略在降低企业网络信息安全风险和企业期望效用方面的作用，建立了引入信息安全外包和保险的风险防御模型。

（2）带约束的企业信息安全外包与保险的协同决策。对本部分的问题（1）进一步深化研究，分析了考虑资金约束时，企业在自我防御投资、购买MSSP外包服务和信息安全保险的决策问题，并分析了不同情形下企业的期望效用和网络安全脆弱性。通过对比模型及其最优解，发现：企业自我投资和购买信息安全保险有相同的效用，且效率较低；而购买MSSP外包服务时，企业的期望效用达到最大，同时信息安全的脆弱性最低；在保险公司参与信息安全投资的情形中，当企业的安全防御投资额较低时，随着安全防御投资的增加企业的期望效用在减少，但同时其信息安全脆弱性也急剧减少，而保险公司的期望效用为零。

（3）强制性约束下企业信息安全外包和保险的协同决策。研究了企业最优信息安全防御策略问题，在考虑政府强制性标准和政府补贴下，构建了企业、MSSP和保险公司之间的最优决策模型，分别分析购买MSSP、信息安全保险和两者组合的最优策略，发现：企业将安全防御外包给专业的MSSP时，可达到国家强制性标准要求，政府补贴或者MSSP具有较高的安全防御系数时，政府可以规定较高的强制性标准，以提高整个社会的网络安全水平；没有政府强制规定下，企业没有动机增加安全投资，除非政府给予补贴；当政府规定的强制性信息安全脆弱性较高时，企业的自我投资就会减少，同时政府要给予企业更多的补贴，而当政府规定的强制性信息安全脆弱性较低时，企业的自我投资就会增加，同时政府给予的补贴也会更少。

4. 第五篇：基于系统动力学的多主体联动风险控制

（1）企业防御恶意软件的攻防策略研究。本部分主要从外部的恶意软件攻击方式入手，分析在不同的信息安全风险应对阶段企业应采取的风险控制手段。利用系统动力学在改进的传染病模型的基础上，分析信息安全风险传染的特点，并进行刻画，同时分析不同信息安全风险控制手段对企业风险和期望效用的影响。

（2）多主体联动防御信息安全风险的系统动力学分析。本部分研究了攻击者、企业、政府、MSSP和保险公司多个主体联合防御情形下的系统动力学模型，分别刻画了政府子系统、保险子系统、MSSP安全防御子系统和企业防御子系统，并获得了各个主体之间关联的因果关系图，最终形成多主体联动防御网络信息安全策略的系统动力学模型。通过已有文献对模型参数假设的参考，我们对动力学模型涉及的水平变量、辅助变量和常量进行设置，并进行模拟，得到了各主体协同联动下企业信息安全防控的策略机制，所获结论还有助于府制定和完善针对企业信息安全和风险控制的管控政策。

根据上述研究内容的安排与研究逻辑，本书内容的技术路线如图1-1所示。

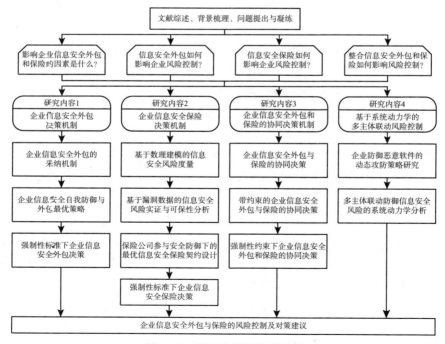

图1-1　研究内容的技术路线

资料来源：笔者自制。

1.3 主要创新点

（1）利用精算学理论首次尝试对我国企业的信息安全风险进行风险度量，并根据 VaR 和 CVaR 准则对我国及全球不同类型的信息安全风险进行估计，并获得不同类型信息安全风险的风险资本以及不同保险类型下的保费额度，为我国信息安全保险实践提供了理论指导。

（2）构建信息安全外包和保险决策的协同机制。从主动防御视角，结合我国强制性标准约束，拓展信息安全经济学模型，提出强制性标准下企业信息安全外包与保险的激励契约设计以及决策的协同机制。

（3）发现信息安全外包和保险对风险控制的作用机理。以实证研究和数理模型研究的结合为切入点，考虑我国强制性标准要求，在识别影响因素的基础上，构建企业、政府、MSSP 及承保人之间的动态博弈模型，分析强制性标准、信息安全外包和保险对企业风险控制系统的作用机理，给出激励企业提高信息安全的管理决策。

（4）提出企业风险控制的实施路径。对于企业信息安全风险控制问题，多数学者认为企业员工安全意识和安全技术是关键，而忽略了员工能力限制问题；我们认为信息安全外包和保险的整合，能弥补员工能力不足并显著提高企业应对风险的能力，提出通过模块化外包、外包与保险协同整合、由内及外的多主体协同联动三种对策，来降低和转移信息安全风险。

9

第 2 章　学术史梳理与文献评述

本章主要对本书所涉及的概念以及相关研究主题进行梳理，以识别和明确本书的渊源，提出可能的研究问题和未来可进行深入研究的热点。因此，本章节分为三个主要部分：一是明确企业信息安全风险管理和控制手段；二是通过明确信息安全外包的研究缘起、研究脉络和主要的研究主题，发现潜在研究空间；三是通过明晰信息安全保险的缘起、研究过程和逻辑以及研究热点，探索进一步研究的可能及方向。

2.1　主要概念厘析

2.1.1　组织信息安全及管理

信息安全就是防止未授权的使用者访问、破坏和更改信息和数据，在 IT 行业里，还包括信息系统的硬件和软件安全性；另外一种说法就是在此基础上多了信息的实用性和占用性。随着计算机、网络和连接技术的广泛引入，组织正面临着互联网时代之前不存在的风险。根据《风险管理术语》和纳瓦罗（Navarro，2001）的描述，组织在处理业务风险（风险应对，risk treatment）时仅有有限的选择：风险接受（risk acceptance）或风险保留（risk retaining）或风险容忍（risk tolerance），风险减缓（risk mitigation）或降低风险（risk reduction），风险规避（risk avoidance），风险转移（risk transfer）或风险分担（risk sharing）或风险转换（risk transform/risk shifting）。具体内涵如下：

（1）风险接受。当企业决定接受风险时，如果某个特定的漏洞被利用，对该企业并未造成足够的影响，或即使有影响，但该企业仍将继续经营。在信息泄露情况下，无论是丢失、破坏、修改还是无法访问，对业务的影响都难以用货币价值衡量。货币价值不仅仅是从信息发生的任何情况中恢复的成本，还包括恢复过程中生产损失的成本、信息问题导致的销售或潜在收入的损失成本、事件造成的名誉损失等（谢宗晓，2016）。

其中，声誉受损的代价是最难量化的因素。公司的客户群或潜在客户群总是变化无常，可能会受到组织可能认为是小事件的负面影响，有时会严重影响。对组织来说可能是次要的，对客户或潜在客户来说可能是主要的。考虑到这一点，大多数组织不会轻易接受他们无法绝对控制的风险。但是，信息安全是一个复杂的问题，因此组织必须承担一定程度的风险。这种风险，或者更准确地说就是剩余风险，在所有适当的控制措施实施后仍然存在，因为组织仍然必须允许访问这些信息。几乎所有允许访问信息的方法都会给信息带来一定程度的风险，但是其目标是将风险最小化并接受剩余风险。

（2）风险减缓。当组织主动采取措施降低资产漏洞的脆弱性时，就是风险缓解或风险降低。在信息方面，这可能包括控制信息访问的其他措施，或将信息重新分配到多个位置，使得访问整体的单个组件只会使企业面临一个较小但可接受的风险。然而，当组织决定采用这一策略时，他们还必须接受管理降低风险所需的额外安全成本，并持续监控敏感信息是否有未经授权访问的迹象，直到业务部门确定信息不再有风险或没有价值。当信息有价值时，组织必须监视对该信息的未经授权的访问，当发生此类访问时采取适当的措施。从本质上说，这意味着组织需要支持一个强大的安全团队，以便他们能够及时了解信息安全方面的最新技术、这些技术中的漏洞以及识别和应对为保护信息而实施的控件攻击的方法（Schneier，2002）。因此，具有管理、监控和应对风险能力的大型组织经常采用风险缓解战略。

（3）风险规避。对于组织来说，在提供对授权人员、应用程序和系统访问权限的同时，要避免其敏感信息的泄露风险是极其困难的。因为系统总会存在风险——可能是人、系统或应用程序中的漏洞，甚至是与处理信息的正常方法无关的风险，比如火灾、洪水、地震、战争等。信息风险存在于许多已知或未知的来源。因此，试图避免这种风险几乎是不可能的，故剩余风险，如风险接受部分所强调的，总是存在的（谢宗晓，2016）。

（4）风险转移。除了上述三种风险应对策略外，许多组织越来越多地考虑第四种选择——风险转移或与第三方分担风险。可信的安全合作伙伴将承担组织的一些风险，并使组织能够集中精力于其核心能力，从而减少组织的风险。通过签约网络安全服务提供商（MSSP），MSSP应在保护其关键和敏感信息方面采取了应有的安全措施。计算机安全领域的信息安全技术不足，使各组织都深受网络攻击危害。此外，信息安全是一个相对专业化的领域，很少有正规的培训方案培养出具有所需专业知识的人员。因此，很少有人才能够满足不断扩大的需求。公司必须投入大量资源来招聘、培训和留住具有信息安全技能的员工。在当今的竞争环境中，许多公司发现，既不能招聘到组织所需要的安全专业知识人才，也不能留住组织已经培训过的专业知识人才。因此，组织将信息安全的部分或全部功能外包给 MSSP，或者保留部分风险通过网络安全保险转移给第三方，从而降低组织的风险。将风险转移或与第三方共享，可以减少必须由信息所有者单独接受并与第三方共享的剩余风险（谢宗晓，2016）。

通过上述分析不难发现，组织在应对信息安全风险时，根据上述四种策略，通过自我防御投资、购买 MSSP 外包服务或者保险公司的信息安全保险，对组织可能发生的信息安全风险进行减缓、规避和转移。

2.1.2 信息安全外包

信息安全外包服务，也称为托管安全服务（MSS），即与安全功能相关的资源（物理资源和人力资源）由专门从事信息系统安全领域的外部提供商提供和（或）管理。虽然物理安全服务外包是一种非常常见的做法，但组织似乎相对不愿意将其信息系统安全功能外包，因为安全外包既是一种风险规避实践，但自身也具有一定的风险（Fenn，2002）。

组织可能外包的信息系统安全服务包括入侵监测、电子邮件病毒和垃圾邮件过滤、渗透测试、IT 审计、防火墙配置和管理、病毒防御、入侵检测系统管理、服务器管理、网络监测、安全策略开发和应用，安全教育和培训、安全升级、VPN 管理、用户访问管理、数据分类、应急计划、业务连续性计划和灾难恢复。通常外包的其他安全服务包括网络边界保护、防火墙的托管服务、事件管理（包括应急响应）和渗透测试、内容过滤服务、数据存档和恢复。此外，提供加密服务的防火墙和 VPN 等安全安装成本高昂，需要较高水平的专业知识才能有效。这些安全功能通常也外包给托管安全服务提供商（MSSP），作为一种经济高效的解决方案（Zhao et al.，2013）。安全系统的管理和监控，特别是在需要 24 小时监控的情况下，也是一项任务，由于对员工的要求很高，组织往往选择外包。

组织实施信息安全外包的优点有：（1）安全是一种专家能力，诸多研究表明最好将信息安全留给专家进行处理，这使得公司能够专注于其核心竞争力；（2）外包的标准通常高于内部同等标准，因为外包提供商通常是具有最新安全技术的高技能人员，同时服务供应商必须遵守严格的服务水平协议；（3）组织若自己实施信息系统安全将需要处理大量供应商关系和大量合同，而外包服务将取代这些，使组织处于更有利的谈判地位；（4）节约潜在成本，以及更快地学习曲线、规模经济和更高效的流程（Jeffrey，2001）。

组织实施信息安全外包的缺点有：（1）服务商自身存在经营风险；（2）外包安全服务可能会破坏信息传递的机密性；（3）外包关系确立前需要一定的前期成本；（4）因网络外部性造成的"搭便车"行为，即当组织将一些安全活动外包时，将安全活动外包给同一公司的其他公司可能会产生正的网络外部性，当其中一家公司解决了某个问题时，其他公司在面临相同的问题时将有现成的解决方案；（5）窃取专有信息（复制客户信息并将其出售给竞争对手）和合同后重新谈判（外包商感到被锁定后的机会主义重新定价）。

2.1.3　信息安全保险

美国国土安全部认为，信息安全保险旨在减少各种网络事件造成的损失，包括数据泄露、业务中断和网络损坏。健全的信息安全保险市场有助于减少成功的网络攻击次数，促进采取预防措施，并根据被保险人的自我保护水平确定保费。信息安全风险通常被排除在传统的商业一般责任保单之外，或者至少在传统的保险产品中没有明确定义，导致信息安全保险成为一种"独立"的保险范围。信息保险单提供的保险范围可能包括：对数据破坏、勒索、盗窃、黑客攻击和拒绝服务攻击等损失的保险，赔偿公司因错误和遗漏、未能保护数据或诽谤等原因给他人造成的损失的责任险以及定期安全审计、事故后公共关系和调查费用。

比外，约束信息安全保险市场发展的是承保项目的范围和合同规范的不标准化。例如，产品和覆盖范围往往变化很快，而排除条款以及术语和定义在竞争对手之间差异很大。这种变化的主要原因是，目前公司面临的风险往往是其行业甚至公司本身所独有的，需要在政策制定中进行大量的定制（Axon et al.，2019）。我们认为保险公司在制定信息保险单的条款和定价时可以考虑以下几个核心要素：公司规模、客户群规模、网络规模，以及收集和存储的数据类型（数据和商业价值的敏感性质）等。通过对文献的分析，目前主要有两种信息安全保险服务：第三方保险和第一方保险（Tøndel，2016；Kesan and Hayes，2017）。

（1）第三方保险。第三方保险根据保险范围可分为隐私责任、网络安全责任、知识产权和媒体违规三大类。其中，隐私责任，即公司收集或处理的，或由其保管、保管或控制的机密信息的披露（例如，由于疏忽、故意行为、损失、员工盗窃）。隐私责任的保险损失包括：法律责任（也包括辩护和索赔费用，即罚款；监管辩护费用）、替代责任（当信息安全外包时）和危机控制（例如，通知利益相关者的成本，调查、取证和公共关系费用）。网络安全责任包括：无意插入计算机病毒，对第三方造成损害；因被保险人未经授权访问而对第三方系统造成的损害；干扰客户的授权访问；盗用知识产权。网络安全责任的保险损失包括恢复原状的费用和诉讼费用。知识产权和媒体违规是违反软件、商标和媒体曝光（诽谤等），其损失包括法律责任，以及辩护和索赔费用、监管辩护费用。

（2）第一方保险。第一方保险根据保险范围可分为危机管理、业务中断数据资产保护和网络敲诈勒索三大类。危机管理，即所有对信息和技术资产的恶意攻击，其损失包括：专业服务提供商恢复声誉的费用，以及通知利益相关者和持续监控的成本（如信用卡使用）。业务中断数据资产保护包括，拒绝服务攻击、黑客攻击、信息资产被计算机攻击更改、损坏或破坏，损坏或毁坏其他无形资产（如软件应用程序）。其损失包括恢复原状的费用、利润损失、恢复和替换数据所产生的费用、恢复和更换知识产权（如软件）所产生的费用。网络敲诈勒索包括敲诈勒索发布或转让敏感数据等信息或技术资产，勒索改变、损坏或毁坏信息或技术资产，以及敲诈勒索扰乱服务。其损失包括敲诈勒索费用和避免敲诈的相关成本（如调查成本）。

综上所述，本书将从组织自我防御投资、信息安全外包和信息安全保险的角度对企业风险控制进行研究，分别探讨企业信息安全外包策略，以及在强制性标准约束下的外包决策；企业信息安全保险的可保性、最优投保策略，以及在强制性标准下的最优投保决策；企业在信息安全外包和保险两种风险应对方式下的最优联合决策，以及强制性标准下企业信息安全外包和保险协同风险应对策略。通过本书的研究，我们对中国情景下的企业信息安全风险应对策略进行了深入的分析，并获得了诸多拥有理论价值和用于指导企业信息安全管理实践的结论。在本书的后续部分，我们将做具体说明和讨论。

2.2　企业信息安全外包的相关研究

15

2.2.1　企业信息安全外包背景

随着网络攻击频率和损失的增加，以及新的政府信息安全规定的颁布，越来越多的公司寻求将互联网安全保护的功能外包给专业提供商，因此出现了 MSSP，其特点是技术能力强和响应能力快，以满足买方的多样化需求。托管安全服务可分为五类：评估、监控、威胁与事件控制、身份管理以及咨询。评估子类包括通过定期渗透测试评估公司安全流程的服务。安全监控包括管理防火墙服务、管理入侵检测系统、管理入侵防御系统和数据分析等服务。威胁情报解决的是如何在威胁造成伤害之前对其进行测量和管理。通过查找提供商监视的网络上行为之间的关联，可以检测到威胁，甚至在攻击到达公司的安全范围之前就可以发出预警。一旦发现事件，事件控制服务将按照预先指定的程序运行，以尽量减少对公司的影响。

此外，托管安全服务（MSS）作为一种保护企业安全的解决方案（Zhao et al. , 2013），将企业的安全外包给外方会带来规模经济和更大的信息获取机会（Jansen and Jeschke, 2018）。托管安全服务提供商

（MSSP）可以同时向多个客户提供其功能，因此比客户建立自己的内部安全控制更具成本效益。由于 MSSP 可以聚合来自其客户的安全事件，并将他们与外部威胁情报结合起来，因此他还可以访问更多信息，从而提高其服务质量。小企业与大企业一样容易受到网络攻击，但他们缺乏必要的专业知识和资源来保护自己。在计算机基础设施安全外包的大趋势下，企业也开始将安全外包给托管安全服务提供商（Gupta and Zhdanov，2012；Cezar et al.，2017）。但是，管理安全服务在企业中的应用在文献中还没有得到太多的关注（Weiss and Muegge，2019）。因此，本部分对已有的文献进行综述，并对已有文献进行分主题综述，以获得每个主题未来可行的研究方向。

2.2.2 信息安全外包综述的研究资料与方法

由于信息安全外包的研究属于新兴领域，目前的国内外文献均较少。本书主要通过对几个主要数据库中涉及的文献进行分析，具体分析过程是，数据库收集数据，对数据进行分析，对文献的研究主题进行分类分析。

为了对信息安全外包进行广泛的概述，我们进行了系统的搜索过程。采用严格的文献检索程序，保证了研究的有效性和可靠性。在本综述部分，可靠性是基于选定的数据库、出版物、文献检索所用的时间和关键字，这些关键字是为了文献检索过程的复制而记录的。为确保可靠性，在文献检索之前，确定了精准的主题词 security outsourcing、managed security services 进行检索，重点放在相关研究上。此后，从八个数据库和一个搜索引擎（见表 2-1）中检索了这些文献。在指定的数据库中搜索全文、标题或摘要中的关键词，结果共下载 261 篇文章供进一步处理。下载后，检查列表是否重复，并从列表中删除重复的文章。随后，阅读每一篇文章的摘要并进行进一步筛选。选择最相关的条款是根据预先确定的列入和排除标准。包括管理背景下信息安全外包领域的学术文章，而不论期刊的评级、研究方法或地理区域。鉴于本书的研究目的，我们只收录了过去 20年内发表的文章，此外，只包括英文文章。最后，为了检查文章与研究背景的相关性，阅读了摘要，在某些情况下，文章的其他部分也被略读以便于筛选。结果共有 77 篇文章被认为对本书有用。

表 2 - 1　　　　　　　　　　　各数据库检索结果

序号	数据库	检索结果	序号	数据库	检索结果
1	Web of Science	35	5	Science Direct	18
2	EBSCO	89	6	IEEE	47
3	Emerald	29	7	Springer Link	35
4	Taylor & Francis	5	8	Wiley Online Library	3

资料来源：笔者整理。

　　由表 2 - 1 可知，目前研究信息安全外包的文献较少，因此我们采取逐个检查的方法进行筛选，共获得 71 篇文献。此外，从表 2 - 2 的关键词统计可知，主要关键词是 managed security service，其作为信息安全外包的代名词，出现的次数最多。经统计各年的发文趋势如图 2 - 1 所示，以及文献的主要来源如图 2 - 2 所示。

表 2 - 2　　　　　　　　　　关键词出现次数

关键词	出现次数
economics of information security	2
information security	18
managed security service providers	6
managed security service	21
outsourcing	24

资料来源：笔者整理。

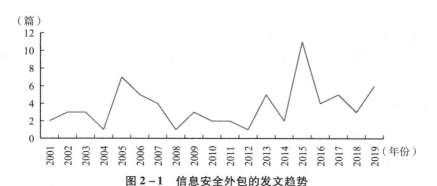

图 2 - 1　信息安全外包的发文趋势

资料来源：笔者整理。

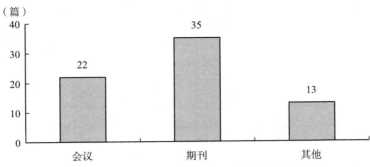

图2-2 信息安全外包的文献主要来源

资料来源：笔者整理。

由图2-1可知，第一次研究热潮于2005年出现，十年后第二次热潮开始出现。随着数字经济发展和公众对隐私关注的增加，相关研究会再次出现较大的研究热潮。此外，由文章的主要来源可知，论文数量大于会议数量，而且期刊多集中于顶级期刊，如Information Systems Research（3篇）、Journal of Management Information Systems（2篇）、MIS Quarterly、Management Science和Production and Operations Management。主要研究作者的单位是The University of Texas at Dallas和Hong Kong University of Science and Technology，主要作者为卡夫索格鲁（Cavusoglu H）、拉胡纳坦（Raghunathan S）和许佳龙（Kai - Lung Hui）。

2.2.3 信息安全外包文献评述

现有文献对信息安全外包下企业信息安全管理的各个方面进行了一定的研究。本部分对所综述文献进行较为深入的分析，首先进行整体分析，然后对典型文献进行分析。为了更清楚地了解不同的管理方面，将其分类为：信息安全外包的可行性与采纳分析；信息安全外包的契约设计问题；信息安全外包与云服务集成问题三个主题进行分析。

1. 总体分析

信息安全外包的研究兴起于2001年，杰弗里（Jeffrey，2001）认为在第一次互联网泡沫结束后，数百万美元的风投基金涌入MSS初创企业，MSSP行业开始兴起，即2001年是MSSP的元年。随后，纳瓦罗

（Navarro，2001）、施奈尔（Schneier，2002）从企业专家的角度分析了 MSSP 可提供的安全外包服务，企业购买 MSSP 服务的优势和风险，以及如何进行购买信息安全外包服务。芬恩等（Fenn et al.，2002）首次给出了信息安全外包的确切定义，即"IT 安全外包是将现有的内部 IT 安全功能转移给第三方提供商，严格地说，这与 IT 安全公司为客户提供 IT 安全性不可混淆，因为该客户从未拥有内部 IT 安全功能，虽然许多问题是相同的，但信息技术安全合同的法律、商业和技术要素是非常不同的，任何一种或多种离散服务都可以外包，包括脆弱性研究、防火墙管理、服务器管理、病毒防护、入侵检测系统管理、病毒扫描、安全和监测服务（即监测试图进入企业系统的情况，并确保适用适当的保护标准）、安全政策制定"。随后，卡齐卡斯等（Katsikas et al.，2006）给出了托管安全服务外包更为确定的定义，以及信息安全外包与外包服务的安全之间的区别。

经过网络安全实践界的讨论后，国际期刊 Computers & Security 的编委麦肯纳（Mckenna，2002）首次以学者身份对信息安全外包服务进行了讨论和分析。随后便引起了学者的关注，在国际期刊和会议上出现了一批研究信息安全外包的学者，其研究主题主要分为三类：信息安全外包的可行性与采纳分析；信息安全外包的契约设计问题；信息安全外包与云服务集成问题。其中，信息安全外包与云服务集成问题是云计算应用发展的产物，兴起于 2010 年以后。随着全球数字化的加快，数字资产的迅速积累，企业网络安全问题已不容小觑，故近几年文献数量呈增加的态势。目前研究中所使用的方法具体分布如表 2-3 所示。

表 2-3　　　　　　　　　　　研究方法

研究方法	次数	所占比例（%）
概念性规范性描述	25	35.7
案例研究	4	6
实证研究	4	6
数理模型	22	31.4
技术分析	6	9
文献回顾	3	4

资料来源：笔者整理。

由表 2 - 3 可知，在该领域主要的研究方法为数理模型，主要是对 MSSP 与企业之间契约定制进行研究，而对于企业采纳 MSSP，以及采纳 MSSP 对企业内部安全治理的实证研究却非常少，未来的研究方向可从实证研究入手进行分析。

2. 研究主题分析

（1）信息安全外包的可行性与采纳分析。

信息安全外包市场虽然在国外已经发展很多年，但是并未引起足够的重视，在第一次互联网泡沫结束后，越来越多的互联网公司将安全业务外包给专业的网络安全公司，以专注于自己的核心业务（Jeffrey，2001）。网络信息安全外包作为新生事物，引起了企业界和学术界关于信息安全外包是什么（Fenn，2002；Katsikas et al.，2006）、为什么要使用信息安全外包服务（Jeffrey，2001；Schneier，2002；Allen et al.，2003；Endorf，2004；Deshpande，2005；陈跃华等，2012）、信息安全外包服务的内容（Navarro，2001；Schneier，2002；Allen et al.，2003；Deshpande，2005）、信息安全外包的风险（Whitworth，2005；Masuda，2006；李铭，2008）和如何选择网络安全服务外包商（Endorf，2004；Randeree，2005；Pereira，2011）的关注。

从实践界的角度而言，通过对上述研究的总结可知，企业应对网络安全风险的四种方式：接受、减缓、规避和转移。将信息安全外包给 MSSP 的好处不仅可以明确自己的商业边界，还能更好地集中在自己的核心业务。MSSP 提供的服务有入侵检测和响应、防火墙、漏洞评估服务和防病毒管理服务。MSSP 提供服务的方式主要有三种：远程管理、主机托管和现场办公。选择最佳 MSSP 的标准是：业务稳定、技术专业、服务范围广、人员配备齐全、有明确的服务水平协议、具有权威的业务认证和严格的审计过程。

在学术研究视角，在 MSSP 服务的可行性方面：阿尔弗雷多（Alfredo，2015）通过对六个大型 MSSP、一个新兴 MSSP 和一个独立专家进行了定性研究调查，总结了安全外包服务的挑战、影响和需求；卡齐卡斯等（Katsikas et al.，2006）利用社会技术系统理论讨论了组织实施 MSSP 的可行性与风险；尼禄（Nero，2018）利用案例研究方法，基于交易成本理论研究了小企业对 MSSP 的独特需求、态度和看法，发现外包使小企业能够降低与网络安全相关的成本，更容易、更有效地获取新技术，并重新分配资源以帮助小企业成长。

在信息安全决策与采纳方面：兰德瑞（Randeree，2005）利用信任、风险、声誉和与供应商的关系变量构建了 MSSP 采纳的理论模型；布伦（Bullen，2005）通过分析信息安全外包动因和障碍相关的外包理论和购买意愿模型，利用巴西 410 名实际和潜在安全外包用户的调查数据，确定了驱动因素、障碍和对安全外包态度之间的统计显著性关系；梅瑟和普迪克（Meyser and Pudic，2015）则基于用户技术接受领域的理论和模型作为理论框架，通过四个不同领域的案例研究，探索了管理安全服务的采用及其在大型瑞典公司中的潜在变量；克瓦沙（Kwasha，2019）基于保护动机理论分析影响组织内部人士采取建议资讯安全措施的因素，研究了个人主义、集体主义对安全行为的影响。

在 MSSP 选择方面：佩雷拉（Pereira，2011）利用德尔菲法对 IT 专家的访谈获得了 MSSP 筛选的源自实践的判别标准；沙赫拉斯比等（Shahrasbi et al.，2017）利用模糊多准则决策方法，透过分析相关文献、提供保安服务的公司，以及更重要的是专家小组提供的资料，开发一套新的 39 项准则，以协助托管保安服务提供商的选择过程。同时，组织文化影响信息安全的感知方式，安全对策的采取，组织应对新安全计划的文化变化作出反应。此外，曹厚（Tsohou，2007）研究了在信息安全管理外包中，组织与提供商之间可能会产生文化差异，产生的政策冲突，并提出选择 MSSP 的组织识别和管理文化差异安全机制的概念框架。

（2）信息安全外包的契约设计。

安全服务提供商通过专门从事安保这一领域并为不同的客户提供服务，因此其拥有更丰富的经验、更新的技术和更训练有素的专业知识。同时，大量的客户群也有助于提高 MSSP 的服务质量，因为监控更多的网络安全服务时 MSSP 更有可能发现关联攻击，识别新的攻击模式，并警告客户其周边发生的事件。从这个意义上说，如果安全服务提供商拥有庞大的客户群，就会在安全问题上建立高效信息共享机制（也称为网络外部性）。尽管如此，但由于"道德风险"问题的存在，企业仍然对安全服务的质量产生怀疑。但有些学者认为，道德风险问题对于安全外包市场来说并没有那么重要，因为 MSSP 必须努力建立并保持良好的声誉，这对其在竞争中生存至关重要。企业也不会与无法持续提供高质量服务的 MSSP 签订契约。因此，在信息安全外包文献中，道德风险一直被认为是信息安全外包项目的主要风险，并提出了激励相容契约来解决这一问题（Ding et al.，2005）。通过对已有网络信息安全外包文献的总结，我们梳理了 25 篇研究网络信息安全外包契约的文献，并对其研究特色进行了分析，具体如表 2-4 所示。

表 2-4　　　　　　　　网络信息安全外包的契约设计研究一览

作者	期刊/会议	理论基础	研究特色
丁雯和尤里克 （Ding and Yurcik，2005）	International Conference on Telecommunication Systems	交易成本理论	交易成本对 MSSP 定价与绩效的影响
丁雯等 （Ding et al.，2005）	International Workshop on Internet and Network Economics	委托代理理论	道德风险下的声誉效应建模及最优契约
丁雯和尤里克 （Ding and Yurcik，2006）	Workshop on the Economics of Securing the Information Infrastructure	系统理论	模拟 Schneie 模型下 MSSP 决策分析
塞萨尔等 （Cezar et al.，2010）	Economics of Information Security and Privacy	委托代理理论	竞争外部性和道德风险下外包契约设计
伯麦和史华兹 （Böhme and Schwartz，2010）	International Workshop on Security	委托代理理论	考虑攻击类型和安全级别的最优外包契约
古普塔和日达诺夫 （Gupta and Zhdanov，2012）	MIS Quarterly	委托代理理论	MSSP 市场的结构、形成过程和稳定性，网络外部性
许佳龙等 （Hui et al.，2012）	Journal of Management Information Systems	委托代理理论	强制性要求、相依风险下 MSSP 契约设计
赵霞等 （Zhao et al.，2013）	Journal of Management Information Systems	委托代理理论	风险池安排和 MSSP 两种策略的最优安排
李哲浩等 （Lee et al.，2013）	Information Systems Research	委托代理理论	双重道德风险和风险依赖的多边契约设计
柯平凡等 （Ke et al.，2013）	International Conference on Financial Cryptography and Data Security	委托代理理论	MSSP 的欺诈行为不可消除
塞萨尔等 （Cezar et al.，2014）	Management Science	委托代理理论	基于服务水平的契约，固定费用的奖励/惩罚契约设计与对比

续表

作者	期刊/会议	理论基础	研究特色
毛伊等 （Miaoui et al.，2015）	Procedia Computer Science	隐私计算理论	隐私计算框架下 MSSP 对隐私的影响
戢永华等 （Ji et al.，2016）	Information Systems Research	委托代理理论	成本效益兼顾下的奖励惩罚契约设计
塞萨尔等 （Cezar et al.，2017）	Production and Operations Management	委托代理理论	依赖风险和竞争外部性对采购决策的影响
吴勇等 （Wu et al.，2017）	Computers & Industrial Engineering	委托代理理论	企业信息异质性，互补性对契约的影响
冯楠等 （Feng et al.，2019）	Information & Management	委托代理理论	信息泄露和资产分类外包的最优决策
冯楠等 （Feng et al.，2019）	Electronic Commerce Research and Applications	系统动力学	仿真 MSSP 各项功能的效果
许佳龙等 （Hui et al.，2019）	Information Systems Research	委托代理理论	多边契约的阈值责任契约和可变责任契约
丘东等，2014	数学的实践与认识	委托代理理论	强制压力下的外包决策
熊强等，2014	东南大学学报：英文版	委托代理理论	考虑企业风险偏好的固定费用契约
顾建强等，2016	系统工程理论与实践	委托代理理论	一般惩罚契约、部分外包契约和奖励—惩罚契约的对比
赵柳榕等，2019	情报理论与实践	委托代理理论	考虑多个企业之间竞争下外包与否的决策
方玲等，2019	管理工程学报	委托代理理论	入侵防御的资源分配情形下外包与否决策

资料来源：笔者自制。

由表 2-4 可知，国外最早理论数学模型分析网络信息安全外包契约设计始于 2005 年，而国内研究则相对滞后 10 年左右，因此，我国关于网络信息安全外包的研究尚不充分，还有很大的研究空间。其次，我们不难发现目前已经发表的关于网络信息安全外包的文献大都发表于国内外高水平期刊，因此该问题具有较高的学术价值。

通过表2-4中对每篇文献的研究特色分析可知，目前关于网络信息安全外包契约的研究主要围绕两个方面进行不断改进：一是设计不同形式的外包契约以规避 MSSP 的道德风险问题并激励 MSSP 积极努力；二是设定不同的建模环境，即考虑企业竞争、MSSP 竞争、网络安全风险的相依性、隐私泄露与计算、攻击特征等情形，然后融合多个建模环境以获得更贴近现实的数学模型。综合上述文献的结论，MSSP 的道德风险在一定条件下是可以规避的，且会实现整个社会效用的最大化，然而上述建模过程与结论成立的前提是攻击概率和企业损失是静态的，并没有考虑攻击和损失的随机性和动态性。

（3）信息安全外包与云服务集成问题。

随着我国企业数字化转型和企业上云活动的展开，云服务的接受度、使用率和采用率不断提高。云服务的采用和基于云的平台（如安全服务）中提供服务的采用通常会对组织环境产生重大影响（如降低成本、提高生产力、改变传统业务模式、提供高效灵活的解决方案以满足日益增长的 IT 需求等）。确保云服务可持续性的关键就是开发和交付高效的控制系统，以维护系统和基础设施的总体安全。云基础设施和安全供应商经常试图通过开发托管的附加安全服务来保护云。安全服务根据云的部署模式以不同的形式提供。例如，作为附加应用程序的软件即服务（SaaS）、在操作系统运行时的平台即服务（PaaS）或在云供应商提供基础设施安全性时的基础设施即服务（IaaS）。云环境中的安全服务包括反病毒应用、身份验证机制、反恶意软件、反间谍软件、安全管理和入侵检测，以及针对组织或单个云用户的其他安全和控制功能。

马拉贝利和内韦尔（Marabelli and Newel，2013）通过对美国新英格兰四所高等教育机构的案例研究，分析云计算是否是内部安全流程和系统的有效替代方案，发现组织的 IT 支出能力会影响迁移到云的选择；此外，技术支持质量、合同完整性、服务水平协议等都会影响使用云外包 IT（和安全）的选择。圭亚那等（Guenane et al.，2015）认为公司可以直接将安全服务外包给云提供商，以降低管理和部署成本，因此这种外包形式解决了与标识、身份验证、安全数据传输和安全即服务模型中的隐私相关的许多问题。雷波洛等（Rebollo et al.，2015）、雷恩等（Ren et al.，2016）和斯班克等（Spanaki et al.，2019）则建议直接将安全集成到云服务中，并分别提出了不同的云安全框架，以保证企业将服务迁移到云上之后的网络安全。虽然，目前关于云服务于信息安全外包服务结合的研究不多，但是随着企业上云行动的开展，企业界对相关理论和决策的需求增加，学术界会逐渐重视其中可能出现的问题并给出决策支持。

3. 信息安全外包研究评述与总结

信息安全外包作为一个企业界实践和学术界研究的方向，其在近20 年的时间内的研究虽然有所增加，但是关注依然较少，这可能是因为网络安全并未受到足够重视所致。但是随着我国数字经济的发展，企业数字化转型和工业互联网的发展，越来越多的企业会重视企业的网络信息安全，进而推动信息安全相关研究的发展。本部分通过对主要数据库的检索，回顾了信息安全外包领域的主要文献，获得了本领域内主要的三个研究主题：一是信息安全外包的可行性与采纳分析；二是信息安全外包的契约设计；三是信息安全外包与云服务集成问题。通过对三个主题的分析不难发现每个领域都有广阔的研究空间，具体如下：

（1）在信息安全外包采纳方面：目前多为定性和理论描述的研究，采纳的实证研究很少。因此，未来可以根据 IT 外包中常用的理论，如资源基础理论、交易成本理论、创新扩散理论、计划行为理论、动态能力理论、制度理论、技术接受模型、保护动机理论和技术—组织—环境框架等进行企业网络信息安全外包的理论与实证研究。

（2）在信息安全外包的契约设计方面：重构目前的静态的委托代理模型框架，构建基于 VaR 和 CVaR 的动态分析框架模型，或考虑多种风险转移策略的协同决策，或考虑等保标准要求下的 MSSP 契约设计与优化问题，以及突发事件下企业、MSSP 协同恢复决策等。

（3）在信息安全外包与云服务集成方面：云服务作为新兴的事物正处于研究热潮之上，因其离不开安全问题，故云服务与安全问题的集成会成为下一个研究热点。由于，云服务和安全集成多侧重技术研究，在信息系统和管理领域可能的研究方向主要集中在：企业对云服务集成安全功能的认知与采纳，云服务和安全集成下对企业管理能力的影响，以及对企业绩效和员工安全行为、遵从性以及文化的影响等方面。

25

2.3 企业信息安全保险的相关研究

2.3.1 企业信息安全保险背景

近年来，人们对网络风险越来越感兴趣，它被认为是最具挑战性的问题之一，因为网络风险可能会对企业和社会造成严重影响。通过社交网络、移动设备、无线技术和云服务的传播，信息技术在商业和日常生活中的扩展导致了更大的脆弱性。许多公司开始将网络安全视为一项巨大的业务风险，因此，他们正在寻找方法，以确保在网络攻击发生时，金融业务的连续性。尽管安全措施得到了广泛的应用，但违规造成的损失仍然非常高。从 1998 年开始信息安全保险政策在市场上越来越受欢迎。但是，信息安全保险市场目前仍处于萌芽阶段。根据德国再保险公司慕尼黑再保险（Munich Re）的数据，2017 年全球信息安全保险支出为 34 亿 ~ 40 亿美元，2020 年保费总额增至 80 亿 ~ 90 亿美元，据欧盟网络和信息安全局预测据预测，到 2025 年信息安全保险将超过 200 亿美元，如图 2 - 3 所示。

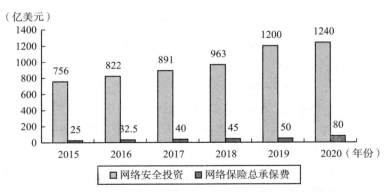

图 2 - 3　全球企业网络安全投资额和信息安全保险总承保额

资料来源：慕尼黑再保险公司报告。

由第一部分的综述可知，目前保险公司开发了两种不同类型的信息安全保险（第一方保险和第三方保险），以满足 IT 公司和其他类型公司

26

的网络需求，表 2 - 5 描述了目前市场上主要保险公司提供的网络安全保险种类。

表 2 - 5　　　　　　　　　　网络信息安全险种

项目		安联	苏黎世	美亚	昆士兰	爱吉	安达	众安保险
第一方保险范围	数字资产损失	√	√	√	√	√	√	√
	业务中断	√	√	√	√	√	√	
	网络敲诈勒索	√	√	√	√	√		√
	数字资产失窃	√	√				√	
第三方保险范围	安全/隐私侵犯	√	√	√	√		√	
	取证调查	√		√	√		√	√
	客户/公关费用	√	√	√	√		√	
	多媒体责任	√	√	√		√	√	
	丢失第三方数据	√	√				√	√
	向第三方赔偿		√		√		√	

注：√表示该险企有此项网络信息安全保险的险种。
资料来源：笔者整理。

由表 2 - 5 可知，目前世界著名保险公司均已上线网络信息安全保险，如安联、苏黎世、美亚、安达等，反观国内提供网络信息安全保险的企业，截至 2020 年 3 月，仅有信安在线与众安保险联合提供网络信息安全保险产品，其中众安保险制定保险合同，信安在线则将网络安全保险以附加服务的形式提供给被服务企业。此外，中国平安、中国人保财险虽然也宣布着手开发险种，但是目前尚未上市。总结表 2 - 5 可知，常见的第一方保险包括数字资产的损失或损坏、业务中断、网络勒索、资金盗窃和数字资产。常见的第三方保险可能包括安全和隐私泄露成本、计算机取证调查、客户通知成本、多媒体责任、第三方数据丢失、第三方合同赔偿，其可获得的赔偿范围国外是 1000 万 ~ 1 亿美元，而国内 60 万 ~ 300 万元人民币，具体取决于选定的外包服务项目。

网络安全保险的发展，不仅引起企业界的关注，同时也获得了学术界的广泛关注，尤其自 2017 年以来，国外网络安全保险的相关研究呈现爆发式增长，而国内研究则极少，主要是本项目组和西安交通大学的王玥副教授在进行相关的研究。为了明确已有研究的特点，展望未来信息安全保险领域可能的研究机会，本部分对已有的对网络安全保险相关研究的文献进行系统性的分析，以期梳理目前主要研究趋势、学者、主题和未来可能的研究热点。

2.3.2 信息安全保险综述的研究资料与方法

因信息安全保险具有以低投入获得较大的网络安全风险转移优势，而获得企业界和学术界的重视。首先，本部分通过对几个主要数据库中涉及的文献进行分析，然后对筛选后的论文进行精读，并进行分类综述。

为了对信息安全保险进行广泛的概述，我们进行了系统的检索过程。采用严格的文献检索程序，保证了研究的有效性和可靠性。在本综述部分，可靠性是基于选定的数据库、文献检索所用的时间和关键字，这些关键字是为文献检索过程的复制而记录的。为确保可靠性，在文献检索之前，确定了精准的主题词 Cyberinsurance、Cyber insurance、Cyber-insurance 和 Cybersecurity Insurance 进行检索，重点放在管理学和经济学的相关研究上。此后，从八个数据库（见表 2-6）中检索了这些文献。在指定的数据库中搜索全文、标题或摘要中的关键词，结果共下载 262 篇文章供进一步处理。下载后，检查列表是否重复，并从列表中删除重复的文章。随后，阅读每一篇文章的摘要并进行进一步筛选。选择最相关的条款是根据预先确定的列入和排除标准，包括经济与管理背景下信息安全保险领域的学术文章，而不论期刊或会议的评级、研究方法或地理区域。鉴于本书的研究目的，我们只收录了过去 20 年内发表的文章，此外，只包括英文文章。最后，为了检查文章与研究背景的相关性，阅读了摘要，在某些情况下，文章的其他部分也被略读以便于筛选，结果共 130 篇文章被认为对本书有用。

表 2-6　　　　　　　　　各数据库检索结果

序号	数据库	检索结果	序号	数据库	检索结果
1	Web of Science	96	5	Science Direct	150
2	EBSCO	7	6	IEEE	116
3	Emerald	29	7	Springer Link	125
4	Taylor & Francis	62	8	Wiley Online Library	114

资料来源：笔者整理。

由表 2 - 6 可知，目前研究信息安全保险的文献已经较多，但是集中于信息安全保险合同的设计，为了获得更为丰富细致的研究方向，我们采取逐个检查的方法进行筛选，共获得 130 篇文献。此外，从关键词统计可知，主要关键词是研究 Cyber insurance，其作为信息安全保险的代名词，出现的次数最多。经统计各年的发文趋势如图 2 - 4 所示，文献的关键词如图 2 - 5 所示。

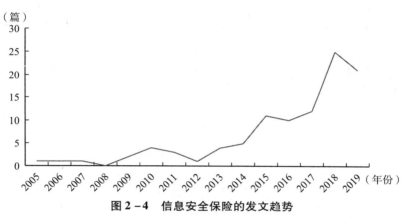

图 2 - 4 信息安全保险的发文趋势

资料来源：笔者整理。

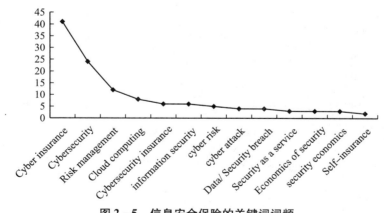

图 2 - 5 信息安全保险的关键词词频

资料来源：笔者整理。

由图 2 - 4 可知，信息安全保险的研究量越来越多，随着工业互联网和物联网的推进，对网络的保险的需求将会越来越多。由图 2 - 5 中的关键词数量可知，信息安全保险的研究越来越丰富，包括云计算、大数据、风险评估等。同时，本部分还对发表信息安全保险论文的机构进行了分析，发现主要的研究机构仍然是位于美国，中国只有香港科技大学较为关注信息安全保险领域。随着信息安全保险需求的增加，论文数量必定会进一步增加。

由图 2－6 可知，被引最多的文献有四篇分别是 Why IT managers don't go for cyber-insurance products（Bandyopadhyay et al.，2009），Will cyber-insurance improve network security？A market analysis（Pal et al.，2014），Insurability of cyber risk：An empirical analysis（Biener et al.，2015），Cyber-risk decision models：To insure IT or not？（Mukhopadhyay et al.，2013）。

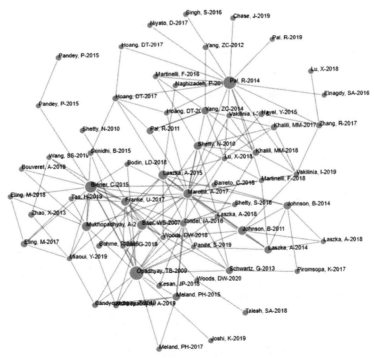

图 2－6　信息安全保险的作者引用关系网

资料来源：笔者整理。

班德尤帕德亚伊等（Bandyopadhyay et al.，2009）认为 IT 管理者

不愿购买信息安全保险的原因有二：一是信息安全保险市场具有典型的信息不对称，导致信息技术风险的次优转移，加之缺乏索赔数据是长久以来信息安全保险市场的现状，更加剧了信息不对称；二是信息安全保险市场规模相对较小，使得信息安全保险合同的撰写成本居高不下，迫使保险公司对个别合同施加高额利润。班德尤帕德亚伊等（Bandyopadhyay et al.，2009）指出了信息安全保险市场发展所面临的两大问题，后续学者针对如何解决这两大问题进行了深入的探讨和分析。

穆霍帕德海耶等（Mukhopadhyay et al.，2013）提出了一种基于 Copula 的贝叶斯信念网络（CBBN）的网络脆弱性评估（C－VA）和期望损失计算方法。以这些为输入，运用集合风险建模理论的概念，计算了网络风险保险人赔偿网络损失所能收取的保费。此外，为了帮助信息安全风险保险公司有效地设计产品，提出了一个基于效用的优惠定价（UBPP）模型。他们是第一次尝试引入金融领域的 Copula 工具刻画网络安全风险，对后续的网络安全风险刻画具有重要的理论支撑作用。但是，由于网络安全风险具有动态、复杂和多变的特性，加之数据不足导致所使用的模型和估计的结果并不理想。随着大数据、物联网和云计算的发展，多维多源数据的增加，以及人工智能和机器学习技术的发展，使得网络安全风险的度量更加实时，更加准确，已经成为目前网络安全领域最前沿、最热门的研究方向。

帕尔等（Pal et al.，2014）发现，在没有客户合同歧视的情况下，提供全面保险的信息安全保险公司可以存在市场，即存在市场均衡，但不能保证自己获得严格的正利润。这些市场不能使网络中的社会福利最大化，无助于缓解道德风险问题，导致网络安全的次优。因此从长远来看，这些市场肯定不会成功和稳定，因为这会让多个利益相关者感到不满意。为了克服这些问题，帕尔等（Pal et al.，2014）构建了垄断型保险合同，以缓解道德风险问题，并引入市场机制，从而实现最佳的网络安全。然而，保险公司仍然不能保证在这些市场上获得严格的正利润。其解决方案之一即为，MSSP 参与信息安全保险活动，通过 MSSP 与保险公司的共生合作（通过交换逻辑/社会客户拓扑信息和利润份额的锁定特权）可以增加保险公司的利润，从而使信息安全保险公司始终严格地保持社会福利国家不变的正利润。基于博弈论和委托代理理论的信息安全保险市场研究一直是经济管理领域对网络安全保险研究的兴趣所在，也是网络安全保险的基础理论研究之一，未来将围绕网络安全保险契约的设计，考虑基于场景的、数据的、动态的、多样的契约将持续成为未来的研究热点。

比耶内等（Biener et al.，2015）系统地讨论了信息安全保险是否足以管理网络安全风险。为此，他们从运营风险数据库中提取了994例网络损失案例，并分析了它们的统计属性，基于经验结果引入的一组标准来研究网络风险的可保险性。其发现强调了网络风险与其他运营风险相比的独特特征，并揭示了高度相关的损失，数据不足和严重的信息不对称导致的重大问题。该篇论文可以说是正式揭开网络安全保险研究，推行网络安全保险实践的面纱，对后续关于网络安全保险的研究具有重大的指导意义。

综合上述对最高被引的文献大体可以判断未来网络安全保险领域的热门研究方向。此外，不难发现，班德尤帕德亚伊等（Bandyopadhyay et al.，2009）是最早提出网络安全保险市场中存在问题的学者。穆霍帕德海耶等（Mukhopadhyay et al.，2013）和比耶内等（Biener et al.，2015）从实证的角度首先通过对网络安全风险的度量，判定网络安全风险是可保的这一重要论断。帕尔等（Pal et al.，2014）则从经济学的契约理论和博弈论的视角对信息安全保险市场进行分析，设计可行的保险合同，对不同类型的网络安全保险市场进行分析，以期寻找满足各方利益的最佳契约实践。

2.3.3 信息安全保险文献评述

现有文献对信息安全保险下企业信息安全管理的各个方面进行了大量的研究。本部分对所综述文献进行较为深入的分析，首先进行整体分析，然后对典型文献进行分析。为了更清楚地了解不同的管理方面，本书将其分类为：信息安全保险的基本情况，信息安全保险的契约设计，网络风险的度量及可保性研究等三个主题进行分析。

1. 信息安全保险的基本情况

据维基百科显示，信息安全保险的概念起源于20世纪80年代。目前常见的网络责任的政策起源于2000年，是芝加哥IL律师事务所的律师基思·丹尼尔斯和罗布·哈默斯法尔带头为伦敦劳埃德保险公司制定的，该保单是伊恩·哈克（当时是劳埃德保险公司的承保人）以及泰德·杜利特和金赛·卡彭特（当时是加州旧金山保险经纪人金赛·卡彭特的经纪人）之间的保险契约，以提供第三方保险以及业务中断保险。自 2000 年以来开发的表单的焦点一直是业务中断、罚款和罚金的支付、信用监控成本、公共关系成本以及恢复或重建私人数据的成本，并且它们今天继续扩展和发展。据谷歌学术最早相关文献显示，菲格（Figg，2000）是第一个在公开期刊中提及信息安全保险的学者，描述了由于信息安全的攻击动摇了亚马孙等互联网巨头，造成数百万美元的损失，一些网络运营广泛的公司开始考虑一种新兴的信息安全保险政策。越来越多的大型保险公司，如信诺保险公司、伦敦劳埃德保险公司、苏黎世保险公司和美国国际集团，现在为各种在线风险提供保险，包括数据盗窃、信用卡欺诈和因在线安全漏洞引起的诉讼。

维基百科对信息安全保险的定义是：为一种专业保险产品，用于保护企业和个人用户免受基于互联网的风险，更广泛地说，免受与信息技术基础设施和活动相关的风险。这种性质的风险通常被排除在传统商业一般责任保单之外，或者至少在传统保险产品中没有具体定义。信息安全保险单提供的保险范围可能包括针对数据破坏、勒索、盗窃、黑客攻击和拒绝服务攻击等损失的第一方保险；赔偿公司因错误和遗漏、未能保护数据或诽谤等原因给他人造成损失的责任保险；以及其他好处，包括定期安全审计、事故后公共关系和调查费用以及刑事奖励基金。特恩德尔（Tøndel，2016），克森和海耶斯（Kesan and Hayes，2017）认为网络安全保险是：将与网络和计算机事件相关的财务风险转移给第三方。

克森等（Kesan et al.，2004）通过案例研究发现，虽然信息安全保险公司的市场解决方案会失败，但是还应该朝着解决这些问题的方向努力，而不是放弃市场解决方案。首先，信息安全保险将带来更高的安全投资，提高信息技术基础设施的安全水平；其次，随着信息安全保险公司寻求风险管理决策的基准安全级别，信息安全保险可以促进最佳做法的标准化；最后，信息技术安全保险市场的建立将带来更高的整体社会福利。而解决上述问题的根源就是完善网络安全的相关数据（Tonn et al.，2019），识别相应的网络风险（Scheuermann，2017）或制定相

33

应的标准（Camillo，2017），此外，贝利（Bailey，2014）提出了一种信息交换机制，保险公司和监管机构可以利用该机制共享被保险人的损失数据、索赔成本和合规审计，为了更有效地为网络风险保险定价，从而降低信息安全基础设施不足的被保险人所带来的道德风险。

为了进一步标准化信息安全保险的合同，阿克森等（Axon et al.，2019）收集并分析了 70 多项针对保险公司的索赔，提取出不同类型的损害及其特点。然后，根据这些类型的损害重新构建索赔，以获得网络损害传播的模式，这些发现可以帮助政策制定者和保险公司了解损害是如何传播的，更准确地估计风险价值，并采取必要的控制措施来减轻这些损害；罗曼诺斯基等（Romanosky et al.，2019）收集并分析了向国家保险专员提交的 100 多份信息安全保险保单，通过分析这些政策，首次对信息安全保险的承保过程进行了分析，并揭示了保险公司如何理解网络风险并对其定价。阿尔—布朗（Hare‐Brown，2019）对漏洞成本和保险合同中的格式条款进行了分析并说明了标准化合同的挑战。此外，梅兰等（Meland et al.，2017）和拉加万（Raghavan，2018）分别介绍了挪威和印度的网络安全保险情况，并指出完善网络安全保险合同的可行方法。

2. 信息安全保险的契约设计

帕尔等（Pal et al.，2001）首先通过数理模型，构建了 Aegis 信息安全保险模型，在这个模型中，用户接受部分（严格来说是正的）损失补偿，并将剩余的损失补偿转移到信息安全保险机构。他们从数学上证明，只有在购买信息安全保险是强制性的条件下，规避风险的互联网用户才会选择 Aegis 合同，而不是传统的信息安全保险合同。随后，克森等（Kesan et al.，2004）通过数理模型的形式从信息安全保险市场的角度研究了网络安全保险对 IT 风险的管理作用，他们认为信息安全保险带来了更高的安全投资，提高了信息技术基础设施的安全水平，随着信息安全保险公司寻求风险管理决策的基准安全级别，信息安全保险促进了最佳做法的标准化，此外 IT 安全保险市场的建立，弥补了 IT 安全市场失灵带来的更高的整体社会福利。而伯麦和卡塔利亚（Böhme and Kataria，2006）通过考虑保险公司投资组合中独立公司之间的相关性，发现当全球风险相关性影响保险公司确定保费的决策时，公司内部的相关性影响其寻求保险的决策，其他情况则保险会失灵。为了保证信息安全保险合同的有效性，伯麦和史华兹（Böhme and Schwartz，2010）提出了形式化框架来对信息安全保险市场模型进行刻画：相互依赖的安全性、相关的风险和信息不对称，仍然发现这些特点使得信息安全保险市场与现实存在一定差距。马萨奇等（Massacci et al.，2017）也认为网络安全保险仅作为政策性工具的话，并不能发挥任何作用。后续学者的研究也围绕如何减少相依风险、信息不对称和道德风险来进行设计网络安全保险合同进行研究（Yurcik and Doss，2002；Shackelford，2012）。

谢蒂等（Shetty et al.，2010）分析了具有竞争性的信息安全保险市场中信息安全和整个社会福利的变化，发现在信息不对称下，对于大多数参数，不存在均衡，保险市场缺失；当保险公司拥有完全的用户安全信息时，存在唯一均衡契约覆盖了用户的损失；然而相对于无保险均衡，尽管信息安全保险改善了用户福利，但总体而言竞争性信息安全保险公司未能改善网络安全。帕尔等（Pal et al.，2012）基于微观经济学中的委托代理模型提出了三种解决信息安全保险信息不对称的机制：（1）最优信息安全保险合同只为被保险人提供部分保险，确保后者在保护其计算系统方面做出更大的自卫努力，进而提高了整体网络安全性；（2）每个网络用户合同的可损失水平随着用户的拓扑度呈凹形增加；（3）构建信息安全保险市场里的垄断保险公司。但是很显然，完全垄断的市场是不存在的。赵霞等（2013）和帕尔等（Pal et al.，2013）认为当 MSSP 共同参与网络安全防御时，信息安全保险可以有效促进企业安全防御，提高社会效用。

随后，学者从不同的角度对网络安全保险市场进行讨论，如，风险相依性（Schwartz，2013；Uuganbayar et al.，2018；Khalili et al.，2019），相依结构多样性（Yang and Liu，2014；Schwartz and Sastry，2014），外部攻击类型（Schwartz，2013；Uuganbayar et al.，2019），信息不对称（Nagurney and Nagurney，2015；Zhang et al.，2017；Tosh et al.，2017；Vakilinia and Sengupta，2018；Yang，2019），资源分配（Srinidhi et al.，2015；Vakilinia and Sengupta，2018），道德风险（Hayel and Zhu，2015；Zhang et al.，2017；Vakilinia and Sengupta，2018；Hui et al.，2019），保险公司参与投资（Laszka and Grossklags，2015），存在二次损失（Bandyopadhyay and Mookerjee，2017），安全即

服务（Chase et al.，2017），竞争性市场（Martinelli et al.，2017；Pal et al.，2017）。

国内关于网络安全保险的研究主要集中于对保险契约的设计问题，顾建强等（2015，2016）考虑网络的负外部性下，设计了基于免赔额的网络安全保险契约；杨云雪和王燕霞（2016）针对信息非对称性导致信息安全保险市场运行效率下降问题，构建了足额保险与不足额保险的信息安全保险契约模型研究，并予以解释。此外，高雷和吕文豪（2011）、王新雷和王玥（2017）则从网络安全保险流程和法律角度分析网络安全保险的可行性。

3. 网络风险的度量及可保性研究

赫拉特（Herath，2007；2012）首次对网络安全风险进行了可能的度量，其运用精算方法和新兴的 Copula 方法对依赖风险进行建模，讨论了从受感染电脑数量的经验分布来评估经验美元损失分布的框架，研究信息安全保险产品的定价。随后，洛什卡（Laszka，2018）利用拓扑无标度网络可以对现实世界的网络安全进行相似的刻画。埃林和洛佩尔菲多（Eling and Loperfido，2017）利用多维标度和拟合优度方法，对数据泄露进行拟合并基于漏洞数据集测定了网络安全风险。由于数据的缺乏和数据资产的多样化导致了风险度量的难度，鲁安（Ruan，2017）认为通过建立国际数字资产分类（IDAC）和网络事件国际分类（ICCI）等数据方案可以以改进风险分析解决方案：数字资产的估值；数字资产风险敞口的测量和管理剩余网络风险的资本优化。埃林和维尔夫（Eling and Wirfs，2019）改进了赫拉特（Herath and Herath，2012）模型，通过将依赖分离为成对的非零损失和零损失到达来实现 copula 建模。希恩等（Sheehan et al.，2019）采用贝叶斯网络（BN）模型，以通用脆弱性评分方案的变量和因果关系为前提，描述了 CAV 网络风险的概率结构和参数化。穆霍帕德海耶等（Mukhopadhyay et al.，2019）使用广义线性模型（GLM）预测在下一年将攻击概率降低到给定水平所需的安全技术，使用伽马分布和指数分布来最好地近似每个恶意攻击的平均损失数据，并使用集体风险建模计算网络攻击的预期损失，计算信息安全保险公司为赔偿网络攻击造成的损失而收取的净保险费。耶夫蒂奇和兰彻（Jevtić and Lanchier，2020）则在现有精算文献的基础上，提出了一个基于树型 LAN 拓扑的中小企业网络风险总损失分布的结构模型。

上述的风险度量模型均在静态的角度对网络安全风险进行刻画，但是网络安全风险是一个动态的过程，人工智能和深度学习的发展使得实时动态度量网络安全风险成为可能。阿迪蒂亚等（Aditya et al.，2018）提出了风险记录者（risk writer），一个仅使用外部和业务数据来评估企业内部安全态势的框架，预测模型是通过使用新的过滤和规范化技术为每个公司导出一套全面的指标，然后构建机器学习模型，仅使用外部和业务数据来评估公司的内部安全态势。苏布罗托和阿普瑞雅娜（Subroto and Apriyana，2019）利用混淆矩阵，利用 Rweka 软件包进行机器学习（ML）实验和人工神经网络（ANN）实验，可以达到最佳预测，准确率为 96.73%。贝纳文特和巴托里尼（Benavente and Bartolini，2019）分析了用于决策的收集数据，以确定相关性和相关性，并采取进一步措施预测可保性，在接下来的研究中将通过机器学习技术进行优化。古普塔等（Gupta et al.，2020）基于机器学习和深度学习的模型和技术，这些模型和技术能够识别和减轻已知和未知攻击，并构建安全数据分析（SDA）体系结构来对正常或攻击输入数据进行分类，并对现有的 SDA 方案与各种参数进行了比较，这使得最终用户可以选择 SDA 方案中的一个方案，并与其他方案进行比较。

上述风险度量手段的成熟，为网络安全的可保性提供了基本的理论支撑，比耶内等（Biener et al.，2015）首先对根据可保性框架对网络安全保险进行探讨，随后巴托里尼等（Bartolini et al.，2017）分析和描述了保险公司应如何评估客户及其网络风险，以确定公司的地位，并实施必要的措施来解决这一问题。该工作描述了完成全面网络风险评估和风险评估所需的三个阶段。在客户场所完成风险分析后，必须在所有级别进行后续评估。除其他因素外，这一评价是基于 63 个问题标准，此外在风险评估准则中，权重不是均匀分布的，而是根据相关性进行加权。通过对三个主题的分析不难发现每个领域都有广阔的研究空间，具体如下：

（1）信息安全保险情况方面：目前相关研究主要为国外研究，而很少考虑我国信息技术和产业发展的需求，随着新基建的发展与建设，更多的信息安全保险产品需要被开发，同时我国的法律体系和保险金融体系需要随之进行改革，以更好适应新基建的发展。

（2）信息安全保险的契约设计方面：重构目前的静态的委托代理模型框架，构建基于 VaR 和 CVaR 的动态分析框架模型，或考虑多种风险转移策略的协同决策，或考虑等保标准要求下的网络安全保险契约设计与优化问题，以及突发事件下企业、MSSP、保险公司协同恢复决策等。

（3）网络风险的度量和可保性方面：目前本方面的研究存在两大困难，一是如何获取更为多维的数据，二是如何构建合理的跨尺度度量模型。随着物联网的普及和企业数字化的发展，获取多维数据会变得比较简单，然而如何对不同的数据维度进行权重分配也是主要挑战之一。而对于跨尺度的度量主要集中于如何将企业内部数据和外部数据进行统一，同时如何利用机器学习和人工智能动态获取网络安全风险的感知数据，进行实时风险度量。只有在较为准确的度量情况下，网络安全保险的产品才会得以迅速、分领域开发，从而促进网络安全保险产业的发展。

2.4 本章小结

本章在对书中涉及的主要概念厘析的基础上，对信息安全外包和保险的历史研究脉络进行了梳理，同时归纳了目前主要的研究方向。其中，信息安全外包主要集中于：（1）信息安全外包的可行性与采纳分析；（2）信息安全外包的契约设计；（3）信息安全外包与云服务集成问题。信息安全保险则集中于：（1）信息安全保险的业务范围、作用与可行性分析；（2）信息安全保险的契约设计；（3）网络风险的度量及可保性研究。通过对现有文献的系统综述，明确了本书的研究范畴、研究问题与创新点。对后续的研究起到提纲挈领、开宗明义的作用。

此外，本部分的综述为第 15 章的研究展望提供了有依据可寻的证据。企业信息安全风险控制问题，在国家"新基建"的政策下显得越发重要，而且诸多基本问题需要多学科交叉融合才会得以解决。在未来的研究中，多学科的交叉会将企业信息安全风险控制与管理推向一个研究热潮。

第二篇

企业信息安全外包及其风险控制

本篇概括：

随着5G、大数据、云计算、物联网等新一代信息技术的发展，企业的数字化进程和网络化进程不断加快，然而在数字化赋能的机遇中，也存在着网络攻击与网络安全的威胁。为了保证企业自身数据资产的安全性以及满足国家"等保2.0"的规定，越来越多的企业将其安全业务委托给专业的网络安全服务提供商（MSSP），一方面可以在满足国家对信息安全强制性约束要求的基础上获得高效、经济的安全防御水平；另一方面可以使企业集中人力、财力和物力于核心竞争力，应对瞬息万变的竞争市场。

基于此背景，本篇将以企业信息安全外包及其风险控制为主题进行深入研究，用3个章节回答以下3个问题：是否采纳信息安全外包？采纳后如何购买外包服务？国家强制性标准下应如何制定外包决策？

第3章：基于TOE和TAM理论整合的信息安全外包采纳

第4章：企业信息安全自我防御与外包最优策略

第5章：强制性标准下企业信息安全外包决策研究

通过上述3个章节的研究，我们对企业信息安全外包决策作出了系统的研究，并获得了支撑企业信息安全外包发展的理论贡献和实践指导意见。

第3章 基于 TOE 和 TAM 理论整合的信息安全外包采纳

本章是本书研究的第一个问题，主要说明本书的研究是源自实践需求，并且其研究成果可以指导实践。本章利用技术接受模型和技术—组织—环境框架研究企业对信息安全外包采纳意愿，分析在企业采纳或持续使用信息安全外包服务过程中的影响因素，为寻找可行的解决方法提供理论基础和实践依据。

3.1 信息安全外包采纳背景介绍

随着信息系统/信息技术外包范围的不断扩大，出现了一类采购信息系统/信息技术安全服务的模式。信息系统/信息技术安全外包对企业很有吸引力，因为安全是一个高度专业化的领域，并包含许多安全任务，例如为了保证组织安全，应在网络监控、人力和基础设施方面投入大量资源。因此，专门从事安全工作的公司向缺乏这种专门知识或没有足够资源在内部履行这些职能的组织提供信息系统安全服务。根据计算机安全研究所对 530 家美国企业的调查显示，90% 的企业曾遭遇过安全漏洞，75% 的企业曾因安全漏洞而遇到过业务困难，2019 年造成了千亿美元的损失。

信息系统安全研究者提出了各种理论和方法来管理信息安全威胁，这些方法包括分析信息系统风险、建模信息系统安全、制定安全策略和政策、建立国际安全标准。然而，研究很少考虑组织特征如何影响安全采用。信息系统的威胁因应用环境和员工的不同而不同，既有技术系统缺陷，也有人为错误和管理缺陷。资产的四大威胁（中断、拦截、修改和制造）对行业的影响不同。在零售或服务企业中，中断最为显著，而制造企业认为拦截和中断至关重要，而银行和金融业则担心这四个问题。作为信息系统的一个组成部分，安全必须与企业增长同步。物理安全和大量备份不再提供足够的安全性，管理层对没有安全活动的威胁也不关注（Navarro，2001）。因此，基于公司和行业层面的特定业务价值观的安全原则意识对于信息系统安全至关重要。

芬恩等（Fenn et al.，2002）认为，企业信息安全外包是指将现有的内部信息系统安全功能全部或部分转移给第三方提供商。罗维（Rowe，2007）分析了与市场相关的成本，例如定价商品的成本、学习可用商品的成本、学习价格、谈判合同以及监控合同绩效的成本，他预测外包会随着成本的降低而扩大。现代社会是以专业化为基础的，外包的任务比以往任何时候都多（Schneier，2002）。然而，决定信息安全外包是很困难的，因为风险很高，所以在考虑这一决定时，决策者会犹豫不决（Shneier，2002）。公司是否应该将其信息系统安全活动外包取决于公司独特的组织、行业、地理位置、管理环境、法律、法规和合同要求等。与那些拥有大量敏感信息或认为是其竞争优势一部分的组织（Power and Forte，2005）相比，敏感信息存储量较小且不将信息技术视为其业务核心组成部分的组织更有可能将安全外包。表 3-1 总结了不同学者的观点。

表 3-1　　　　　　　　　　安全外包决策的要素

作者	外包决策
施奈尔 （Schneier，2002）	将复杂、重要或令人反感的功能外包；外包的主要理由是财务上的
鲍尔和福特 （Power and Forte，2005）	外包给企业带来的风险；企业内部能力；企业愿意承担多少风险
恩多夫 （Endorf，2004）	节约成本，让外部安全供应商执行非核心能力
奈登巴赫等 （Neidenbach et al.，2007）	节约成本，提高效率和透明度
兰德瑞 （Randeree，2005）	信任、风险、声誉和与供应商的关系

作者	外包决策
奥拉达波等 （Oladapo et al.，2009）	法律约束、组织策略、风险接受程度、成本约束等
莫拉伯利和纽厄尔 （Marabelli and Newell，2013）	云外包、技术支持、节约成本

资料来源：笔者整理。

施奈尔（Schneier，2002）认为外包的功能有三个特征：复杂性、重要性或厌恶性，外包的主要因素是经济上的，一家公司可以通过外包获得更便宜的专业知识，外包公司可以将成本和知识传播到所有客户。恩多夫（Endorf，2004）的观点类似，外包可以作为一个成功的工具来节省组织的资金，同时允许外部供应商执行非核心能力。最终，外包决策是在可接受的风险和可接受的安全成本之间的权衡（Fenn et al.，2002）。奈登巴赫等（Neidenbach et al.，2007）认为部分外包（单个信息系统安全部件/功能的外包）的重点是信息安全成本的降低和控制。通过转移信息安全的某些部分，可以提高效率和透明度。此外，信息安全的性能和某些功能可以通过合同保修系统进行监控。

此外，信息安全外包解决方案在过去 20 年中稳步增长。随着企业寻求在日益全球化的市场中提高其竞争地位，可以通过更多地依赖专业的外部服务提供商开展被视为补充其核心业务的活动来降低成本和保持质量。学者们已经确定了与建立和有效管理企业信息安全外包活动相关的几个外包问题、趋势和策略。例如，外包供应商在传统上保持内部的领先，并承担着越来越大的责任，而外包市场也越来越受企业重视（Debar and Viinikka，2006）。

3.2　理论基础

在文献回顾的基础上，本部分结合了技术接受模型（TAM）和技术—组织—环境框架（TOE）两种采纳模型研究企业网络信息安全外包采纳使用意愿的相关性。其基本的理论解释如下。

43

3.2.1 技术接受模型

在众多的理论模型中，技术接受模型（TAM）是解释 IT 技术采纳和使用过程的公认模型。它解释了用户行为意图的诸多差异，这些差异体现于各种各样背景下的 IT 条约和使用。它预测了用户对信息技术的接受程度及其在工作中的使用，并解释了用户对各种最终用户计算技术的接受程度的决定因素（Davis，1989）。TAM 试图解释技术接受和采用之间的关系，以及随后使用技术的行为意图（Sunny et al.，2019），将感知有用性和感知易用性作为 IT 采纳的主要决定因素（Benamati and Rajkumar，2008；Gangwar et al.，2015）。

3.2.2 TOE 框架

托纳茨基和弗莱舍（Tornatzky and Fleischer，1990）第一个提出 T－O－E 框架，用于解释和预测创新采用可能性的一般性因素框架，其主张采用技术受到技术发展、组织条件、业务和组织重组和组织环境的影响（Benamati and Rajkumar，2008）。其中，技术描述了公司采用受内外技术及其感知有用性、技术和组织兼容性、复杂性和学习曲线、试点测试/实验和可见性/想象力的影响。组织环境反映了企业的特征，如规模、结构、准备，以及公司的业务范围、最高管理层的支持、组织文化、管理结构的复杂性、人力资本的质量，以及和规模相关的问题，如内部闲置资源和专业化。环境反映了企业外部的属性，如竞争、市场力量和监管力量。它还可以包括公司外部具有特定专业知识的组织，以协助采用信息系统的意图（Gangwar et al.，2015）。

在 TOE 框架内，这三种情况下包含的因素可能因研究不同而有所不同，这取决于现象的具体属性。技术准备、预期收益和技术能力通常被选为技术环境的因素；环境的监管影响和竞争压力；组织环境的公司规模、管理支持和组织准备（Ahmad et al.，2019）。与信息系统/信息技术安全外包相关的困难和复杂性，很大程度上可以归因于必须考虑的不同方面，以及信息系统/信息技术安全的敏感特性。为了探索这些问题，我们遵循社会技术方法，这种方法侧重于三个非常重要但尚未充分解决的信息系统/信息技术安全外包问题：组织、技术和环境的分析框架，该框架可以帮助回答"如何"采纳信息安全外包的问题。

3.2.3　构建 TOE – TAM 研究框架

本书考虑了两种技术采用模型，即 TAM 模型和 TOE 框架，这两种模型已被广泛应用于组织背景下的研究。尽管大量的经验和概念研究证明了 TAM 模型和 TOE 框架在解释技术采用的各个层面上的重要、主导和相关作用，但这些模型都有各自的局限性。TAM 的两个结构（PU 和 PE）解释了大约 40% 的系统使用（Legris et al.，2003），TAM 扩展模型中的外部变量还没有明确定义。另外，TOE 框架的主要结构不明确（Wang et al.，2010），并且过于通用（Riyadh et al.，2009）。因此，需要通过将 TOE 框架与结构清晰的模型集成来加强 TOE 框架。研究者们提倡将 TAM 和 TOE 结合起来，以提高模型的预测能力，克服它们各自的局限性。

整合 TAM 和 TOE 较为复杂，由于 TAM 模型的外部变量和 TOE 框架的变量在不同的应用背景中以及它们的重要性不同。因此，缺乏一组通用的变量来解释技术采用，并且适用于任何背景和技术。为了建立一个完整的模型，本书采用了一种方法，包括从基于这两个模型的各种研究中确定的 TAM 和 TOE 的变量（显著的和不显著的）。由于变量的重要性随环境而变化，如技术、研究国家和公司规模（营业额、员工数量等），因此，不应仅仅因为在一组研究和/或环境中而丢弃某些变量。

3.3　研究假设与模型构建

在文献的基础上，选取了与信息安全外包相关的采纳变量，提出了基于 TOE – TAM 理论框架的概念及其假设。

3.3.1　技术与采纳意愿

信息系统安全领域正在迅速发展，不仅威胁和相关事件在增加，而且安全产品和技术也在快速发展和变化。这一事实是企业在自行管理IS/IT 安全方面面临困难的主要原因之一。然而，对于安全服务提供商也是如此。因此，各组织必须确保安全，可能的做法是在其外包协议中列入规定，供应商必须拥有最新的安全系统并定期更新，以便跟上技术革新的步伐（Deshpande，2005）。外包的各种安全功能要求数据存储在供应商的场所；在这种情况下，应使用适当的技术和工具来提供数据的机密性和完整性，如加密机制、授权方案等。因此，与其他替代技术相比，MSSP 技术的其他好处在组织的采用中起着关键作用。根据刚瓦尔等（Gangwar et al.，2015）的观点，相对优势是指"一个技术因素被认为为公司提供更大利益的程度"，MSSP 提供的网络安全技术比企业自身的技术具有优势，如降低成本、可扩展性、灵活性、移动性和共享资源等，因此，我们提出如下假设：

H1a：MSSP 技术的相对优势对信息安全外包的采纳意向有正向影响；

H1b：MSSP 技术的复杂性对信息安全外包的采纳意向有负向影响；

H1c：MSSP 技术的兼容性对信息安全外包的采纳意向有正向影响。

3.3.2　组织与采纳意愿

企业应在外包其安全功能之前考虑其安全策略，因为安全战略必须与业务目标相一致（Dhillon et al.，2013），也将有助于管理层评估外包安排的有效性。组织还需要决定信息系统安全与其核心能力之间的关系。如果他们认为信息系统安全性其业务核心密切相关，那么外包应该在非常有限的范围内考虑。然而，绝大多数公司都认为，信息系统安全不是其核心能力的一部分，因此，在适当的条件下，其职能可以有效外包。然而，研究人员指出，信息系统安全对于公司来说是一个至关重要的问题，应该在战略层面加以解决（Debar and Viinikka，2006；Soomro et al.，2016）。另一方面，将信息系统作为商品的公司，必须考虑安全外包的程度。从长远来看，全面安全外包带来的风险是，公司可能会被剥夺内部的安全技能。一直实行全面安全外包的公司更可能发现自己无法管理与 IT 相关的风险。全面安全外包也可能意味着组织内没有发展安全文化，而员工对安全相关问题缺乏认识。因此，管理层应规定在组织内保持一定程度的 IT 安全经验和专业知识。此外，在安全外包的程度上，组织还需要选择是将 IT 安全功能外包给单个供应商还是多个供应商。一方面，拥有众多供应商的企业面临着管理成本增加、谈判能力降低的问题；另一方面，外包给单一供应商会带来更大的风险，以防产生不利影响。定价是安全外包安排的另一个重要问题，特别是对于许多公司来说，安全费用占其整个 IT 预算的很大一部分。选择外包安全功能也可能会对组织产生一些副作用（Endorf，2004）。例如，安全策略的开发和应用是组织经常外包的基本安全管理实践。因此，安全政策和程序通常是在特定的环境下制定，而不考虑当前的组织特征，如组织文化和内部关系。这些政策和程序更有可能受到雇员的抵制，因为他们认为这些政策和程序是完成任务的制约因素。因此，我们提出如下假设：

H2a：企业的高管支持对信息安全外包的采纳意向有正向影响；

H2b：组织能力对信息安全外包的采纳意向有负向影响；

H2c：培训教育对信息安全外包的采纳意向有正向影响。

3.3.3　环境与采纳意愿

在信息安全外包中要考虑外部授权，如政府要求对投资决策的影响。但是文献给出了相互矛盾的结论。一些研究发现，外部压力对组织学习很重要，因为外部压力通过提供组织应该遵守的基准来帮助组织探索问题和防止未来的信息安全风险（Naveh and Marcus，2004）。政府的强制性制度要求是引起企业对信息安全的注意，使组织关注这个问题领域。由于政府应对失败的要求往往是广为宣传的压力，组织可能被迫从这些压力中遵从政府要求，从而克服惰性并刺激组织变革（Kwon and Johnson，2014）。奥拉达波等（Oladapo et al.，2009）认为，组织倾向于利用众所周知的实践，而不是探索新的实践，外部监管压力可以刺激通过外包信息安全提高组织的安全水平。虽然一些学者认为，指令性安全政策是适得其反的，因为它推动企业达到一定程度的控制，而不考虑特殊（IT 安全）成熟度（Bulgurcu et al.，2010；Tang et al.，2008）。因此，监管可能会浪费企业资源，产生一种合规的心态，而不是一种安全的心态。鉴于威胁和脆弱性的迅速变化，今天的安全问题与去年甚至上个月的问题都有所不同。在这种高度不确定性的情况下，外部监管指令只能为企业提供一个进行安全投资的基本方向。因此，这种外部监管压力可能会引起组织对安全漏洞的关注，提供关键的安全指南，并产生旨在减少未来故障的新组织流程。

此外，从技术采用研究的早期阶段来看，竞争压力的作用被认为是一种有效的激励因素。布尔古尔库等（Bulgurcu et al., 2010）将其定义为"公司从行业内竞争对手身上感受到的压力程度"。通常认为行业内的竞争会对 IT 的采用产生积极影响，特别是当技术直接影响到竞争时，采用新技术来竞争是一种市场战略需要。这一事实适用于企业信息安全外包环境。采用安全的信息系统有助于公司在竞争规则、行业结构和超越竞争对手方面改变竞争环境（Oladapo et al., 2009）。因此，实施企业信息安全的先行者往往在竞争优势和顺利生存方面获得相当大的优势。因此，提出以下假设：

H3a：外部制度环境对信息安全外包的采纳意向有正向影响；

H3b：外部竞争压力对信息安全外包的采纳意向有正向影响。

3.3.4 技术与感知有用性和感知易用性

公司在 IT 基础设施的安全上花费了很多资金，而实际使用的安全性却不足 10%，这就导致了使用 MSSP 外包可以避免过多的开支（Kwasha，2019）。此外，MSSP 外包服务使企业每年都能从管理和维护 IT 基础设施中解放出来。因此，它从根本上降低了信息安全运营的总成本。MSSP 外包服务在按需付费的基础上提供个性化服务，从而根据组织当前的需求调整使用水平（Williams，2013）。随着信息安全需求的增加，用户应该能够扩展其资源和基础设施，以满足国家对企业安全的新需求。此外，复杂性被定义为理解和使用系统的感知困难程度。在采用 MSSP 外包的情况下，它被衡量为执行任务所需的时间、应用程序与专用安全设施的集成、信息安全渗透测试等。根据已有研究，可以推断复杂性与感知有用性和感知易用性成反比。同时，兼容性可以认为"一项创新被视为与现有价值观、过去经验和潜在采纳者的需求相一致的程度"以及"创新被认为与潜在用户的现有价值观、以前的经验和要求相一致的程度"（Williams，2013）。感知的兼容性考虑到组织及其员工的现有安全的价值观、行为模式和经验是否处于可协调性中安全技术和/或创新。在信息安全采纳方面的一些研究证明了兼容性在感知易用性和感知有用性的有效作用（Williams，2013）。学者认为，更多的 MSSP 外包服务与企业安全战略保持一致，组织将能够开发更多的能力来利用 MSSP 外包服务的好处，更多的是降低技术用户的不确定性程度的可能性。对于 MSSP 外包服务，需要了解该技术是否与组织中现有的技术架构兼容。还需要考虑集成（应用程序导入和导出的便利性）和定制（服务的调整）。因此，我们提出以下假设：

H4a：MSSP 技术的相对优势对感知有用性有正向影响；

H4b：MSSP 技术的相对优势对感知易用性有正向影响；

H4c：MSSP 技术的复杂性对感知有用性有正向影响；

H4d：MSSP 技术的复杂性对感知易用性有负向影响；

H4e：MSSP 技术的兼容性对感知有用性有正向影响；

H4f：MSSP 技术的兼容性对感知易用性有正向影响。

3.3.5　组织与感知有用性和感知易用性

与其他管理学科类似，IT 采纳文献也承认了高层管理支持在启动、实施和采用若干信息技术方面的作用。多尔和伊洛维奇（Dor and Elovi-ci，2016）将其解释为高层官员对安全技术采纳在为公司创造价值方面的有用性的看法和行动。它确保了长期愿景、价值观的强化、资源的承诺、资源的最佳管理、良好组织氛围的培养、对个人自我效能的更高评估、克服障碍的支持和对变革的抵制（Ding and Yurcik，2006；Soomro et al.，2016；Moon，2018）。从文献中可以看出，高层管理者的支持与信息技术应用对感知有用性和感知易用性的影响正相关。此外，穆恩（Moon，2018）将组织准备状态描述为管理者对其认为其组织有意识、资源、承诺和治理采用信息技术的程度的感知和评价。我们认为，那些拥有有效基础设施、员工专业知识和财务支持的公司会提高技术的有用性。同时，培训被描述为一个公司指导其员工在质量和数量方面使用工具的程度（Whitworth，2005）。由于 MSSP 外包服务是一个复杂的信息系统，组织在实施之前需要对员工进行培训和教育。它减少了员工对 MSSP 外包服务使用的焦虑和压力，并为他们的任务提供了动力和更好的理解。它可以减少歧义，帮助员工开发知识，以便将来有效使用。它也提高了 MSSP 外包服务的有用性（Soomro et al.，2016）。因此，提出以下假设：

H5a：企业的高管支持对信息安全外包的感知有用性有正向影响；
H5b：企业的高管支持对信息安全外包的感知易用性有正向影响；
H5c：组织能力对信息安全外包的感知有用性有正向影响；
H5d：组织能力对信息安全外包的感知易用性有正向影响；
H5e：培训教育对信息安全外包的感知有用性有正向影响；
H5f：培训教育对信息安全外包的感知易用性有正向影响。

3.3.6　感知有用性和感知易用性与采纳意向

感知有用性是指为潜在用户使用特定应用系统在组织环境中提高其工作绩效的主观概率，而感知易用性指的是预期用户期望目标系统的难易程度。申克（Senk，2013）认为 MSSP 的感知易用和感知有用性对采纳有正向作用，贝纳马蒂和拉吉库马尔（Benamati and Rajkumar，2008）基于 TAM 框架分析了外部环境和组织的感知风险对外包服务感知易用性和感知有用性的影响，进而对采纳意见的影响。同时，传统的 TAM 模型表明感知易用性对感知有用性有正向影响，因为易于使用的技术可能更有用（Oladapo et al.，2009）。因此，提出以下假设：

H6a：MSSP 技术的感知易用性对感知有用性有正向影响；
H6b：MSSP 技术的感知有用性对采纳意向有正向影响；
H6c：MSSP 技术的感知易用性对采纳意向有正向影响；
H6d：感知有用性对技术与信息安全外包采纳意向之间有中介作用；
H6e：感知有用性对组织与信息安全外包采纳意向之间有中介作用。

基于上述分析，我们得到本部分的研究框架，如图 3 – 1 所示。

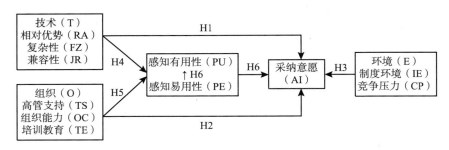

图 3 – 1　研究框架

资料来源：笔者整理。

3.4　研　究　方　法

3.4.1　变量测量

本书的研究目的是通过 TAM 模型与 TOE 架构的整合，找出影响组织采用 MSSP 信息安全外包服务的因素。为此，本书采用问卷调查法，从已经购买 MSSP 信息安全外包服务的组织中收集数据。其中问卷由两部分组成：公司概况和采纳变量。这些量表按照李克特五分量表填写。为了确保被调查者能够理解本研究，我们进行了连续两轮的预测试：首先，问卷由具有问卷设计经验的学术研究人员进行审查，然后，在已知的 IT 专家的指导下进行问卷试验。此外，调查问卷的答复是从正在被采纳的公司（潜在采纳者）的高层和中层 IT 专业人员那里收集的。这样，有目的的抽样被用于数据收集，通过第三方电子邮件和/或电话联系受访者，了解他们是否知道 MSSP 信息安全外包服务，如果知道，他们是否愿意采用 MSSP 信息安全外包服务或正在采用。大多数问题是通过对被调查者的个人访问来收集的，在他们对问卷进行回答之前先完成了一轮对话，其他回复通过第三方系统或电子邮件收集。本次访谈旨在了解他们对采用 MSSP 信息安全外包服务的准备情况及其相关的未来计划。

3.4.2　样本选取和数据收集

采用问卷调查的方法收集本研究的实证数据，共进行两轮发放问卷，第一轮发放 180 份问卷，剔除无效问卷后剩余 88 份，第二轮发放 30 份，剔除无效问卷后剩余 16 份，一共收集 104 份有效问卷。样本的基本信息如表 3 - 2 所示。

表 3 - 2　　　　　　　　　　样本信息（N = 104）

变量	指标	数量	百分比（%）
性别	男	61	58.65
	女	43	41.35

变量	指标	数量	百分比（%）
公司电脑数量	少于 50 台	7	6.73
	51～250 台	61	58.65
	251～500 台	22	21.15
	501～1000 台	9	8.65
	1000 台以上	5	4.81
公司类型	IT 行业	55	52.88
	制造业	31	29.81
	教育行业	6	5.77
	金融行业	8	7.69
	医疗行业	1	0.96
	其他	3	2.88
信息安全外包情况	没有购买安全外包	1	0.96
	购买部分安全外包	68	65.38
	全部由 MSSP 负责	35	33.65

资料来源：笔者整理。

3.5 数据分析与假设检验

3.5.1 数据分析

首先对不同变量之间的相关性和共线性进行诊断分析，结果如表 3-3 所示。

表 3-3　　　　　Pearson 相关系数和共线性检验

变量	RA	FZ	JR	TS	OC	TE	IE	CP	PU	PE	VIF
RA	1										1.39
FZ	-0.19										1.20

52

续表

变量	RA	FZ	JR	TS	OC	TE	IE	CP	PU	PE	VIF
JR	0.40 **	− 0.25 *									1.83
TS	0.24 *	− 0.12	0.33 **								1.68
OC	0.35 **	− 0.18	0.45 **	0.29 **							1.50
TE	0.32 **	− 0.08	0.50 **	0.60 **	0.39 **						2.04
IE	0.35 **	− 0.16	0.45 **	0.27 **	0.41 **	0.25 **					1.59
CP	0.39 **	− 0.15	0.37 **	0.34 **	0.38 **	0.45 **	0.20 *				1.55
PU	0.25 *	− 0.33 **	0.29 **	0.17 **	0.21 *	0.24 *	0.42 *	0.21 *			1.38
PE	0.35 **	− 0.10	0.43 **	0.40 **	0.35 **	0.40 **	0.22 **	0.48 **	0.22 *		1.55
A1	0.32 **	− 0.13	0.37 **	0.43 **	0.24 **	0.32 **	0.25 *	0.29 **	0.28 **	0.39 **	1.39

　　注：RA 相对优势，FZ 复杂性，JR 兼容性，TS 高管支持，OC 组织能力，TE 培训教育，IE 制度环境，CP 竞争压力，PU 感知有用性，PE 感知易用性，AI 采纳意向；** $p < 0.01$，* $p < 0.05$，Pearson 双侧检验。

　　资料来源：笔者整理。

　　表 3 − 3 的系数显著性水平说明，信息安全外包采纳因素中关键因子之间具有显著的相关关系，表明建构的模型与假设合理。VIF 值小于 5 说明不存在共线性。

3.5.2　假设检验

　　对问卷进行信度计算，并进行验证性因素分析。可靠性分析显示，Cronbach 的 α 值为 0.821，说明可靠性较好。进一步，采用主成分分析和最大方差旋转法对量表进行因子分析。Bartlett 的球形度试验结果为 0.000，KMO 值为 0.683，该值大于 0.6，表明抽样充分性的度量很高，并确保数据的可因子性。根据图 3 − 1 的研究框架，利用 SPSS 19 软件，进行 PLS 方程验证，结果如表 3 − 4 所示。

表 3 - 4　总样本的层次回归结果

变量	模型1-A1	模型2-A1	模型3-A1	模型4-PU	模型5-PU	模型6-PE	模型7-PE	模型8-A1	模型9-A1	模型10-A1	模型11-A1
性别	-0.22**	-0.21**	-0.20**	-0.07	-0.08	-0.017	-0.12	-0.21**	-0.19***	-0.22**	-0.19**
电脑数量	0.05	-0.02	0.02	0.06	-0.00	-0.01	0.01	0.03	-0.02	0.05	-0.20
公司类型	0.07	0.09	0.09	0.01	0.01	0.06	0.02	0.07	0.08	0.06	0.08
自变量											
相对优势	0.21**			0.23**		0.12		0.16		0.19*	
技术复杂性	0.04			0.06		-0.27**		0.03		0.08	
技术兼容性	0.29***			0.35***		0.18***		0.21**		0.26**	
高管支持		0.33***			0.21*		0.00		0.33**		0.33*
组织能力		0.13			0.22**		0.15		0.08		0.10
培训教育		0.09			0.19		0.19		0.05		0.06
制度环境			0.20**								
竞争压力			0.20**								
感知有用性								0.22**	0.22**		
感知易用性										0.16	0.17*
F值	4.64***	5.29***	3.88***	4.94***	5.08***	3.37***	1.57	4.64***	5.38***	4.40***	5.11***
R²	0.18	0.20	0.12	0.23	0.24	0.17	0.03	0.21	0.23	0.19	0.22
DW值	1.75	1.59	1.75	2.01	2.00	1.97	1.90	1.82	1.68	1.76	1.65

注：*** p<0.01，** p<0.05，* p<0.1，Pearson 双侧检验。

资料来源：笔者整理。

　　由表 3-4 可知，在模型 1 所示的在技术维度中，MSSP 外包服务的相对优势和技术兼容性与企业采纳 MSSP 外包的意愿正向显著（0.21，$p < 0.05$；0.29，$p < 0.01$），也就是 MSSP 外包服务的相对优势和技术兼容性越大，企业越倾向于采纳 MSSP 的外包服务；而信息安全的技术复杂性对企业采纳 MSSP 外包服务却没有显著的影响，可能是因为即使安全技术复杂在必要的情况下企业也会通过自我投资或者购买 MSSP 外包服务确保组织信息安全，因此 H1a 和 H1c 获得支持，H1b 未获得支持。在模型 2 所示的组织维度中，只有高管支持与企业采纳 MSSP 外包的意愿正向显著（0.33，$p < 0.01$），而组织能力和培训教育对企业采纳 MSSP 外包服务却没有显著的影响，这可能是因为企业里面主要决策者的态度对最终采纳有很强的影响，故 H2a 获得支持，H2b 和 H2c 未获得支持。在模型 3 所示的环境维度中，制度环境和竞争压力对企业采纳 MSSP 外包的意愿正向显著（0.2，$p < 0.05$；0.2，$p < 0.05$），当外部制度环境和竞争压力越发紧张时，企业越倾向于采纳 MSSP 外包服务，故 H3a 和 H3b 均获得支持。

　　对于感知有用性而言，由模型 4 和模型 6 可知，MSSP 外包服务的相对优势和技术兼容性与感知有用性正向显著（0.23，$p < 0.05$；0.35，$p < 0.01$），而技术复杂性却不显著，这是因为，MSSP 信息安全外包服务的优势以及与组织系统的兼容性是企业安全实践操作中最为直接的反映；此外，技术复杂性和技术兼容性分别对感知易用性有负向和正向作用（-0.27，$p < 0.05$；0.18，$p < 0.01$），故 H4a、H4d、H4e 和 H4f 均获得支持，H4b 和 H4c 未获得支持。由模型 5 和模型 7 可知，高管支持和组织能力与感知有用性正向显著（0.21，$p < 0.1$；0.22，$p < 0.05$），而培训教育却不显著，这是因为，由于信息安全较为复杂，企业更希望全部由 MSSP 进行承担；此外，高管支持、组织能力和培训教育与感知易用性的关系均不显著，故 H5a 和 H5c 获得支持，H5b、H5d、H5e 和 H5f 均未获得支持。

　　分析感知有用性、感知易用性和采纳意向之间的关系，结果如表 3-5 所示。

表 3-5　　感知有用性和感知易用性对采纳意向的回归结果

变量	模型 1-PU	模型 2-AI	模型 3-AI	模型 4-AI
性别	-0.06	-0.21**	-0.21**	-0.19**
电脑数量	0.01	-0.00	0.00	-0.02

变量	模型 1 – PU	模型 2 – A1	模型 3 – A1	模型 4 – A1
公司类型	– 0.02	0.05	0.04	0.05
感知有用性		0.37 ***		0.33 ***
感知易用性	0.21 **		0.26 ***	0.19 **
F 值	1.36	5.79 ***	3.31 **	5.58 ***
R^2	0.05	0.16	0.08	0.18
Durbin – Watson	1.92	1.84	1.74	1.87
方差	0.58	0.47	0.58	0.58

注：*** $p < 0.01$，** $p < 0.05$，* $p < 0.1$，Pearson 双侧检验。
资料来源：笔者整理。

由表 3 – 5 可知，感知易用性对感知有用性有正向影响（0.21，$p <$ 0.05），感知易用性和感知有用性均对企业采纳 MSSP 安全外包服务有显著的正向影响（0.33，$p < 0.01$，0.19，$p < 0.05$），说明了 MSSP 提供安全服务的感知有用性和感知易用性越大企业使用 MSSP 安全外包服务的可能性越大，故 H6a、H6b 和 H6c 均获得支持。

为了进一步检验感知易用性和感知有用性的中介效用，我们根据图 3 – 2 的检验过程，结合表 3 – 4 和表 3 – 5 的结果，可以得出：

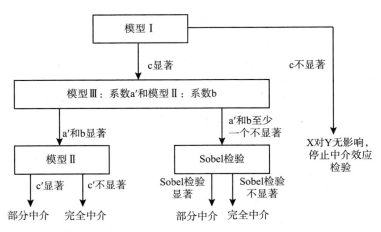

图 3 – 2 中介效应检验过程

资料来源：温忠麟等，2004。

（1）由模型 1 和模型 2 可知，技术复杂性、组织能力和培训教育由于对采纳意向回归结果不显著故不存在中介效应。

（2）由模型 1、模型 4 和模型 8 可知，由于相对优势在模型 1 和模型 4 中显著，但是在模型 8 中不显著，故感知有用性在相对优势和采纳之间是完全中介作用；技术兼容性在模型，模型 4 和模型 8 中均显著，故感知有用性在技术兼容性和采纳之间是部分中介作用。

（3）由模型 2、模型 5 和模型 9 可知，感知有用性在高管支持和采纳之间是部分中介作用。

（4）由于模型 10 中感知易用性对采纳意向的回归不显著，故需要做 Sobel 检验判断中介效应，获得相对优势的 Sobel 检验的 t 值为 0.246 不显著；兼容性的 Sobel 检验的 t 值为 0.325 不显著。

（5）由模型 1、模型 6 和模型 11 可知，感知易用性对高管支持和采纳意向之间起部分中介作用。具体的如表 3 - 6 所示。

表 3 - 6　　　　　　　　　　中介作用结果

项目	相对优势	复杂性	兼容性	高管支持	组织能力	培训教育
感知有用性	完全中介	无	部分中介	部分中介	无	无
感知易用性	完全中介	无	完全中介	部分中介	无	无

资料来源：笔者整理。

由表 3 - 6 可知，感知有用性和感知易用性对相对优势由完全中介作用，对高管支持则是部分中介作用；同时，感知有用性对兼容性有部分中介作用，而感知易用性对兼容性有完全中介作用。但是，感知有用性和感知易用性对技术复杂性、组织能力和培训教育均无中介作用。因此，H6d 和 H6e 均获得了部分支持。

为了进一步分析高层管理的决策是如何影响企业对 MSSP 安全外包采纳意向影响的，我们对样本进行了筛选，获得中高层管理者样本 83 个进行分析，结果如表 3 - 7 所示。

表 3 - 7　中高层管理者样本的层次回归结果

变量	模型 1 - A1	模型 2 - A1	模型 3 - A1	模型 4 - PU	模型 5 - PU	模型 6 - PE	模型 7 - PE	模型 8 - A1	模型 9 - A1	模型 10 - A1	模型 11 - A1
控制变量											
性别	-0.13	-0.05	-0.06	-0.089	-0.04	-0.00	-0.05	-0.11	-0.04	-0.13	-0.04
电脑数量	0.06	0.01	0.01	0.07	0.03	0.04	0.05	0.04	0.04	0.05	0.00
公司类型	0.14	0.18*	0.21*	0.05	0.07	0.09	0.09	0.12	0.16*	0.12	0.16*
自变量											
相对优势	0.29***			0.27**		0.12		0.23**		0.27**	
技术复杂性	0.07			0.08		-0.27**		0.05		0.11	
技术兼容性	0.32***			0.39***		0.20*		0.24**		0.29***	
高管支持		0.44***			0.15		0.10		0.41***		0.43***
组织能力		0.26***			0.28***		0.22*		0.20**		0.23**
培训教育		0.05			0.28**		0.16		-0.00		0.03
制度环境			0.26**								
竞争压力			0.30***								
感知有用性								0.23*	0.20*	0.17	0.12
感知易用性											
F 值	4.75***	6.82***	3.87***	5.45***	5.26***	2.87**	2.08*	3.89***	3.57***	2.65	1.37
R^2	0.27	0.35	0.21	0.30	0.29	0.19	0.14	0.04	0.03	0.03	0.012
Durbin - Watson	1.90	1.78	2.00	2.16	1.89	2.15	2.18	1.97	1.92	2.00	1.86

注：*** $p < 0.01$，** $p < 0.05$，* $p < 0.1$，Pearson 双侧检验。
资料来源：笔者整理。

由表 3 - 7 可知, 在高管样本中的模型 1 技术维度中, MSSP 外包服务的相对优势和技术兼容性与企业采纳 MSSP 外包的意愿正向显著 (0.29, p < 0.01; 0.32, p < 0.01), 对比表 3 - 5 的结果显而易见的高管样本的显著性水平更高, 这是因为高管更关注 MSSP 的外包采纳决策。在模型 2 所示的组织维度中, 高管支持和组织能力与企业采纳 MSSP 外包的意愿正向显著 (0.44, p < 0.01, 0.26, p < 0.01), 对比表 3 - 5 的结果发现, 高管支持的意愿进一步增强, 同时组织能力对企业采纳意向有了显著影响, 这说明高管更注重组织是否有能力与 MSSP 外包服务进行匹配。在模型 3 所示的环境维度中, 制度环境和竞争压力对企业采纳 MSSP 外包的意愿正向显著 (0.26, p < 0.05; 0.3, p < 0.01), 与表 3 - 5 结果相当。

对于感知有用性而言, 由表 3 - 7 的模型 4 和模型 6 可知, MSSP 外包服务的相对优势和技术兼容性与感知有用性正向显著 (0.27, p < 0.05; 0.39, p < 0.01) 与表 3 - 5 结果类似; 此外, 仅技术复杂性对感知易用性有负向和正向作用 (- 0.27, p < 0.05)。由模型 5 和模型 7 可知, 与表 3 - 5 结果不同, 高管支持和组织能力与感知有用性正向显著 (0.28, p < 0.1; 0.28, p < 0.05), 但是仅高管支持与感知易用性有显著正向作用。

同时, 对表 3 - 6 和表 3 - 8 的回归结果进行对比可知, 感知有用性有了显著的增加, 而感知易用性并没有显著变化, 这说明高管更注重 MSSP 安全外包服务的有用性, 而对于其易用性却在样本的平均水平。

表 3 - 8　中高层管理者样本的感知有用性和感知易用性对采纳意向的回归结果

变量	模型 1 - PU	模型 2 - A1	模型 3 - A1	模型 4 - A1
性别	- 0.08	- 0.11	- 0.13	- 0.09
电脑数量	0.02	0.00	- 0.00	- 0.01
公司类型	- 0.02	0.09	0.07	0.08
感知有用性		0.43 ***		0.38 ***
感知易用性	0.26 **		0.29 ***	0.19 *
F 值	1.69	5.16 ***	2.45 *	4.94 ***
R^2	0.03	0.21	0.11	0.24

变量	模型 1 - PU	模型 2 - A1	模型 3 - A1	模型 4 - A1
Durbin - Watson	1.97	2.05	2.05	2.16
方差	0.62	0.48	0.62	0.62

注：*** p < 0.01，** p < 0.05，* p < 0.1，Pearson 双侧检验。
资料来源：笔者整理。

同样，根据图 3 - 2 的过程，对高管样本中感知有用性对高管支持与采纳意见的中介作用，以及感知易用性对相对优势、高管支持与采纳意见的中介作用，进行 Sobel 检验，检验结果如表 3 - 9 所示。

表 3 - 9　　　　　　　　中高层管理者样本的中介作用结果

项目	相对优势	复杂性	兼容性	高管支持	组织能力	培训教育
感知有用性	部分中介	无	部分中介	完全中介	部分中介	无
感知易用性	完全中介	无	部分中介	完全中介	部分中介	无

资料来源：笔者整理。

对比表 3 - 7 和表 3 - 9，不难发现高管样本中感知有用性和感知易用性的中介作用发生了显著的变化。在高管样本中，感知有用性对技术维度的相对优势和兼容性有部分中介作用，而感知易用性对相对优势是完全中介作用，对兼容性是部分中介作用。同时，感知有用性和感知易用性对高管支持是完全中介作用，而对组织能力是部分中介作用。这说明高管样本均看中 MSSP 安全外包服务的感知有用性和感知易用性，组织能力也是高管考虑的部分因素。

综合上述数据分析，我们对本章的假设及其验证情况进行总结，如表 3 - 10 所示。

表 3 - 10　　　　　　　　假设检验结果

标号	假设	系数	结果
H1a	安全外包技术的相对优势对安全外包的采纳意向有正向影响	0.21	支持 (p < 0.05)

续表

标号	假设	系数	结果
H1b	安全外包技术的复杂性对安全外包的采纳意向有负向影响	—	不支持
H1c	安全外包技术的兼容性对安全外包的采纳意向有正向影响	0.29	支持（p<0.01）
H2a	企业的高管支持对信息安全外包的采纳意向有正向影响	0.33	支持（p<0.01）
H2b	组织能力对信息安全外包的采纳意向有负向影响	—	不支持
H2c	培训教育对信息安全外包的采纳意向有正向影响	—	不支持
H3a	外部制度环境对信息安全外包的采纳意向有正向影响	0.2	支持（p<0.05）
H3b	外部竞争压力对信息安全外包的采纳意向有正向影响	0.2	支持（p<0.05）
H4a	信息安全外包技术的相对优势对感知有用性有正向影响	0.23	支持（p<0.05）
H4b	信息安全外包技术的相对优势对感知易用性有正向影响	—	不支持
H4c	信息安全外包技术的复杂性对感知有用性有正向影响	—	不支持
H4d	信息安全外包技术的复杂性对感知易用性有负向影响	−0.27	支持（p<0.05）
H4e	信息安全外包技术的兼容性对感知有用性有正向影响	0.35	支持（p<0.01）
H4f	信息安全外包技术的兼容性对感知易用性有正向影响	0.18	支持（p<0.01）
H5a	企业的高管支持对信息安全外包的感知有用性有正向影响	0.21	支持（p<0.1）
H5b	企业的高管支持对信息安全外包的感知易用性有正向影响	—	不支持
H5c	组织能力对信息安全外包的感知有用性有正向影响	0.22	支持（p<0.05）
H5d	组织能力对信息安全外包的感知易用性有正向影响	—	不支持
H5e	培训教育对信息安全外包的感知有用性有正向影响	—	不支持
H5f	培训教育对信息安全外包的感知易用性有正向影响	—	不支持
H6a	感知易用性对感知有用性有正向影响	0.21	支持（p<0.05）
H6b	感知有用性对采纳意向有正向影响	0.33	支持（p<0.01）
H6c	感知易用性对采纳意向有正向影响	0.19	支持（p<0.05）
H6d	感知有用性对技术与信息安全外包采纳意向之间有中介作用	部分支持	
H6e	感知有用性对组织与信息安全外包采纳意向之间有中介作用		

资料来源：笔者整理。

3.6 本 章 小 结

　　本章研究分析了影响企业采用 MSSP 外包服务的因素，扩展了现有文献中相关因素的研究范围。本章研究选择使用最为广泛的 TAM 理论作为基础，整合 TOE 框架构建 TOE – TAM 整合框架对企业信息安全外包服务采纳意愿进行扩展研究，即 TOE 框架变量作为 TAM 的外部变量，即相对优势、兼容性、复杂性、高管支持、组织能力和培训教育，来扩展 TAM 理论。这些变量对 TAM 中感知有用性和感知易用性的任何一个或两者都有直接影响，对采纳意向有间接影响。因此，TAM 的感知有用性和感知易用性充当 TAM 外部变量的中介变量。此外，竞争压力和制度压力对 MSSP 信息安全外包服务采纳产生直接影响。研究结果表明，感知有用性、感知易用性、相对优势、兼容性、组织能力、高管支持、竞争压力和制度压力是企业采用 MSSP 信息安全外包服务的重要决定因素。同时，以 TOE 变量作为 TAM 的外部变量，将 TAM 模型与 TOE 框架相结合，对提出的假设进行了实证检验，并对结果进行了解释。此外，整合模型方法通过提出整合两个流行的采纳框架的新方法，扩展了 IT 采纳研究。该模型解决了 MSSP 信息安全外包服务的关键领域，并通过使 IT 专业人员能够考虑有效的关注领域，使他们能够在其组织中的 MSSP 信息安全外包服务采纳过程中采取有效的行动，从而与 IT 专业人员具有相关性。因此，本章是对 MSSP 信息安全外包服务文献的一次有效尝试。本章研究仅限于使用有限的变量及排除一般员工。未来的研究应该在其他背景下验证研究结果。

第4章 企业信息安全自我防御与外包最优策略

基于第 3 章企业采纳信息安全外包的研究结论，企业最终的效益是影响企业是否购买信息安全外包服务的考量，本章将相关变量进行抽象化，用数学中的期望效用刻画企业的最终目标，并讨论企业自我主动防御还是购买信息安全外包。此外，我们还将企业的数据资产分为核心资产和非核心资产，分析不同资产进行信息安全外包下的最优决策。这不仅对即将进行的数字资产分类标的有指导作用，还对企业明确核心资产安全性有重要的现实指导意义。

4.1 信息安全外包现状

随着云计算、物联网、大数据和移动商务等新技术的使用，企业越来越发现他们无法管理自己数据资源的安全性。企业和组织重视存储在其信息系统中的消费者信息，因为它定义了客户的需求以及他们如何开展业务。尽管这些相互连接的信息系统已被证明在全球商业领域非常有用，但它也使这些信息系统面临着各种各样的安全威胁，这些威胁的增长速度与信息系统的创新速度相同。这为恶意攻击者提供了一个全新的平台，使他们能够轻松地对有价值的信息进行未经授权的访问（Ketler and Willems，1999）。

外包是指雇用第三方服务提供商来执行组织的非核心业务流程的过程。这使得组织能够专注于其核心业务流程，而专业的第三方则以一定的价格处理其非核心业务职能（Ketler and Willems，1999）。保护组织信息系统免受不断演变的安全威胁的需要比以往任何时候都更重要。促进这一需求的尝试为将 IT 安全功能外包为可管理的低成本解决方案开辟了道路（Deshpande，2005）。2019 年全球信息安全相关的硬/软件、服务投资接近 1066 亿美元，同比增长 9.4%。企业越来越重视将企业的网络安全交由外部具有技术优势和成本优势的网络安全服务提供商（MSSP）。然而，通过 MSS 外包安全保护并不能完全保护公司免受网络攻击和入侵。例如，美国塔吉特公司在 2013 年遭受了一次大规模数据泄露，丢失了超过 1 亿份客户记录，公司为此损失了 1.48 亿美元。尽管存在这些安全事件，企业和 MSS 供应商之间的关系可能会朝着更加一体化的伙伴关系发展，而不仅仅是外包的供应商—客户关系。这种紧密的合作关系引发了一些值得研究的问题。本章就网络相依下，企业面对不同的攻击类型，如何与 MSS 共同努力来保护企业的核心资产和非核心资产，并通过求解获得最优的外包决策机制。

4.2　信息安全外包相关研究进展

目前已经有大量的研究信息安全投资和外包的文献，基于戈登和洛布（Gordon and Loeb，2002）的企业网络安全防御模型，众多学者展开了关于企业安全投资的研究，其主要的研究内容在外包契约设计，以及外包与自我防御投资的决策选择两个方面。

（1）企业信息安全外包的契约设计。

德什潘德（Deshpande，2005）提出了企业在选择供应商和与供应商签订服务水平协议时应遵循的一些准则。格罗斯克拉等（Grossklags et al.，2008）研究了研究在网络规模、攻击类型、损失概率、损失幅度和技术成本等因素的影响下五种安全投资决策，考虑了传统公共物品博弈（总努力和最弱连接）和最近提出的两个博弈（最弱目标博弈）的广义模型；李哲浩等（Lee et al.，2013）研究了信息安全外包中的双重道德风险问题，发现网络信息安全外包中普遍存在的契约结构双边退款契约不能解决双重道德风险，增加违约或有沉没成本或对外支付也不能解决双重道德风险，因此他们提出了多边契约模型很好地解决了上述问题；塞萨尔等（Cezar et al.，2014）研究了网络信息安全外包中企业和 MSSP 的努力问题，发现当外包给同一个 MSSP 时显著地抑制了双方的努力，而外包给不同的 MSSP 时虽然促进了双方的努力，但是出现了激励错位问题；柯平凡等（2013）则深入分析了网络信息安全外包的信任机制，当系统风险相互依赖时，MSSP 则会出现欺诈行为；许佳龙等（2019）研究了 MSSP 中基于责任的双边合同的效率，设计了两种新颖的合同：阈值责任合同和可变责任合同，发现当事后努力验证可行时，阈值责任合同较优，当 MSSP 承担有限责任时，可变责任合同比多边合同更有效率。此外，巴格奇和班德尤帕德亚伊（Bagchi and Bandyo-padhyay，2018）还讨论了黑客攻击行为以及政府角色对网络信息安全各主体决策的影响。国内相关研究主要由仲伟俊团队展开研究，熊强等（2014）基于委托代理理论设计了固定费用 + 补偿系数的 MSSP 外包契约，解决了信息安全外包中利益冲突和信息不对称问题。随后，顾建强等（2016）构建了一般惩罚合同、部分外包合同和奖励惩罚合同，发现奖励惩罚契约可以实现促进 MSSP 努力和提高企业期望效用的双重效果。

（2）企业信息安全外包与自我防御投资决策选择。

目前关于企业信息安全外包和自我防御的研究已拓展至不同网络相依结构、攻击类型和资产类型等方面。古普塔和日达诺夫（Gupta and Zhdanov，2012）研究了企业购买 MSSP 信息安全外包服务的条件，并描述了垄断与联盟下 MSSP 网络规模的增长，发现对 MSSP 网络的初始投资只影响联盟的最优网络规模，而对利润最大化的垄断者的最优网络规模没有影响。黄德里克和贝哈拉（Huang and Behara，2013）建立了固定预算网络安全投资分配模型，通过对两种攻击模型的分析，发现安全预算约束下最好至少将大部分投资分配到针对某一类攻击的措施；如果信息系统高度连接且相对开放，以及当潜在损失相对于安全预算较大时，管理者应将安全投资的重点放在防止有针对性的攻击上。赵明等（2017）探讨利用多边合约解决 MSSP 的双重道德风险问题，结果表明企业外部性与其投资效率之间的比率决定了多边合同中或有支付的水平，并讨论了等额返还契约、外部性契约和无风险契约三种契约类型，每种合同类型都会给合同双方带来不同的利益，并且可以根据他们的安全管理偏好进行选择。塞萨尔等（Cezar et al.，2017）研究了基于相互依赖的风险和与 IT 安全相关的竞争外部性的企业安全外包决策，发现在没有竞争外部性和相互依赖风险的情况下，如果且只有当 MSSP 比内部运营提供质量优势时，企业才会外包安全，然而当安全风险是相互依存的，违规行为会带来竞争外部性时，尽管如果 MSSP 在防止违规行为方面比内部管理提供了更高的质量，企业仍然有更大的动力将安全外包，但 MSSP 的质量优势并不是企业外包安全措施，也不能保证公司会这样做。方玲等（2019）研究了信息系统安全的外包与自我防御问题，冯楠等（2019）进一步考虑了信息泄露成本下的企业自我防御与外包的最优的决策，发现在企业面临信息泄露风险时，将部分外包作为一种替代策略，当被攻击的风险较低时，无论信息泄露的风险如何，内部信息安全策略都是最优的解决方案。赵柳榕等（2019）考虑了具有竞争性的企业的网络信息安全决策模型，发现当竞争的企业均进行自主防御时，脆弱性水平和结构相依性是网络信息安全外包决策的关键；然而竞争性企业均选择网络信息安全外包策略时，系统相似性和网络安全的外部性是网络信息安全外包决策的关键因素。

综上所述，目前研究的关于企业是否进行自我防御还是将网络信息安全外包给 MSSP 均未考虑数据资产的内生性问题，本部分借鉴埃林和洛佩尔菲多（Eling and Loperfido，2017）关于企业内部资产的定价模型，将企业资产分为核心资产和非核心资产，并讨论不同核心资产在企业自我防御、全部外包给 MSSP、将非核心资产外包给 MSSP 和将核心资产外包给 MSSP 四种情形以及两类攻击方式下的企业信息安全外包决策。

4.3 信息安全外包问题描述

考虑由 N 个企业和 1 个 MSSP 企业构成的企业网络安全防御系统。企业为了降低网络系统的脆弱性，保护其内部数据资产不被黑客攻击和窃取，企业往往通过网络安全的自我防御投资或购买 MSSP 的信息安全外包服务来降低系统的脆弱性水平。企业的初始财富为 W，其中非核心业务的资产财富为 W_i，核心业务的资产财富为 W_j，企业信息系统的初始脆弱性为 V。企业一般面临两种类型的网络安全攻击（Gordon and Loeb，2002；Huang and Behara，2013）：一是广泛性无差别攻击，其攻击概率为 ξ_1；二是针对特定业务资产的定向攻击，其攻击概率为 ξ_2。企业为了防御这两类网络安全攻击，一般会购买防火墙或者杀毒软件或者购买 MSSP 的信息安全外包服务，其网络安全投资额为 c_Δ，投资系数为 r_Δ，$\Delta \in (f, m)$ 分别表示企业和 MSSP 的投资额；另外企业是否制定了相应的规章制度，以及网络信息安全合规性遵从的程度等网络安全防御努力程度 $\omega_\Delta [\Delta \in (f, m)$，分别表示企业和 MSSP 的努力程度] 也影响了企业的脆弱性水平，其努力成本为 $k\omega_\Delta^2/2$。面对两类网络安全攻击，经过企业投资和努力后，企业的脆弱性水平为：

$$\begin{cases} p_1 = \xi_1 Ve^{-r_\Delta c_\Delta - \omega_\Delta}, \ \Delta \in (f, m), \quad \text{攻击类型 I} \\ p_2 = \dfrac{\xi_2 V}{r_\Delta c_\Delta + \omega_\Delta + 1}, \ \Delta \in (f, m), \quad \text{攻击类型 II} \end{cases} \quad (4-1)$$

此外，网络安全具有公共物品的属性，企业之间的网络相连，其风险脆弱性必将相互影响，并呈现出一定的相依性（Grossklags et al.，2008），本章假设具有相依性的网络安全系统脆弱性表示为 $p = p_f + \theta p_{-f}$，θ 为强相依系数，当 $\theta = 0$ 时，企业之间网络安全风险互不相关，当 $\theta = 1$ 时，企业之间呈现最强相关性。假设企业 f 和企业 $-f$ 具有相同的信息资产属性和网络安全脆弱性，那么企业在相依情况下的脆弱性为 $p = (1 + \theta)p_f$。此时，企业面对两类攻击下的脆弱性为：

$$\begin{cases} p_1 = (1 + \theta)\xi_1 Ve^{-r_\Delta c_\Delta - \omega_\Delta}, \ \Delta \in (f, m), \quad \text{攻击类型 I} \\ p_2 = \dfrac{(1 + \theta)\xi_2 V}{r_\Delta c_\Delta + \omega_\Delta + 1}, \ \Delta \in (f, m), \quad \text{攻击类型 II} \end{cases} \quad (4-2)$$

企业向 MSSP 购买网络信息安全外包服务时，制定了具有补偿的双边合同（F, h），其中 F 为合同金额，即企业向 MSSP 支付价格为 F 的费用；h 为补偿系数，即当企业产生网络信息安全损失时，MSSP 向企业支付 h 比例损失的金额。由于企业非核心业务资产和核心业务资产的单位价值不同，其损失大小亦不相同，结合埃林和洛佩尔菲多（Eling and Loperfido，2017），冯楠等（2020）对企业资产损失的描述，$L = e^\alpha b^\beta$，其中 b 为业务资产损失量，β 为损失量的价值系数，α 为核心资产的价值增值系数。当资产为非核心资产时，我们假设 $\alpha = 0$，即非核心业务资产的损失额为 $L_i = b^\beta$；当资产为核心资产时，假设 $\alpha \geqslant 1$，即核心业务资产的损失额为 $L_j = e^\alpha b^\beta$。那么，当非核心业务资产损失时，MSSP 补偿额为 hb^β，当核心业务资产损失时，MSSP 补偿额为 $he^\alpha b^\beta$。

为了更好地对所构建的模型进行说明，我们做如下假设：

假设 1：攻击概率 $\xi_{1或2} \in (0,1)$，$p_{1或2} \in (0,1)$，$p_{f或-f} \in (0,1)$，$\theta \in [0,1]$，$h \in (0,1)$，$\beta > 1$，$b > 1$，$r_m > r_f > 0$；

假设 2：$r_f < r_m$，因为 MSSP 有用更高的技术水平和技术效率，因此企业自身的投资防御系数小于 MSSP 的投资防御系数。

4.4 信息安全外包基本模型

本部分根据上述问题描述和假设，构建企业网络安全之间强相依和弱相依下，企业完全自主防御、完全外包和部分外包（包括外包非核心业务和核心业务）的基本模型，并分析不同情形下的最优外包决策。当构建完全自我防御模型时，为了与部分非核心业务和核心业务损失的差异，假设在损失 L 中，用比例 η 来进行衡量核心资产在总损失中的比重，即当损失为 L 时，$L = (1-\eta)b^\beta + \eta e^\alpha b^\beta = (1 - \eta + \eta e^\alpha)b^\beta$。

4.4.1 企业完全自主防御

当企业完全自主防御时，仅企业自己付出网络安全防御成本以及努力水平，故此时企业网络安全水平是由企业网络安全投资额和企业的网络安全防御努力水平共同决定。因此，企业在相依情形下两种攻击类型的期望效用 U_1 为：

$$
U_1 = \begin{cases} W - c_f - k\omega_f^2/2 - (1+\theta)\xi_1 V e^{-r_f c_f - \omega_f}(1 - \eta + \eta e^\alpha)b^\beta, & \text{类型 I} \\[2mm] W - c_f - k\omega_f^2/2 - \dfrac{(1+\theta)\xi_2 V}{r_f c_f + \omega_f + 1}(1 - \eta + \eta e^\alpha)b^\beta, & \text{类型 II} \end{cases}
$$

$$(4-3)$$

4.4.2 完全外包给 MSSP

当企业将所有业务的网络信息安全外包给 MSSP 时，仅 MSSP 付出网络安全防御成本以及努力水平，故此时企业网络安全水平是由 MSSP 网络安全投资额和 MSSP 的网络安全防御努力水平共同决定。因此，企业在相依情形下两种攻击类型的期望效用 U_2 为：

$$U_2 = \begin{cases} W - F + (1+\theta)\xi_1 V e^{-r_m c_m - \omega_m}(h-1)(1-\eta+\eta e^\alpha)b^\beta, & \text{类型 I} \\ W - F + \dfrac{(1+\theta)\xi_2 V}{r_m c_m + \omega_m + 1}(h-1)(1-\eta+\eta e^\alpha)b^\beta, & \text{类型 II} \end{cases}$$

$$(4-4)$$

在 MSSP 收取合同费用,以及支付网络安全防御投资和相应努力后,MSSP 在企业间网络安全风险相依情形下两种攻击类型的期望效用 Π_2 为:

$$\Pi_2 = \begin{cases} F - c_m - k\omega_m^2/2 - h(1+\theta)\xi_1 V e^{-r_m c_m - \omega_m}(1-\eta+\eta e^\alpha)b^\beta, & \text{类型 I} \\ F - c_m - k\omega_m^2/2 - h\dfrac{(1+\theta)\xi_2 V}{r_m c_m + \omega_m + 1}(1-\eta+\eta e^\alpha)b^\beta, & \text{类型 II} \end{cases}$$

$$(4-5)$$

4.4.3 将非核心业务外的信息安全包给 MSSP

当企业将非核心业务的网络信息安全外包给 MSSP 时,MSSP 付出网络安全防御成本以及努力水平保护非核心业务安全,而核心业务安全则由企业自己进行网络安全防御投资和努力,故此时企业网络安全水平是由企业和 MSSP 网络安全投资额,以及企业和 MSSP 的网络安全防御努力水平共同决定。因此,企业在相依情形下两种攻击类型的期望效用 U_3 为:

$$U_3 = \begin{cases} W - c_f - F - k\omega_f^2/2 - (1+\theta)\xi_1 V e^{-r_f c_f - \omega_f}\eta e^\alpha b^\beta \\ \qquad + (h-1)(1+\theta)\xi_1 V e^{-r_m c_m - \omega_m}(1-\eta)b^\beta, & \text{类型 I} \\ W - c_f - F - k\omega_f^2/2 - \dfrac{(1+\theta)\xi_2 V}{r_f c_f + \omega_f + 1}\eta e^\alpha b^\beta \\ \qquad + (h-1)\dfrac{(1+\theta)\xi_2 V}{r_m c_m + \omega_m + 1}(1-\eta)b^\beta, & \text{类型 II} \end{cases}$$

$$(4-6)$$

MSSP 接受保护非核心业务安全后,在收取合同金额下,对非核心业务的安全进行投资,并付出相应的努力进行保护,此时 MSSP 在企业间网络安全风险相依风险下两种攻击类型的期望效用 Π_3 为:

69

$$\Pi_3 = \begin{cases} F - c_m - k\omega_m^2/2 - h(1+\theta)\xi_1 Ve^{-r_m c_m - \omega_m}(1-\eta)b^\beta, & \text{类型I} \\ F - c_m - k\omega_m^2/2 - h\dfrac{(1+\theta)\xi_2 V}{r_m c_m + \omega_m + 1}(1-\eta)b^\beta, & \text{类型II} \end{cases}$$

$$(4-7)$$

4.4.4 将核心业务外的信息安全包给 MSSP

当企业将核心业务的网络信息安全外包给 MSSP 时，MSSP 付出网络安全防御成本以及努力水平保护核心业务安全，而非核心业务安全则由企业自己进行网络安全防御投资和努力，故此时企业网络安全水平是由企业和 MSSP 网络安全投资额，以及企业和 MSSP 的网络安全防御努力水平共同决定。因此，企业在相依情形下两种攻击类型的期望效用 U_4 为：

$$U_4 = \begin{cases} W - c_f - F - k\omega_f^2/2 - (1+\theta)\xi_1 Ve^{-r_f c_f - \omega_f}(1-\eta)b^\beta \\ \qquad + (h-1)(1+\theta)\xi_1 Ve^{-r_m c_m - \omega_m}\eta e^\alpha b^\beta, & \text{类型 I} \\ W - c_f - F - k\omega_f^2/2 - \dfrac{(1+\theta)\xi_2 V}{r_f c_f + \omega_f + 1}(1-\eta)b^\beta \\ \qquad + (h-1)\dfrac{(1+\theta)\xi_2 V}{r_m c_m + \omega_m + 1}\eta e^\alpha b^\beta, & \text{类型 II} \end{cases}$$

$$(4-8)$$

MSSP 接受保护核心业务安全后，在收取合同金额下，对核心业务的安全进行投资，并付出相应的努力进行保护，此时 MSSP 在企业间网络安全风险相依风险下两种攻击类型的期望效用 Π_4 为：

$$\Pi_4 = \begin{cases} F - c_m - k\omega_m^2/2 - h(1+\theta)\xi_1 Ve^{-r_m c_m - \omega_m}\eta e^\alpha b^\beta, & \text{类型 I} \\ F - c_m - k\omega_m^2/2 - h\dfrac{(1+\theta)\xi_2 V}{r_m c_m + \omega_m + 1}\eta e^\alpha b^\beta, & \text{类型 II} \end{cases}$$

$$(4-9)$$

4.5 信息安全外包模型分析

本部分主要分析不同攻击方式和不同相依结构下企业以及 MSSP 在

不同策略中的最优决策。同时，根据不同策略的对比分析，获得企业最佳网络安全投资决策。

4.5.1　企业完全自主防御的分析

根据式（4-3），最大化相依结构下企业完全自主防御的最优投资额和最优努力水平，$\max U_1(c_f, \omega_f)$，通过对 c_f 和 ω_f 求导可得：

$$\frac{\partial U_1}{\partial c_f} = \begin{cases} -1 + (1+\theta)\xi_1 V r_f e^{-r_f c_f - \omega_f}(1 - \eta + \eta e^{\alpha})b^{\beta}, & \text{类型 I} \\ -1 + \dfrac{(1+\theta)\xi_2 V r_f(1 - \eta + \eta e^{\alpha})b^{\beta}}{(r_f c_f + \omega_f + 1)^2}, & \text{类型 II} \end{cases}$$

$$(4-10)$$

$$\frac{\partial U_1}{\partial \omega_f} = \begin{cases} -k\omega_f + (1+\theta)\xi_1 V e^{-r_f c_f - \omega_f}(1 - \eta + \eta e^{\alpha})b^{\beta}, & \text{类型 I} \\ -k\omega_f + \dfrac{(1+\theta)\xi_2 V(1 - \eta + \eta e^{\alpha})b^{\beta}}{(r_f c_f + \omega_f + 1)^2}, & \text{类型 II} \end{cases}$$

$$(4-11)$$

由式（4-10）和式（4-11）可知，当企业进行自我防御时，在不同类型的攻击下均存在最优网络安全投资额和努力水平。首先，通过式（4-10）和式（4-11）类型 I 的 c_f 和 ω_f 联立可得：

$$\begin{cases} c_{f11}^* = \dfrac{1}{r_f}\left[\ln(\xi_1 V r_f(1+\theta)(1 - \eta + \eta e^{\alpha})b^{\beta}) - \dfrac{1}{kr_f}\right], & \omega_{f11}^* = \dfrac{1}{kr_f}, \quad \text{类型 I} \\ c_{f12}^* = \dfrac{1}{r_f}\left[\sqrt{\xi_2 V r_f(1+\theta)(1 - \eta + \eta e^{\alpha})b^{\beta}} - 1 - \dfrac{1}{kr_f}\right], & \omega_{f12}^* = \dfrac{1}{kr_f}, \quad \text{类型 II} \end{cases}$$

$$(4-12)$$

由式（4-12）可知，在两种不同的攻击下，企业的最优努力程度 ω_f^* 不变。此外，通过计算 $c_{f11}^* - c_{f12}^*$ 可知（见图 4-1）。由此可知，当企业的潜在网络安全损失较少时，针对类型 I 的防御投资额较小，而在根 1 和根 2 之间时，防御类型 I 的投资额要大，而当企业的潜在损失很大时，针对攻击类型 II 的防御投资额要更大。因此，当企业潜在损失不大时，其安全投资主要进行广泛类型的网络安全攻击投资，而当企业的潜在损失较大时，则主要应对针对性攻击进行投资。

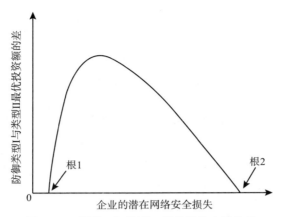

图 4 – 1　类型 I 和类型 II 最优投资水平的差

资料来源：笔者整理。

将式（4 – 12）代入式（4 – 3），可以获得两种类型攻击下企业的最优期望效用，如下：

$$U_1^* = \begin{cases} W - \dfrac{1}{r_f}\Big[\ln\big(\xi_1 Vr_f(1+\theta)(1-\eta+\eta e^\alpha)b^\beta\big) - \dfrac{1}{2kr_f} + 1\Big], & 类型\ I \\[3mm] W - \dfrac{1}{r_f}\Big[\sqrt{\xi_2 Vr_f(1+\theta)(1-\eta+\eta e^\alpha)b^\beta} + \dfrac{1}{2kr_f} + r_f c_f\Big], & 类型\ II \end{cases}$$

$$(4-13)$$

4.5.2　企业完全外包给 MSSP 的分析

根据式（4 – 4），最大化相依结构下企业购买 MSSP 信息安全外包服务防御的最优投资额和最优努力水平 $\max U_2(c_m, \omega_m)$。我们使用逆向求解法，先根据式（4 – 5）求解，然后再代入式（4 – 4）。对式（4 – 3）和式（4 – 4）中的 c_m 和 ω_m 求偏导可得：

$$\frac{\partial U_2}{\partial c_m} = \begin{cases} -1 + h(1+\theta)\xi_1 Vr_m e^{-r_m c_m - \omega_m}(1-\eta+\eta e^\alpha)b^\beta, & 类型\ I \\[3mm] -1 + \dfrac{h(1+\theta)\xi_2 Vr_m(1-\eta+\eta e^\alpha)b^\beta}{(r_m c_m + \omega_m + 1)^2}, & 类型\ II \end{cases}$$

$$(4-14)$$

$$\frac{\partial U_1}{\partial \omega_m} = \begin{cases} -k\omega_m + h(1+\theta)\xi_1 Ve^{-r_m c_m - \omega_m}(1-\eta+\eta e^\alpha)b^\beta, & \text{类型 I} \\[3mm] -k\omega_m + \dfrac{h(1+\theta)\xi_2 V(1-\eta+\eta e^\alpha)b^\beta}{(r_m c_m + \omega_m + 1)^2}, & \text{类型 II} \end{cases}$$

$$(4-15)$$

分别求解式（4-15）和式（4-16）中类型 I 和类型 II 中对应 c_m 的最优值可得：

$$\begin{cases} c_{m21}^* = \dfrac{1}{r_m}\left\{ \ln\left[h\xi_1 Vr_m(1+\theta)(1-\eta+\eta e^\alpha)b^\beta \right] - \dfrac{1}{kr_m} \right\}, & \omega_{m21}^* = \dfrac{1}{kr_m}, \quad \text{类型 I} \\[4mm] c_{m22}^* = \dfrac{1}{r_m}\left[\sqrt{h\xi_2 Vr_m(1+\theta)(1-\eta+\eta e^\alpha)b^\beta} - 1 - \dfrac{1}{kr_m} \right], & \omega_{m22}^* = \dfrac{1}{kr_m}, \quad \text{类型 II} \end{cases}$$

$$(4-16)$$

当最大化企业的期望效用时有 $\max\Pi_2(c_m, \omega_m) = 0$，因此根据式（4-16）可以获得最优的外包合同金额和企业的最优期望为：

$$F_2^* = \begin{cases} \dfrac{1}{r_m}\left[\ln(h\xi_1 Vr_m(1+\theta)(1-\eta+\eta e^\alpha)b^\beta) - \dfrac{1}{2kr_m} + 1 \right], & \text{类型 I} \\[4mm] \dfrac{1}{r_m}\left[\sqrt{h\xi_2 Vr_m(1+\theta)(1-\eta+\eta e^\alpha)b^\beta} + \dfrac{1}{2kr_m} + r_m c_m \right], & \text{类型 II} \end{cases}$$

$$(4-17)$$

$$U_2^* = \begin{cases} W - \dfrac{1}{r_m}\left[\ln(h\xi_1 Vr_m(1+\theta)(1-\eta+\eta e^\alpha)b^\beta) \right. \\[3mm] \quad\quad \left. - \dfrac{1}{2kr_m} - \dfrac{1}{h} + 2 \right], & \text{类型 I} \\[4mm] W - \dfrac{1}{r_m}\left[\sqrt{h\xi_2 Vr_m(1+\theta)(1-\eta+\eta e^\alpha)b^\beta} \right. \\[3mm] \quad\quad \left. + \left(2 - \dfrac{1}{h} - \dfrac{1}{2}\right)\dfrac{1}{kr_m} + \left(2 - \dfrac{1}{h}\right)r_m c_m \right], & \text{类型 II} \end{cases}$$

$$(4-18)$$

式（4-16）~式（4-18）描述了在最大化企业效用下，MSSP 最优投资额、最优努力程度、最优合同金额和最优期望效用。当企业和 MSSP 集中决策时，求最大化式（4-4）和式（4-5）和的 MSSP 的最优安全防御投资额和最优努力程度为：

$$\begin{cases} c_{m21}^{**} = \dfrac{1}{r_m}\Big[\ln(\xi_1 Vr_m(1+\theta)(1-\eta+\eta e^\alpha)b^\beta) - \dfrac{1}{kr_m}\Big], & \omega_{m21}^{**} = \dfrac{1}{kr_f}, \quad 类型\text{I} \\[3mm] c_{m22}^{**} = \dfrac{1}{r_m}\Big[\sqrt{\xi_2 Vr_m(1+\theta)(1-\eta+\eta e^\alpha)b^\beta} - 1 - \dfrac{1}{kr_m}\Big], & \omega_{m22}^{**} = \dfrac{1}{kr_m}, \quad 类型\text{II} \end{cases}$$

$$(4-19)$$

$$(U_2 + \Pi_2)^* = \begin{cases} W - \dfrac{1}{r_m}\Big[\ln(\xi_1 Vr_m(1+\theta)(1-\eta+\eta e^\alpha)b^\beta) \\ \qquad\quad -\dfrac{1}{2kr_m} + 1\Big], & 类型\text{ I} \\[4mm] W - \dfrac{1}{r_m}\Big[\sqrt{\xi_2 Vr_m(1+\theta)(1-\eta+\eta e^\alpha)b^\beta} \\ \qquad\quad +\dfrac{1}{2kr_m} + r_m c_m\Big], & 类型\text{ II} \end{cases}$$

$$(4-20)$$

式（4-19）是集中决策下最大化企业和 MSSP 时，MSSP 的最优投资额，式（4-20）是集中决策下系统最优的期望效用。对比式（4-16）和式（4-19）可知，集中决策下 MSSP 的网络安全投资额增大了，所以将 MSSP 与企业利益进行捆绑的集中决策有助于提高整个系统的网络安全性。

4.5.3　企业将非核心业务外的信息安全包给 MSSP 的分析

根据式（4-6）和式（4-7），最大化相依结构下企业将非核心业务外包给 MSSP，而自己投资核心业务。依然使用倒推的方法，计算此种情形下企业和 MSSP 的最优投资额、最优努力水平和最优期望效用。根据式（4-7）求类型 I 和类型 II 中对应 c_m 和 ω_m 的偏导数可得：

$$\begin{cases} c_{m31}^* = \dfrac{1}{r_m}\Big[\ln(h\xi_1 Vr_m(1+\theta)(1-\eta)b^\beta) - \dfrac{1}{kr_m}\Big], & \omega_{m31}^* = \dfrac{1}{kr_m}, \quad 类型\text{ I} \\[3mm] c_{m32}^* = \dfrac{1}{r_m}\Big[\sqrt{h\xi_2 Vr_m(1+\theta)(1-\eta)b^\beta} - 1 - \dfrac{1}{kr_m}\Big], & \omega_{m32}^* = \dfrac{1}{kr_m}, \quad 类型\text{ II} \end{cases}$$

$$(4-21)$$

其中，c_{m31}^* 表示第三种情形的类型 I 攻击下 MSSP 投资成本的最优值，c_{m32}^* 表示第三种情形的类型 II 攻击下 MSSP 投资成本的最优值。同样，当最大化企业的期望效用时有 $\max\Pi_3(c_m, \omega_m) = 0$，则可以得最优的

MSSP 合同金额为：

$$F_3^* = \begin{cases} \dfrac{1}{r_m}\left[\ln\left(h\xi_1 Vr_m(1+\theta)(1-\eta)b^\beta\right) - \dfrac{1}{2kr_m} + 1\right], & \text{类型 I} \\[4mm] \dfrac{1}{r_m}\left[\sqrt{h\xi_2 Vr_m(1+\theta)(1-\eta)b^\beta} + \dfrac{1}{2kr_m} + r_m c_m\right], & \text{类型 II} \end{cases}$$

$$(4-22)$$

同时，最大化企业的期望效用还应满足企业自身的最优投资和最优努力，由式（4-6）可得：

$$\begin{cases} c_{f31}^* = \dfrac{1}{r_f}\left[\ln\left(\xi_1 Vr_f \eta e^\alpha b^\beta(1+\theta)\right) - \dfrac{1}{kr_f}\right], & \omega_{f31}^* = \dfrac{1}{kr_f}, \quad \text{类型 I} \\[4mm] c_{f32}^* = \dfrac{1}{r_f}\left[\sqrt{\xi_2 Vr_f \eta e^\alpha b^\beta(1+\theta)} - 1 - \dfrac{1}{kr_f}\right], & \omega_{f32}^* = \dfrac{1}{kr_f}, \quad \text{类型 II} \end{cases}$$

$$(4-23)$$

其中，c_{f31}^* 表示第三种情形的类型 I 攻击下企业投资成本的最优值，c_{f32}^* 表示第三种情形的类型 II 攻击下企业投资成本的最优值。将式（4-21）~式（4-23）代入式（4-6）可得最大化企业期望效用下企业的最优期望值：

$$U_3^* = \begin{cases} W - \dfrac{1}{r_f}\left[\ln\left(\xi_1 Vr_f \eta e^\alpha b^\beta(1+\theta)\right) - \dfrac{1}{2kr_f} + 1\right] \\[3mm] \quad - \dfrac{1}{r_m}\left[\ln\left(h\xi_1 Vr_m(1+\theta)(1-\eta)b^\beta\right)\right. \\[3mm] \quad \left. - \dfrac{1}{2kr_m} + \dfrac{1}{h}\right], & \text{类型 I} \\[4mm] W - \dfrac{1}{r_f}\left[\sqrt{\xi_2 Vr_f \eta e^\alpha b^\beta(1+\theta)} + \dfrac{1}{2kr_f} + r_f c_f\right] \\[3mm] \quad - \dfrac{1}{r_m}\left[\sqrt{h\xi_2 Vr_m(1+\theta)(1-\eta)b^\beta}\right. \\[3mm] \quad \left. + \left(\dfrac{1}{h} - \dfrac{1}{2}\right)\dfrac{1}{kr_m} + \dfrac{r_m c_m + 1 - h}{h}\right], & \text{类型 II} \end{cases}$$

$$(4-24)$$

式（4-21）~式（4-24）描述了在最大化企业效用下，企业和MSSP 最优投资额，最优努力程度，最优合同金额和最优期望效用。当企业和 MSSP 集中决策时，求最大化式（4-6）和式（4-7）和的企业与 MSSP 的最优安全防御投资额和最优努力程度为：

75

$$U_3 + \Pi_3 = \begin{cases} W - c_f - c_m - k\omega_f^2/2 - k\omega_m^2/2 - (1+\theta)\xi_1 Ve^{-r_f c_f - \omega_f}\eta e^{\alpha}b^{\beta} \\ \quad - (1+\theta)\xi_1 Ve^{-r_m c_m - \omega_m}(1-\eta)b^{\beta}, & \text{类型 I} \\ W - c_f - c_m - k\omega_f^2/2 - k\omega_m^2/2 - \dfrac{(1+\theta)\xi_2 V}{r_f c_f + \omega_f + 1}\eta e^{\alpha}b^{\beta} \\ \quad - \dfrac{(1+\theta)\xi_2 V}{r_m c_m + \omega_m + 1}(1-\eta)b^{\beta}, & \text{类型 II} \end{cases}$$

$$(4-25)$$

对 c_f、c_m、ω_f 和 ω_m 求偏导可得:

$$\begin{cases} c_{f31}^{**} = c_{f31}^*, \quad \omega_{f31}^{**} = \omega_{f31}^*, \quad c_{m31}^{**} = \dfrac{1}{r_m}\Big[\ln(\xi_1 Vr_m(1+\theta)(1-\eta)b^{\beta}) \\ \quad - \dfrac{1}{kr_m} \Big], \quad \omega_{m31}^{**} = \omega_{m31}^*, & \text{类型 I} \\ c_{f32}^{**} = c_{f32}^*, \quad \omega_{f32}^{**} = \omega_{f32}^*, \quad c_{m32}^{**} = \dfrac{1}{r_m}\Big[\sqrt{\xi_2 Vr_m(1+\theta)(1-\eta)b^{\beta}} \\ \quad - 1 - \dfrac{1}{kr_m} \Big], \quad \omega_{m32}^{**} = \omega_{m32}^*, & \text{类型 II} \end{cases}$$

$$(4-26)$$

对比式（4-21）、式（4-23）和式（4-26）可知，当企业决定将非核心业务的信息安全外包给 MSSP 时，企业在最大化自身效用和最大化整体效用时的最优安全努力程度和安全防御投资均不变，而 MSSP 的防御成本在最大化整体效用时变大了，但是防御努力程度却不变化。因此，最大化整体效用虽然不能促进各方的防御努力程度，但是却能激励 MSSP 增加防御成本，从而提升非核心业务的网络安全水平。

为了获得集中决策时最大化整理效用，将式（4-26）代入式（4-25）可得:

$$(U_3 + \Pi_3)^* = \begin{cases} W - \dfrac{1}{r_f}\Big[\ln(\xi_1 Vr_f \eta e^{\alpha}b^{\beta}(1+\theta)) - \dfrac{1}{2kr_f} + 1 \Big] \\ \quad - \dfrac{1}{r_m}\Big[\ln(\xi_1 Vr_m(1+\theta)(1-\eta)b^{\beta}) - \dfrac{1}{2kr_m} + 1 \Big], & \text{类型 I} \\ W - \dfrac{1}{r_f}\Big[\sqrt{\xi_2 Vr_f \eta e^{\alpha}b^{\beta}(1+\theta)} + \dfrac{1}{2kr_f} + r_f c_f \Big] \\ \quad - \dfrac{1}{r_m}\Big[\sqrt{\xi_2 Vr_m(1+\theta)(1-\eta)b^{\beta}} + \dfrac{1}{2kr_m} + r_m c_m \Big], & \text{类型 II} \end{cases}$$

$$(4-27)$$

对比式（4-20）和式（4-27）可知，当企业将非核心业务的信息安全外包给 MSSP 时，系统的整体期望效用比全部外包给 MSSP 有所增加。但是，对于核心业务的网络安全水平却小于全部外包给 MSSP 的情况。

4.5.4　企业将核心业务外的信息安全包给 MSSP 的分析

根据式（4-8）和式（4-9），最大化相依结构下企业将核心业务外包给 MSSP，而自己投资非核心业务。依然使用倒推的方法，计算此种情形下企业和 MSSP 的最优投资额、最优努力水平和最优期望效用。根据式（4-9）求类型 I 和类型 II 中对应 c_m 和 ω_m 的偏导数可得：

$$\frac{\partial \Pi_4}{\partial c_m} = \begin{cases} -1 + h(1+\theta)\xi_1 V\eta e^\alpha b^\beta r_m e^{-r_m c_m - \omega_m}, & \text{类型 I} \\[2mm] -1 + \dfrac{h(1+\theta)\xi_2 V\eta e^\alpha b^\beta r_m}{(r_m c_m + \omega_m + 1)^2}, & \text{类型 II} \end{cases} \quad (4-28)$$

$$\frac{\partial \Pi_4}{\partial \omega_m} = \begin{cases} -k\omega_m + h(1+\theta)\xi_1 V\eta e^\alpha b^\beta e^{-r_m c_m - \omega_m}, & \text{类型 I} \\[2mm] -k\omega_m + \dfrac{h(1+\theta)\xi_2 V\eta e^\alpha b^\beta}{(r_m c_m + \omega_m + 1)^2}, & \text{类型 I} \end{cases} \quad (4-29)$$

令式（4-28）为零可得 MSSP 最优的投资额和努力程度：

$$\begin{cases} c_{m41}^* = \dfrac{1}{r_m}\left[\ln(h\xi_1 V r_m(1+\theta)\eta e^\alpha b^\beta) - \dfrac{1}{kr_m}\right], & \omega_{m41}^* = \dfrac{1}{kr_m}, \quad \text{类型 I} \\[3mm] c_{m42}^* = \dfrac{1}{r_m}\left[\sqrt{h\xi_2 V r_m(1+\theta)\eta e^\alpha b^\beta} - 1 - \dfrac{1}{kr_m}\right], & \omega_{m42}^* = \dfrac{1}{kr_m}, \quad \text{类型 II} \end{cases}$$

$$(4-30)$$

其中，c_{m41}^* 表示第四种情形的类型 I 攻击下 MSSP 投资成本的最优值，c_{m42}^* 表示第四种情形的类型 II 攻击下 MSSP 投资成本的最优值。同样，当最大化企业的期望效用时有 $\max\Pi_4(c_m, \omega_m) = 0$，则可以得最优的 MSSP 合同金额为：

$$F_4^* = \begin{cases} \dfrac{1}{r_m}\left[\ln(h\xi_1 V r_m(1+\theta)\eta e^\alpha b^\beta) - \dfrac{1}{2kr_m} + 1\right], & \text{类型 I} \\[3mm] \dfrac{1}{r_m}\left[\sqrt{h\xi_2 V r_m(1+\theta)\eta e^\alpha b^\beta} + \dfrac{1}{2kr_m} + r_m c_m\right], & \text{类型 II} \end{cases} \quad (4-31)$$

同时，最大化企业的期望效用还应满足企业自身的最优投资和最优努力，由式（4-8）可得：

$$
\begin{cases}
c_{f41}^* = \dfrac{1}{r_f}\left[\ln(\xi_1 V r_f(1+\theta)(1-\eta)b^\beta) - \dfrac{1}{kr_f}\right], & \omega_{f41}^* = \dfrac{1}{kr_f}, \quad \text{类型 I} \\[3mm]
c_{f42}^* = \dfrac{1}{r_f}\left[\sqrt{\xi_2 V r_f(1+\theta)(1-\eta)b^\beta} - 1 - \dfrac{1}{kr_f}\right], & \omega_{f42}^* = \dfrac{1}{kr_f}, \quad \text{类型 II}
\end{cases}
$$

$$(4-32)$$

其中，c_{f41}^* 表示第三种情形的类型 I 攻击下企业投资成本的最优值，c_{f42}^* 表示第三种情形的类型 II 攻击下企业投资成本的最优值。将式（4-30）~式（4-32）代入式（4-8）可得最大化企业期望效用下企业的最优期望值：

$$
U_4^* =
\begin{cases}
W - \dfrac{1}{r_f}\left[\ln(\xi_1 V r_f(1-\eta)b^\beta(1+\theta)) - \dfrac{1}{2kr_f} + 1\right] \\[2mm]
\quad - \dfrac{1}{r_m}\left[\ln(h\xi_1 V r_m(1+\theta)\eta e^\alpha b^\beta)\right. \\[2mm]
\quad \left. - \dfrac{1}{2kr_m} + \dfrac{1}{h}\right], & \text{类型 I} \\[4mm]
W - \dfrac{1}{r_f}\left[\sqrt{\xi_2 V r_f(1-\eta)b^\beta(1+\theta)} + \dfrac{1}{2kr_f} + r_m c_m\right] \\[2mm]
\quad - \dfrac{1}{r_m}\left[\sqrt{h\xi_2 V r_m(1+\theta)\eta e^\alpha b^\beta} + \left(\dfrac{1}{h} - \dfrac{1}{2}\right)\dfrac{1}{kr_m}\right. \\[2mm]
\quad \left. + \dfrac{r_m c_m + 1 - h}{h}\right], & \text{类型 II}
\end{cases}
$$

$$(4-33)$$

式（4-30）~式（4-33）描述了在最大化企业效用下，企业和MSSP最优投资额，最优努力程度，最优合同金额和最优期望效用。当企业和MSSP集中决策时，求最大化式（4-8）和式（4-9）和的企业与MSSP的最优安全防御投资额和最优努力程度为：

$$
U_4 + \Pi_4 =
\begin{cases}
W - c_f - c_m - k\omega_f^2/2 - k\omega_m^2/2 - (1+\theta)\xi_1 V e^{-r_f c_f - \omega_f}(1-\eta)b^\beta \\[2mm]
\quad - (1+\theta)\xi_1 V e^{-r_m c_m - \omega_m}\eta e^\alpha b^\beta, & \text{类型I} \\[4mm]
W - c_f - c_m - k\omega_f^2/2 - k\omega_m^2/2 - \dfrac{(1+\theta)\xi_2 V}{r_f c_f + \omega_f + 1}(1-\eta)b^\beta \\[2mm]
\quad - \dfrac{(1+\theta)\xi_2 V}{r_m c_m + \omega_m + 1}\eta e^\alpha b^\beta, & \text{类型II}
\end{cases}
$$

$$(4-34)$$

对 c_f、c_m、ω_f 和 ω_m 求偏导可得：

$$
\begin{cases}
c_{f41}^{**} = c_{f41}^*, \quad \omega_{f41}^{**} = \omega_{f41}^*, \quad c_{m41}^{**} = \dfrac{1}{r_m}\Big[\ln(\xi_1 Vr_m(1+\theta)\eta e^\alpha b^\beta) \\
\qquad - \dfrac{1}{kr_m}\Big], \quad \omega_{m41}^{**} = \omega_{m41}^*, \qquad\qquad\qquad \text{类型 I} \\[2ex]
c_{f42}^{**} = c_{f42}^*, \quad \omega_{f42}^{**} = \omega_{f42}^*, \quad c_{m42}^{**} = \dfrac{1}{r_m}\Big[\sqrt{\xi_2 Vr_m(1+\theta)\eta e^\alpha b^\beta} \\
\qquad - 1 - \dfrac{1}{kr_m}\Big], \quad \omega_{m42}^{**} = \omega_{m42}^*, \qquad\qquad\qquad \text{类型 II}
\end{cases}
$$

$$(4-35)$$

对比式（4-30）、式（4-32）和式（4-35）可知，当企业决定将核心业务的信息安全外包给 MSSP 时，企业在最大化自身效用和最大化整体效用时的最优安全努力程度和安全防御投资均不变，而 MSSP 的防御成本在最大化整体效用时变大了，但是防御努力程度却不变化。因此，最大化整体效用虽然不能促进各方的防御努力程度，但是却能激励 MSSP 增加防御成本，从而提升核心业务的网络安全水平。

为了获得集中决策下总体最优期望效用，将式（4-35）代入式（4-34）可得：

$$
(U_4 + \Pi_4)^* =
\begin{cases}
W - \dfrac{1}{r_f}\Big[\ln(\xi_1 Vr_f(1+\theta)(1-\eta)b^\beta) - \dfrac{1}{2kr_f} + 1\Big] \\
\qquad - \dfrac{1}{r_m}\Big[\ln(\xi_1 Vr_m(1+\theta)\eta e^\alpha b^\beta) - \dfrac{1}{2kr_m} + 1\Big], \quad \text{类型 I} \\[2ex]
W - \dfrac{1}{r_f}\Big[\sqrt{\xi_2 Vr_f(1+\theta)(1-\eta)b^\beta} + \dfrac{1}{2kr_f} + r_f c_f\Big] \\
\qquad - \dfrac{1}{r_m}\Big[\sqrt{\xi_2 Vr_m(1+\theta)\eta e^\alpha b^\beta} + \dfrac{1}{2kr_m} + r_m c_m\Big], \quad \text{类型 II}
\end{cases}
$$

$$(4-36)$$

对比式（4-20）和式（4-27）可知，当企业将非核心业务的信息安全外包给 MSSP 时，若 $1-\eta > \eta e^\alpha$，即企业的非核心资产价值超过核心资产价值时，$(U_4+\Pi_4)^* < (U_3+\Pi_3)^*$；若 $1-\eta \leq \eta e^\alpha$，即企业的核心资产价值超过非核心资产价值时，$(U_4+\Pi_4)^* \geq (U_3+\Pi_3)^*$，换句话说就是，若非核心资产价值高，企业则应将非核心资产的信息安全外包给 MSSP，若核心资产价值高，企业则应将核心资产的信息安全外包给 MSSP。

4.6　信息安全外包数值分析

为了对不同攻击类型，不同外包情形下的结果进行深入的分析，本部分用数值仿真的方法研究各参数与变量之间的关系。具体相关参数的设置如下：企业网络的初始脆弱性 $V=0.2$，企业间网络安全脆弱性相依系数 $\theta=0.3$，网络安全保障的努力成本系数 $k=2$，企业网络安全投资系数 $r_f=0.2$，MSSP 网络安全投资系数 $r_m=0.4$，攻击类型 I 的系数 $\xi_1=0.1$，攻击类型 II 的系数 $\xi_2=0.2$，核心资产比重 $\eta=0.7$，核心资产的溢价系数 $\alpha=1$，企业资产单位数量 $b=500$，资产的数据价值系数 $\beta=1$，MSSP 补偿系数 $h=0.3$。

由图 4 - 2 可知，总体而言攻击类型 II 对企业造成的损失比攻击类型 I 造成的损失大。对于不同的防御策略，面对攻击类型 I 企业将全部资产的信息安全外包给 MSSP 时的效用最大，而将非核心资产外包给 MSSP 时的效用最小；对于企业自我防御和将核心资产外包给 MSSP 的效用则随着企业网络脆弱性相依系数变化而不同，当企业网络脆弱性相依系数较小时，企业将核心业务的信息安全外包给 MSSP 则获得更大的期望效用，而当企业网络脆弱性相依系数很大时，则应该企业进行自我防御。这是因为，当企业网络脆弱性相依系数很大时，网络中任何一家的企业遭受网络攻击，企业均会面临损失。对于攻击类型 II 而言，企业将全部业务的信息安全外包给 MSSP 时获得最大期望效用，将非核心业务的信息安全外包给 MSSP 时，获得最小效用。但是，与攻击类型 I 的情况不同，此时企业无论将核心业务还是非核心业务外包给 MSSP，其期望效用均小于企业自我防御。所以，面临不同的攻击类型，企业进行信息安全外包的最优策略也不同。

由表 4 - 1 可知，当攻击类型I和攻击类型II在低水平上相同时，企业的期望效用相差不大，但是在高水平上相同时，企业在攻击类型II下的损失要显著大于攻击类型I的损失。当攻击类型I系数较大，攻击类型II系数较小时，两种攻击形式产生的损失相差无几，但是当攻击类型I系数较小，攻击类型II系数较大时，企业此时在攻击类型II下的损失会进一步扩大。因此，企业应该防御攻击类型II，对攻击类型II做出适当防御即可。

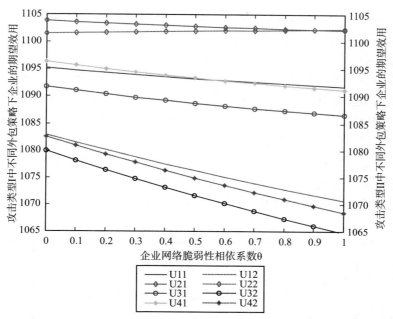

图 4-2 不同相依系数下企业在两类攻击中不同外包策略的期望效用

资料来源：笔者整理。

表 4-1 差别攻击下不同外包策略的期望效用对比

外包策略	攻击类型	期望效用 $\xi_1 = 0.1,$ $\xi_2 = 0.1$	期望效用 $\xi_1 = 0.7,$ $\xi_2 = 0.1$	期望效用 $\xi_1 = 0.1,$ $\xi_2 = 0.7$	期望效用 $\xi_1 = 0.7,$ $\xi_2 = 0.7$
自主防御	I	1093.9	1084.2	1093.9	1084.2
	II	1088.7	1088.7	1049.3	1049.3
完全外包	I	1103.2	1098.3	1103.2	1098.3
	II	1101.2	1101.2	1103.7	1103.7
非核心业务外包	I	1089.8	1075.2	1089.8	1075.2
	II	1087.1	1087.1	1038.3	1038.3
核心业务外包	I	1094.4	1079.8	1094.4	1079.2
	II	1089.2	1089.2	1044.0	1044.0

资料来源：笔者整理。

由图 4 - 3 可知，攻击类型 Ⅱ 下系统总期望效用均小于攻击类型 Ⅰ 的总期望效用。值得注意的是，与最大化企业期望效用的结果不同，在 攻击类型 Ⅰ 中仅将核心业务外包给 MSSP 时的总期望效用最大，其次 依次是全部外包给 MSSP、完全自主防御和将非核心业务外包给 MSSP。面 对攻击类型 Ⅱ 时，当企业间网络脆弱性相依系数较小时，将核心业务的 信息安全外包给 MSSP 可获得较大的总期望效用，而当企业间网络脆弱 性相依系数较大时，将全部业务的信息安全外包给 MSSP 更好。也就是 说，在最大化总期望时，如果企业面临的网络安全脆弱性较小，则应该 只将核心业务进行外包，而当企业面临的网络安全脆弱性较大的时候， 则应该全部外包给 MSSP，此时系统获得最大的期望效用。

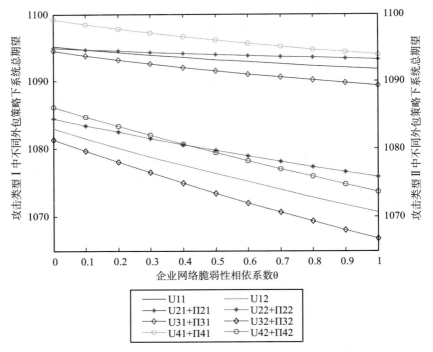

图 4 - 3　不同相依系数下企业在两类攻击中不同外包策略的系统总期望效用
资料来源：笔者整理。

由图 4 - 4 可知，防御攻击类型 Ⅰ 的总体成本小于防御攻击类型 Ⅱ 的成本。在攻击类型 Ⅰ 中完全外包给 MSSP 时所需要安全防御成本最低，将核心业务安全外包给 MSSP 比企业完全自主防御成本略低，而将非核心业务外包给 MSSP 所需的网络安全防御成本最高。在攻击类型 II 中，将核心业务安全外包给 MSSP 的成本显著小于企业自主防御或将非核心业务的信息安全外包给 MSSP。由此可知，将主要业务资产的安全性外包给 MSSP 的成本较低。

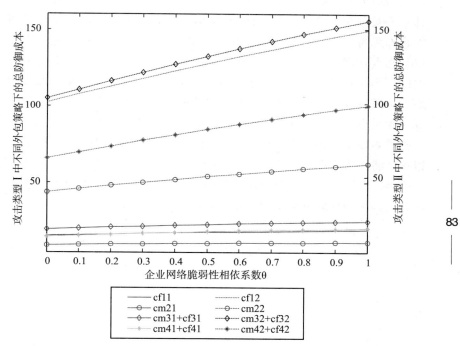

图 4－4　不同相依系数下在两类攻击中不同外包策略的防御费用
资料来源：笔者整理。

4.7　本　章　小　结

本部分构建了在攻击类型 I 和攻击类型 II 情况下，企业网络信息安全外包的决策模型，考虑了企业完全自主防御、完全外包、将非核心业务外包和将核心业务外包四种不同的外包决策，并分析了在最大化企业期望效用和系统总期望效用下的最优网络安全投资决策，回答了企业应如何进行网络信息安全外包决策的问题。

研究结果表明：（1）当企业潜在网络安全损失较小或较大时，主要应该防御第二类攻击，以避免一旦被攻击导致企业主要核心资产的大量损失；（2）在考虑最小化网络防御成本时，企业应尽量将价值较高的业务完全外包给 MSSP，甚至可以将全部业务安全外包给 MSSP 时可以付出最小的防御成本；（3）当最大化企业自身期望效用时，应将全部业务安全外包给 MSSP，当最大化总期望效用时，将核心业务的信息安全外包给 MSSP 时可以获得最大的期望效用。通过本章研究可以得到以下两点管理启示：（1）对于广泛攻击类型Ⅰ，当企业面临的网络脆弱性较小的时候，企业可以进行自我防御，这是因为此时企业面临的网络安全风险较小，而当企业面临的网络脆弱性较大的时候，企业应将全部或者至少核心资产交由 MSPP 进行保护，因为此时网络中任意一家公司被黑客攻击，都可能对企业带来较大的关联损失，MSSP 的专业性可以保证将损失降低到最少；（2）对于定向攻击类型Ⅱ，无论企业面临的网络安全脆弱性是大还是小，都应尽量将核心资源交由 MSSP 进行保护，以最大限度降低因定向攻击导致的网络安全损失。

第5章 强制性标准下企业信息安全外包决策研究

　　企业的运营和管理始终在国家范围内进行，而国家的安全政策和强制性标准对企业的网络运营、数字资产的保护以及隐私的关注有直接的影响。故研究国家强制性标准下企业的信息安全外包决策具有较强的现实背景，而且政府为了提升整个国家的信息安全水平，并不是意味着不断的严格强制性标准，而是寻找最佳的强制性水平，以达到安全水平和社会效用共同最佳的效果。本部分就探讨企业在满足政府强制性标准下如何信息安全外包决策，政府又将如何适时制定强制性标准校正企业搭便车的道德风险问题。

5.1　强制性标准下信息安全外包现状

　　在数字经济快速发展的今天，组织的数字资产迅速膨胀，当数字资产和在线服务受到攻击时，损害往往超出组织的损失边界。例如，2018年，Facebook 的数据泄露事件，导致其损失上百亿美元。随后我国出台了《中华人民共和国网络安全法》，企业和政府也越来越多地要求各组织制定信息安全标准，目的不仅是保护这些组织，而且保护将其敏感信息委托给这些组织的所有利益攸关方的价值。我国关于网络信息安全的主要标准为 BG 系列的关于信息系统安全等级保护和隐私保护两大类。然而，强制性标准在改善组织信息安全方面是否有效？学术界和企业实践中的轶事证据显示，更严格的标准并不一定能带来更好的安全性。

　　例如，米勒和塔克（Miller and Tucker，2010）证明强制采用加密软件并没有减少公开的数据丢失案例。李哲浩等（2016）特别关注了强制性标准何时、如何损害企业安全，发现在工业实践中，强制性标准可以通过下述多种相互交织的机制影响公司的整体安全：首先，强制性安全标准直接影响公司对任何明确规定的安全控制的投资；其次，安全标准确实不能规范所有可能的安全控制，安全标准没有涵盖所有可能的控制，原因有很多；最后，涉及人类努力程度的安全控制，特别是涉及社会工程的安全控制，很难衡量或用作法庭证据，且违约发生后，公司引用其遵守现有安全标准以减少其金融负债的情况很多（Cezar et al.，2017）。事实上，许多公司都强调法规遵从性是外包的一个激励因素，77%的公司认为法规遵从性在其信息安全活动中要么是"非常重要"要么是"重要"的优先事项。

5.2　强制性标准下信息安全外包相关研究进展

目前关于信息安全外包决策的相关研究越来越多，但主要集中在MSSP道德风险的预防与努力激励和相依结构下MSSP的最优决策等。其中，关于MSSP道德风险的研究方面：以戈登和洛布（Gordon and Loeb，2002）构建的网络信息安全经济模型为基础，丁文等（2005）建立了综合考虑MSSP道德风险框架，安全外包市场最优合约特征，发现最优契约应以绩效为基础，声誉效应越显著，绩效依赖程度越低；事实上，这种假设可能不适用于信息不对称，因为客户往往无法充分检查MSSP的服务质量，这可能导致MSSP推卸责任，许佳龙等（2012）将MSSP的保护工作与安全漏洞概率有关以及MSSP在保护失败时对客户的损害负责。

关于相依结构下MSSP的最优决策的研究：学者们发现网络信息安全外包与其他外包存在显著的区别是，网络信息安全外包存在企业间系统的相依性，同时也有不同的相依结构。昆鲁斯和希尔（Kunreuther and Heal，2003）研究了风险相互依赖下公司在安全投资方面的最优决策，当公司数量增加时，公司对安全投资不足的动机就更大，这种行为是一种"搭便车"的行为；余伟图等（2007）和熊强等（2014）研究公司应如何在系统特定安全保护与一般安全保护之间分配其安全资源的决定，虽然一般保护可以抑制外部攻击，但系统特定保护可以减轻系统互依性风险的威胁。奥古斯特和通贾（August and Tunca，2006）模型由于未修补软件而在用户端产生的相互依赖风险。他们讨论了强制修补、修补回扣和使用税等政策对管理安全风险的影响。

上述文献均忽略了政府的强制性标准对企业脆弱性要求的影响，进而影响企业和 MSSP 的外包决策。许佳龙等（2012）研究了企业为满足国家强制性安全标准要求，而将安全保护外包给托管安全服务提供商（MSSP），分析了这种系统互依风险如何与强制安全需求相互作用，从而影响 MSSP 及其客户的均衡行为，发现强制性的安全要求将增加 MSSP 的努力，并激励它为更多的客户服务，虽然更多的客户可以从 MSSP 的保护中受益，但它们也面临更大的系统互依性风险，如果强制性的保障要求很高，社会福利就会减少，强制执行可核查性可能会加剧社会福利损失。李哲浩等（Lee et al.，2016）研究了强制公司建立最低安全控制级别的强制性安全标准下的企业安全防御模型，发现更高的安全标准并不一定会导致更高的公司安全，此外如果标准合规导致违约后公司的责任减少，那么这种责任减少反过来又削弱了标准与公司安全之间的联系；在企业达到决策者设定的最优标准的情况下，当违约对企业造成的损害在社会福利总损害中所占份额较高，并且企业承担的责任份额较大时，企业安全和社会福利都较高。奥古特等（Ögüt et al.，2011）认为适当的社会干预政策，可使公司投资在社会最优水平，政府通过提供自我保护补贴，促使企业选择社会最优的自我保护和保险水平，提供保险补贴并不能给公司提供类似的激励。

5.3　强制性标准下信息安全外包问题描述

考虑由 N 个企业、1 个 MSSP 和政府构成的企业网络安全防御系统。为了降低企业的网络安全脆弱性，企业可以选择完全自我投资防御，也可以选择将部分或全部的业务资产交由 MSSP 进行安全管理。假设企业的初始资产为 W，其中高价值资产的比例为 $\eta \in [0, 1]$，企业所有资产的初始脆弱性为 $V_0 \in (0, 1)$，当高价值资产被攻击后造成的损失为 b^φ，$b^\varphi < \eta W$，低价值资产被攻击后造成的损失为 λb^φ，$\lambda b^\varphi < (1-\eta)W$，b 为

损失的资产当量，$\varphi > 0$ 为高价值资产的价值系数，$\lambda \in (0, 1)$ 是低价值资产对高价值资产的相对资产系数。由于企业的高价值资产对黑客具有较大的吸引力，因此容易遭受黑客的定向攻击，而低价值资产则会面临广泛攻击。那么高价值资产被定向攻击的概率为 $\xi \in [0, 1]$，低价值资产被广泛攻击的概率是 $\xi e^{-(1-\eta)W}$，即当 $\eta \in (0, 1)$ 越小，低价值资产越大时，企业被黑客主动攻击的概率将很低。同样，企业为了防御高价值资产和低价值资产免遭网络安全攻击，一般会购买防火墙或者杀毒软件或者购买 MSSP 的信息安全外包服务，企业或 MSSP 的网络安全防御努力程度 $t_\Delta [\Delta \in (f, m)$，分别表示企业和 MSSP 的努力程度] 也影响了企业的脆弱性水平，其努力成本为 $kt_\Delta^2/2$。面对网络安全攻击，经过企业投资和努力后，企业高价值资产和低价值资产的脆弱性水平分别为：

$$\begin{cases} p_H = \xi V_0 e^{-r_\Delta t_\Delta}, & \Delta \in (f, m), \qquad \text{高价值资产} \\ p_L = \xi e^{-(1-\eta)W} V_0 e^{-r_\Delta t_\Delta}, & \Delta \in (f, m), \ \text{低价值资产} \end{cases} \qquad (5-1)$$

为了简化计算，我们假设企业高价值资产和低价值资产之间的脆弱性是相互独立的，因此企业的整体脆弱性为 $p = p_H + p_L$。此外，政府为了提升社会的网络安全水平，针对不同价值的资产强制性制定了相应的等级保护标准，其中企业的高价值资产被强制利用更高的安全防御措施，以减少高价值资产的脆弱性，而低价值资产则安全水平要求较低。假设，政府强制要求企业高价值资产的脆弱性水平为 V_H，而对非核心资产的脆弱性水平要求为 V_L，$V_H < V_L < V_0$。同时，政府为了激励企业积极参与网络安全投资，会给企业一定的投资补偿，对投资高资产的补偿系数为 $s \in [0, 1]$，对投资低资产的补偿系数为 μs，其中 $\mu \in (0, 1)$ 为补偿差额系数。企业向 MSSP 购买网络信息安全外包服务时，制定了一揽子具有补偿的双边合同 (F, h)，其中 F 为合同金额，即企业向 MSSP 支付价格为 F 的费用，$h \in [0, 1]$ 为补偿系数，当企业被黑客攻击而遭受损失时，MSSP 将向企业支付 h 比例损失的金额。

5.4　强制性标准下信息安全外包基本模型

本部分根据上述问题描述和假设，构建企业网络安全之间强相依和弱相依下，企业完全自主防御、完全外包和部分外包（包括外包高价值资产和低价值资产的安全服务）的基本模型，并分析不同情形下的最优外包决策。

5.4.1　企业完全自主防御

当企业完全自主防御时，仅企业自己付出网络安全防御成本以及努力水平，故此时企业网络安全水平是由企业网络安全投资额和企业的网络安全防御努力水平共同决定。因此，企业在相依情形的期望效用 U_1 为：

$$U_1 = \eta W - \beta_1^2 k t_f^2/2 - p_H b^\varphi + (1-\eta) W - (1-\beta_1)^2 k t_f^2/2 - p_L b^{\lambda\varphi}$$
$$= W - (1 - 2\beta_1 + 2\beta_1^2) k t_f^2/2 - \xi V_0 e^{-\beta_1 r_f t_f} b^\varphi$$
$$- \xi e^{-(1-\eta)W} V_0 e^{-(1-\beta_1) r_f t_f} \lambda b^\varphi \qquad (5-2)$$

式（5-2）中 β_1 是企业为保护高价值资产所付出努力程度的比例。将式（5-2）根据 $e^{-x} = 1 - x + x^2/2$ 进行泰勒展开可得：

$$U_1 = W - \frac{(1 - 2\beta_1 + 2\beta_1^2) k t_f^2}{2} - \xi V_0 b^\varphi \left(1 - \beta_1 r_f t_f + \frac{\beta_1^2 r_f^2 t_f^2}{2}\right)$$
$$- \xi V_0 b^\varphi \lambda e^{-(1-\eta)W} \left(1 - (1-\beta_1) r_f t_f + \frac{(1-\beta_1)^2 r_f^2 t_f^2}{2}\right) \qquad (5-3)$$

命题 5-1：企业完全自主防御下，当最大化企业期望效用时，若 $k \geq \xi^2 V_0^2 b^{2\varphi} \lambda r_f^2$，企业存在唯一最佳安全防御努力 $t_f^* = \dfrac{(x-y) r_f \beta_1^* + y r_f}{k + y r_f^2 - 2k\beta_1^* + (2k + x r_f^2 - y r_f^2)\beta_1^{2*}}$，同时企业存在唯一最佳努力分配系数 $\beta_1^* = \dfrac{x(k + y r_f^2)}{(2 + x - y)k + (1-y)(x+y) r_f^2}$，其中 $x = \xi V_0 b^\varphi$，$y = \xi V_0 b^\varphi \lambda e^{-(1-\eta)W}$，且在 $0 < \beta_1^* < 1$ 范围内，存在进一步的存在唯一最优 β_1^{**} 令 t_f^* 最大；若 $k \leq \xi^2 V_0^2 b^{2\varphi} \lambda r_f^2$，$\beta_1^* = 1$，$t_f^* = \dfrac{x r_f}{k + x r_f^2}$。当最小化系统脆弱性时，若 $(1-\eta)W > r_f t_f$，则 $\beta_{1p}^* = 1$，若 $(1-\eta)W \leq r_f t_f$，则 $\beta_{1p}^* = \dfrac{1}{2} + \dfrac{(1-\eta)W}{2 r_f t_f}$。

证明：根据式（5-3）对企业努力程度 t_f 和努力程度在高价值资产中的分配比例 β_1 求偏导可得：

$$\frac{\partial U_1}{\partial t_f} = -t_f \big[(1 - 2\beta_1 + 2\beta_1^2)k + \xi V_0 b^\varphi r_f^2 (\beta_1^2 + \lambda e^{-(1-\eta)W}(1 - \beta_1)^2) \big]$$
$$+ r_f \xi V_0 b^\varphi \big[\beta_1 + \lambda e^{-(1-\eta)W}(1 - \beta_1) \big] \tag{5-4}$$

$$\frac{\partial U_1}{\partial \beta_1} = -\beta_1 \big[2kt_f^2 + \xi V_0 b^\varphi r_f^2 t_f^2 + \xi V_0 b^\varphi \lambda e^{-(1-\eta)W} r_f^2 t_f^2 \big] + kt_f^2 + \xi V_0 b^\varphi r_f t_f$$
$$- \xi V_0 b^\varphi \lambda e^{-(1-\eta)W}(r_f t_f - r_f^2 t_f^2) \tag{5-5}$$

令式（5-4）和式（5-5）为零可得：

$$\begin{cases} t_f = \dfrac{r_f \xi V_0 b^\varphi \big[\beta_1 + \lambda e^{-(1-\eta)W}(1-\beta_1) \big]}{(1 - 2\beta_1 + 2\beta_1^2)k + \xi V_0 b^\varphi r_f^2 (\beta_1^2 + \lambda e^{-(1-\eta)W}(1-\beta_1)^2)} \\[4mm] \beta_1 = \dfrac{k + \xi V_0 b^\varphi \lambda e^{-(1-\eta)W} r_f^2}{2k + \xi V_0 b^\varphi r_f^2 + \xi V_0 b^\varphi \lambda e^{-(1-\eta)W} r_f^2} + \dfrac{\xi V_0 b^\varphi r_f - \xi V_0 b^\varphi \lambda e^{-(1-\eta)W} r_f}{t_f(2k + \xi V_0 b^\varphi r_f^2 + \xi V_0 b^\varphi \lambda e^{-(1-\eta)W} r_f^2)} \end{cases} \tag{5-6}$$

令 $x = \xi V_0 b^\varphi$，$y = \xi V_0 b^\varphi \lambda e^{-(1-\eta)W}$，化简式（5-6）可得：

$$\begin{cases} t_f^* = \dfrac{(x - y)r_f \beta_1^* + yr_f}{k + yr_f^2 - 2k\beta_1^* + (2k + xr_f^2 - yr_f^2)\beta_1^{2*}} \\[4mm] \beta_1^* = \dfrac{x(k + yr_f^2)}{(2 + x - y)k + (1 - y)(x + y)r_f^2} \end{cases} \tag{5-7}$$

由式（5-7）可得：

$$\frac{dt_f^*}{d\beta_1^*} = \frac{r_f(x-y)(k + yr_f^2) + 2kyr_f - 2yr_f(2k + xr_f^2 - yr_f^2)\beta_1^* - r(x-y)(2k + xr_f^2 - yr_f^2)\beta_1^{2*}}{\big[k + yr_f^2 - 2k\beta_1^* + (2k + xr_f^2 - yr_f^2)\beta_1^{2*} \big]^2} \tag{5-8}$$

根据式（5-8）判断分子是 β_1^* 的负二次函数，将 $\beta_1^* = 0$ 和 $\beta_1^* = 1$ 代入分子可知，$dt_f^*/d\beta_1^*(\beta_1^* = 0) > 0$，$dt_f^*/d\beta_1^*(\beta_1^* = 1) < 0$，故存在唯一 $dt_f^*/d\beta_1^*(\beta_1^* = \beta_1^{**}) = 0$。此外，由于 $\beta_1^* \leqslant 1$ 的约束，$x(k + yr_f^2) \leqslant (2 + x - y)k + (1 - y)(x + y)r_f^2$，将 x 和 y 代入可得：

$$\xi^2 V_0^2 b^{2\varphi} \lambda^2 r_f^2 e^{-2(1-\eta)W} + (\xi V_0 b^\varphi \lambda k - \xi V_0 b^\varphi \lambda r_f^2 + 2\xi^2 V_0^2 b^{2\varphi} \lambda r_f^2) e^{-(1-\eta)W}$$
$$- (2k + \xi V_0 b^\varphi r_f^2) \leqslant 0 \tag{5-9}$$

式（5-9）是 $e^{-(1-\eta)W}$ 的二次函数，由其性质可知，判断 $e^{-2(1-\eta)W} \to 1$ 时的正负即可，将 $e^{-2(1-\eta)W} = 1$，故反证法有：

$$\underbrace{(\xi^2 V_0^2 b^{2\varphi} \lambda^2 r_f^2 - \xi V_0 b^\varphi \lambda r_f^2)}_{>0} + \xi V_0 b^\varphi \underbrace{(\lambda k - r_f^2)}_{\text{根据后项式子判断}} + 2\underbrace{(\xi^2 V_0^2 b^{2\varphi} \lambda r_f^2 - k)}_{\text{令其}>0} \leqslant 0$$

令 $\xi^2 V_0^2 b^{2\varphi} \lambda r_f^2 \geqslant k$，故有 $(\xi^2 V_0^2 b^{2\varphi} \lambda^2 - 1)r_f^2 \geqslant 0$。因此当 $\xi^2 V_0^2 b^{2\varphi} \lambda r_f^2 \geqslant k$

时，式（5-9）大于零。

令 $dp/d\beta_1 = \xi V_0 r_f t_f \left[e^{-(1-\eta)W} e^{-(1-\beta_1)r_f t_f} - e^{-\beta_1 r_f t_f} \right]$，当 $dp/d\beta_1 \leqslant 0$ 时，可得：

$$e^{-(1-\eta)W} e^{-(1-\beta_1)r_f t_f} \leqslant e^{-\beta_1 r_f t_f} \Rightarrow e^{(1-\eta)W} e^{(1-\beta_1)r_f t_f} \geqslant e^{\beta_1 r_f t_f} \Rightarrow \beta_1 \leqslant \frac{(1-\eta)W + r_f t_f}{2 r_f t_f}$$

$$(5-10)$$

由式（5-10）可知，当 $\beta_1 \leqslant \dfrac{(1-\eta)W + r_f t_f}{2 r_f t_f} \leqslant 1$ 时，存在唯一最优 β_{1p}^*，而当 $\dfrac{(1-\eta)W + r_f t_f}{2 r_f t_f} > 1$ 时，$\beta_{1p}^* = 1$，命题 5-1 证毕。

由命题 5-1 可知，在最小化企业脆弱性时，当高价值资产的比例 η 足够大时，企业对高价值资产的投资比例也是有限的，即存在最优值，而当高价值资产的比例 η 较小时，企业应该将全部努力用于保护核心资产。在最大化企业效用时，当努力成本系数大于对脆弱性资产防御成本的平方时，存在最优努力分配系数，和防御投资；当努力成本系数小于对脆弱性资产防御成本的平方时，无论核心资产的比例多大，都只对核心资产进行保护。

5.4.2　完全外包给 MSSP

企业为了最大限度地降低网络安全整体脆弱性，将所有资产的安全性交由 MSSP 进行保护。而 MSSP 在不同的目标下对核心资产和非核心资产进行安全防御努力程度的分配，由此构建企业将所有资产完全外包给 MSSP 的模型，企业、MSSP 和整体的期望效用如下：

$$U_2 = W - F + (h-1)\xi V_0 e^{-\beta_2 r_m t_m} b^\varphi + (h-1)\xi e^{-(1-\eta)W} V_0 e^{-(1-\beta_2)r_m t_m} \lambda b^\varphi$$

$$(5-11)$$

$$\Pi_2 = F - (1 - 2\beta_2 + 2\beta_2^2)k t_m^2/2 - h\xi V_0 e^{-\beta_2 r_m t_m} b^\varphi$$
$$- h\xi e^{-(1-\eta)W} V_0 e^{-(1-\beta_2)r_m t_m} \lambda b^\varphi \qquad (5-12)$$

$$U_2 + \Pi_2 = W - (1 - 2\beta_2 + 2\beta_2^2)k t_m^2/2 - \xi V_0 e^{-\beta_2 r_m t_m} b^\varphi$$
$$- \xi e^{-(1-\eta)W} V_0 e^{-(1-\beta_2)r_m t_m} \lambda b^\varphi \qquad (5-13)$$

式（5-11）~式（5-13）中 β_2 是 MSSP 为保护核心资产所付出努力程度的比例，将式（5-11）~式（5-13）进行泰勒展开可得：

91

$$U_2 = W - F + (h-1)\xi V_0 b^\varphi \left(1 - \beta_2 r_m t_m + \frac{1}{2}\beta_2^2 r_m^2 t_m^2\right)$$
$$+ (h-1)\xi V_0 b^\varphi \lambda e^{-(1-\eta)W}\left(1 - (1-\beta_2)r_m t_m + \frac{1}{2}(1-\beta_2)^2 r_m^2 t_m^2\right)$$

$$(5-14)$$

$$\Pi_2 = F - \frac{(1 - 2\beta_2 + 2\beta_2^2)kt_m^2}{2} - h\xi V_0 b^\varphi\left(1 - \beta_2 r_m t_m + \frac{1}{2}\beta_2^2 r_m^2 t_m^2\right)$$
$$- h\xi V_0 b^\varphi \lambda e^{-(1-\eta)W}\left(1 - (1-\beta_2)r_m t_m + \frac{1}{2}(1-\beta_2)^2 r_m^2 t_m^2\right) \quad (5-15)$$

$$U_2 + \Pi_2 = W - \frac{(1 - 2\beta_2 + 2\beta_2^2)kt_m^2}{2} - \xi V_0 b^\varphi\left(1 - \beta_2 r_m t_m + \frac{1}{2}\beta_2^2 r_m^2 t_m^2\right)$$
$$- \xi V_0 b^\varphi \lambda e^{-(1-\eta)W}\left(1 - (1-\beta_2)r_m t_m + \frac{1}{2}(1-\beta_2)^2 r_m^2 t_m^2\right)$$

$$(5-16)$$

命题 5-2：企业完全将信息安全外包给 MSSP 情况下，当最大化企业期望效用时，最优的 MSSP 安全努力为 $t_m^* = \dfrac{\beta_2^{*} + \lambda e^{-(1-\eta)W}(1-\beta_2^{*})}{r_m(\beta_2^{*2} + \lambda e^{-(1-\eta)W}(1-\beta_2^{*})^2)}$，

MSSP 最优的努力分配为 $\beta_2^* = \dfrac{2 + \lambda e^{-(1-\eta)W} - \sqrt{\lambda^2 e^{-2(1-\eta)W} + 2\lambda e^{-(1-\eta)W} + 2}}{1 + \lambda e^{-(1-\eta)W}}$；

当最大化总期望效用时，MSSP 的最优努力程度为 $t_m^* = \dfrac{(x-y)r_m\beta_2^{*} + yr_m}{k + yr_m^2 - 2k\beta_2^{*} + (2k + xr_m^2 - yr_m^2)\beta_2^{*2}}$，高价值资产的努力比例为 $\beta_2^* = \dfrac{x(k + yr_m^2)}{(2 + x - y)k + (1-y)(x+y)r_m^2}$。当最小化总脆弱性时，若 $(1-\eta)W > r_m t_m$，则 $\beta_{2p}^* = 1$，若 $(1-\eta)W \leqslant r_m t_m$，则 $\beta_{2p}^* = \dfrac{1}{2} + \dfrac{(1-\eta)W}{2r_m t_m}$。

证明：根据式（5-14）对 MSSP 努力程度 t_m 和努力分配系数 β_2 求偏导可得：

$$\begin{cases} \dfrac{\partial U_2}{\partial t_m} = t_m(h-1)\xi V_0 b^\varphi r_m^2(\beta_2^2 + \lambda e^{-(1-\eta)W}(1-\beta_2)^2) \\ \quad - (h-1)\xi V_0 b^\varphi r_m(\beta_2 + \lambda e^{-(1-\eta)W}(1-\beta_2)) \\ \dfrac{\partial U_2}{\partial \beta_2} = (h-1)\xi V_0 b^\varphi r_m^2 t_m^2(1 + \lambda e^{-(1-\eta)W})\beta_2 \\ \quad - (h-1)\xi V_0 b^\varphi[r_m t_m(1 + \lambda e^{-(1-\eta)W}) - \lambda e^{-(1-\eta)W} r_m^2 t_m^2] \end{cases} \quad (5-17)$$

令式（5-17）为零，求得最优解：

$$
\begin{cases}
t_m = \dfrac{\beta_2 + \lambda e^{-(1-\eta)W}(1-\beta_2)}{r_m(\beta_2^2 + \lambda e^{-(1-\eta)W}(1-\beta_2)^2)} \\[3mm]
\beta_2 = \dfrac{1}{r_m t_m} - \dfrac{\lambda e^{-(1-\eta)W}}{1 + \lambda e^{-(1-\eta)W}}
\end{cases}
\tag{5-18}
$$

由式（5-18）整理可得：

$$
\beta_2^* = \frac{2 + \lambda e^{-(1-\eta)W} - \sqrt{\lambda^2 e^{-2(1-\eta)W} + 2\lambda e^{-(1-\eta)W} + 2}}{1 + \lambda e^{-(1-\eta)W}}, \quad \text{由于 } \lambda e^{-(1-\eta)W} \in
$$

$[0, 1]$ 时都有 $\beta_2^* \leqslant 1$，故无论高价值资产的比重是多少都只存在一个最优值 β_2^*。此外，当最大化总效用时，分别对 MSSP 的努力程度，以及对高价值资产的投入比例进行求偏导可得：

$$
\begin{cases}
\dfrac{\partial U_2 + \Pi_2}{\partial t_m} = -\big[\,(1-1-2\beta_2+2\beta_2^2)\,k + \xi V_0 b^\varphi \beta_2^2 r_m^2 + \xi V_0 b^\varphi \lambda e^{-(1-\eta)W} \\[2mm]
\quad (1-\beta_2)^2 r_m^2\,\big]\,t_m + \xi V_0 b^\varphi \beta_2 r_m + \xi V_0 b^\varphi \lambda e^{-(1-\eta)W}\,(1-\beta_2)\,r_m \\[3mm]
\dfrac{\partial U_2 + \Pi_2}{\partial \beta_2} = -\big[\,2k t_m^2 + \xi V_0 b^\varphi r_m^2 t_m^2 + \xi V_0 b^\varphi \lambda e^{-(1-\eta)W} r_m^2 t_m^2\,\big]\,\beta_2 + k t_m^2 \\[2mm]
\quad + \xi V_0 b^\varphi r_m t_m - \xi V_0 b^\varphi \lambda e^{-(1-\eta)W} r_m t_m + \xi V_0 b^\varphi \lambda e^{-(1-\eta)W} r_m^2 t_m^2
\end{cases}
\tag{5-19}
$$

与命题 5-1 计算过程相似，我们可以得到最优解为：

$$
\begin{cases}
t_m^* = \dfrac{(x-y)r_m\beta_2^* + yr_m}{k + yr_m^2 - 2k\beta_2^* + (2k + xr_m^2 - yr_m^2)\beta_2^{2*}} \\[3mm]
\beta_2^* = \dfrac{x(k + yr_m^2)}{(2+x-y)k + (1-y)(x+y)r_m^2}
\end{cases}
\tag{5-20}
$$

最小化企业总脆弱性的计算过程与命题 1 相似，故命题 5-2 证毕。

5.4.3　高价值资产外包给 MSSP

为了更好地节约保护资产价值的努力，同时尽量减少损失，企业仅将高价值资产的安全外包给 MSSP，而自己保护低价值资产的安全性。此时，企业、MSSP 和总期望效用如下：

$$
U_3 = W - F + (h-1)\xi V_0 b^\varphi e^{-r_m t_m} - k t_f^2/2 - \xi e^{-(1-\eta)W} V_0 \lambda b^\varphi e^{-r_f t_f}
\tag{5-21}
$$

$$\Pi_3 = F - kt_m^2/2 - h\xi V_0 e^{-r_m t_m} b^\varphi \tag{5-22}$$

$$U_3 + \Pi_3 = W - kt_m^2/2 - \xi V_0 b^\varphi e^{-r_m t_m} - kt_f^2/2 - \xi e^{-(1-\eta)W} V_0 \lambda b^\varphi e^{-r_f t_f} \tag{5-23}$$

对式（5-21）~式（5-23）进行泰勒展开可得：

$$U_3 = W - F + (h-1)\xi V_0 b^\varphi \left(1 - r_m t_m + \frac{1}{2}r_m^2 t_m^2\right) - \frac{kt_f^2}{2}$$
$$- \xi e^{-(1-\eta)W} V_0 \lambda b^\varphi \left(1 - r_f t_f + \frac{r_f^2 t_f^2}{2}\right) \tag{5-24}$$

$$\Pi_3 = F - kt_m^2/2 - h\xi V_0 b^\varphi \left(1 - r_m t_m + \frac{1}{2}r_m^2 t_m^2\right) \tag{5-25}$$

$$U_3 + \Pi_3 = W - \frac{kt_m^2}{2} - \xi V_0 b^\varphi \left(1 - r_m t_m + \frac{1}{2}r_m^2 t_m^2\right) - kt_f^2/2$$
$$- \xi e^{-(1-\eta)W} V_0 \lambda b^\varphi \left(1 - r_f t_f + \frac{r_f^2 t_f^2}{2}\right) \tag{5-26}$$

命题 5-3：企业完全将高价值资产的信息安全外包给 MSSP 情况下，当最大化企业期望效用时，企业的最优努力程度为 $t_f^* = \dfrac{\xi V_0 b^\varphi \lambda e^{-(1-\eta)W} r_f}{k + \xi V_0 b^\varphi \lambda e^{-(1-\eta)W} r_f^2}$，MSSP 的最优努力为 $t_m^* = \dfrac{h\xi V_0 b^\varphi r_m}{k + h\xi V_0 b^\varphi r_m^2}$；当最大化总期望效用时，企业的最优努力程度为 $t_f^* = \dfrac{\xi V_0 b^\varphi \lambda e^{-(1-\eta)W} r_f}{k + \xi V_0 b^\varphi \lambda e^{-(1-\eta)W} r_f^2}$，MSSP 的最优努力为 $t_m^* = \dfrac{\xi V_0 b^\varphi r_m}{k + \xi V_0 b^\varphi r_m^2}$。

证明：当最大化企业的期望时，对式（5-24）和式（5-25）求偏导可得：

$$\begin{cases} \dfrac{\partial \Pi_3}{\partial t_m} = -(k + h\xi V_0 b^\varphi r_m^2) t_m + h\xi V_0 b^\varphi r_m \\[2mm] \dfrac{\partial U_3}{\partial t_f} = -(k + \xi V_0 b^\varphi \lambda e^{-(1-\eta)W} r_f^2) t_f + \xi V_0 b^\varphi \lambda e^{-(1-\eta)W} r_f \end{cases} \tag{5-27}$$

不难发现式（5-27）存在唯一最优值，对式（5-27）求解可得：

$$\begin{cases} t_f^* = \dfrac{\xi V_0 b^\varphi \lambda e^{-(1-\eta)W} r_f}{k + \xi V_0 b^\varphi \lambda e^{-(1-\eta)W} r_f^2} \\[3mm] t_m^* = \dfrac{h\xi V_0 b^\varphi r_m}{k + h\xi V_0 b^\varphi r_m^2} \end{cases} \tag{5-28}$$

当最大化总期望时，对式（5－26）求偏导可得：

$$
\begin{cases}
\dfrac{\partial \Pi_3 + \Pi_3}{\partial t_m} = -(k + \xi V_0 b^\varphi r_m^2) t_m + \xi V_0 b^\varphi r_m \\[3mm]
\dfrac{\partial U_3 + \Pi_3}{\partial t_f} = -(k + \xi V_0 b^\varphi \lambda e^{-(1-\eta)W} r_f^2) t_f + \xi V_0 b^\varphi \lambda e^{-(1-\eta)W} r_f
\end{cases}
$$

$$(5-29)$$

通过对式（5－29）的联合求解可得：

$$
\begin{cases}
t_f^* = \dfrac{\xi V_0 b^\varphi \lambda e^{-(1-\eta)W} r_f}{k + \xi V_0 b^\varphi \lambda e^{-(1-\eta)W} r_f^2} \\[4mm]
t_m^* = \dfrac{\xi V_0 b^\varphi r_m}{k + \xi V_0 b^\varphi r_m^2}
\end{cases}
$$

$$(5-30)$$

命题 5－3 证毕。

5.4.4　低价值资产外包给 MSSP

降低价值资产安全性的另外一种方式就是将部分低价值资产的安全性交由 MSSP 保管，而企业自身保护资产价值高的部分，此时企业、MSSP 和系统总期望为：

$$
U_4 = W - F + (h-1)\xi e^{-(1-\eta)W} V_0 \lambda b^\varphi e^{-r_m t_m} - k t_f^2/2 - \xi V_0 b^\varphi e^{-r_f t_f}
$$

$$(5-31)$$

$$
\Pi_4 = F - k t_m^2/2 - h\xi e^{-(1-\eta)W} V_0 e^{-r_m t_m} \lambda b^\varphi
$$

$$(5-32)$$

$$
U_4 + \Pi_5 = W - k t_m^2/2 + (h-1)\xi e^{-(1-\eta)W} V_0 \lambda b^\varphi e^{-r_m t_m}
$$
$$
- k t_f^2/2 - \xi V_0 b^\varphi e^{-r_f t_f}
$$

$$(5-33)$$

分别对式（5－31）和式（5－33）进行泰勒展开得：

$$
U_4 = W - F + (h-1)\xi e^{-(1-\eta)W} V_0 \lambda b^\varphi \left(1 - r_m t_m + \frac{1}{2} r_m^2 t_m^2\right)
$$
$$
- \frac{k t_f^2}{2} - \xi V_0 b^\varphi \left(1 - r_f t_f + \frac{r_f^2 t_f^2}{2}\right)
$$

$$(5-34)$$

$$
\Pi_4 = F - k t_m^2/2 - h\xi e^{-(1-\eta)W} V_0 \lambda b^\varphi \left(1 - r_m t_m + \frac{1}{2} r_m^2 t_m^2\right)
$$

$$(5-35)$$

$$
U_4 + \Pi_5 = W - k t_m^2/2 + (h-1)\xi e^{-(1-\eta)W} V_0 \lambda b^\varphi \left(1 - r_m t_m + \frac{1}{2} r_m^2 t_m^2\right)
$$
$$
- k t_f^2/2 - \xi V_0 b^\varphi \left(1 - r_f t_f + \frac{r_f^2 t_f^2}{2}\right)
$$

$$(5-36)$$

命题 5 - 4: 企业完全将低价值资产的信息安全外包给 MSSP 情况下, 当最大化企业期望效用时, 企业的最优努力程度为 $t_f^* = \dfrac{\xi V_0 b^\varphi r_f}{k + \xi V_0 b^\varphi r_f^2}$, MSSP 的最优努力为 $t_m^* = \dfrac{h\xi V_0 b^{\varphi\lambda e^{-(1-\eta)W}} r_m}{k + h\xi V_0 b^\varphi \lambda e^{-(1-\eta)W} r_m^2}$; 当最大化总期望效用时, 企业的最优努力程度为 $t_f^* = \dfrac{\xi V_0 b^\varphi r_f}{k + \xi V_0 b^\varphi r_f^2}$, MSSP 的最优努力为 $t_m^* = \dfrac{\xi V_0 b^\varphi \lambda e^{-(1-\eta)W} r_m}{k + \xi V_0 b^\varphi \lambda e^{-(1-\eta)W} r_m^2}$。

证明: 当最大化企业期望时, 分别求式 (5 - 34) 和式 (5 - 35) 的偏导, 可得:

$$
\begin{cases}
\dfrac{\partial \Pi_4}{\partial t_m} = -\left(k + h\xi V_0 b^\varphi \lambda e^{-(1-\eta)W} r_m^2\right) t_m + h\xi V_0 b^\varphi \lambda e^{-(1-\eta)W} r_m \\[2mm]
\dfrac{\partial U_4}{\partial t_f} = -\left(k + \xi V_0 b^\varphi r_f^2\right) t_f + \xi V_0 b^\varphi r_f
\end{cases}
$$

$$(5 - 37)$$

由式 (5 - 37) 可知存在唯一最优解, 对式 (5 - 37) 求解可得:

$$
\begin{cases}
t_f^* = \dfrac{\xi V_0 b^\varphi r_f}{k + \xi V_0 b^\varphi r_f^2} \\[2mm]
t_m^* = \dfrac{h\xi V_0 b^{\varphi\lambda e^{-(1-\eta)W}} r_m}{k + h\xi V_0 b^\varphi \lambda e^{-(1-\eta)W} r_m^2}
\end{cases}
$$

$$(5 - 38)$$

当最大总化期望时, 对式 (5 - 36) 求偏导可得:

$$
\begin{cases}
\dfrac{\partial \Pi_4 + \Pi_4}{\partial t_m} = -\left(k + \xi V_0 b^\varphi \lambda e^{-(1-\eta)W} r_m^2\right) t_m + \xi V_0 b^\varphi \lambda e^{-(1-\eta)W} r_m \\[2mm]
\dfrac{\partial U_4 + \Pi_4}{\partial t_f} = -\left(k + \xi V_0 b^\varphi r_f^2\right) t_f + \xi V_0 b^\varphi r_f
\end{cases}
$$

$$(5 - 39)$$

对式 (5 - 39) 求解可得:

$$
\begin{cases}
t_f^* = \dfrac{\xi V_0 b^\varphi r_f}{k + \xi V_0 b^\varphi r_f^2} \\[2mm]
t_m^* = \dfrac{\xi V_0 b^\varphi \lambda e^{-(1-\eta)W} r_m}{k + \xi V_0 b^\varphi \lambda e^{-(1-\eta)W} r_m^2}
\end{cases}
$$

$$(5 - 40)$$

由式 (5 - 40) 结果可知, 命题 5 - 4 证毕。

5.5　强制性标准约束下的模型分析

本部分将分析在政府对企业不同资产安全脆弱性的强制性约束下，企业的最优努力水平或网络信息安全外包策略。

5.5.1　强制性标准约束下企业完全自主防御分析

本部分为了简化分析，仅对高价值资产和低价值资产同时满足政府强制性标准要求和同时不满足两种情形，其他情形我们将在后续的研究中进行严格分析。

命题 5 - 5：当 $\xi V_0 e^{-r_f \beta_1^* t_f^*} > V_H$ 且 $\xi V_0 e^{-(1-\eta)W} e^{-r_f(1-\beta_1^*)t_f^*} > V_L$ 时，企业自我防御下的高价值资产和低价值资产的脆弱性水平均未达到政府强制性标准，为了满足标准那么此时企业自我最优努力为

$$t_f^* = \frac{1}{r_f}\left[\ln\frac{\xi V_0}{V_H} + \ln\frac{\xi V_0}{V_L} - (1-\eta)W\right]，此时高价值资产努力的比例为$$

$$\beta_1^* = \left(\ln\frac{\xi V_0}{V_H}\right)\bigg/\left[\ln\frac{\xi V_0}{V_H} + \ln\frac{\xi V_0}{V_L} - (1-\eta)W\right]。$$

证明：根据式（5 - 1）和政府的强制性约束条件可知，在高价值资产和低价值资产均为满足政府强制性约束要求时，企业的最优努力和努力分配就是满足政府的强制性要求，因此有：

$$\begin{cases} \xi V_0 e^{-r_f \beta_1 t_f} = V_H, & 高价值资产 \\ \xi e^{-(1-\eta)W} V_0 e^{-r_f(1-\beta_1)t_f} = V_L, & 低价值资产 \end{cases} \tag{5-41}$$

求解式（5 - 41）可得：

$$\begin{cases} t_f^* = \frac{1}{r_f}\left[\ln\frac{\xi V_0}{V_H} + \ln\frac{\xi V_0}{V_L} - (1-\eta)W\right] \\ \beta_1^* = \left(\ln\frac{\xi V_0}{V_H}\right)\bigg/\left[\ln\frac{\xi V_0}{V_H} + \ln\frac{\xi V_0}{V_L} - (1-\eta)W\right] \end{cases} \tag{5-42}$$

由命题 5 - 5 可知，在高价值资产和低价值资产均未达到政府的强制性要求标准时，企业的最优努力程度与高价值资产所占的比例成正比，而高价值资产努力程度的分配却与高价值资产的比例成反比。

5.5.2 强制性标准约束下企业完全外包给 MSSP 的分析

结合命题 5-2 以及政府对不同类型资产脆弱性的强制性约束，可以得到：

命题 5-6： 当 $\xi V_0 e^{-r_m \beta_2^* t_m^*} > V_H$ 且 $\xi V_0 e^{-(1-\eta)W} e^{-r_m(1-\beta_2^*)t_m^*} > V_L$ 时，MSSP 完全保护下的高价值资产和低价值资产的脆弱性水平均未达到政府强制性标准，为了满足标准那么此时 MSSP 最优努力为 $t_m^* = \frac{1}{r_m}\left[\ln\frac{\xi V_0}{V_H} + \ln\frac{\xi V_0}{V_L} - (1-\eta)W\right]$，此时高价值资产的努力比例为 $\beta_2^* = \left(\ln\frac{\xi V_0}{V_H}\right)\Big/\left[\ln\frac{\xi V_0}{V_H} + \ln\frac{\xi V_0}{V_L} - (1-\eta)W\right]$。

命题 5-6 的计算过程与命题 5-5 相同，此处不再详细计算说明。从命题 5-6 可以看出，当企业高价值资产比例较大时，MSSP 将付出更多的努力，但是高价值资产努力所占比重有所下降。

5.5.3 强制性标准约束下高价值资产安全外包分析

结合命题 5-3，获得强制性标准约束下，企业将高价值资产外包给 MSSP 时，在不受强制性约束和强制性约束下的结果如下。

命题 5-7： 当 $\xi V_0 e^{-r_m t_m^*} > V_H$ 且 $\xi V_0 e^{-(1-\eta)W} e^{-r_f t_f^*} > V_L$ 时，企业将高价值资产的安全性外包给 MSSP 时其脆弱性水平未达到政府强制性标准，同时企业自我防护的低价值资产的脆弱性也未达到政府的强制性要求，为了满足标准那么此时 MSSP 最优努力 MSSP 的最优努力为 $t_m^* = \frac{1}{r_m}\ln\frac{\xi V_0}{V_H}$，企业的最优努力为 $t_f^* = \frac{1}{r_f}\left[\ln\frac{\xi V_0}{V_L} - (1-\eta)W\right]$。

证明：当企业将高价值资产外包给 MSSP 时，仍受政府强制性标准约束，则在根据式（5-1）可得：

$$\begin{cases} \xi V_0 e^{-r_m t_m} = V_H, & \text{高价值资产} \\ \xi e^{-(1-\eta)W} V_0 e^{-r_f t_f} = V_L, & \text{低价值资产} \end{cases} \tag{5-43}$$

根据式（5-43）可知存在唯一解，求解可得：

$$\begin{cases} t_m^* = \dfrac{1}{r_m}\ln\dfrac{\xi V_0}{V_H} \\[3mm] t_f^* = \dfrac{1}{r_f}\Big[\ln\dfrac{\xi V_0}{V_L} - (1-\eta)W\Big] \end{cases} \tag{5-44}$$

由命题 5-7 可知，在政府强制性约束下，当企业将高价值资产的安全性外包给 MSSP 时，MSSP 的最优努力与政府的强制性水平成反比，这就是说政府制定过高的强制性水平不利于 MSSP 参与企业安保活动。此外，企业的努力程度与低价值资产的比重呈负相关，也就是企业在保护更多的低价值资产下可减少努力程度。

5.5.4　强制性标准约束下低价值资产安全外包分析

结合命题 5-4，获得强制性标准约束下，企业将低价值资产外包给 MSSP 时，在不受强制性约束和强制性约束下的结果如下。

命题 5-8： 当 $\xi V_0 e^{-r_m t_m^*} > V_L$ 且 $\xi V_0 e^{-(1-\eta)W} e^{-r_f t_f^*} > V_H$ 时，企业将低价值资产的安全性外包给 MSSP 时其脆弱性水平未达到政府强制性标准，同时企业自我防护的高价值资产的脆弱性也未达到政府的强制性要求，为了满足标准那么此时 MSSP 最优努力为 MSSP 的最优努力为 $t_m^* = \dfrac{1}{r_m}\Big[\ln\dfrac{\xi V_0}{V_L} - (1-\eta)W\Big]$，企业的最优努力为 $t_f^* = \dfrac{1}{r_f}\ln\dfrac{\xi V_0}{V_H}$。

证明：根据式（5-1）可得在政府对网络脆弱性有强制性要求时满足：

$$\begin{cases} \xi V_0 e^{-r_m t_m} = V_L, & \text{高价值资产} \\[2mm] \xi e^{-(1-\eta)W} V_0 e^{-r_f t_f} = V_H, & \text{低价值资产} \end{cases} \tag{5-45}$$

求解式（5-45）可得：

$$\begin{cases} t_f^* = \dfrac{1}{r_f}\ln\dfrac{\xi V_0}{V_H} \\[3mm] t_m^* = \dfrac{1}{r_m}\Big[\ln\dfrac{\xi V_0}{V_L} - (1-\eta)W\Big] \end{cases} \tag{5-46}$$

命题 5-8 证毕。

由命题 5-8 可知，MSSP 的努力程度与高价值资产的比例正相关，高价值资产越多，MSSP 付出的努力将越大，而企业的努力程度仅与政府强制性规定的水平相关，当政府对脆弱性的强制性水平降低时，企业的努力会增加，以尽量满足政府的强制性要求。

5.6 强制性标准下信息安全外包数值分析

为了政府强制性标准约束下，不同外包情形的结果进行深入的分析，本部分用数值仿真的方法研究各参数与变量之间的关系。具体相关参数的设置如下：企业网络的初始财富 $W = 1000$，初始脆弱性 $V_0 = 0.2$，网络安全保障的努力成本系数 $k = 2$，企业网络安全投资系数 $r_f = 0.2$，MSSP 网络安全投资系数 $r_m = 0.4$，攻击系数 $\xi = 0.2$，高价值资产比重 $\eta = 0.7$，高价值资产的溢价系数 $\varphi = 1$，企业资产单位数量 $b = 100$，资产的数据价值系数 $\beta = 1$，MSSP 补偿系数 $h = 0.3$。

由图 5-1 可知，随着高价值资产比例的增加，除了企业自我防御时防御总努力成本下降，其他外包情况下防御总努力均增加，再加之对比脆弱性水平，虽然自我防御的努力增加了但是脆弱性水平却没有变化。同时可以看出，企业的总资产的安全性全部交由 MSSP 外包时，总努力最小，同时脆弱性最小。在脆弱性方面，企业把低价值外包时，脆

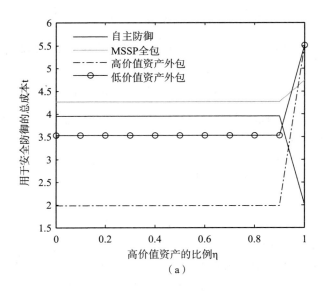

（a）

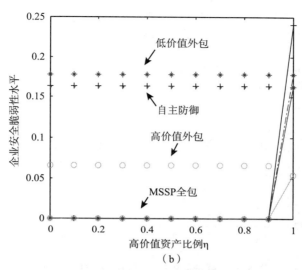

图 5-1　最大化企业期望下高价值资产比例与防御总成本和脆弱性水平的关系
资料来源：笔者整理。

弱性最大，所以企业最不应该做的就是将低价值资产的安全性交由
MSSP 外包，在努力程度方面外包低价值资产成本比全部外包给 MSSP
或者自我防御低。在防御努力上，将高价值资产外包给 MSSP 时的努力
程度最小，此时系统脆弱性比全包给 MSSP 稍高，但是比其他防御形式
的系统脆弱性要低。所以企业应该根据自己的目标进行选择全部外包还
是将高资产价值的安全性外包。

　　图 5-2 描述了在企业高价值资产比例增加的情况下，企业期望效
用和总效用的变化趋势。随着企业高价值资产比例的增加，除了全包给
MSSP 总期望效用增加外，其他情况的期望效用均减小。以企业自我防
御下的期望效用为基准，我们发现，除了将低价值资产外包外，最大化
企业期望效用时的效用小于企业自我防御下的期望效用，其他情况的期
望效用均大于企业自我防御下的期望效用。同时，最大化系统期望效用
时的期望效用总体上大于只最大化企业的期望效用，而当企业将资产安
全性全部交由 MSSP 外包时，系统的期望效用最大。

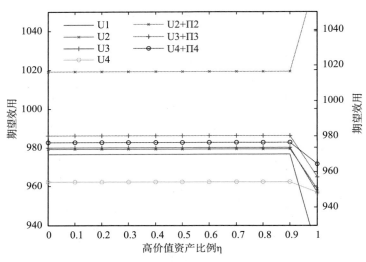

图 5 - 2　高价值资产比例与期望效用的关系

资料来源：笔者整理。

対比图 5 - 1 可知，在政府的强制性约束下，企业或者 MSSP 防御网络安全的努力程度增加了。由图 5 - 3 可知，在政府强制性约束下，企业自主防御时所需要的安全防御努力最大，而企业将高价值资产进行外包时的安全防御努力最小。此外，在政府强制性约束下，随着高价值

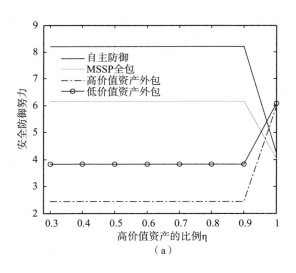

（a）

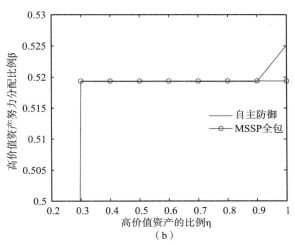

图 5 - 3　政府强制性约束下不同情形的总防御努力与努力分配

资料来源：笔者整理。

资产比例的增加，部分外包（无论是高价值资产安全外包还是低价值资产安全外包）的安全努力均增加，这与保护相应资产安全性有关。而企业自我防御或 MSSP 全包则安全防御努力则会降低，这可能是由于规模效应，或者安全保卫率提升导致。此外，在政府的强制性约束下，随着高价值资产比例的增加，自主防御和 MSSP 全包情况下，对核心资产的努力比例均有所增加。这是因为要保护最大资产的安全，所必须采取的措施。

　　对比图 5 - 2 可知，政府的强制性标准制定过高时会降低系统总期望效用。由图 5 - 4 可知，与图 5 - 2 的结论有所不同，在政府的强制性约束下，最大化总期望效用下的期望效用未必总比最大化企业期望效用好。此时，仍然是最大化总期望效用下 MSSP 全包时的系统效用最大，而外包低价值的安全业务情景中最大化企业期望效用时的效用最小，同时，此时外包高价值资产的安全业务时，无论是最大化企业效用还是系统效用，最终的效用都相同，这说明，政府的强制性规定此时协调了整个信息安全外包的服务链。同时，在政府强制性标准下，资产安全外包（无论是高价值资产还是低价值资产）的效用均比企业自我防御的效用大，所以，在政府的强制性规定下，企业应该采纳网络信息安全外包，以提高自己的期望效用。

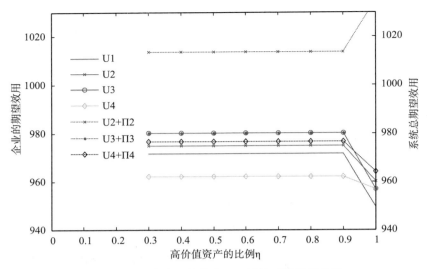

图 5 - 4   政府强制性约束下不同情形的期望效用

资料来源：笔者整理。

5.7   本 章 小 结

本部分承接前一章节进行深入研究强制性标准下，在异质性资产中实行强制性等级保护标准约束下的企业网络信息安全外包决策。首次拓展了网络信息安全外包中对资产异质性外包的模型构建。由于等级保护规定在信息安全外包中的情景非常复杂，而模型构建部分参数设定极其复杂，所以我们仅讨论了两类极端情况，即无论企业自我防御还是外包都满足高价值资产和低价值资产的脆弱性标准约束要求，以及无论企业自我防御还是外包都不满足高价值资产和低价值资产的脆弱性标准约束要求。

虽然，本部分只是初步探索了等级保护与网络信息安全外包，但是其结论对于企业实践等级保护、采用网络信息安全外包决策提供了有力的支持。我们发现，在企业自我防御或者外包资产的网络信息安全情况下，若其高价值资产和低价值资产的脆弱应都满足政府关于企业网络安全脆弱性的强制要求，那么企业可以选择自我防御、MSSP 全包或者高价值资产外包给 MSSP，但是不能将低价值资产的安全性外包 MSSP，因为此时企业系统具有最大的网络脆弱性以及最小的期望效用；但是，若其高价值资产和低价值资产的脆弱应都不满足政府关于企业网络安全脆弱性的强制要求，那么企业一定要将资产（无论高价值资产还是低价值资产）的安全保护外包给 MSSP，因为此时企业自我防御的企业系统脆弱性最大，企业的期望效用最小。

第三篇

企业信息安全保险及其风险控制

本篇概括：

信息安全保险是为了应对安全措施无法合理缓解的剩余风险。虽然它最初是以有限服务内容形式开始的，但在其发展中涵盖了越来越多的信息安全风险类型。与其他保险行业或产品相比，信息安全保险的采用率较低，但增长预测很高。据 ENISA 预测，到 2025 年，全球信息安全保险市场的年销售额将达到 200 亿美元。

针对信息安全保险现状我们提炼出两个问题：一是既然信息安全作为企业转移信息安全风险的有效手段，为什么增长率和采用率很低？二是如何在满足国家安全标准的基础上才能让企业购买保险，以繁荣保险市场？

其中，影响问题 1 的主要因素是目前无法准确刻画企业的信息安全风险，针对这一问题，我们从理论和实证角度都进行了研究。而要回答问题 2 则是需要明确企业安全与保险公司的交互作用机制，我们认为在满足国家安全需求的基础上，要促进企业购买保险，需要保险公司参与投资，且国家应制定合适的强制性约束标准和给予一定的补贴。因此，本篇的主要研究内容是：

第 6 章：基于数理建模的企业信息安全保险的度量

第 7 章：基于漏洞数据的信息安全风险度量与可保性分析

第 8 章：保险公司参与防御下信息安全保险的最优决策分析

第 9 章：强制性标准下企业信息安全保险的最优决策分析

第6章 基于数理建模的企业 信息安全保险的度量

影响企业购买信息安全外包服务的另外一个因素就是企业无法估计自身的信息安全风险，以及无法确定外包了安全服务之后是否有效。同样的，如果无法准确度量企业的信息安全风险，保险公司也就无法提供可行的信息安全保险产品，信息安全保险市场也就会消失。因此，对企业信息安全风险的度量是围绕企业信息安全风险控制展开一切活动的根本。本章以及后面第7章就如何准确度量信息安全风险展开研究。但是，本章侧重于从理论的角度构建度量信息安全风险的数理模型，以期获得较好刻画信息安全风险的分布，用于未来的深入研究。

6.1 企业信息安全风险度量背景

任何组织都无法避免外部黑客攻击，或是由组织内部员工错误或管理不善造成的信息安全事件。因此，企业往往面临不确定数量的网络攻击，并处理大小不一的信息安全事件。由于应对信息安全事件的努力很难提前预测，信息安全保险作为一种网络风险管理工具正受到企业和政府的关注。不仅是保险专业人士和学者，英国和新加坡等国家政府，以及欧盟网络和信息安全局（ENISA）和经合组织等国际组织最近都对信息安全保险有所关注。虽然信息安全保险原则上是一个有效的网络风险管理工具，但也存在一些缺陷。在服务方面，经合组织确定了以下问题：（1）风险可量化性；（2）累积风险；（3）再保险可用性。在需求方面，确定了以下风险：（1）对潜在损失缺乏认识；（2）对保险范围的误解；（3）现有保险范围的不适用性。

信息安全是指保持网络空间中信息的保密性、完整性和可用性（谢宗晓，2016）。由于信息安全事件逐年攀升，对企业和社会造成了巨额损失，针对信息安全事件损失的评估和预防变得越发严峻（Anderson and Moore，2006）。在信息安全情境中，风险被定义为事件后果和事件发生可能性的组合（Guide ISO.73：2009；SO/IEC.27001：2013）。但是，由于信息系统具有动态性、复杂性，使得事件发生概率和时间难以定量预测，且更难对事件的严重性精确估算，所以目前在业界通用的信息安全风险评估方法主要以定性评估为主。本部分主要通过蒙特卡洛方法对信息安全风险进行模拟，以期更加科学地对信息安全风险进行度量。

6.2 信息安全保险相关研究进展

近期文献开始关注网络安全事件的统计分布研究，起初关于网络安全事件产生损失的分布和估计多直接假设每次恶意攻击的损失服从几何分布（Rolf，2009）；后来比耶内等（Biener et al.，2015）从网络风险的保费角度进行分析，利用993项网络安全事件的损失，挖掘出了网络安全事件损失的数据统计特征。罗曼诺斯基（Romanosky，2016）则分类分析了12000多项安全事件，并对企业的统计学特征与事件损失进行了回归分析。该类研究在实证层次促进了事件损失或事件发生可能性的定量化，但也只是在事后探讨了自变量和因变量之间的关系。埃林和洛佩尔菲多（Eling and Loperfido，2017）根据隐私权情报交换所的漏洞数据发现，漏洞发生的概率分布服从厚尾偏态分布的特征，同时兼具泊松分布的无后效性特点。此外，由于网络安全事件损失具有极值的特点，而 VaR 可以对极端风险进行测量（许启发等，2016），因此，可以利用 VaR 在一定的置信水平上对网络安全事件的损失进行估计。布弗雷（Bouveret，2018）在研究金融部门的操作风险测算中，引入了多种概率分布，认为事件发生的概率服从泊松分布，在对应的损失分布中则引入了拼接分布，并利用 VaR 方法定量分析了信息安全风险。后来随着网络安全事件相关损失数据的公布和多样化，学者们开始利用公开的金融机构的安全事件损失对网络安全事件损失的分布进行分析（Pandey and Snekkenes，2015；Bouveret，2018）。

6.3　信息安全风险损失评估模型

本部分利用精算学中计算保险索赔的方法估算总损失分布，并根据巴塞尔协议Ⅲ（杨凯生等，2018）框架中的高级测量方法评估操作风险（周峤和张曙光，2012），计算过程如图 6 - 1 所示。本章在评估安全事件风险时提出以下假设：

（1）网络攻击事件是非定向的，随机的；

（2）网络攻击事件之间是相互独立的；

（3）网络攻击事件发生的次数与事件产生的损失是相互独立的；

（4）分布函数的时间计量单位为一年。

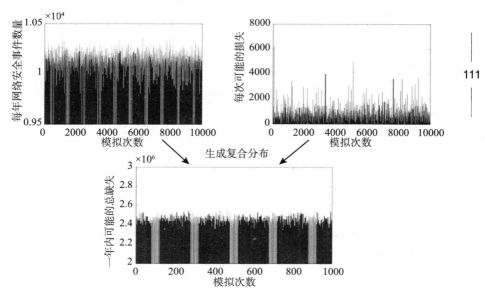

图 6 - 1　复合分布的生成过程

资料来源：笔者整理。

6.3.1　总损失分布

根据前文假设，由于不同类型的网络攻击不同，其之间具有相互独立性。假设企业一年内的信息安全攻击事件次数 N 属于离散分布，且服从广义的泊松分布 $N \sim P(\lambda)$，故每次网络攻击事件产生的损失是相互独立的。同时，假设攻击是随机发生，且是非定向攻击。因此，在任意较短的时间 Δt 内，因网络攻击而产生损失的概率为 $\lambda \Delta t$。因此，网络安全攻击事件发生 k 次的概率为：

$$p_k = \Pr[N = k] = \frac{\lambda^k}{k!} e^{-\lambda} \tag{6-1}$$

泊松分布的参数 λ 表示，在一年时间内网络攻击事件平均发生次数为 λ。令 X_i 是第 i 次网络攻击造成的损失，其中 $i = 1, 2, \cdots, N$。X_i 是正的离散随机变量，且 $X_1, X_2, \cdots, X_N$ 之间符合独立同分布，且独立于网络攻击事件次数。在传统的风险损失模型中，每次事件的损失服从厚尾或薄尾两类分布。为了明确网络安全事件损失的分布，本部分利用倒推法，即在不同分布的模拟结果中选择分布较优的分布作为网络安全事件损失的分布。首先，对不同的常用损失分布，同时进行蒙特卡洛模拟分析，即选择了伽马分布 $X \sim G(\alpha, \beta)$ 为薄尾分布的代表，对数正态分布 $X \sim LN(\mu, \delta)$ 为厚尾分布的代表。当 X_i 服从对数正态分布时，X_i 的概率密度函数 f 为：

$$f(x) = \frac{1}{x\delta \sqrt{2\pi}} e^{-\frac{(\ln(x) - \mu)^2}{2\delta^2}} \tag{6-2-1}$$

故有，在单次网络攻击事件损失服从对数正态分布的情况下，网络安全事件造成的期望损失为 $E_f(X) = e^{\mu + \delta^2/2}$。而当 X_i 服从伽马分布时，X_i 的概率密度函数为：

$$g(x) = \frac{\beta^\alpha}{\Gamma(\alpha)} x^{\alpha-1} e^{-\beta x} \tag{6-2-2}$$

故有，在单次网络攻击事件损失服从伽马分布的情况下，网络安全事件造成的期望损失为 $E_g(X) = \alpha / \beta$。

6.3.2 期望总损失

根据精算学中模拟保险索赔的方法，以及根据巴塞尔协议 Ⅲ 框架中评估银行操作风险的测量方法，构建每年网络安全攻击事件造成的总损失 Z，公式如下：

$$Z = X_1 + X_2 + \cdots + X_N \tag{6-3}$$

由式（6-3）可知，构建的总损失函数的分布函数是对某个时间点的损失估计，并不是确定次数下的网络安全损失估计。此外，由于一年内网络安全事件总损失取决于一年内网络安全攻击事件次数，以及每次网络安全事件造成的损失。因为，网络安全事件发生次数服从参数为 λ 的泊松分布，当单次网络攻击事件的损失服从对数正态分布时，一年内网络安全事件总损失的期望满足：

$$E_f[Z] = E[N] \times E_f[X] = \lambda e^{\mu + \delta^2/2} \qquad (6-4-1)$$

由式（6-4-1）可知，一年内网络安全事件的期望总损失取决于参数 λ 和每次网络攻击造成的期望损失。其中，参数 λ 的大小会随着网络安全攻击威胁性和复杂性的增加而增加。当单次网络攻击事件损失服从伽马分布时，一年内网络安全事件总损失的期望满足：

$$E_g[Z] = E[N] \times E_g[X] = \lambda\alpha/\beta \qquad (6-4-2)$$

上述模型的构建是基于单个企业风险相互独立的情况，即某一个企业发生网络攻击事件并造成损失后，并未影响到其他企业的网络安全以及未对其他企业产生损失。但事实上，在网络空间安全中，往往某一个企业遭受网络攻击，必然会对于其有业务往来或者从事相同服务的企业产生关联损失（Cezar et al.，2017；Qian et al.，2018）。例如，2017 年爆发的 Wannacry 病毒从被入侵的设备通过网络入侵到网络中其他关联的企业或个人设备，进而感染整个网络。

在网络安全事件攻击次数不变的情况下，一次攻击可能会因为设备间的传染而导致多个企业受损，即网络安全事件之间存在风险依赖性。假设某一企业发生网络安全攻击事件后，其他相关企业亦受损失的概率服从参数为 θ 的几何分布，此时总损失为 Z^d。Θ 是所有产生损失事件的总和，即初始产生损失事件数量与风险依赖传染数量 M 的和。在网络安全事件发生次数服从参数为 λ 的泊松分布情况下有：

$$E[\Theta] = E[N] + E[N] \times E[M] = \lambda/\theta \qquad (6-5)$$

根据式（6-5），可以得到风险依赖情况下，单次损失服从泊松分布和伽马分布的期望总损失为：

$$E_f^d[Z^d] = E[\Theta] \times E_f[X] = \lambda e^{\mu + \delta^2/2}/\theta \qquad (6-6-1)$$

$$E_g^d[Z^d] = E[N] \times E_g[X] = \lambda\alpha/(\beta\theta) \qquad (6-6-2)$$

根据式（6-4-1）、式（6-4-2）、式（6-6-1）和式（6-6-2）的对比可知，由于 $0 < \theta < 1$，在考虑网络安全攻击事件的风险依赖情况

时，网络攻击所产生的总期望损失比不考虑风险依赖的情况增加了。例如，当 $\theta = 0.8$ 时，即一次攻击有 20% 的概率会对其他企业造成损失。此时，$E_f^d[Z^d] = 1.25E_f[Z]$，$E_g^d[Z^d] = 1.25E_g[Z]$，即当考虑风险依赖后，期望总损失增加了 25%。

6.3.3 VaR 和 ES 准则下的信息安全损失评估

本部分引入在险价值 VaR 准则，通过评估在一定置信区间内，网络安全事件产生的最大可能损失来估计网络安全的风险（Ozcelik and Rees，2008）。根据精算模型计算网络安全事件期望总损失的分布，并利用 VaR 准则计算 VaR 和期望巨额损失值 ES。那么，在给定风险承担水平 q 下，网络安全攻击事件产生损失的 VaR 值为：

$$VaR(q) = \begin{cases} F^{-1}(q)，风险独立 \\ D^{-1}(q)，风险依赖 \end{cases} \qquad (6-7)$$

其中，F^{-1} 是风险独立下总损失 Z 分布函数的反函数，D^{-1} 是风险依赖下总损失 Z^d 的反函数。期望巨额损失值 ES 是超过 VaR 损失的均值，可表述为：

$$ES(q) = \begin{cases} \dfrac{1}{1-q}\displaystyle\int_q^1 F^{-1}(l)\,dl，\quad 风险独立 \\ \dfrac{1}{(1-q)}\displaystyle\int_q^1 D^{-1}(l)\,dl，风险依赖 \end{cases} \qquad (6-8)$$

6.4 基于拼接分布的风险损失模型

在基本风险评估模型中，假设单次网络安全攻击事件造成的损失服从对数正态分布。但是，根据现实的新闻报道可知，单次网络安全攻击事件造成的损失应该服从一个具有厚尾的偏态分布。另外，单一的分布函数在描述这种具有高频次数，损失差距大的网络攻击事件上具有一定的偏颇和限制（许启发等，2016）。

根据网络安全攻击造成的总损失，选择使用两种分布来模拟总损失的分布，即拼接分布。拼接分布可以对或大或小变量的建模提供足够的灵活性（Bouveret，2018）。由于总损失分布具有厚尾极值，故厚尾部分采用极值理论中常用的广义帕累托分布表示。因此，本部分中我们所构建的拼接分布，其主体为相对厚尾的对数正态分布或伽马分布，其右尾为相对薄尾的广义帕累托分布。

对于总损失 x≤u 的主体对数函数分布，其概率密度函数为式（6-2-1）或式（6-2-2）。对于厚尾部分 x>u 的分布服从 N ~ DGP（ξ，υ，ω）。其中 ξ 为形状参数，υ 是尺度参数，ω 是临界参数，则分布函数为：

$$f(x) = \frac{1}{\omega}\left(1 + \frac{\xi(x-\upsilon)}{\omega}\right)^{-(1/\xi+1)} \tag{6-9}$$

根据式（6-2-1）、式（6-2-2）和式（6-9），得到网络安全攻击事件造成总损失的拼接函数的分布：

$$f(x) = \begin{cases} \frac{1}{x\delta\sqrt{2\pi}}e^{-\frac{(\ln(x)-\mu)^2}{2\delta^2}}, & x\leq u, \quad x\text{ 服从对数正态分布} \\ \frac{\beta^\alpha}{\Gamma(\alpha)}x^{\alpha-1}e^{-\beta x}, & x\leq u, \quad x\text{ 服从伽马分布} \\ \frac{1}{\omega}\left(1+\frac{\xi(x-\upsilon)}{\omega}\right)^{-(1/\xi+1)}, & x>u, x\text{ 服从广义帕累托分布} \end{cases}$$

$$(6-10)$$

拼接函数的参数 μ，δ，α，β，ξ，υ 和 ω 分别为分布的状态参数。其中，拼接函数的界值 u 可根据引起公众关注网络安全攻击事件所产生的损失来代替，例如 2018 年 8 月，华住集团泄露 1.3 亿用户数据，导致隔天股市损失 6.75 亿元，那么 u 即可设为 6.75 亿元。由于总损失为拼接分布，无法求得解析解，并且拼接临界值较难确定，故本章在拼接两个函数时，采用的是在第一个拼接函数的均值处进行拼接，并使用数值方法来估计总损失。蒙特卡洛模拟是估计总损失 VaR 和 ES 的有效方法，其允许考虑分布为厚尾的情况，并且可以通过可以调整可能的参数进行灵敏度分析（许启发等，2016）。具体步骤如下：

（1）求解 VaR 过程中，模拟中进行 10000 次模拟，则在风险独立的情况下，其算法过程如下：

①以参数 λ 模拟泊松分布的网络安全事件一年中可能发生次数 N，此步骤循环模拟 10000 次，获得数列 N_1，N_2，…，N_{10000}；

②对于每个值 N_i，i = 1，…，10000，根据我们的假设的损失分布模拟风险独立情况下的 X_1，X_2，…，X_N；

③对于每个值 N_i，$i = 1$，$\cdots$，10000，将上步生成的损失额加总计算 $Z_k = \sum_{i=1}^{N} X_i$；

④按照递增次数对上步获得的数据进行排序，即可获得风险独立情况下网络安全风险的总损失的期望、方差、分位数、VaR 和 ES。

（2）对于，风险依赖情况下的蒙特卡洛模拟过程为：

①以参数 λ 模拟泊松分布模拟网络安全事件发生次数 N，此步骤循环模拟 10000 次，获得数列 $N_i = N_1$，N_2，$\cdots$，N_{10000}；

②根据几何分布模拟风险依赖下，因网络安全事件发生次数 N 所关联损失数量的概率 M，即可获得风险依赖下网络安全事件发生的次数 $N_i = N_i + N_i M_i$；

③对于每个值 N_i，$i = 1$，$\cdots$，10000，根据损失分布模拟风险依赖情况下的 X_1，X_2，$\cdots$，X_N；

④对于每个值 N_i，$i = 1$，$\cdots$，10000，将上步生成的损失额加总计算 $Z_k = \sum_{i=1}^{N} X_i$；

⑤按照递增次数对上步获得的数据进行排序，即可获得风险依赖情况下网络安全风险的总损失的期望、方差、分位数、VaR 和 ES。其中，

$$VaR(q) = F^{-1}(q)，\quad ES(q) = \frac{1}{1-q} \int_{q}^{1} F^{-1}(l)\, dl。$$

6.5 基于混合函数的风险损失模型

一次网络安全事件的损失常常呈现出具有一个很高的、接近于零的极值和一个比较小但朝向右尾的比较明显的分布特征。这就说明网络安全事件的损失并不服从单一分布。因此估计网络安全事件损失的方法除了拼接分布之外，就是将两个及以上分布函数进行混合，获得近似估计网络安全损失的混合分布函数。肖佳文和杨政（2016）利用混合分布对 VaR 值进行估计给了我们启发，根据精算学中操作风险的度量方法，其混合函数较为常用的两种方法：一是用广义帕累托分布对其尾部事件进行建模，并用一个经验分布对剩下的小量损失进行建模，这种方法较为灵活可控；二是选择几种不同的分布通过概率密度函数和分布函数的

加总组合构建新的分布，但是这种分布往往需要估计较多的参数。本部分则通过广义帕累托分布构建基于经验的广义帕累托混合函数。用同一分布构建混合分布不仅可以适用于各种形状的损失分布，还可以减少待估参数的数量。其中，具备上述性质的两元混合帕累托分布已经运用到责任保险中（Asimit et al.，2010；Ergashev et al.，2016），其分布函数为：

$$H(x) = 1 - \varphi\left(\frac{\eta_1}{\eta_1 + x}\right)^{\varphi} - (1 - \varphi)\left(\frac{\eta_2}{\eta_2 + x}\right)^{\varphi + 2} \qquad (6 - 11)$$

式（6 - 11）第一部分表示轻微损失事件且有一个较大比重的 φ 与其相关，第二部分则表示了不太频繁但损失较大的事件。其中，φ 不仅是比例参数还是帕累托分布的形状参数，η_1 和 η_2 分别是两个混合函数的尺度参数。根据式（6 - 7）和式（6 - 8），可用蒙特卡洛方法估计网络安全事件总损失的 VaR 和 ES 值。

6.6 蒙特卡洛仿真模拟

因网络安全事件损失符合厚尾分布特征，故本部分主要对基本分布中的对数正态分布，对数正态分布与帕累托分布的拼接分布和帕累托混合分布等三种厚尾分布的分布情况进行拟合，并结合数值分析甄别较为符合刻画网络安全事件损失的分布函数。

图 6 - 2 模拟了在对数正态分布下网络安全事件在风险独立和风险依赖情况下期望总损失的概率密度函数和累积分布函数。由图 6 - 2（a）可知，当网络安全事件在风险独立情况下，其产生的期望总损失大致符合正态分布；而图 6 - 2（c）则说明，在网络安全事件风险依赖情况下，期望总损失则是典型的厚尾分布，所以在计算网络安全风险事件所引发的损失时，必须考虑网络安全事件对相关主体的依赖性传播，这种风险依赖使得网络安全事件的损失呈现指数增长趋势。由图 6 - 2（b）和图 6 - 2（c）对比可知，在 95% 的置信水平下，对数正态分布在刻画风险依赖情况下的期望总损失更为精确。

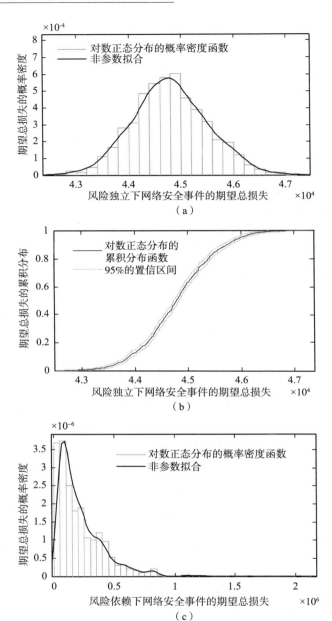

（a）

（b）

（c）

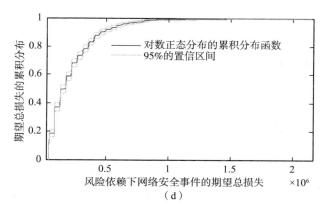

图6-2　对数正态分布下网络安全事件的期望总损失

资料来源：笔者整理。

　　图6-3刻画了网络安全事件产生的期望总损失满足对数正态分布和帕累托分布在均值处拼接分布的模拟情况。由图6-3（a）可知，与单一对数正态分布的模拟不同，拼接分布在描述风险独立情况下也呈现除了期望总损失的厚尾分布情况。因此，拼接分布在刻画网络安全事件期望总损失上优于单一的厚尾分布，如对数正态分布。图6-3（c）在刻画风险依赖下的网络安全事件期望总损失上，具有更大的厚尾，说明拼接分布刻画风险依赖的情况优于刻画风险独立的情况。此外，拼接分布刻画两种情况下的分布函数在95%的置信区间上没有较大差异。

119

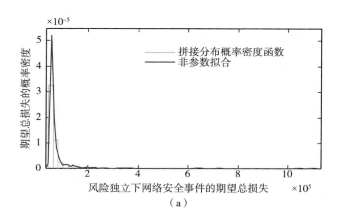

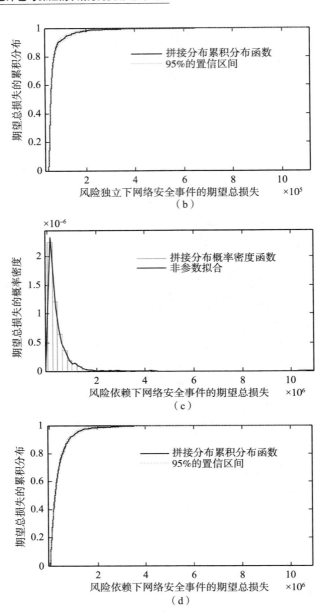

图 6 - 3 拼接分布下网络安全事件的期望总损失

资料来源：笔者整理。

图 6 - 4 在刻画网络安全事件的期望总损失上与对数正态分布表现出了相似的形状特性。但由图 6 - 4（a）可知，混合分布计算的网络安全期望总损失的最大值大于拼接分布和对数正态分布。此外，对比图 6 - 2（c）、图 6 - 3（c）和图 6 - 4（c）发现，在置信区间为95%内，混合分布在模拟中可能获得更大的极值，且厚尾特征更为明显。因此，通过对不同分布下网络安全事件期望总损失模拟的结果，可以得出无论在风险独立下还是在风险依赖下，混合分布更能较为合理地刻画网络安全事件的期望总损失。

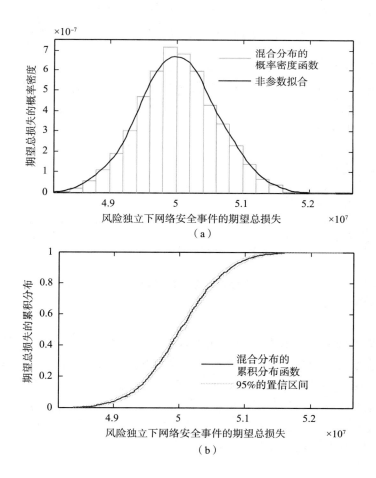

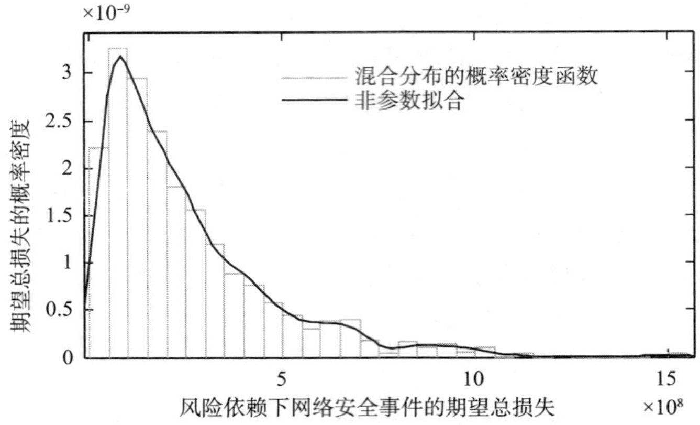

图 6 - 4   混合分布下网络安全事件的期望总损失

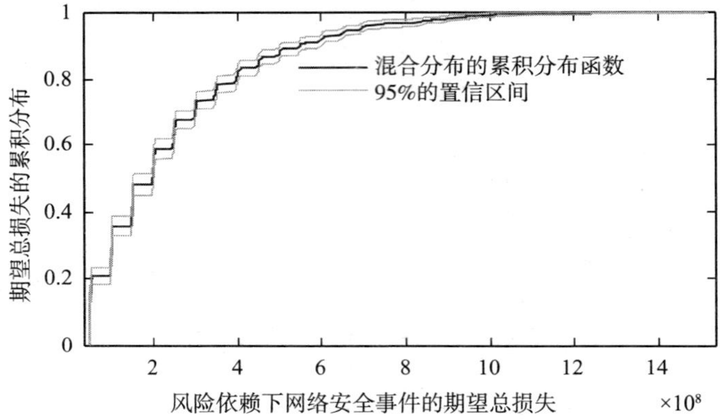

资料来源：笔者整理。

为了进一步刻画不同分布在刻画网络安全事件期望总损失的可比性，本章对比分析了风险依赖和风险独立下，不同分布下网络安全事件期望总损失的概率分布图，如图 6 - 5 所示。图 6 - 5（a）显示，风险独立下的拼接分布体现了极值存在的可能性，但仍然比混合分布的极值低。图 6 - 5（b）则显示了，在风险依赖下，拼接分布和混合分布均具有典型的厚尾和极值特征。

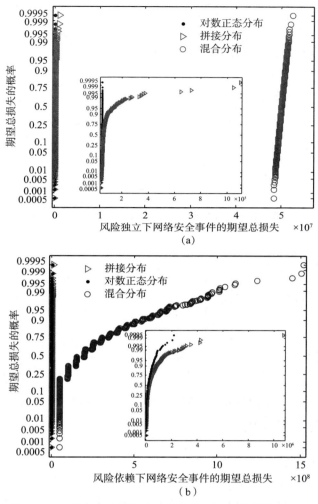

图6-5 不同分布下网络安全事件期望总损失的概率分布
资料来源：笔者整理。

为了进一步验证混合分布在刻画网络安全事件期望总损失的适用性，本章对比分析了不同分布下的生存函数及特征，如图6-6和图6-7所示。由两图95%置信区间内的结果可知，拼接分布比对数正态分布有更长的生存范围，而混合分布具有最长的生存范围。同样，生存函数也表示网络安全事件期望总损失存在极值情况的概率大小。拼接分布虽然表示了极值情况的存在，但是极值情况发生的概率非常小。在网络安全事件频发的当今，网络安全的损失逐年剧增，再用拼接分布刻画网络安全损失就有所偏颇。因此，若刻画网络安全事件的极值情况，使用混合分布较为合适。

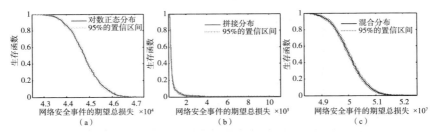

图6-6　风险独立下网络安全事件期望总损失的生存函数

资料来源：笔者整理。

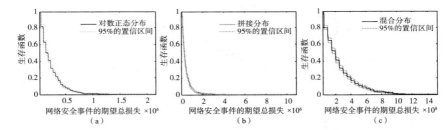

图6-7　风险依赖下网络安全事件期望总损失的生存函数

资料来源：笔者整理。

为了进一步刻画网络安全事件期望总损失在统计学意义上发生的过程，本章对不同分布下网络安全事件期望总损失的累积危险进行模拟，结果如图6-8和图6-9所示。累积危险函数刻画了随着网络安全事件期望总损失的增加，该总损失累积发生的概率。由图6-8（b）和图6-9（b）可知，拼接分布更能刻画网络安全事件期望总损失极值的发生是非常小的概率，且较多的网络安全事件所导致的期望总损失是非常小的。而图6-8（c）和图6-9（c）的混合分布刻画了极值情况发生前，网络安全事件期望总损失逐渐增加，极值发生情况亦非常小。因此，当不考虑网络安全事件有较大极值时，拼接分布更符合刻画网络安全事件期望总损失的要求。

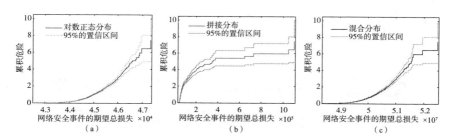

图6-8 风险独立下网络安全事件期望总损失的累积危险

资料来源：笔者整理。

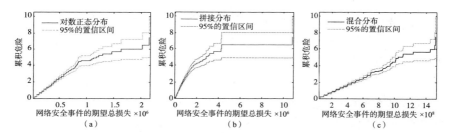

图6-9 风险依赖下网络安全事件期望总损失的累积危险

资料来源：笔者整理。

6.7 本 章 小 结

　　网络安全已经成为政府和企业非常关注的焦点，就如何对网络安全风险进行量化评估，目前尚缺乏相关研究。本章根据精算学模型和巴塞尔协议Ⅲ规定的操作风险框架，对单一厚尾分布、拼接分布和混合分布三种情形下的网络安全事件总期望损失进行了量化评估。本章基于VaR和ES准则，分析了网络安全事件损失的分布规律，为估计网络安全事件的损失提供理论依据，指导企业或政府实施政策干预、措施制定和风险管理。虽然，本章提供了定量评估网络安全事件风险的框架，但因缺乏整体的网络安全事件数据和每次网络安全事件损失的数据，所以不能进行返回测试，因此当数据丰裕时，可以进一步对所构建的模型进行改进。未来研究可以使用更加契合网络安全损失的极值分布或Copula函数改进估计模型，同时需要更准确地模拟不同网络安全事件之间的传染效应。

第7章 基于漏洞数据的信息安全风险度量与可保性分析

在第 6 章中，仅对企业信息安全风险从数理统计模型上进行了度量与探讨，所构建的数理统计模型对信息安全风险的特性有较好的刻画，但是真的能预测和度量信息安全风险吗？本部分就回答这一问题，通过 Gemalto 数据泄露库刻画信息安全风险，并利用蒙特卡洛方法对信息安全风险的 VaR 值和 CVaR 值进行度量。学术界和企业界都认为信息安全保险可以帮助企业进行风险转移，但是其根本前提是信息安全风险是可保的，基于对信息安全风险从数理建模和实证两个角度的度量，为我们分析信息安全可保提供了理论基础和现实依据，本章我们还就信息安全的可保性进行了探讨，并给出不同信息安全风险类型下的保费。

7.1 企业信息安全风险度量现状

由于缺乏较为全面的信息安全风险数据，而泄露数据不仅具有较大的数据源和较好的数据结构，还可以通过数据泄露发生的次数和泄露量可以较好地评估信息安全事件的风险（Eling and Schnell，2016），因此利用公开泄露数据刻画信息安全风险的分布和度量信息安全风险是当下实证研究信息安全风险的主要思路。目前，在保险精算领域与本章相关的研究主要集中在信息安全风险的刻画和度量，以及信息安全风险的可保性两方面。

在信息安全风险的实证度量方面，穆霍帕德海耶等（Mukhopadhyay et al.，2013）提出基于网络脆弱性评估和期望损失计算的 Copula 辅助贝叶斯信念网络，利用安全漏洞数据集，评估和量化组织的信息安全风险，并用优先定价模型计算了保险人赔偿信息安全损失的保费。随后，爱德华兹等（Edwards et al.，2016）和穆霍帕德海耶等（Mukhopadhyay et al.，2017）分别构建了贝叶斯广义线性模型以及 Logit 和 Probit 结合的广义线性模型估计信息安全事件，发现数据泄露量可由对数正态分布族建模，而发生次数则可由负二项分布或泊松分布描述。极值理论也是描述信息安全风险常用的方法，埃林和维尔夫（Eling and Wirfs，2019）利用风险事件和实际成本数据，应用极值理论计算了不同国家、行业和规模的 VaR 风险值。而斯特拉普切夫斯基（Strupczewski，2019）利用单变量极值理论对网络风险领域极端事件的尾分布进行了分析，构建了拼接分布以及对数正态、威布尔分布与 GDP 混合分布的极端风险模型，用以度量信息安全风险。同时，多维尺度和拟合优度检验分析（Eling and Loperfido，2017），双 Copula 函数（Eling and Jung，2018），随机过程模型（Xu et al.，2018）和巨灾模型（Hofmann et al.，2019）等方法也都运用于泄露数据的分布估计和信息安全风险度量。此外，由于缺乏权威的信息安全风险数据，学者还从不同的视角对信息安全进行度量，如阿罗迪和马萨奇（Allodi and Massacci，2017）则从外部攻击者的视角，利用 IT 系统检测的数据来定量估计攻击概率和损失；而伍兹等（Woods et al.，2019）从保险公司监管文件中提取信息安全保险定价信息，采用粒子群优化的方法估计拟定分布的参数，进而量化信息安全风险的损失。

信息安全风险的可保性是急需厘清的实际问题之一，根据可保性原则，如果特定的风险越符合可保性原则，那么模型对这种风险的预测就越精确，保险过程也就越可靠。比耶内等（Biener et al.，2015）从操作风险数据库中提取了 994 例网络损失案例，根据九条可保性标准分析了网络风险的可保性，发现网络风险与其他操作风险相比具有高度相关的损失、数据的缺乏和严重的信息不对称等特征。而埃林和莱曼（Eling and Lehmann，2018）分析了信息安全的相依性对公司服务价值链的影响保险。此外，国内的可保性研究主要集中于巨灾可保性（卓志和丁元昊，2011；田玲等，2013）、环境责任可保性（程玉，2017）和罚性赔偿责任可保性（武亦文和赵亚宁，2019）等，但国内尚没有文献分析信息安全风险的可保性。此外，我国信息安全风险与全球信息安全风险所面临的社会经济环境、技术条件都不同，因而我国具有一些独特的因素影响信息安全风险可保性。本章根据国外已有的可保性文献，运用全球数据泄露库结合中国保险环境分析我国信息安全的可保性。

基于上述学术背景和逻辑分析，本部分利用丰富的数据分析不同泄露数据类型下的信息安全事件发生频率及其信息安全风险的度量，并探讨信息安全风险的可保性并计算保费。通过研究本章试图回答以下三个问题：（1）不同泄露数据类型（尤其中国）的最优拟合的分布是什么；（2）VaR 和 CVaR 准则下不同泄露数据类型信息安全风险的拟合值与实际值是多少及其度量差异；（3）信息安全风险是否可保及其保费。因此，本部分的主要贡献是首次利用 Gemalto 泄露数据库得到了与现有研究不同的启示：（1）得到了中国信息安全事件发生次数和数据泄露数量的最优拟合分布；（2）得到了不同数据泄露类别下与现有研究不同的最优拟合分布和相应的拟合参数；（3）量化了不同数据泄露类别下信息安全风险的 VaR 值和 CVaR 值，保费和风险资本。

128

7.2　实证度量的数据与方法

7.2.1　数据

目前，在保险领域内信息安全风险实证研究文献常用的数据库主要有两个：一是 SAS OpRisk Global Data 数据（Biener et al.，2015；Eling and Wirfs，2018）；二是 Privacy Rights Clearinghouse 数据（Edwards et al.，2016；Eling and Loperfido，2017；Xu et al.，2018）。其中，SAS OpRisk Global Data 的数据只记录了损失在 100 万美元以上的运营风险损失事件，虽然该数据库的数据直接反映了风险损失，但是并没有区分信息安全的直接损失和间接损失（如声誉、顾客信心和保险相关的除外责任），因此用 SAS OpRisk Global Data 的数据库进行信息安全风险度量或进行保险精算的估计也有失偏颇。而 Privacy Rights Clearinghouse 数据是美国数量最大和收集最广泛的公共数据泄露数据集，但其仅提供了美国各州的数据泄露情况，而没有提供全球范围以及中国的数据泄露情况。

　　为了从全球范围内度量不同类型的信息安全风险，并明确中国信息安全风险，本章使用全球最大的数据安全服务提供商金雅拓（Gemalto）提供的公开数据泄露库，该库涵盖了全球范围内的数据泄露事件以及泄露数据量。相比上述两个数据库，金雅拓库的数据结构更为完整，数据泄露的分类更为专业。本章使用数据集的时间跨度为 2013 年 1 月 ~ 2018 年 12 月，共计 10306 条数据泄露事件，其中 4690 条数据泄露事件的数据泄露量标注为 Unknown，因此剩余 5726 条有效的可用数据，泄露的数据总量达 14.97 亿条。同时，为增加时间维度上的数量，本章所使用的统计时间跨度为月份，因此所计算的信息安全风险和保费均以月计。此外，金雅拓最为专业的数据安全服务提供商，其对数据泄露的分类更为专业，包括按照数据泄露来源，泄露数据的类型和行业三个大类进行分类（见表 7 - 1），同时提供对应数据泄露事件的国别信息和企业信息。

表 7 - 1　　　　　　　　　　　　数据泄露类型及解释

数据泄露源	解释	数据泄露类型	解释
网络安全事件	系统宕机、断电或服务中断	一般访问账户	邮件、组织机构、聊天工具的账户
黑客攻击	黑客故意的定向攻击	金融类账户	银行、信用卡等金融相关的账户
设备丢失	电脑、PAD 等终端设备丢失被盗	身份盗用	可用于欺骗某人的信息被盗用
内部恶意行为	内部未经授权的访问	数据及存储	威胁企业或国家生存的数据
外部恶意行为	社会工程或 DoS/渗透等入侵行为	一般危害	个人住址和工作场所信息

　　资料来源：Gemalto 数据库。

7.2.2　分析方法

　　本章使用探索性分析、实证分析和蒙特卡洛模拟相结合的方法对泄露的数据进行风险度量和保费计算。其中，探索性数据分析旨在揭示数据泄露样本的描述性特征——偏态性、极值性和相依性。实证分析主要进行不同数据泄露类型的拟合优度检验、泄露数据风险水平的度量和保费的计算。蒙特卡洛模拟则主要用于模拟计算不同数据泄露类型最优分布下的 CVaR 值。与埃林和洛佩尔菲多（Eling and Loperfido，2017）的研究方法不同，我们构造并给出了不同数据泄露类型的最优拟合分布并进行相关检验，同时我们还用 VaR 和 CVaR 方法给出了不同数据泄露类型在各自最优拟合分布下不同置信水平的量化风险。最后，分析了具有偏态性、极值性和相依性特征的信息安全可保性，并给出了不同数据泄露类型在纯保费准则、期望值准则和标准差准则下的保费和风险资本。

7.3 漏洞数据分析

7.3.1 描述性统计

对金雅拓的泄露数据进行描述性统计分析，结果如表 7-2 所示。根据表 7-2 可知，中国泄露数据的平均值大于全球泄露数据的平均值，这说明我国泄露数据的情况比较严重，这与我国公民不注重隐私保护相关。与埃林和洛佩尔菲多（Eling and Loperfido，2017）的泄露数据分类不同，本泄露数据分类更加完整、细致，也呈现了具有不同均值、标准差、偏度和峰度等统计量的差异。

表 7-2 泄露数据的描述性统计

统计变量	样本量	均值	标准差	中位数	偏度	峰度	最大值
全球总量	5725	2.61E+06	4.31E+07	1667	35.32	1504.52	2.20E+9
LN 全球总量	5725	7.60	3.57	7.42	0.35	0.60	21.51
中国泄露量	59	6.68E+06	3.92E+07	3675	7.47	56.74	3.00E+8
LN 中国泄露量	59	9.16	4.34	8.21	0.30	-0.56	19.52

续表

统计变量	样本量	均值	标准差	中位数	偏度	峰度	最大值
泄露源							
安全事件	1611	3.79E+06	6.60E+07	1099	28.24	865.64	2.20E+9
黑客攻击	109	1.52E+06	1.13E+07	2000	9.44	93.22	1.14E+8
设备丢失被盗	17	3.80E+06	1.33E+07	706	3.60	12.98	4.80E+7
内部恶意行为	651	4.72E+05	5.03E+06	488	16.04	297.02	1.04E+8
外部恶意行为	3226	2.39E+06	3.21E+07	2262	27.81	915.39	1.20E+9
数据类型							
一般访问账户	719	6.36E+06	5.43E+07	5000	16.92	341.15	1.20E+9
金融类账户	618	1.38E+06	1.63E+07	1000	16.86	320.88	3.40E+8
身份盗用	3837	1.29E+06	1.96E+07	1536	37.88	1797.12	1.00E+9
数据及存储	182	2.47E+06	3.05E+07	2905	13.48	181.79	4.12E+8
一般危害	369	1.12E+07	1.35E+08	1100	14.41	216.83	2.20E+9
行业							
教育	530	2.39E+05	2.44E+06	1079	16.35	302.55	1.27E+8
娱乐社交	74	4.41E+07	2.62E+08	1.65E+5	7.94	65.58	2.20E+9
金融保险	523	1.08E+06	9.96E+06	1260	11.20	133.99	1.48E+8
健康医疗	2163	3.79E+05	8.94E+06	1506	38.04	1574.35	3.83E+8
科技	386	1.14E+07	8.44E+07	3.61E+4	12.01	153.14	1.20E+9
工业	55	3.84E+05	2.50E+06	957	7.29	53.63	1.90E+7
零售业	396	3.10E+06	2.06E+07	3039	10.30	125.53	3.00E+8

资料来源：笔者整理。

131

　　表7-2结果显示，金雅拓原始泄露数据各统计量的值很大，故容易增大估计误差。但是，当全球泄露数据量和中国泄露数据量取对数时，其各个统计量相对稳定与温和，使得统计结果较为稳定，这也给后续开展对数情况下各类型泄露数据分布的拟合和参数估计提供了依据。

　　表7-2中还显示，不同数据泄露类型的中位数≪均值，并且偏度系数>0，说明泄露数据量的分布呈现右偏分布，再结合泄露数据量的频数分布（见附录图7-A），可以得出泄露数据量的分布具有偏态性。

由于当峰度值 >3 时，分布就会呈现尖峰厚尾的特征，表 7 – 2 中不同数据泄露类型的峰度值均远大于 3，同时结合泄露数据量的时间序列分析（见附录图 7 – B），可知各类型的数据泄露量均具有较大的极值，故各类型泄露数据量的分布具有极值性。同时，在后续的分析中，我们排除了泄露源中的黑客攻击和设备丢失被盗两个类型，数据泄露类型中的数据及存储和一般危害两个类型，以及行业分类中的娱乐社交、科技、工业和零售业等较小样本量的类型数据，主要对样本量较大的类型数据进行分析，以便提高分析结果的可靠性。

此外，相依性是信息安全风险与其他风险类型相比最为典型的特征（Chen et al.，2011）。埃林和荣格（Eling and Jung，2018）通过对泄露数据的分析发现，不同类型的泄露数据具有不同的高斯相依结构。本章对不同数据泄露类型的相关性分析结果如表 7 – 3 所示。根据表 7 – 3，因内部恶意行为产生的数据泄露与其他类型几乎都没有显著的相关性，这就说明内部恶意行为泄露的数据不是可以通过获得的常见数据，而是极具隐秘与价值的企业内部隐私数据，是组织内部员工的失误或故意行为导致的结果。同时可以反向推断，其他泄露类型的数据基本是外部恶意行为随机造成的，这表明信息安全保险可以作为组织转移外部信息安全风险的有效方法。

7.3.2 拟合优度分析

目前，不同的学者对信息安全事件发生次数的分布情况持不同态度，最为常见的分布是泊松分布（Eling and Jung，2018）和负二项分布（Edwards et al.，2016；Eling and Loperfido，2017）。为了更全面的分析信息安全事件发生频率的分布，本章对典型的离散分布逐一进行基于卡方检验的拟合，结果如表 7 – 4 所示。根据卡方检验的结果可知，负二项分布是拟合总体和大部分数据泄露类型分布的最优分布。其中，中国信息安全发生次数的频率也可以用泊松分布进行拟合。教育类的信息安全发生次数的频率分布还可以用几何分布进行拟合，其拟合程度与负二项分布相同。而金融保险类的信息安全发生次数用泊松分布进行拟合会更好，不过其拟合程度与负二项分布相差无几。

表 7 - 3

不同数据泄露类型间的相关性分析

数据泄露类型		AL	MI	MO	AA	FA	IT	EDU	FI	HH
泄露源	AL	1								
	MI	0.179	1							
	MO	0.560 ***	0.06	1						
类型	AA	0.781 ***	0.174	0.555 ***	1					
	FA	0.627 ***	0.188	0.554 ***	0.537 ***	1				
	IT	0.751 ***	0.221 *	0.908 ***	0.592 ***	0.499 ***	1			
行业	EDU	0.475 ***	0.219 *	0.586 ***	0.321 *	0.397 ***	0.637 ***	1		
	FI	0.802 ***	0.164	0.518 ***	0.673 ***	0.729 ***	0.582 ***	0.355 **	1	
	HH	0.616 ***	0.197	0.796 ***	0.537 ***	0.428 ***	0.847 ***	0.460 ***	0.468 ***	1

注：(1) AL 安全事件；MI 内部恶意行为；MO 外部恶意行为；AA 一般访问账户；FA 金融类账户；IT 身份盗用；EDU 教育；FI 金融保险；HH 健康医疗。

(2) * p < 0.1；** p < 0.05；*** p < 0.01。

资料来源：笔者整理。

表 7 – 4   信息安全发生次数在不同分布下的卡方拟合优度检验

数据泄露类别	泊松分布	负二项分布	二项分布	几何分布	离散均匀分布
全球	76.43 ***	**11.90**	87.90 ***	102.94 ***	64.77 ***
中国	3.86 **	**0.00**	54.07	—	55.78 ***
安全事件	44.55 ***	**20.66** **	56.3 ***	74.45 ***	137.63 ***
内部恶意行为	30.59 ***	**6.03**	51.99 ***	28.47 ***	40.33 ***
外部恶意行为	81.56 ***	**3.45**	73.73 ***	87.60 ***	58.59 ***
一般访问账户	35.19 ***	**14.57** *	54.77 ***	37.57 ***	68.88 ***
金融类账户	17.03 **	**6.56**	42.36 ***	40.50 ***	79.44 ***
身份盗用	68.77 ***	**7.42**	76.48 ***	92.02 ***	50.74 ***
教育	37.56 ***	**22.52** ***	49.43 ***	**22.52** ***	41.83 ***
金融保险	**11.31** *	13.28 *	26.13 ***	31.94 ***	72.67
健康医疗	47.51 ***	**17.64** **	72.78 ***	119.05 ***	62.38

注：（1） * p<0.1； ** p<0.05； *** p<0.01；（2）表格中的数据为卡方检验结果，最优结果用黑体表示。
资料来源：笔者整理。

根据表 7 – 2 的峰度分析和现有文献的结论，数据泄露数量具有典型的厚尾特征，即埃林和洛佩尔菲多（Eling and Loperfido，2017）、埃林和荣格（Eling and Jung，2018）均发现泄露数据量的最优拟合分布服从对数正态分布。通过对全球数据泄露量和中国数据泄露量绘制 P – P 图和 Q – Q 图（见图 7 – 1），发现 Gemalto 的泄露数据亦服从对数分布。因此，本章直接对不同类型的泄露数据量取对数，然后进行 Anderson – Darling 检验、Kolmogorov – Smirnov 检验和卡方检验，结果如表 7 – 5 和表 7 – 6 所示。此外，为了呈现全球和中国数据泄露数量原始数据的对数正态分布拟合特征，本章也对原始数据进行了 Anderson – Darling 检验、Kolmogorov – Smirnov 检验和卡方检验，拟合优度的检验结果见附录图 7 – C。

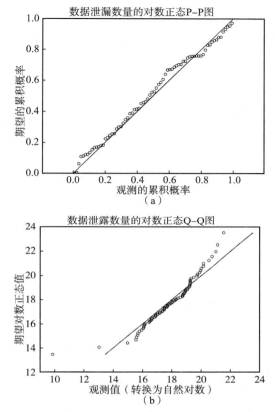

图 7 – 1　全球和中国数据泄露量的 P – P 图和 Q – Q 图

资料来源：笔者整理。

表 7 – 5　全球和中国泄露数据量对数在不同分布下的拟合优度检验

拟合的分布	全球数据泄露量			中国数据泄露量		
LN（漏洞数量）	A – D 检验	K – S 检验	卡方检验	A – D 检验	K – S 检验	卡方检验
Lognormal	1. 22 ***	0. 09	9. 39	10. 67 ***	0. 35 ***	239. 94 ***
Weibull	**0. 47**	**0. 08**	**8. 56**	633. 96 ***	0. 51 ***	159. 11 ***
Gamma	0. 70 **	0. 08	10. 22	—	—	—
Max Extreme	4. 22 ***	0. 17 ***	36. 33 ***	**7. 56 *****	**0. 33 *****	**162. 17 *****
Exponential	26. 78 ***	0. 54 ***	418. 83 ***	634. 37 ***	0. 51 ***	166. 06 ***
Pareto	22. 45	0. 50	247. 44 ***	—	—	—

注：（1）最优结果用黑体表示；（2）＊p＜0.1；　＊＊p＜0.05；　＊＊＊p＜0.01。

资料来源：笔者整理。

表 7-6　泄露数据对数量在不同分布下的拟合优度检验

泄露源	安全事件			内部恶意行为			外部恶意行为		
拟合的分布	A-D检验	K-S检验	卡方检验	A-D检验	K-S检验	卡方检验	A-D检验	K-S检验	卡方检验
Lognormal	**0.26**	**0.06**	**7.17**	1.06***	0.10*	13.00**	1.58***	0.10**	10.22
Weibull	0.44	0.06	7.44	1.46*	0.12*	18.28***	**0.41**	**0.07**	**7.72**
Gamma	0.28	0.07	5.78	**1.05***	**0.10**	**11.33***	0.86***	0.08	6.89
Max Extreme	0.35	0.06	5.78	3.71***	0.17***	27.17***	5.83***	0.20***	37.44***
Exponential	22.63***	0.49***	192.17***	17.92***	0.45***	135.50***	25.86***	0.53***	354.39***
Pareto	13.20	0.34	93.00***	—	—	—	24.97	0.52	364.94***

数据类型	一般访问账户			金融类账户			身份盗用		
	A-D检验	K-S检验	卡方检验	A-D检验	K-S检验	卡方检验	A-D检验	K-S检验	卡方检验
Lognormal	2.52***	0.12***	20.78***	**0.18**	**0.05**	**3.56**	0.83**	0.08	20.50***
Weibull	**0.25**	**0.06**	**9.11**	0.24	0.05	4.11	0.64	0.09	8.83
Gamma	1.64***	0.11***	21.33***	0.19	0.05	3.00	**0.58***	**0.08**	**20.50***
Max Extreme	6.71***	0.23***	58.56***	1.30***	0.10	11.06	2.31***	0.15***	19.94***
Exponential	22.55***	0.46***	275.22***	19.04***	0.43***	166.61***	25.64***	0.52***	379.67***
Pareto	—	—	—	18.72	0.43	179.67***	20.00	0.46	170.78***

续表

行业/拟合的分布	教育			金融保险			健康医疗		
	A – D 检验	K – S 检验	卡方检验	A – D 检验	K – S 检验	卡方检验	A – D 检验	K – S 检验	卡方检验
Lognormal	20.35***	0.46***	248.83***	3.07***	0.16***	15.22**	**0.42**	**0.08**	**6.06**
Weibull	**1.64**	**0.15**	**18.83*****	**1.65*****	**0.11****	**14.67*****	4.02**	0.19**	14.67**
Gamma	2.71***	0.18***	22.72***	1.87***	0.13***	11.33*	0.44	0.08	4.94
Max Extreme	6.47***	0.25***	48.83***	6.03***	0.21***	38.28***	0.98**	0.10*	7.17
Exponential	26.42***	0.44***	134.67***	21.59***	0.45***	162.72***	24.03***	0.51***	251.61***
Pareto	—	—	—	—	—	—	16.96	0.44	122.17***

注：* $p < 0.1$；** $p < 0.05$；*** $p < 0.01$。
资料来源：笔者整理。

137

由表 7 - 5 可知，全球泄露数据量对数的最优拟合分布是 Weibull 分布，而 Lognormal 分布和 Gamma 分布则为次优分布。中国泄露数据量对数的最优拟合显示，Lognormal 和 Max Extreme 的 K - S 检验结果相似，但是 Max Extreme 分布的 A - D 检验和卡方检验值均最小，所以中国泄露数据量的最优分布是 Max Extreme 分布。

表 7 - 6 展示了不同类型泄露数据量对数的最优拟合分布亦不相同。在不同的泄露源类型中，因安全事件造成的数据泄露量对数的最优拟合分布是 Lognormal 分布，对比 A - D 检验、K - S 检验和卡方检验的值发现，Gamma 分布也可以较好地拟合安全事件造成的数据泄露量对数的分布。根据检验结果，因内部恶意行为造成的泄露数据量对数可用 Lognormal 分布和 Gamma 分布进行拟合，但是 Gamma 分布整体拟合效果最优。Weibull 分布则是因外部恶意行为造成的泄露数据量对数的最优拟合。在不同的泄露数据的类型中，一般访问账户数据泄露量对数的最优分布是 Weibull 分布。金融类账户泄露量对数可用 Lognormal 分布和 Gamma 分布进行拟合，但最优的拟合是 Lognormal 分布。身份盗用类型的泄露量对数可以用 Weibull 分布和 Gamma 分布进行拟合，但最优的拟合分布是 Gamma 分布。在不同的行业中，教育行业数据泄露量对数的最优拟合是 Weibull 分布，金融保险行业的数据泄露量对数可用 Weibull 分布和 Gamma 分布进行拟合，但最优的拟合为 Weibull 分布。健康医疗行业的数据泄露量对数可以用 Lognormal 分布和 Gamma 分布进行拟合，但是 Lognormal 分布整体拟合效果最优。综上所述，不同类型泄露数据量对数服从不同的最优拟合分布，下面本章对不同类型的最优拟合分布的参数进行估计，以准确刻画不同类型的信息安全风险。

7.3.3 最优分布的参数估计

为了准确度量不同数据泄露类型的信息安全风险，本部分就要给出不同类型泄露数据对数的最优分布参数。根据 7.3.2 节的最优拟合分布结果，计算每种类型下最优拟合分布的参数，获得表 7 - 7 和表 7 - 8 中各最优分布的 P 值、形状参数、均值、中位数、标准差、偏度、峰度和变异系数等参数。

表7 - 7 信息安全事件发生次数最优分布的参数估计

数据泄露类别	分布	P值	形状	均值	中位数	标准差	偏度	峰度	变异系数
全球	Neg – Bin	0.10	8	79.51	76	26.66	0.71	3.75	0.34
中国	Neg – Bin	0.99	1	1.01	1	0.10	10.10	107.01	0.10
安全事件	Neg – Bin	0.13	3	22.38	20	12.02	1.16	5.01	0.54
内部恶意行为	Neg – Bin	0.22	2	9.04	8	5.64	1.43	6.03	0.62
外部恶意行为	Neg – Bin	0.13	6	44.81	43	17.02	0.82	4.00	0.38
一般访问账户	Neg – Bin	0.20	2	9.99	9	6.31	1.42	6.03	0.63
金融类账户	Neg – Bin	0.35	2	8.58	8	4.00	1.18	5.06	0.47
身份盗用	Neg – Bin	0.13	7	53.29	51	18.77	0.76	3.86	0.35
教育	Neg – Bin	0.14	1	7.36	5	6.84	2.01	9.02	0.93
金融保险	Poisson	7.26		7.26	7	2.7	0.37	3.14	0.37
健康医疗	Neg – Bin	0.23	7	30.04	29	9.94	0.76	3.87	0.33

资料来源：笔者整理。

139

表7 - 8 泄露数据量对数的最优分布的参数估计

数据泄露类别	分布	位置	规模	形状	均值	中位数	标准差	偏度	峰度	变异系数
全球	Weibull	– 1475.24	1494.01	942.15	17.86	18.19	2.03	– 1.14	6.70	0.1137
中国	Max – Ex	—	(2.28)	4.25	4.73	3.84	5.46	1.14	5.40	1.15
安全事件	Lognor	0.00	—	—	14.95	14.71	2.71	0.55	3.54	0.18
内部恶意行为	Gamma	– 93.00	0.10	999	11.21	11.18	3.30	0.06	3.01	0.29
外部恶意行为	Weibull	– 1669.03	1687.01	974.30	16.99	17.35	2.22	– 1.14	6.89	0.13
一般访问账户	Weibull	– 2293.18	2310.11	999	15.6	16.09	2.96	– 1.14	7.06	0.19
金融类账户	Lognor	– 2.00E + 4	—	—	12.06	12.51	3.07	4.61E + 4	3.00	0.25
身份盗用	Gamma	– 48.33	0.06	999	16.56	16.54	2.05	0.06	3.01	0.12
教育	Weibull	– 16.43	28.64	8.58	10.62	11.01	3.76	– 0.57	3.40	0.35
金融保险	Weibull	– 2788.02	2801.63	914.75	11.85	12.5	3.92	– 1.13	6.55	0.33
健康医疗	Lognor	0	—	—	13.7	13.54	2.18	0.48	3.41	0.16

资料来源：笔者整理。

　　表7-7中除金融保险类信息安全事件发生次数服从泊松分布，其他类型的信息安全事件发生次数均服从负二项分布。根据均值和中位数信息，外部恶意行为所造成的数据泄露量最大，身份盗用类数据是最容易被泄露，也是外部恶意行为最感兴趣的数据。同时，健康医疗行业面临的数据泄露威胁最为严重。这是因为，相比金融保险行业而言，大量的医疗设备并没有采取安全防御措施，造成医疗数据和电子病历容易受到外部恶意攻击。此外，根据标准差分析结果，身份盗用类和外部恶意行为的信息安全事件的离散度最大。中国发生信息安全事件频率拟合分布的峰度值最大，说明我国容易爆发大规模的信息安全事件，应予以重视。此外，拟合的变异系数均小于1，说明对信息安全事件发生次数的拟合值相对集中。

　　表7-8显示，数据泄露数量最多的泄露源是外部恶意行为，其次是安全事件造成的数据泄露；泄露数据的类型中身份盗用泄露的数据量最多，其次是一般访问账户和金融账户数据；同时在各行业中，金融保险行业泄露的数据最多。结合表7-7信息安全事件发生频率的拟合结果发现，在泄露源中，外部恶意行为不仅发生次数最多，引发的数据泄露量也最大；而在泄露数据的类型中，虽然一般访问账户数据泄露发生次数较少，但是泄露量却仅次于身份盗用，说明保护好一般访问账户会大幅减少数据泄露量。在行业分类中，健康医疗发生信息安全事件的次数最多，数据泄露量也是最多；而金融保险行业虽然发生的信息安全事件次数较少，但是导致的数据泄漏量却比较多。因此，金融保险行业也是最容易受到信息安全威胁的行业之一。在数据泄露量对数的拟合中，中国数据泄露量的标准差和变异系数均最大，且变异系数大于1，说明我国数据泄露量有很大的离散度，但是峰度系数相较全球拟合的小，因此没有特别大的极值出现。之所以我国的信息安全发生次数和数据泄露量的方差、峰度系数和变异系数较大，是因为数据库中我国相关数据量较少，不足以完整呈现我国信息安全事件的全貌。因此，若提高对我国信息安全事件的拟合必须增加样本量，而实现这一目的途径有：一是政府应强制企业上报所有数据泄露的事件以及泄露量；二是企业应积极主动向政府或第三方安全机构呈报企业发生的所有信息安全异常事件，并积极主动采取防御信息安全风险的措施。

7.4　基于数据的信息安全风险度量

根据表 7-7 和表 7-8 中最优拟合分布的参数，对不同数据泄露类型的泄露风险进行度量，得到置信水平在 90%、95%、99% 和 99.5% 的风险估计值（Est.）。同时，根据 Gemalto 原始的数据泄露量计算置信水平在 90%、95%、99% 和 99.5% 的实际风险值（Emp.），并对获得的估计值和实际值进行双样本异方差假设的双尾 t 检验，结果如表 7-9 所示。

表 7-9　　　　　　　　　基于 VaR 的信息安全风险度量

数据泄露类别	分布	90Est.	90Emp.	95Est.	95Emp.	99Est.	99Emp.	99.5Est.	99.5Emp.	T-test
全球	Weibull	20.32	19.95	21.00	20.15	21.13	21.00	21.42	21.11	2.45
中国	Max-Ex	11.84	14.29	14.90	15.23	21.83	16.98	24.79	17.22	3.18
安全事件	Lognor	18.52	19.02	19.77	19.20	22.35	19.71	23.38	21.08	2.78
内部恶意行为	Gamma	10.97	14.83	12.16	16.26	14.40	17.58	15.23	18.13	**2.45 ******
外部恶意行为	Weibull	19.42	19.23	20.32	19.71	20.65	20.14	20.87	20.73	2.45
一般访问账户	Weibull	18.86	18.62	19.71	18.70	20.46	19.73	20.79	20.50	2.45
金融类账户	Lognor	16.44	15.76	17.56	16.81	19.65	18.54	20.42	18.84	2.45
身份盗用	Gamma	14.05	18.85	14.76	19.13	16.11	19.75	16.61	19.89	**2.78 *******
教育	Weibull	15.13	14.39	16.12	14.94	17.79	16.54	18.35	17.13	2.45
金融保险	Weibull	16.17	15.38	16.97	16.26	18.29	18.24	18.72	18.46	2.45
健康医疗	Lognor	16.57	16.22	17.55	16.72	19.55	18.18	20.33	18.70	2.57

注：* $p<0.1$；** $p<0.05$；*** $p<0.01$。
资料来源：笔者整理。

表 7-9 显示，根据最优分布的拟合参数计算的全球数据泄露风险的 VaR 估计值大于实际值，这说明所构建的拟合函数可完全刻画信息安全风险；中国数据泄露风险的 VaR 估计值在 95% 以下的置信水平上小于实际值，而在高于 95% 的置信水平上，所构建的拟合函数也可完全刻画信息安全风险，但是可能存在过高估计风险的可能 [99.5Est.（24.79）>99.5Emp.（17.22）]。在不同的泄露源类型中，外部恶意行

为引发信息安全风险的估计值与实际值最为接近，说明拟合的分布模型是非常合理的；拟合的安全事件引发的信息安全风险在90%以上VaR估计值大于实际值；然而内部恶意行为产生风险的VaR估计值总小于实际值，并且通过t检验的结果可知，VaR估计值和实际值存在显著的异方差，说明在最优拟合分布的参数下仍不能很好地估计内部恶意行为产生的信息安全风险。在不同泄露数据的类型中，一般访问账户和金融账户类的信息安全风险的VaR估计值均稍大于实际值，所构建的最优拟合分布可以完全度量这两类信息安全风险；然而身份盗用类的信息安全风险的VaR估计值总小于实际值，并且t检验的结果显示其VaR估计值和实际值存在显著的异方差。在不同的行业中，所构建的最优拟合分布的VaR估计值均大于实际值，说明最优拟合分布可以完整地度量主要行业的信息安全风险。

由于信息安全风险属于厚尾分布，而VaR对尾部损失测量并不充分，为了进一步合理地度量信息安全风险的尾部特征，引入度量信息安全风险的CVaR值以验证所拟合构建的分布具有真实可用性。首先，根据所拟合的最优分布及其参数（见表7-7和表7-8），利用蒙特卡洛方法随机模拟1万次计算度量信息安全风险的CVaR值；然后，对模拟的估计值和实际值进行双样本异方差假设的双尾t检验，以验证结果的稳定性。不同置信水平下的计算结果如表7-10所示。

表 7-10　　　　　基于 CVaR 的信息安全风险度量

数据泄露类别	分布	90Est.	90Emp.	95Est.	95Emp.	99Est.	99Emp.	99.5Est.	99.5Emp.	T-test
全球	Weibull	20.60	20.57	20.90	20.98	21.43	21.32	21.63	21.54	2.45
中国	Max-Ex	16.49	16.14	18.33	17.23	21.67	18.37	22.40	18.84	2.78
安全事件	Lognor	19.70	19.79	20.57	20.30	22.10	21.30	22.52	21.84	2.57
内部恶意行为	Gamma	12.49	16.74	13.48	17.54	15.60	18.30	16.38	18.77	**2.78 ****
外部恶意行为	Weibull	19.94	19.93	20.33	20.35	21.01	20.86	21.14	21.40	2.45
一般访问账户	Weibull	19.59	19.38	20.05	19.97	20.86	20.70	21.10	21.23	2.45
金融类账户	Lognor	18.00	17.53	18.84	18.61	20.78	19.24	21.41	19.74	2.57
身份盗用	Gamma	15.00	19.41	15.64	19.74	16.78	20.31	17.07	20.83	**2.57 *****
教育	Weibull	16.37	15.72	17.04	16.51	18.52	17.42	18.70	17.86	2.45

续表

数据泄露类别	分布	90Est.	90Emp.	95Est.	95Emp.	99Est.	99Emp.	99.5Est.	99.5Emp.	T – test
金融保险	Weibull	17.20	17.31	17.68	18.39	18.70	18.64	19.20	19.12	2.45
健康医疗	Lognor	17.51	17.44	18.26	18.30	19.47	19.23	19.94	19.73	2.45

注：* p < 0.1；** p < 0.05；*** p < 0.01。
资料来源：笔者整理。

与表 7 – 9 计算的信息安全风险 VaR 值结果稍有不同，表 7 – 10 中除内部恶意行为和身份盗用类型信息安全风险的 CVaR 估计值明显小于实际值外，其他类型的信息安全风险的 CVaR 估计大于实际值。其中，中国信息安全风险的 CVaR 估计值大于实际值，这说明 CVaR 可以对信息安全的尾部风险进行较好的度量。在泄露源类型中，安全事件和外部恶意行为引发信息安全的 CVaR 估计值分别在 90% 和 95% 的置信水平以上大于实际值。在行业类型中，金融保险行业的信息安全的 CVaR 估计值在 95% 的置信水平以上大于实际值。更有趣的是，一般访问账户类型的安全风险的 CVaR 估计值在 99.5% 的置信水平上小于实际值。因此可以得出，虽然 CVaR 的估计值一般要比 VaR 的估计值大，但是 CVaR 的估计更加稳健和保守。此外，表 7 – 10 中的 t 检验的结果显示，内部恶意行为和身份盗用两种类型下风险估计值的方差与实际值的方差存在显著性差异，并且这两种类型下信息安全风险的 CVaR 估计值小于实际值，也就是拟合的分布不能较好度量其风险水平。综合表 7 – 9 和表 7 – 10 中 VaR 值、CVaR 值和 t 检验的结果，本文拟合构建的不同数据泄露类型下的分布绝大部分是可以较好拟合实际值，对实际的信息安全风险具有准确的度量。

7.5　信息安全可保性及保费计算

7.5.1　信息安全的可保性分析

本章根据比耶内等（Biener et al.，2015）的安全风险可保性框架，分析具有偏态性、极值性和相依性特征的信息安全风险可保性，并根据我国泄露数据对我国安全风险的可保性进行探讨。区分安全风险可保性与不可保性应满足精算学、市场和社会的 9 个标准及其对应的具体要求，如表 7－11 所示。

表 7－11　　　　　　　　　安全风险的可保性标准及要求

可保性标准		要求	信息安全是否满足
精算学标准	1. 损失发生的随机性	风险损失独立和可预测	部分满足
	2. 最大可能损失	最大损失可控	满足
	3. 一次事件的平均损失	平均损失大小适当	满足
	4. 损失暴露程度	有较多的损失暴露次数	满足
	5. 信息不对称	较轻的道德风险和逆向选择	部分满足
市场标准	6. 保费	具有可收回和承担的成本	满足
	7. 覆盖范围	可接受的保险覆盖范围	部分满足
社会标准	8. 公共政策	符合社会价值	满足
	9. 法律限制	法律范围内允许承保	满足

资料来源：比耶内等（Biener et al.，2015）。

144

损失的独立性是承保任何类型风险的重要先决条件，但是已有的研究显示信息安全风险的损失具有一定的相依性（Chen et al.，2011；Eling and Jung，2018），但并非所有类型的信息安全风险（Biener et al.，2015），如表 7－3 中的内部恶意行为类型。同时，根据对安全风险分布的拟合以及度量结果（表 7－7～表 7－10），可知其风险大小是可以进行预测的。因此，信息安全风险值满足部分损失发生的随机性的标准。泄露的数据总是有限的，也就意味着最大损失存在确界，同时可以根据某一置信水平估计该水平下的最大可能风险，因此信息安全风险满足最大可能损失标准。波耐蒙研究所（Ponemon）的 2018 年报告显示，每条数据丢失或泄露的平均损失为 3.86 美元，而一次信息安全事件的损失在 220 万美元到 690 万美元。此外，埃林和洛佩尔菲多（Eling and Loperfido，2017）还给出了漏洞数量与具体损失之间的函数关系。因此，信息安全满足一次事件的平均损失标准。本章使用的数据泄露次数多达 10306 次，总泄露的数据量达 14.97 亿条，故信息安全事件满足损失曝险标准。企业信息系统的安全性存在负外部性，可能会导致一些企业减少自我保护措施，但是在合理的保险和激励政策下信息安全又会出现正外部性（Zhao et al.，2013）。此外，保险公司很难实时了解被保险人是否按照保险要求进行基本的安全维护工作，因此信息安全风险具有信息不对称。

因为信息安全风险可进行估计（见表7-9和表7-10），故可以估计信息安全的损失。并且赵霞等（2013）和张瑞等（2017）等通过构建信息安全保险的博弈模型获得了不同情形下的最优保费，因此保险企业承保信息安全风险满足可收回其所承担成本的标准。马罗塔等（Marotta et al.，2017）对目前的信息安全保险市场的保险覆盖范围进行了综述，包括数字资产的损失、损坏或被盗，营业中断和敲诈的一般财产保险，以及隐私泄露，第三方数据丢失或赔偿等的第三方责任险。中国的信息安全保险业务刚起步，目前只有安恒信息和信安在线提供敲诈勒索、数据恢复和安全防御等部分信息安全保险业务。但是目前尚未对保险覆盖范围有明确的界定和说明。而关于我国信息安全的公共政策主要包括，《网络安全法》《个人信息保护法（草案）》和《数据安全管理办法（征求意见稿）》等确保信息安全，惩罚隐私侵犯的公共政策和法律规定。综上所述，虽然信息安全风险不能完全满足损失发生的随机性、信息不对称和保险覆盖范围三个标准，但总体而言，我国的信息安全风险是可以保险的。

7.5.2　信息安全的保费和风险资本

基于信息安全风险的可保性前提，本章根据纯保费原则、期望值原则和标准差原则估算不同数据泄露类型下的保费和风险资本。首先，将泄露的数据风险转化为以货币度量的损失，埃林和洛佩尔菲多（Eling and Loperfido，2017）认为泄露的数据与货币损失之间的关系为：$LN(Loss) = 7.68 + 0.76LN$（Records Breached），其货币单位为美元。经公式变换可得 $Loss = Exp(7.68) \times$（Records Breached）$^{0.76}$。同时，由分布函数的基本运算法则可知，若 LN（Records Breached）的分布记为 $F \sim (\mu, \sigma)$，那么以货币为度量单位的损失分布则为 $LN(Loss) \sim (7.68 + 0.76\mu, 0.76^2\sigma)$。然后，明确三种保费准则下的保费计算，纯

保费准则满足保费 $P = E(X)$，期望值保费准则满足保费 $P = (1 + \theta) \times E(X)$，而标准差保费准则满足保费 $P = E(X) + \sigma\theta$。最后，用 LN(Loss) 进行不同保费准则下的保费计算，用 Loss 函数和蒙特卡洛方法计算 VaR 风险资本和 CVaR 风险资本，结果如表 7 - 12 所示。

表 7 - 12　　　　　　　　信息安全的保费与风险资本

数据泄露类别	纯保费准则	期望值准则	标准差准则	VaR 风险资本		CVaR 风险资本	
				90%	99.5%	90%	99.5%
全球	1.70E + 09	1.42E + 10	1.98E + 09	**9.60E + 09**	4.32E + 11	1.32E + 10	2.97E + 10
中国	7.88E + 04	2.43E + 05	1.19E + 05	4.12E + 07	1.86E + 10	5.21E + 08	9.95E + 10
安全事件	1.86E + 08	1.25E + 09	2.29E + 08	2.74E + 09	2.09E + 11	6.88E + 09	6.14E + 10
内部恶意行为	1.08E + 07	5.48E + 07	1.39E + 07	2.57E + 08	5.34E + 10	**3.00E + 07**	**5.56E + 08**
外部恶意行为	8.77E + 08	6.88E + 09	1.04E + 09	**2.66E + 09**	2.06E + 11	8.46E + 09	2.06E + 10
一般访问账户	3.05E + 08	2.15E + 09	3.82E + 08	3.71E + 09	2.50E + 11	6.59E + 09	2.18E + 10
金融类账户	2.91E + 07	1.63E + 08	3.68E + 08	5.82E + 08	8.57E + 10	1.69E + 09	2.32E + 10
身份盗用	6.33E + 08	4.80E + 09	7.39E + 08	**4.34E + 09**	2.73E + 11	**1.98E + 08**	**1.02E + 09**
教育	6.93E + 06	3.35E + 07	9.22E + 06	3.03E + 08	5.87E + 10	5.48E + 08	3.92E + 09
金融保险	1.76E + 07	9.36E + 07	2.38E + 07	8.33E + 08	1.30E + 10	3.93E + 10	1.05E + 11
健康医疗	7.20E + 07	4.40E + 08	8.50E + 07	5.83E + 08	4.84E + 09	9.93E + 09	8.57E + 10

注：期望值准则系数和标准差系数 θ 均为 0.1。
资料来源：笔者整理。

由于表 7 - 8 中估计的均值大于标准差，加之安全风险分布具有偏态性和极值性的特征，由保费计算公式可得到表 7 - 12 中三种类型保费的大小依次为：纯保费 < 标准差保费 < 期望值保费。根据表 7 - 12 的结果可知，中国每月的信息安全保费额至少 7.88 万美元，而全球则至少 1.7 亿美元/月。产生这种差距的原因有：一是我国很多信息安全事件没有被公布，导致过低估计我国信息安全的损失；二是我国公民对自身的隐私价值不关心，包括自己持有或服务商持有的隐私信息，导致隐私侵犯行为泛滥，而不被公众所知。在各种数据泄露类型的保费中，教育类行业所需的保费最低，而外部恶意攻击所需的保费最高，这也说明应在信息安全保险市场大力开发应对外部恶意攻击类型的保险服务。此

外，安全事件、一般访问账户和身份盗用类型的信息安全事件同样具有较大的保费需求。

根据表 7 - 12 的 VaR 风险资本可知，全球若要抵消 99.5% 以内的信息安全风险则需要 432 亿美元/月，而抵消 90% 以内的风险则仅需要 9.6 亿美元/月，且该值尚小于期望准则下的保费，这意味着期望准则保费可以完全抵消 90% 以内的信息安全风险。同时，外部恶意行为和身份盗用两种数据泄露类型的期望值准则保费也可以抵消 90% 以内的信息安全风险。此外，安全事件、一般访问账户、金融类账户和健康医疗类数据泄露类型的期望值准则保费与 90% VaR 值相在同一数量级，故信息安全保险也可以起到很好的风险防御作用。但是对于中国，保费与 VaR 风险资本之间存在巨大差距，而最大的期望值保费才能覆盖 67% VaR 的风险值（2.35E + 5），这给我国开展信息安全保险业务带来了巨大挑战。若要获得中国更为准确合理的信息安全风险度量与保险则必须加强对信息安全的披露要求，增加信息安全风险样本，从而获得更加准确的风险估计。

与 VaR 风险资本相比，全球信息安全 CVaR 风险资本在 99.5% 置信水平上为 29.7 亿美元/月，由于 CVaR 方法可以对尾部有更好的估计，所以比较保守的风险资本可以定为 29.7 亿美元/月。对于中国，CVaR 风险资本要大于 VaR 风险资本，因为中国的信息安全风险具有更大的厚尾。在不同的类型中，安全事件、内部恶意行为、外部恶意行为、一般访问账户、金融类账户、身份盗用和教育行业的 90% VaR 风险资本小于 90% CVaR 风险资本，而 99.5% VaR 风险资本却大于 99.5% CVaR 风险资本。另外，金融保险和健康医疗两个行业的 CVaR 风险资本大于 VaR 风险资本，这是因为两个行业有用更多的数据，其面临的信息安全风险具有较大的尾部。

7.6　本章小结

信息安全风险的度量和可保性研究，在我国尚处于起步阶段。本章构建了不同数据泄露类型下信息安全风险的最优拟合分布及相关参数，并对不同置信水平下信息安全风险的 VaR 和 CVaR 进行度量。在分析了信息安全风险的可保性后，计算了不同数据泄露类型在纯保费、期望值和标准差准则下的保费，以及不同置信水平下的 VaR 和 CVaR 风险资本。研究结果显示：

第一，不同数据泄露类型的信息安全风险其最优拟合分布各不同，除金融保险行业的数据泄露频率服从泊松分布外，其他类型的数据泄露频率服从负二项分布，而不同数据泄露类型的数据泄露量也服从不同的对数正态分布族。

第二，对信息安全风险的 VaR 和 CVaR 风险度量中，除内部恶意行为导致的数据泄露和身份盗用类泄露数据的估计值和拟合值存在显著差异外，其他类型均得到较好的估计和度量；尤其对于中国数据泄露的拟合和度量结果可知，对我国数据泄露频率拟合较为合理，而对数据泄露量的拟合存在较大的变异系数，估计结果容易受外界环境和参数的影响。对比 VaR 和 CVaR 风险度量的结果可知，CVaR 可以较好度量我国的信息安全风险。

第三，信息安全风险满足大部分可保性标准，对于我国的信息安全风险而言，满足精算学标准，而且相关市场和社会环境亦在逐步完善。另外，根据纯保费、期望值和标准差准则下的保费结果与 VaR 和 CVaR 风险资本对比发现，保费大小依次为纯保费＜标准差准则＜期望值准则，并且期望值准则保费可以覆盖全球范围内的 90% 以内的 VaR 风险，同时也可以覆盖外部恶意行为和身份盗用类型的 90% 以内的 VaR 风险。

综上，本章对不同数据泄露类型的信息安全风险进行了度量和可保性研究，尤其对中国信息安全风险的讨论结果可以指导我国保险企业开展信息安全保险服务提供支持。虽然现有的文献局限于考虑数据泄露中丢失的记录数量，但本章是首个使用 Gemalto 数据对全球不同泄露数据类型和中国信息安全风险进行分布拟合估计、风险度量和保费计算的文章。因此，为了全面准确地了解中国信息安全风险，未来需要继续充实中国样本量，同时也要考虑技术、法律和社会环境对我国信息安全风险的影响。

本 章 附 录

图 7 - A 为信息安全事件发生次数与泄露数量的频数分布。

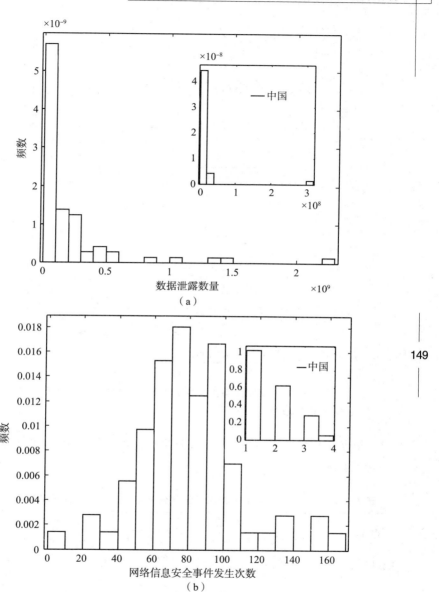

图7-A　信息安全事件发生次数与泄露数量的频数分布

资料来源：笔者整理。

图7-B为信息安全事件发生次数与泄露数量的时间序列分析。

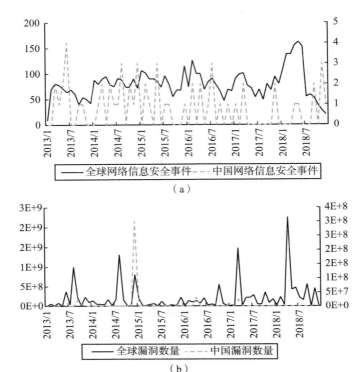

（a）

（b）

图 7 - B　信息安全事件发生次数与泄露数量的时间序列分析

资料来源：笔者整理。

表 7 - A - 1 和表 7 - A - 2 为原始数据泄露数量在不同分布下的拟合优度检验。

表 7 - A - 1　　全球和中国数据泄露量在不同分布下的拟合优度检验

拟合的分布	全球数据泄露量			中国数据泄露量		
	A - D 检验	K - S 检验	卡方检验	A - D 检验	K - S 检验	卡方检验
Lognormal	**0.34**	**0.09**	**6.89**	9.15 ***	**0.31 *****	**213.00 *****
Weibull	0.74	0.10	10.50	641.72 ***	0.51	148.83 ***
Gamma	1.74	0.16	16.61 **	—	—	—
Max Extreme	5.59 ***	0.20 ***	46.89 ***	24.14 ***	0.49 ***	465.78 ***
Exponential	9.60 ***	0.25 ***	36.89 ***	849.85 ***	0.80 ***	464.94 ***
Pareto	19.96	0.47	185.78 ***	—	—	—

注：（1）最优的用黑体表示；（2）* p < 0.1；** p < 0.05；*** p < 0.01。
资料来源：笔者整理。

表7-A-2　不同类型数据泄露量在不同分布下的拟合优度检验

拟合的分布	安全事件			内部恶意行为			外部恶意行为		
	A-D检验	K-S检验	卡方检验	A-D检验	K-S检验	卡方检验	A-D检验	K-S检验	卡方检验
Lognormal	**0.55**	**0.09**	**5.78**	**0.97****	**0.09**	**11.89***	**0.19**	**0.05**	**6.89**
Weibull	3.59	0.22	29.67***	7.63	0.26	38.28***	0.68	0.09	6.61
Gamma	4.87	0.22	48.28***	—	—	—	1.70	0.14	16.89***
Max Extreme	17.19***	0.41***	191.61***	19.96***	0.41***	376.06***	6.91***	0.24***	51.89***
Exponential	98.04***	0.63***	316.89***	130.59***	0.67***	342.72***	14.13***	0.27***	54.11***
Pareto	9.91	0.29	54.11***	—	—	—	21.81	0.48	201.61***

拟合的分布	一般访问账户			金融类账户			身份盗用		
	A-D检验	K-S检验	卡方检验	A-D检验	K-S检验	卡方检验	A-D检验	K-S检验	卡方检验
Lognormal	**0.81****	**0.11****	**11.61***	**0.18**	**0.05**	**3.56**	**0.53**	**0.08**	**13.00****
Weibull	**0.65**	**0.06**	**9.11**	3.32	0.16	12.72**	0.74	0.09	14.11**
Gamma	—	—	—	4.65	0.20	29.39***	1.49	0.14	20.22***
Max Extreme	9.55***	0.27***	134.67***	20.66***	0.42***	402.44***	6.36***	0.26***	59.94***
Exponential	35.25***	0.35***	91.61***	111.58***	0.60***	289.39***	16.19***	0.33***	69.67***
Pareto	—	—	—	13.14	0.35	83.28***	17.18	0.42	115.22***

续表

拟合的分布	教育				金融保险				健康医疗		
	A – D 检验	K – S 检验	卡方检验	A – D 检验	K – S 检验	卡方检验	A – D 检验	K – S 检验	卡方检验		
Lognormal	**2.94***	**0.19***	**23.56***	**2.56***	**0.15***	**13.83****	**0.59**	**0.09**	**4.67**		
Weibull	13.18	0.19	20.50***	10.18	0.23	23.00***	3.86	0.24	33.28***		
Gamma	—	—	—	—	—	—	5.54	0.19	45.78***		
Max Extreme	17.58***	0.39***	162.17***	21.46***	0.43***	375.22***	16.49***	0.35***	151.33***		
Exponential	104.52***	0.60***	259.67***	115.59***	0.63***	301.06***	64.41***	0.54***	214.39***		
Pareto	—	—	—	—	—	—	13.70	0.40	81.89***		

注：（1）最优的用黑体表示；（2）* $p < 0.1$；** $p < 0.05$；*** $p < 0.01$。

资料来源：笔者整理。

表7-B为原始不同类型数据泄露量最优分布的参数估计。

表 7-B				数据泄露量最优分布的参数估计				
数据泄露类别	分布	Location	Mean	Median	St. D	Skewness	Kurtosis	Coeff. Var
全球	Lognor	-7.82E+5	2.64E+8	6.45E+7	1.04E+9	72.77	8.37E+4	3.95
中国	Lognor	-209.03	6.10E+6	2624.79	1.32E+10	1.00E+10	4.64E+26	2154.50
安全事件	Lognor	7796.78	1.49E+8	2.49E+6	7.53E+9	1.30E+5	4.38E+13	50.71
内部恶意行为	Lognor	-1.91	1.40E+7	7.55E+5	2.60E+9	6.34E+6	1.38E+18	185.08
外部恶意行为	Lognor	-1.94E+5	1.46E+8	2.73E+8	7.61E+9	157.09	6.75E+5	5.22
一般访问账户	Weibull	0.00	6.30E+7	9.77E+6	1.76E+8	9.39	189.71	2.79
金融类账户	Lognor	0.00	3.06E+7	2.71E+5	3.46E+9	1.44E+6	2.65E+26	112.93
身份盗用	Lognor	-6.70E+4	1.07E+8	1.62E+7	6.96E+8	293.38	3.64E+6	6.50
教育	Lognor	-0.46	8.39E+7	3.90E+4	1.81E+11	9.98E+9	4.62E+26	2153.19
金融保险	Lognor	-0.11	3.17E+8	1.47E+5	6.82E+11	9.98E+9	4.62E+26	2152.99
健康医疗	Lognor	676.04	8.97E+6	8.86E+5	9.05E+7	1057.72	1.14E+8	10.09

注：除一般访问账户为 Weibull 分布（参数为 Location =0，Scale =22910137.74795，Shape =0.43026）外，其他均为对数正态分布。
资料来源：笔者整理。

图7-C为信息安全事件的频率分布与拟合图。

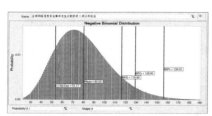 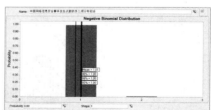

全球安全事件发生次数的负二项分布拟合　　中国安全事件发生次数的负二项分布拟合

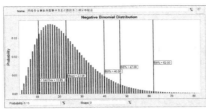
安全事件类型发生次数的负二项分布拟合

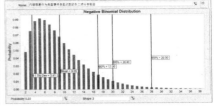
内部恶意行为类事件次数的负二项分布拟合

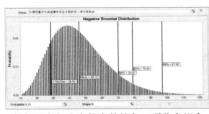
外部恶意行为事件次数的负二项分布拟合

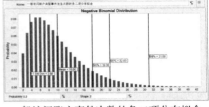
一般访问账户事件次数的负二项分布拟合

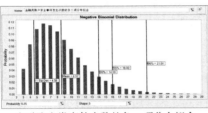
金融账户类事件次数的负二项分布拟合

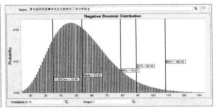
身份盗用事件次数的负二项分布拟合

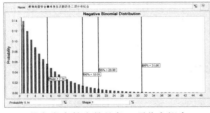
教育类事件次数的负二项分布拟合

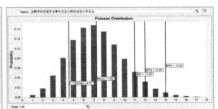
金融保险类事件次数的泊松分布拟合

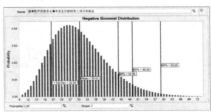
健康医疗类事件次数的负二项分布拟合

图 7 - C　信息安全事件的频率分布与拟合

资料来源：笔者整理。

图7－D－1和图7－D－2为数据泄露的严重程度分布与拟合图。

全球泄露数据量的对数正态分布拟合

中国漏洞数量的对数正态分布拟合

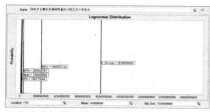

安全事件漏洞数量的对数正态分布拟合

内部恶意行为漏洞数量的对数正态分布拟合

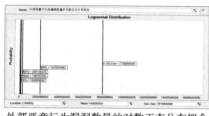

外部恶意行为漏洞数量的对数正态分布拟合

一般访问账户漏洞数量的对数正态分布拟合

金融账户漏洞数量的对数正态分布拟合

身份盗用漏洞数量的对数正态分布拟合

教育漏洞数量的对数正态分布拟合

金融保险漏洞数量的对数正态分布拟合

155

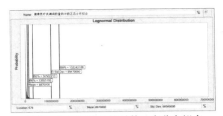

健康医疗漏洞数量的对数正态分布拟合

图 7 - D - 1 泄露数据量的分布与拟合

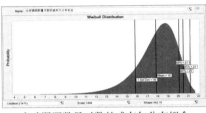

全球漏洞数量对数的威布尔分布拟合

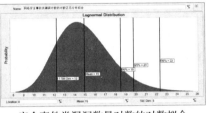

中国漏洞数量对数的最大极值分布拟合

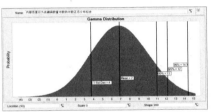

安全事件类漏洞数量对数的对数拟合

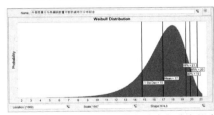

内部恶意行为类漏洞数量对数的对数拟合

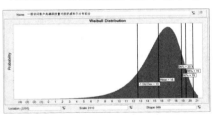

外部恶意行为漏洞数量对数的威布尔分布拟合

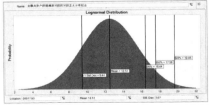

一般账户漏洞数量对数的威布尔分布拟合

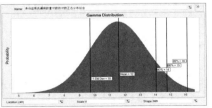

金融账户数据漏洞数量对数的对数正态分布拟合

身份盗用漏洞数量对数的对数正态分布拟合

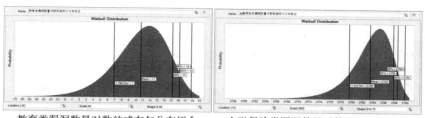

教育类漏洞数量对数的威布尔分布拟合　　金融保险类漏洞数量对数的威布尔分布

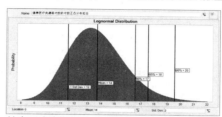

健康医疗类漏洞数量对数的对数正态分布拟合

图7－D－2　泄露数据量的分布与拟合

表7－C为信息安全原始泄露数据的VaR值。

表7－C　　安全泄露数据量在不同置信水平上的VaR值

类别	分布	90%	95%	99%	99.5%
全球	Lognor	556725710.07	1023024001.6	3200879950.85	4859291697.92
中国	Lognor	427716.97	1776939.20	25683323.42	68278037.54
安全事件	Lognor	106773548.32	295388761.25	1992553182.11	4007733373.17
内部恶意行为	Lognor	4746122.99	15358484.47	139008370.35	311362985.27
外部恶意行为	Lognor	102899929.96	286120369.75	1945084661.72	3922741512.63
一般访问账户	Weibull	159205142	293458025	797154867	1104238418
金融类账户	Lognor	13926764.49	42563450.76	346071790.27	745236185.99
身份盗用	Lognor	195765032.32	396322885.42	1487839651.39	2414679230.79
教育	Lognor	5897517.30	24485136.93	353675824.70	940046666.66
金融保险	Lognor	22323810.11	92659750.11	1337786180.75	3555124987.99
健康医疗	Lognor	13955194.65	30502213.26	132242165.68	226244925.23

资料来源：笔者整理。

表 7 - D 为信息安全的 VaR 和 CVaR 风险资本。

表 7 - D　　　　　　　信息安全的 VaR 和 CVaR 风险资本

数据泄露 类别	VaR 风险资本				CVaR 风险资本			
	90%	95%	99%	99.5%	90%	95%	99%	99.5%
全球	9.60E+09	4.98E+10	8.35E+10	4.32E+11	1.32E+10	1.8E+10	2.77E+10	2.97E+10
中国	4.12E+07	1.33E+09	1.95E+09	1.86E+10	5.21E+08	2.37E+9	2.92E+10	9.95E+10
安全事件	2.74E+09	3.22E+10	4.30E+10	2.09E+11	6.88E+09	1.28E+10	5.07E+10	6.14E+10
内部恶意 行为	2.57E+08	5.33E+09	6.17E+09	5.34E+10	3.00E+07	5.83E+07	2.73E+08	5.56E+08
外部恶意 行为	2.66E+09	3.15E+10	4.23E+10	2.06E+11	8.46E+09	1.12E+10	1.69E+10	2.06E+10
一般访问 账户	3.71E+09	1.61E+10	4.05E+10	2.50E+11	6.59E+09	8.94E+09	1.61E+10	2.18E+10
金融类账户	5.82E+08	9.92E+09	1.20E+10	8.57E+10	1.69E+09	3.12E+09	1.31E+10	2.32E+10
身份盗用	4.34E+09	2.93E+10	4.57E+10	2.73E+11	1.98E+08	3.20E+08	7.95E+08	1.02E+09
教育	3.03E+08	6.04E+09	1.43E+10	5.87E+10	5.48E+08	1.02E+09	2.83E+09	3.92E+09
金融保险	8.33E+08	1.30E+10	3.93E+10	1.05E+11	1.02E+09	1.54E+09	3.87E+09	4.37E+09
健康医疗	5.83E+08	4.84E+09	9.93E+09	8.57E+10	1.32E+09	2.16E+09	5.56E+09	8.25E+09

资料来源：笔者整理。

第8章 保险公司参与防御下信息安全保险的最优决策分析

第6章和第7章对信息安全保险的度量和信息安全风险的可保性进行了全面的分析,那么企业是否就会因此而购买信息安全保险呢?既有研究结论显示,在不进行任何干预下,企业不会购买信息安全保险,也就是在不进行干预的基础上信息安全保险市场是不存在。但是现实中,信息安全保险市场却达到上千亿美元级的市场规模,而且每年的增长速度超过15%。这是因为存在两种有效的干预手段,一是保险公司充当MSSP角色,参与到企业的信息安全风险防御过程中,使得企业信息安全风险减少的同时,也能有效地转移风险;二是政府的强制性手段的干预以及政府补贴的反馈,使得企业在购买信息安全保险的同时,不仅满足国家对安全水平的强制性需求,还能切实在有效的经营范围内减少因信息安全风险带来的损失。本章和第9章就分别回答这两种干预手段是如何影响企业信息安全保险决策和风险控制的。

8.1 信息安全保险现状

信息安全保险,又称网络安全保险,是一种风险管理技术,该技术让网络用户以缴纳保费的形式将风险损失转移到保险公司,即通过设计合理的信息安全保险合同,用户将某些责任转移给保险公司,从而整体提升网络安全(Pal et al.,2017,王新雷和王玥,2017)。据慕尼黑再保险估计,到2025年,信息安全保险的年度书面总保费将从目前的约80亿美元增至200亿美元,并且可提供信息安全保险业务的不仅有传统的保险公司,还包括互联网服务提供商、云提供商和安全托管服务提供商等。因此，信息安全保险是减少安全损失的市场方案，可以与信息安全保险公司、用户、决策者和安全软件供应商的经济激励相一致，即信息安全保险公司将根据合适的定价溢价中获利，用户通过联合购买保险和安全投资机制来对冲潜在损失，政策制定者也可以确保整体网络安全的增加，以及安全软件供应商通过与信息安全保险公司结成联盟，可以增加产品销售额和提升软件安全水平（Marotta et al.，2017）。但是，杨云超和吕自成（Yang and Lui，2014）通过对具有异质性、外部性和竞争性的信息安全保险市场的研究发现，当企业的安全水平不可观察时，保险市场失灵，还可能会造成社会福利水平的降低（Massacci et al.，2017）。

针对某些情况下的市场失灵、社会福利降低等问题，洛什卡和格罗斯克拉（Laszka and Grossklags，2015）认为保险公司对被保险者的安全软件进行投资是可行的，并给出了破产概率条件下保险公司不同的最优投资策略。同样，帕尔等（Pal et al.，2017）研究了能够对其客户进行差异定价的安全服务提供商，与其客户安全投资相关的信息安全保险企业之间的共生关系，发现差异化定价使得保险业务更加可行。现实中最为典型的案例是，随着数据泄密数量的上升，为企业专门提供网络风险管理和技术保险服务的美国保险机构 Affenix，将未来时间上的前端风险管理纳入网络责任保险中，并制订了以投资方式降低风险的保险计划。基于此，本章认为信息安全保险公司应该采取积极主动的方式提高那些被广泛使用的安全软件的安全水平，以减少安全软件的不可分散风险，并设计了信息安全保险公司投资企业安全软件的均等投资、最重要投资和按比例投资三种策略机制，研究强相依风险和弱相依风险下不同投资策略的最优决策，并回答以下三个问题：问题 1：企业在采纳信息安全保险时是否存在条件边界？问题 2：保险公司是否可以通过投资安全软件来增加期望效用？问题 3：不同的投资策略和风险相依性对系统的期望效用和风险水平影响如何？

8.2　信息安全保险模型构建

8.2.1　基本假设与符号

企业为了减少信息安全事件产生的损失，除了购买安全软件外，还通过购买信息安全保险来转移风险损失。本章假设，系统中有 N 个安全软件，M 个企业以及一个寡头保险公司。企业 $j \in \{M\}$ 的初始财富为 W_j，由于信息安全风险存在的必然性，企业 j 的初始个体风险为 IR_j。企业为了减少信息安全风险带来的损失，以成本 c_i 安装任意一款或几款安全软件 $i \in \{N\}$ 来抵抗风险。软件 i 的自身也具有初始脆弱性 BV_i，为了降低软件 i 的脆弱性水平，公司 j 向保险公司购买保险，保费为 P_j，其中企业缴纳信息安全保险的基准保费为 P_0。保险公司为了降低索赔额以投资的方式对企业所使用安全软件进行升级，确保软件运营安全，则保险公司投资安全软件 i 的投资额为 d_i，其投资效率系数为 r_i，总投资额为 D。当黑客或者人为失误造成的系统脆弱性水平高于软件脆弱性 V_i 和企业风险水平 R_j 时，信息安全事件发生，企业 j 的损失为 L_j，同时获得保险公司的索赔额 Y_j。此外，由于信息安全风险具有外部性，因此企业与企业之间存在关联风险，其关联系数为 θ。同样，安全软件之间也具有风险相依性，本章主要探讨安全软件在强相依风险和弱相依风险下的两种情形。根据上述符号设定，构建如下基于需求方和供给方的信息安全保险模型。

8.2.2　信息安全保险需求方模型

信息安全保险的需求方模型主要构建企业在购买保险下的风险模型和期望损失模型。首先，构建企业信息安全风险模型。对于企业所采购的每个软件产品而言，并非完美，均会存在安全漏洞致使软件存在一定的脆弱性水平。企业在购买保险后，保险公司对安全软件 i 进行投资，则投资后安全软件 i 的脆弱性水平：

$$V_i(d_i) = BV_i e^{-r_i d_i} \qquad (8-1)$$

企业 j 在 N 个软件中，所使用的某几个软件，标记为集合为 S_j。假设集合 S_j 内安全软件之间的脆弱性风险是相依的，则在安全软件的风险强相依情形下，只要某个或几个软件受到攻击，企业均会面临损失。同时，企业间也存在风险相依性 θ，则在安全软件强相依和企业风险相依情况下企业 j 的风险水平为：

$$R_j = 1 - \theta^{M-1}(1 - IR_j) \prod_{i \in S_j}(1 - BV_i e^{-r_i d_i}) \qquad (8-2-1)$$

在安全软件的弱相依风险情形下，企业的风险水平仅取决于所有软件中脆弱性最低的那个软件，因此在安全软件风险弱相依和企业风险相依情况下企业 j 的风险水平为：

$$R_j = 1 - \theta^{M-1}(1 - IR_j)\min(V_i(d_i)) \qquad (8-2-2)$$

由于单个企业的损失为 L_j，则所有企业的期望总损失 TL 为：

$$E[TL] = \begin{cases} \sum_{j=1}^{M} L_j\left[1 - \theta^{M-1}(1 - IR_j)\prod_{i \in S_j}(1 - BV_i e^{-r_i d_i})\right] & \text{强相依} \\ \sum_{j=1}^{M} L_j\left[1 - \theta^{M-1}(1 - IR_j)\min(V_i(d_i))\right] & \text{弱相依} \end{cases}$$

$$(8-3)$$

根据上述公式，建立企业 j 未购买保险时的期望效用函数：

$$EU_j = R_j\ln(W_j - L_j) + (1 - R_j)\ln(W_j) - \sum_{i \in S_j} c_i \qquad (8-4)$$

而当企业 j 购买保险时，企业的期望效用函数为：

$$EU'_j = R_j\ln(W_j - L_j - P_j + Y_j) + (1 - R_j)\ln(W_j - P_j) - \sum_{i \in S_j} c_i$$

$$(8-5)$$

命题 8-1： 当企业 j 购买保险时，其向保险公司支付的保险费具有上下边界。

证明：

企业购买保险的条件应满足 $EU'_j \geqslant EU_j$，由此可得：

$$R_j\ln(W_j - L_j - P_j + Y_j) + (1 - R_j)\ln(W_j - P_j)$$
$$\geqslant R_j\ln(W_j - L_j) + (1 - R_j)\ln(W_j) \qquad (8-6)$$

对式（8-6）在基准利率 P_0 处进行一阶泰勒展开，并对结果进行化简：

$$R_j\ln(W_j - L_j - P_0 + Y_j) + \frac{R_j(P_j - P_0)}{W_j - L_j - P_0 + Y_j} + (1 - R_j)\ln(W_j - P_0)$$

$$+ \frac{(1 - R_j)(P_j - P_0)}{W_j - P_0} \geqslant R_j\ln(W_j - L_j) + (1 - R_j)\ln(W_j) \qquad (8-7)$$

然后对式（8-7）进行整理可得：

$$P_j \geqslant \frac{\{R_j[\ln(W_j - L_j) - \ln(W_j - L_j - P_0 + Y_j)] + (1 - R_j)[\ln(W_j) - \ln(W_j - P_0)]\}(W_j - L_j - P_0 + Y_j)(W_j - P_0)}{R_j(W_j - P_0) + (1 - R_j)(W_j - L_j - P_0 + Y_j)} + P_0$$

$$(8-8)$$

此外，当企业 j 购买保险的索赔额可以完全抵销企业信息安全损失时，式（8-6）变为：

$$\ln(W_j - P_j) \geqslant R_j \ln(W_j - L_j) + (1 - R_j) \ln(W_j) \quad (8-9)$$

然后对式（8-8）进行整理可得：

$$P_j \leqslant W_j - W_j^{1-R_j}(W_j - L_j)^{R_j} \quad (8-10)$$

由式（8-8）和式（8-10）可知，当企业购买信息安全保险时，其投保的保费存在上下边界，否则企业投保的效用将小于不投保情况下的效用，同时该命题回答了问题 1，证毕。

8.2.3　信息安全保险供给方模型

保险公司的收入 H 为每个企业的保费之和。为了便于后续计算和模拟，本章假设保险公司收取企业可承受保费的上限，即：

$$H = \sum_{j=1}^{M} P_j = \sum_{j=1}^{M} W_j - W_j^{1-R_j}(W_j - L_j)^{R_j} \quad (8-11)$$

在保险公司为企业使用的安全软件进行投资时，发生信息安全事件后，保险公司的总支出费用 EC 为：

$$EC = \begin{cases} \sum_{j=1}^{M} L_j [1 - \theta^{M-1}(1 - IR_j) \prod_{i \in S_j}(1 - BV_i e^{-r_i d_i})] + \sum_{i=1}^{N} d_i & 强相依 \\ \sum_{j=1}^{M} L_j [1 - \theta^{M-1}(1 - IR_j) \min(V_i(d_i))] + \sum_{i=1}^{N} d_i & 弱相依 \end{cases}$$

$$(8-12)$$

根据式（8-11）和式（8-12）得到保险公司的期望效用函数为：

$$EU = E(\sum_{j=1}^{M} P_j) - E(TL) - E(\sum_{i=1}^{N} d_i) \quad (8-13)$$

8.2.4　保险公司投资安全软件的策略

保险公司通过对信息安全软件的投资可以有效降低被保险企业所面临的信息安全威胁以及造成的损失，进而保险公司通过减少赔付索赔额而获得更大的收益。由于保险公司总投资额为 D，为使得 $d_1, d_2, \cdots, d_N$ 在满足 $\sum_{i=1}^{N} d_i = D$ 的同时，使得保险公司的期望效用最大。本部分沿用了洛什卡和格罗斯克拉（Laszka and Grossklags，2015）提出的三种保险公司投资信息安全软件的策略，即均等投资策略，最重要投资策略和按比例投资策略。具体如下：

（1）均等投资策略，即保险公司对每个信息安全软件的投资相等，因此每个软件 i 的投资额为 $d_i = D/N$。

（2）最重要投资策略，即保险公司仅对使用最为广泛的软件 i 进行投资，从而达到对使用最广泛软件 i 脆弱性的主要防御效果，忽略不太流行的其他安全软件发生的小概率漏洞损失事件。在这种投资策略下，保险公司可以以最小的成本获得较好的信息安全软件的投资防御效果。令 X_i 表示使用软件 i 的企业数量，则 $X_i = \{j: i \in S_j\}$，对于任意安全软件 i 的投资额为 $d_i = \begin{cases} D & X_i = \mathrm{argmax} X_i \\ 0 & \text{其他} \end{cases}$。

（3）按比例投资策略，即对使用安全软件 i 的数量进行分组求和，获得不同安全软件 i 在所有企业中的安装量，那么保险公司对安全软件 i 的投资比例即为软件 i 的安装量与所有安全软件安装量总和的比值 $d_i = X_i / \sum_{i \in S_j} X_i$。

8.3 数值仿真分析

为了回答问题 2 和问题 3，根据上述构建的供给方和需求方信息安全保险模型，我们对保险公司的安全软件投资策略、风险水平和期望效用进行数值分析。遵循由简单到复杂的研究规律，首先分析在两个公司 j=1，2 和两种安全软件 i=1，2 的简单情况下，考虑强相依风险和弱相依风险的安全软件投资最优策略，系统风险水平和系统期望效用；然后将模型的模拟扩展至多个公司和多个软件的复杂情形。

8.3.1 简单情形下的数值分析

在简单情形下，只考虑两个公司和两种安全软件，其中公司 1 同时使用安全软件 1 和 2 进行风险防御，而公司 2 仅使用安全软件 1 作为安全工具进行防御。因此安全软件 1 是被广泛使用的安全软件，故其初始脆弱性和投资系数要优于软件 2，即 $BV_1 < BV_2$ 和 $r_1 > r_2$。对不同投资策略下保险公司的最优投资策略进行如下分析：

1. 均等投资策略下保险公司的决策

当保险公司采取均等投资策略时，即 $d_1 = d_2 = D/2$，将其代入式（8 - 13），得到均等投资策略时保险公司强相依风险和弱相依风险下的期望效用：

$$EU_强 = P_1 + P_2 - D - L_1 [1 - \theta (1 - IR_1) (1 - BV_1 e^{-r_1 D/2}) (1 - BV_2 e^{-r_2 D/2})]$$
$$- L_2 [1 - \theta (1 - IR_2) (1 - BV_2 e^{-r_2 D/2})] \tag{8 - 14}$$

$$EU_弱 = P_1 + P_2 - D - L_1 [1 - \theta (1 - IR_1) (1 - BV_2 e^{-r_2 D/2})]$$
$$- L_2 [1 - \theta (1 - IR_2) (1 - BV_2 e^{-r_2 D/2})] \tag{8 - 15}$$

命题 8 - 2：在简单情形的强相依风险下，当企业因自身脆弱性造成的总损失大于 $2/r_2$ 时，保险公司均等投资策略中每个安全软件的最佳投资额为 $D^*/2$；反之则不对任意安全软件进行投资。

命题 8 - 3：在简单情形的弱相依风险下，保险公司最优均等投资策略为 $D^* = \dfrac{2}{r_2} \ln \left(\dfrac{r_2 \theta BV_2 [L_1 (1 - IR_1) + L_2 (1 - IR_2)]}{2} \right)$。

命题 8 - 2 表明如果两个企业的安全风险损失超过了投资安全软件的最大边际效用，那么在均等投资策略下保险公司应该对安全软件进行投资。此外，保险公司是否对安全软件进行投资与安全软件之间是否存在强相依风险无关。命题 8 - 3 表明在弱相依风险下，保险公司如果采取均等投资策略，此时最优总投资额与安全软件的投资系数成反比，即安全软件的投资系数越高，投资额越低。此外，最优总投资额还与脆弱性最大软件的初始脆弱性成反比，即脆弱性最大软件的风险水平越高，保险公司越应提高总投资额，以减少弱相依风险下的网络风险。命题 8 - 2 和命题 8 - 3 的证明过程详见附录 8 - A 和附录 8 - B。

2. 最重要投资策略下保险公司的决策

当保险公司采取对最重要的安全软件投资时，即 $d_1 = D$，$d_2 = 0$，将其代入式（8 - 13），得到最重要投资策略时保险公司强相依风险和弱相依风险下的期望效用：

$$EU_{强} = P_1 + P_2 - D - L_1 [1 - \theta(1 - IR_1)(1 - BV_1 e^{-r_1 D})(1 - BV_2)]$$
$$- L_2 [1 - \theta(1 - IR_2)(1 - BV_2)] \qquad (8-16)$$
$$EU_{弱} = P_1 + P_2 - D - L_1 [1 - \theta(1 - IR_1)(1 - BV_2)]$$
$$- L_2 [1 - \theta(1 - IR_2)(1 - BV_2)] \qquad (8-17)$$

命题 8-4： 在简单情形的强相依风险下，当 $\theta L_1 BV_1 r_1 e^{-r_1 D}(1 - IR_1)(1 - BV_2) \leq 1$ 时，保险公司最优策略为不投资安全软件，反之则对安全软件投资 D^*。

证明：$dEU_{强}/dD = 1 - \theta L_1 BV_1 r_1 e^{-r_1 D}(1 - IR_1)(1 - BV_2)$，当 $dEU_{强}/dD < 0$ 时，$EU_{强}$ 是 D 的单调减函数，故保险公司的最优值在零处取得；当 $dEU_{强}/dD > 0$ 时，$EU_{强}$ 是 D 的单调增函数，故保险公司的最优值在 D 的最大值处取得。

命题 8-4 表明在强相依风险下企业的风险损失不足够大时，保险公司没有必要对企业的安全软件进行投资。同时，根据式（8-17）可知，$EU_{弱}$ 是 D 的单调减函数。因此，如果采取只投资最重要软件策略，当安全软件存在风险弱相依时，保险公司的最优决策是不投资 $D^* = 0$。

3. 按比例投资策略下保险公司的决策

当保险公司对安全软件按比例投资时，即 $d_1 = 2D/3$，$d_2 = D/3$，将其代入式（8-13），得到按比例投资策略时保险公司强相依风险和弱相依风险下的期望效用：

$$EU_{强} = P_1 + P_2 - D - L_1 [1 - \theta(1 - IR_1)(1 - BV_1 e^{-r_1 2D/3})(1 - BV_2 e^{-r_2 D/3})]$$
$$- L_2 [1 - \theta(1 - IR_2)(1 - BV_2 e^{-r_2 D/3})] \qquad (8-18)$$
$$EU_{弱} = P_1 + P_2 - D - L_1 [1 - \theta(1 - IR_1)(1 - BV_2 e^{-r_2 D/3})]$$
$$- L_2 [1 - \theta(1 - IR_2)(1 - BV_2 e^{-r_2 D/3})] \qquad (8-19)$$

命题 8-5： 在简单情形的强相依风险下，当与投资同比例的企业脆弱性总损失大于 $3/r_2$ 时，保险公司的最优投资额为 D^*；反之则不进行安全软件的投资。

命题 8-6： 在简单情形的风险弱相依风险下，若保险公司采取按比例投资策略，则最优投资值为 $D^* = \dfrac{3}{r_2} \ln \left\{ \dfrac{r_2 \theta BV_2 [L_1(1 - IR_1) + L_2(1 - IR_2)]}{3} \right\}$。

命题 8-5 表明如果两个企业发生的与投资同比例的安全风险损失超过了投资安全软件的最大边际效用，那么在按比例投资策略下保险公司应该对安全软件进行投资。保险公司是否对安全软件进行投资与安全软件之间是否存在强相依风险无关。命题 8-6 表明在弱相依风险下，最优总投资额与安全软件的投资系数成反比，与脆弱性最大软件的初始脆弱性成反比，即脆弱性最大软件的风险水平越高，保险公司越应提高总投资额。命题 8-5 和命题 8-6 的证明过程详见附录 8-C 和附录 8-D。

4. 一般投资策略的扩展分析

由于在简单情形中假设的是两个企业和两个安全软件，这使得保险公司最优投资策略得以求解。假设保险公司采取一般性投资策略，即保险公司对安全软件的投资分别是 d_1 和 d_2，将其代入式（8-13）可得：

$$EU_{强} = P_1 + P_2 - D - L_1 \left[1 - \theta(1 - IR_1)(1 - BV_1 e^{-r_1 d_1})(1 - BV_2 e^{-r_2 d_2}) \right]$$
$$- L_2 \left[1 - \theta(1 - IR_2)(1 - BV_2 e^{-r_2 d_2}) \right] \qquad (8-20)$$

$$EU_{弱} = P_1 + P_2 - D - L_1 \left[1 - \theta(1 - IR_1)(1 - BV_2 e^{-r_2 d_2}) \right]$$
$$- L_2 \left[1 - \theta(1 - IR_2)(1 - BV_2 e^{-r_2 d_2}) \right] \qquad (8-21)$$

命题 8-7：在简单情形的强相依风险下，若保险公司采取一般性投资策略，当 $(1 - BV_2 e^{-r_2 d_2})(2 - BV_1 e^{-r_1 d_1} - IR_2) > 1/r_1 r_2$ 时，则存在最优投资值 D^*。

命题 8-8：在简单情形的弱相依风险下，若保险公司采取一般性投资策略，其最优策略是全部投资软件 2，即 $d_2 = D^*$。

证明：由于 $\dfrac{\partial EU_{弱}}{\partial d_2} = \theta r_2 BV_2 e^{-r_2 d_2} \left[L_1(1 - IR_1) + L_2(1 - IR_2) \right] > 0$，

且 $\dfrac{\partial^2 EU_{弱}}{\partial d_2^2} = -r_2 \dfrac{\partial EU_{弱}}{\partial d_2} < 0$。根据函数的性质可知，在可行的区间内，$EU_{弱}$ 是 d_2 的增函数，故保险公司的最优决策在 d_2 的最大值处取得，即 $d_2 = D^*$。

命题 8-7 表明在一般投资策略下两企业的无风险概率大于投资边际之积时，保险公司可以获得最优的投资额，因为保险公司投资两个安全软件可获得大于投资系数的效用，其证明过程见附录 8-E。命题 8-8 表明在弱相依风险下，如果不对安全软件投资比例设限，保险公司最优投资策略为投资脆弱性最大的软件，因为可以直接增加整个网络的安全水平，降低安全损失。

由于不同投资策略下保险公司的期望效用无法显式比较，本章采用数值方法对不同投资策略下的期望效用和风险进行分析，各参数的具体设置如表 8 - 1 所示，其中保险公司收取企业 j 的保费 P_j 取其上限为：$P_j = W_j - W_j^{1-R_j}(W_j - L_j)^{R_j}$。

根据表 8 - 1 中参数设置和前文所构建的信息安全保险模型，对两个公司，两种安全软件简单情形下的结果进行数值仿真，结果如图 8 - 1 ~ 图 8 - 3 所示。

表 8 - 1　　　　　　　　　　　简单情形下的参数设置

符合下标	c	BV	r	IR	W	L	S	X
1	0.3	0.01	1.5	0.1	4	0.05W	2	2
2	0.1	0.05	1	0.2	2	0.2W	1	1

资料来源：笔者整理。

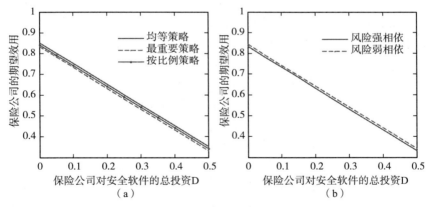

图 8 - 1　保险公司的期望效用分析

资料来源：笔者整理。

由图 8 - 1（a）可知，保险公司在一定的安全软件总投资额 D 下，采取均等投资策略获得的期望效用最大，即在简单情形下保险公司的最优投资策略为对安全软件进行均等投资；若企业采取对最重要的安全软件进行投资的策略，此时获得的期望效用最小，而按比例投资安全软件则是一种较为折中的投资策略。图 8 - 1 （ b ） 则说明了，安全软件间若存在强相依风险，那么在固定安全软件投资额下保险公司的期望收益会减少。这是因为在强相依风险下公司发生安全事件的概率增加，进而导致保险公司赔偿数额增加，从而降低了保险公司的期望效用。此外，图 8 - 1 显示随着保险公司对安全软件投资的增加，保险公司的期望效用逐渐减少。这是因为保险公司付出的投资成本主要用以提高安全软件的安全水平，降低安全软件出现安全风险的概率，因此并未体现于企业的财务效用上。

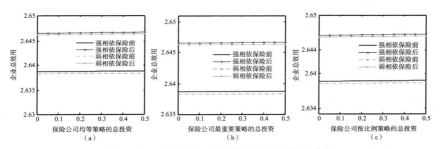

图 8 - 2　不同安全软件策略下企业效用分析
资料来源：笔者整理。

　　图 8 - 2 的三个图形展示了企业购买保险前后，以及在保险公司不同投资策略，不同风险特征下企业的期望效用。根据图 8 - 2 可知，保险公司对安全软件进行投资可以显著增加企业的效用，在三种不同的投资策略中，当保险公司采用均等投资策略时，企业获得的效用最大，而实施最重要投资策略时，企业的效用最小。同时，随着保险公司对安全软件投资额的增大，企业的效用也逐渐增加。与保险公司获得的效用不同，在安全软件强相依风险情况下的企业总效用却大于安全软件弱相依风险的情形，这是因为强相依风险下对单个或某几个安全软件的投资能够显著提升整个网络的安全水平，从而明显降低企业的期望损失。因此，在强相依风险下企业希望保险公司采取均等投资策略，以最大限度降低企业所面临的损失。

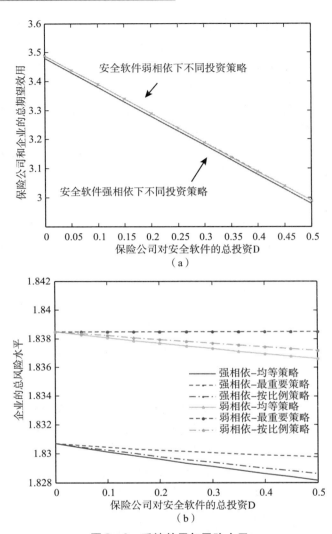

图 8 - 3　系统效用与风险水平

资料来源：笔者整理。

由图 8 - 1 和由图 8 - 2 可知，保险公司对安全软件投资的结果虽然降低了保险公司的效用，却也增加了企业的效用，但是总体而言却是降低了整个系统的期望效用（Massacci et al.，2017），如图 8 - 3（a）所示。虽然，保险公司对安全软件的投资降低了整个体统的期望效用，但同时也减少了系统的安全风险，如图 8 - 3（b）所示。根据图 8 - 3（a）

可知，当安全软件间存在弱相依风险时，保险公司和企业所组成系统的总效用要大于强相依风险的情形。这是因为在强相依风险下，一方面保险公司需要付出更多的成本用于加强软件安全，另一方面强相依下的风险发生概率较大，导致企业的损失变大，这两方面同时促进了整体期望效用的减少。此外，图 8-3（a）说明了在强相依风险情况下，保险公司投资软件安全更为有效，且最佳投资策略为对安全软件实行均等投资。这是因为在安全软件强相依风险下，只要某一个安全软件的安全水平提升，就能提升整个网络的安全水平，从而有效减少企业损失和保险公司的赔付；而在安全软件弱相依风险下，风险取决于风险水平最低的软件，但是保险公司的投资策略未必会投资到风险水平最低的软件，此时最坏的可能就是保险公司的投资无效。因此，在风险弱相依下，保险公司对安全软件投资的效果不如安全软件强相依的情形。

8.3.2　复杂情形下的仿真分析

本部分放松简单情形中对企业和安全软件数量上的约束，以更接近现实的情况来模拟企业和保险公司的信息安全风险和期望效用。在进行复杂情形模拟时，为了不失一般性且便于模拟分析，我们设定并分析由 5 个企业、4 个安全软件和一个保险公司所组成的信息安全保险投资决策系统，且对参数的设定做如下约束：

（1）使用最多的软件具有更小的安全脆弱性；

（2）使用最多的软件具有较大的投资系数；

（3）脆弱性小的软件其带来的损失也小；

（4）企业可以安装任意两款安全软件。

基于上述约束，该保险决策系统中所涉及参数的取值为：软件 i 的初始脆弱性在区间 $[0.01, 0.05]$ 上随机取值；软件 i 的投资系数在区间 $[1, 1.5]$ 上随机取值；软件 i 的成本在区间 $[0.1, 0.3]$ 上随机取值；企业 j 的初始财富在区间 $[1, 10]$ 上随机取值；企业 j 的个体风险在区间 $[0.1, 0.3]$ 上随机取值；企业 j 发生安全事件时其损失财富系数在区间 $[0.05, 0.1]$ 上随机取值。此外，假定企业 j 之间风险依赖系数 $\theta = 1.5$，保险公司的总投资范围为 $[0, 0.5]$，具体仿真结果如图 8-4 和图 8-5 所示。

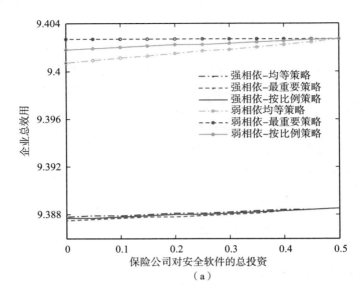

（a）

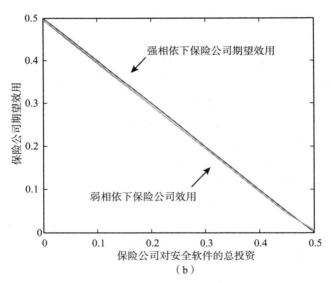

（b）

图 8 - 4   企业和保险公司的期望效用分析

资料来源：笔者整理。

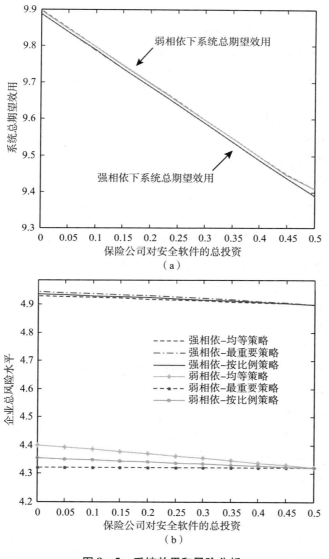

图 8 - 5　系统效用和风险分析

资料来源：笔者整理。

图 8 - 4 刻画了在不同风险相依性和不同安全软件投资策略下保险公司投资额对企业和保险公司效用的影响。图 8 - 4（a）显示，在复杂情形下，保险公司对安全软件进行投资，降低了安全软件的脆弱性，从

而使得所有企业的总效用随着保险公司投资额的增加而增加。与简单情况不同的是，在复杂情形的强相依风险下，所有企业的总效用小于弱相依风险情况下的企业总效用。这是因为在复杂情况下，更为分散的保险公司投资策略，最大限度地增加了具有最大脆弱性软件的安全水平，从而提升了整个网络的安全水平，这也体现了信息安全保险的涓滴效应。有趣的是，在复杂情形的强相依风险下，保险公司的均等投资策略使企业有最大的期望效用；但是在弱相依风险下，企业在最重要软件的投资策略中获得最大的期望效用，而之前的均等投资策略却给企业带来了最小的期望效用。这可能是因为存在信息安全保险的涓滴效应，在有限的投资额下，与其对每个软件进行投资，倒不如集中资金对所有企业中使用最为广泛的安全软件进行投资。此外，由于保险公司投资使用最多的安全软件具有较大的投资系数，投资效果优于其他安全软件，这样可以在最大程度上提升网络的整体安全水平。该结论可以为保险公司和企业在众多的投资选择中厘清决策提供重要的指导参考，保险公司和企业可以仅投资使用最为广泛的安全软件，而不必关注使用较少软件因脆弱性带来的损失。

此外，图8-4（b）刻画了保险公司的期望效用与其投资额的关系。与简单情况下的结果不同，在复杂情况中安全软件强相依情况下保险公司的期望效用大于弱相依情况下保险公司的期望效用。结合图8-4（a）的结论，在强相依风险下，由于网络的安全性是由所有软件的脆弱性决定的，这大大降低了保险公司投资安全软件的投资效率，从而使得保险公司向企业索取更多的保费，以避免自身破产。由于同款安全软件具有最强的风险相依性，因此对于保险公司而言，在复杂情形下投资最广泛使用的安全软件可以同时让企业和自身能获得在所有决策中的最大期望效用。

由企业和保险公司所组成系统的总期望效用在复杂情形和简单情形下的结果趋势大致相同，如图8-3（a）和图8-5（a）所示。但是，在复杂情形的弱相依风险下可以发现，当保险公司投资额增加时，系统总效用的递减趋势有所变缓。这可能是因为足够大的投资额在均等投资和最重要投资策略下，提高了整体或者单个最低的网络安全水平，从而减少了因信息安全而产生的损失。图8-5（b）展示了系统安全风险的水平与总投资额之间的关系。由于安全软件的强相依风险刻画的是任何

企业 $j \neq i$ 的风险均与企业 i 的风险相关，因此与安全软件弱相依情况相比，复杂情形的强相依风险下整个系统具有更高的风险水平。当安全软件存在强相依风险时，均等投资策略下系统的安全风险最低，而最重要软件投资的安全风险最高。但是，当安全软件存在弱相依时，最重要投资策略下的系统风险会逐渐增加，但仍然是所有策略中最低的。这可能是由于最低安全水平的软件其发生安全事件的期望损失被最重要软件所降低的期望损失抵消。此外，保险公司增加安全软件的投资可以降低系统的安全风险，并当投资额足够大时，系统的安全水平逐渐趋稳，这就意味着保险公司的投资可以一定范围内缓解系统的信息安全风险，但不可能完全抵消安全风险。

8.4　本 章 小 结

本章依据主动参与信息安全防御的原则，构建了保险公司根据均等投资、最重要投资和按比例投资三种投资策略下投资被保险企业安全软件的信息安全保险模型，分析了该模型在强相依风险和弱相依风险下，被保险企业、保险公司和整个系统的期望效用和风险水平。通过对所构建模型在简单情形和复杂情形下的数值仿真，得到了有益的结果，并可以为保险公司对企业提供信息安全保险业务呈现了可实践操作的决策依据。分析结果显示：

第一，在简单情形中，保险公司的最优投资策略是对安全软件进行均等投资，且在该策略和弱相依风险下系统各主体效用和风险水平均最高；在复杂情形中，在弱相依风险和最重要投资策略下整个系统具有较高的期望和较低的风险水平，说明复杂情形的网络安全保险系统存在涓滴效应。

第二，总体而言，在保险公司投资企业安全软件的三种投资策略机制下，保险公司对安全软件进行投资可以显著增加企业的效用，相比被保险企业不购买保险，被保险企业购买保险可以显著提高期望效用，并且整个系统的网络安全水平逐渐提高，并且当投资额足够大时，系统的安全水平逐渐趋稳，这就意味着保险公司的投资可以一定范围内缓解系统的信息安全风险，但不可能完全抵消安全风险。

第三，在风险弱相依下，由于网络安全保险涓滴效应的存在，企业在最重要软件的投资策略中获得最大的期望效用。这意味着，保险公司在有限的投资额下应集中资金对使用最为广泛的安全软件进行投资，该结论可以为保险公司和企业在众多的投资选择中厘清决策提供重要的指导参考，保险公司和企业可以仅投资使用最为广泛的安全软件，而不必关注使用较少软件因脆弱性带来的损失。

本 章 附 录

附录 8 – A：命题 8 – 2 证明

由于方程式在求解过程中无法求出显式解，故应用泰勒展开式对 e^x 进行展开得到：

$$EU_{强} = P_1 + P_2 - D - L_1 [1 - \theta(1 - IR_1)(1 - BV_1(1 - r_1 D/2))(1 - BV_2(1 - r_2 D/2))] - L_2 [1 - \theta(1 - IR_2)(1 - BV_2(1 - r_2 D/2))]$$

$$\frac{\partial EU_{强}}{\partial D} = -1 + \frac{r_1}{2} L_1 \theta(1 - IR_1) BV_1 (1 - BV_2(1 - \frac{r_2}{2}D)) + \frac{r_2}{2} L_1 \theta(1 - IR_1) BV_2 (1 - BV_1(1 - \frac{r_1}{2}D)) + \frac{r_2}{2} L_2 \theta(1 - IR_2) BV_2$$

$$= -1 + L_1 \theta(1 - IR_1) [\frac{r_1}{2} BV_1 + \frac{r_2}{2} BV_2 - BV_1 BV_2 \frac{r_1 + r_2}{2} + \frac{r_1 r_2}{2} BV_1 BV_2 D] + \frac{r_2}{2} L_2 \theta(1 - IR_2) BV_2$$

$$\frac{\partial^2 EU_{强}}{\partial D^2} = \frac{r_1 r_2}{2} L_1 \theta(1 - IR_1) BV_1 BV_2 > 0$$

我们认为由于安全软件 1 是广泛使用的软件，因此安全软件 1 的投资效率大于安全软件 2，即 $r_1 > r_2$。令 $\partial EU_{强}/\partial D > 0$，并将中的 r_1 替换为 r_2，可得：$0 < \partial EU_{强}(r_2)/\partial D < \partial EU_{强}/\partial D$。根据 $\partial EU_{强}/\partial D > 0$ 的条件，我们可以得出：

$$\underbrace{L_1 \theta(1 - IR_1) BV_1 (1 - BV_2(1 - \frac{r_2}{2}D)) + L_1 \theta(1 - IR_1) BV_2 (1 - BV_1(1 - \frac{r_1}{2}D)) +}_{\text{企业1的风险损失}}$$

$$\underbrace{L_2\theta(1-IR_2)BV_2}_{\text{企业2的风险损失}} > \frac{2}{r_2}。$$ 因此，根据一阶导数和二阶导数的分析，我们

可以得出当企业的总安全损失大于 $2/r_2$ 时，保险公司的期望效用随着投资安全软件的投资增大而增加，因此最佳投资额为 D^*，证毕。

附录 8 - B：命题 8 - 3 证明

由 $EU_{弱}$ 的效用函数可得：

$$\frac{\partial EU_{弱}}{\partial D} = -1 + \frac{r_2}{2}L_1\theta(1-IR_1)BV_2e^{-r_2D/2} + \frac{r_2}{2}L_2\theta(1-IR_2)BV_2e^{-r_2D/2}$$

$$\frac{\partial^2 EU_{弱}}{\partial D^2} = -\frac{r_2}{4}L_1\theta(1-IR_1)BV_2e^{-r_2D/2} - \frac{r_2}{4}L_2\theta(1-IR_2)BV_2e^{-r_2D/2} < 0$$

令 $\frac{\partial EU_{弱}}{\partial D} = 0$，可得：

$$D = \frac{2}{r_2}\ln\left(\frac{r_2\theta BV_2(L_1(1-IR_1)+L_2(1-IR_2))}{2}\right)$$

由一阶导数和二阶导数可知，在弱相依风险下，保险公司存在最佳投资策略，证毕。

附录 8 - C：命题 8 - 5 证明

由于方程式（8 - 21）在求解过程中无法求出显式解，故用泰勒展开式对 e^x 进行展开得到：

$$EU_{强} = P_1 + P_2 - D - L_1\left[1 - \theta(1-IR_1)\left(1 - BV_1\left(1 - \frac{2r_1D}{3}\right)\right)\left(1 - BV_2\left(1 - \frac{r_2D}{3}\right)\right)\right]$$

$$- L_2\left[1 - \theta(1-IR_2)\left(1 - BV_2\left(1 - \frac{r_2D}{3}\right)\right)\right]$$

$$\frac{\partial EU_{强}}{\partial D} = -1 + L_1\theta(1-IR_1)\frac{2r_1}{3}BV_1\left(1 - BV_2\left(1 - \frac{r_2D}{3}\right)\right)$$

$$+ L_1\theta(1-IR_1)\frac{r_2}{3}BV_2\left(1 - BV_1\left(1 - \frac{2r_1D}{3}\right)\right)$$

$$+ \frac{r_2}{3}L_2\theta(1-IR_2)BV_2$$

$$\frac{\partial^2 EU_{强}}{\partial D^2} = \frac{4r_1r_2}{9}L_1\theta(1-IR_1)BV_1BV_2 > 0$$

177

令 $\partial EU_{强}/\partial D > 0$，并将中的 r_1 替换为 r_2，可得：$0 < \partial EU_{强}(r_2)/\partial D < \partial EU_{强}/\partial D$。根据 $\partial EU_{强}/\partial D > 0$ 的条件，我们可以得出：

$$\underbrace{2L_1\theta(1-IR_1)BV_1(1-BV_2(1-\frac{r_2D}{3}))+L_1\theta(1-IR_1)BV_2(1-BV_1(1-\frac{2r_1D}{3}))+}_{\text{按比例的企业1风险损失}}$$

$$\underbrace{L_2\theta(1-IR_2)BV_2}_{\text{企业2风险损失}} > \frac{3}{r_2}。$$

此时 $EU_{强}$ 是 D 的递增函数，故保险公司的最优投资为 D^*，证毕。

附录 8 - D：命题 8 - 6 证明

根据式（8 - 19）可得：

$$\frac{\partial EU_{弱}}{\partial D} = -1 + \frac{r_2}{3}L_1\theta(1-IR_1)BV_2e^{-r_2D/3} + \frac{r_2}{3}L_2\theta(1-IR_2)BV_2e^{-r_2D/3}$$

$$= -1 + \frac{r_2}{3}\theta BV_2e^{-r_2D/3}[L_1(1-IR_1)+L_2(1-IR_2)]$$

$$\frac{\partial^2 EU_{弱}}{\partial D^2} = \frac{-r_2^2}{9}\theta BV_2e^{-r_2D/3}[L_1(1-IR_1)+L_2(1-IR_2)] < 0$$

令 $\partial EU_{弱}/\partial D = 0$，存在最优值为：

$$D = \frac{3}{r_2}\ln\left[\frac{r_2\theta BV[L_1(1-IR_1)+L_2(1-IR_2)]}{3}\right]，证毕。$$

附录 8 - E：命题 8 - 7 证明

在企业间强相依风险情况下，由式（8 - 23）可得：

$$\frac{\partial EU_{强}}{\partial d_1} = -1 + \theta L_1(1-IR_1)BV_1r_1e^{-r_1d_1}(1-BV_2e^{-r_2d_2})$$

$$\frac{\partial EU_{强}}{\partial d_2} = -1 + \theta L_1(1-IR_1)(1-BV_1e^{-r_1d_1})BV_2r_2e^{-r_2d_2}$$

$$+ \theta L_2(1-IR_2)BV_2r_2e^{-r_2d_2}$$

根据一阶偏导数求解二阶偏导数，如下：

$$\frac{\partial^2 EU_{强}}{\partial d_1^2} = -\theta L_1r_1^2BV_1(1-IR_1)(1-BV_2e^{-r_2d_2})e^{-r_1d_1}$$

$$\frac{\partial^2 EU_{强}}{\partial d_2^2} = -\theta L_1r_2^2(1-IR_1)(1-BV_1e^{-r_1d_1})BV_2e^{-r_2d_2}$$

$$- \theta L_2 r_2^2 (1 - IR_2) BV_2 e^{-r_2 d_2}$$

$$\frac{\partial^2 EU_{强}}{\partial d_1 \partial d_2} = \frac{\partial^2 EU_{强}}{\partial d_2 \partial d_1} = \theta L_1 (1 - IR_1) r_1 r_2 BV_1 BV_2 e^{-r_1 d_1 - r_2 d_2}$$

$$\frac{\partial^2 EU_{强}}{\partial d_1^2} \frac{\partial^2 EU_{强}}{\partial d_2^2} - \left(\frac{\partial^2 EU_{强}}{\partial d_1 \partial d_2} \right)^2 = \theta L_1 r_1 r_2 (1 - IR_1) BV_1 BV_2 e^{-r_1 d_1 - r_2 d_2} \cdot$$

$$[r_1 r_2 (1 - BV_2 e^{-r_2 d_2}) (2 - BV_2 e^{r_1 d_1} - IR_2) - 1]$$

根据极值存在的条件可得：

$r_1 r_2 (1 - BV_2 e^{-r_2 d_2}) (2 - BV_1 e^{-r_1 d_1} - IR_2) - 1 > 0$，同时，$\frac{\partial^2 EU_{强}}{\partial d_1^2} < 0$，

$\frac{\partial^2 EU_{强}}{\partial d_2^2} < 0$。

因此，当 $r_1 r_2 (1 - BV_2 e^{-r_2 d_2}) (2 - BV_1 e^{-r_1 d_1} - IR_2) > 1$ 时，保险公司的投资策略存在最优值，证毕。

第 9 章 强制性标准下企业信息安全保险的最优决策分析

面对不确定的信息安全风险和政府的强制性标准要求时，企业购买保险的决策会如何变化？保险公司又应如何提供信息安全保险？本章通过分析保险公司可观测企业行为和不可观测企业行为两种情形下的企业信息安全保险决策，以获得企业在强制性标准的最优决策行为，从而为政府、企业和保险公司三方提供决策支持。

9.1 强制性要求下企业信息安全保险现状

信息安全保险处理基于互联网的风险，旨在涵盖企业从事各种电子活动（如在互联网上销售或在其内部电子网络内收集数据）可能造成的各种责任和财产损失。在过去几十年中，有关信息安全保险的许多研究和专业文献都致力于鼓励组织购买保险，以防数据泄露。此外，美国联邦和州机构还推广和管理信息安全保险产品，例如，美国国家保险专员协会（NAIC）通过了《保险数据安全示范法》，为保险公司、代理人和其他获得许可的实体制定了涵盖数据安全、调查、信息披露和信息披露的规则，以及违规通知。现有的数据非常有限，无法对支付多年信息安全保险的成本效益进行全面分析，也无法处理数据违规等事件后的财务和法律问题。波耐蒙研究所（Ponemon）报告称，对于在 2018 年遭遇数据泄露的保险公司来说，每项记录可节省 4.8 美元的成本。

然而，诸多公司发生信息安全事件是由于内部员工或系统脆弱性未达到国家标准要求，如 ISO 标准组织或《通用数据保护条例》。因此，企业组织的决策者越来越多地被政府要求遵守政府制定的信息安全标准，其目的不仅是保护这些企业经济，而是保护将其敏感信息委托给这些组织的利益攸关方的价值。全球这两个著名的标准制定机构是，PCI安全标准委员会（PCI Security Standards Council），该委员会对所有使用主要支付卡的商户强制执行信息安全标准（统称为支付卡行业数据安全标准，PCI－DSS），以及美国国家标准与技术研究所（NIST），后者规定所有美国政府机构的信息安全标准。我国的强制性标准主要由国家标准化委员会制定。然而，强制性标准在改善组织信息安全方面是否有效？学术界和商业实践中的事实证据是，更严格的标准未必能带来更好的安全性。为了进一步分析在保险公司参与下企业是否会增加安全投资，以及在政府强制性标准是如何影响企业的安全投资和保险决策？本部分就强制性标准下企业信息安保险的最优决策进行分析。

9.2　政府规制下信息安全保险相关研究进展

根据前面章节的相关文献综述，除了上述最优保险契约设计可以有效解决因信息安全的外部性和相依性产生的逆向选择和道德风险问题，政府规制在规避道德风险和逆向选择中的作用亦引起了学者的关注。由于缺乏数据和建模方法、无法计算累积风险等因素的限制，信息安全的可保性受限，但依然可以通过强制企业报告要损失、数据共享或公私合作使得信息安全可保（Eling and Schnell，2016）。奥古特等（Ögüt et al.，2011）分析了风险相关和信息不对称对企业风险管理策略的影响，若可以观察信息，保险合同取决于自我保护水平，自我保护和保险作为补充，此时政府可以通过提供补贴，促使企业选择社会最优的自我保护和保险策略，但政府不能通过提供保险补贴来诱导类似的行为。由于公共政策工具（对自我保护或保险的干预）和干预类型（补贴或税收）在很大程度上取决于自我保护的可观察性，社会政策在制定政策之前应仔细评估保险业的特点。李哲浩等（2013）研究了当安全标准不能涵盖所有企业安全控制时，安全标准对企业安全投资及其整体安全性的影响，发现政府或工会强制执行的更严格的安全标准有时会无意中损害公司的整体安全，更严格的标准损害公司安全的条件严重依赖于组织的安全配置；在违约前奖励企业遵守标准会激励企业加强安全性，但在违约后以减少责任的形式奖励企业遵守标准会损害社会福利。劳布和伯麦（Laube and Böhme，2016）将监管者引入安全审计，并对企业实施制裁，以强制执行向当局报告的安全违规行为，发现要求对审计概率和制裁水平的调整进行现实的检查，以有效地激励公司的安全违规报告。

由上述文献可知，政府的强制性标准并不一定总有效，在某些情景下政府的强制性标准可能会降低企业安全投资的积极性，降低整个社会的福利水平。为了进一步探索政府强制性约束对企业保险和风险控制的影响，本部分研究强制性标准下企业信息安保险的最优决策。

9.3　强制性约束下信息安全保险问题描述

企业信息安全的公共属性，使得道德风险和逆向选择成为典型问题。目前学者多通过设计保险激励契约或利用强制性规定进行道德风险的规避，但是结果容易出现多重均衡。为了解决这一问题，我们结合委托代理理论和政府规制理论设计企业信息安全投资与保险的协同决策。

假设企业 i，其效用为 U_i，初始财富为 W，为了保护企业自身资产的安全，企业进行 $t_i(t_i \geqslant t_0)$ 的安全投资以满足强制性标准规定的安全水平；此外为了降低因信息安全事件产生的损失，企业购买保费为 π_i，保额为 C_i 的安全保险。此时，企业的信息安全风险水平为 $p(t_i) = e^{-rt_i}$，r 是投资系数。当考虑企业间信息安全风险的相依性时，企业的信息安全风险水平为 $B_i(t_i, t_j) = 1 - [1 - p(t_i)][1 - qp(t_j)]$，其中 q，$0 < q < 1$ 为企业间的风险相依系数。政府除了制定强制性标准外，为了激励企业自我投资，政府将给予企业 s 比例的补贴。信息安全事件对企业造成的损失为 L，可用 $\log N(\mu, \delta^2)$ 表示，就有 $E(L) = e^{\mu + \delta^2/2}$。此外，保险公司为了规避企业的道德风险，而选择观测企业的行为，那么保险公司可观测企业损失的概率 P，$0 < P < 1$。

基于上述假设，得到企业 i 无风险的财富为 $N_i = W - \pi_i - (1 - s)t_i$，有风险且赔付时 $X_i = W - L - \pi_i - (1 - s)t_i + C_i$，而所产生的损失不在承保范围内时 $Y_i = W - L - \pi_i - (1 - s)t_i$。我们假设，当保险公司可观测企业损失时采取公平保费策略（AFP），反之，若不可观测时，采取按比例保费策略（RCP），具体表达式如下：

$$\pi_i = \begin{cases} PB_i(t_i,\ t_j)C_i & \text{可观测损失的 AFP} \\ \theta C_i & \text{不可观测损失的 RCP，} \theta \text{ 是比例系数} \end{cases} \quad (9-1)$$

9.4　强制性约束和可观测损失下的投资—保险模型

当可观测企业损失时，保险公司采取公平保费策略，根据上述描述获得企业 i 的安全风险水平和效用为：

$$B_i(t_i,\ t_j) = (q+1)e^{-rt_i} - qe^{-2rt_i} \quad (9-2)$$

$$\begin{aligned} E(U_i) &= B_i(t_i,\ t_j)PX_i + B_i(t_i,\ t_j)(1-P)Y_i + [1 - B_i(t_i,\ t_j)]N_i \\ &= W - (1-s)t_i + g_i(t_i) - LB_i(t_i,\ t_j) - B_i(t_i,\ t_j) + 1 \end{aligned} \quad (9-3)$$

定理 9 - 1：企业的安全风险水平与安全投资负相关，且在 q = 1/3 处存在安全风险水平的驻点。

证明：

由最优化条件对式（9 - 2）求导得：

$$\frac{dB_i(t_i,\ t_j)}{dt_i} = -(q+1)re^{-rt_i} + 2rqe^{-2rt_i} = -r(B - qe^{-2rt_i}) \quad (9-4)$$

为确定式（9 - 4）大小，根据反证法令 $B - qe^{-2rt_i} < 0$，可得

$(q+1)e^{-rt_i} - 2qe^{-2rt_i} < 0 \Rightarrow q+1 < 2qe^{-rt_i} \Rightarrow e^{rt_i} < \dfrac{2q}{q+1} \Rightarrow t_i <$

$\dfrac{1}{r}\ln\left(\dfrac{2q}{q+1}\right)$，由于 $t_i > 0$，则有 $\ln(2q/(q+1)) > 0 \Rightarrow 2q/(q+1) > 1$，因此 $q > 1$，与 $q \leqslant 1$ 矛盾，故 $B - qe^{-2rt_i} > 0$，故有 $dB_i(t_i,\ t_j)/dt_i < 0$。此外，根据式(9 - 4)求解 t_i 的二阶导数获得 $\dfrac{d^2B_i(t_i,\ t_j)}{\partial t_i^2} = -r[B_i{}'(t_i,\ t_j) + 2qre^{-2rt_i}] = r^2(q+1)e^{-rt_i} - 4r^2qe^{-2rt_i}$。

令 $r^2(q+1)e^{-rt_i} - 4r^2qe^{-2rt_i} = 0$，有 $q+1 = 4qe^{-rt_i} \Rightarrow t_i = \dfrac{1}{r}\ln\left(\dfrac{4q}{q+1}\right)$，得到 q = 1/3，证毕。

由定理 9 - 1 可知，当 $0 \leqslant q \leqslant 1/3$ 时，企业安全投资与安全风险水平负相关，即随着企业安全投资额的增加，企业安全水平逐渐降低。当 $q > 1/3$ 时，由于企业的安全风险水平严重依赖于整个网络，其安全投

资效率降低。

企业如何在安全投资和保险下最大化自身效用？由式（9-1）和式（9-3），求解最大化企业效用的一阶和二阶导数：

$$\frac{dE(U_i)}{dt_i} = -(1-s) + \lambda - (L+1)B_i'(t_i,\ t_j)$$

$$= s + \lambda - 1 + r(L+1)(B_i(t_i,\ t_j) - qe^{-2rt_i}) \qquad (9-5)$$

$$\frac{d^2E(U_i)}{\partial t_i^2} = r(L+1)[B_i'(t_i,\ t_j) + 2rqe^{-2rt_i}]$$

$$= r(L+1)[4rqe^{-2rt_i} - r(q+1)e^{-rt_i}] \qquad (9-6)$$

定理 9-2： 当企业网络相依系数较小 $0 < q < 1/3$ 时，企业有最优安全投资额 t_i^*；在强制性约束或安全投资补贴系数 $1 - \lambda < s$ 下，存在唯一最优安全投资额 $t_i^* = \dfrac{1}{r}\ln\left(\dfrac{4q}{q+1-\sqrt{(q+1)^2 - 8q\dfrac{1-s-\lambda}{r(L+1)}}}\right)$。

定理 9-3： 当企业网络相依系数较小 $0 < q < 1/3$ 和投资补贴较小 $1 - \lambda > s$ 时，强制性约束下最小安全投资额是 $t_i^* = \dfrac{1}{r}\ln\left(\dfrac{4q}{q+1+\sqrt{(q+1)^2 - 8q\dfrac{1-s-\lambda}{r(L+1)}}}\right)$。

证明：

利用反证法，令式（9-6）大于零可得 $q > 1/3$，因此当 $1/3 > q > 0$ 时，$d^2E(U_i)/\partial t_i^2 < 0$。令式（9-5）为零，则有 $2qe^{-2rt_i} - (q+1)e^{-rt_i} + \dfrac{1-s-\lambda}{r(L+1)} = 0$，令 $e^{-rt_i} = A$，则有：

$$2qA^2 - (q+1)A + \frac{1-s-\lambda}{r(L+1)} = 0 \qquad (9-7)$$

求解式（9-7）两个正的根解：

$$A_1 = \frac{q+1+\sqrt{(q+1)^2 - 8q\dfrac{1-s-\lambda}{r(L+1)}}}{4q},\quad A_2 = \frac{q+1-\sqrt{(q+1)^2 - 8q\dfrac{1-s-\lambda}{r(L+1)}}}{4q}$$

为了激励企业投资，即让企业的最优值为 A_2，则式（9-7）必有唯一正解。此时应满足：$1 - s - \lambda < 0 \Rightarrow 1 - \lambda < s$，即安全投资补贴应足够大；或者通过设定强制性标准，使得企业安全投资的最小值大于 A_1，也就是最小投资额至少大于 $t_i^* = \dfrac{1}{r}\ln\left(\dfrac{4q}{q+1+\sqrt{(q+1)^2 - 8q\dfrac{1-s-\lambda}{r(L+1)}}}\right)$，证毕。

下面分析社会总效用，其表达如下：

$$E(U) = \sum_{i=1}^{2} B_i(t_i, t_j)PX_i + B_i(t_i, t_j)(1 - P)Y_i + [1 - B_i(t_i, t_j)]N_i$$

$$= 2W + 2 - (1 - s)(t_i + t_j) + g_i(t_i) + g_j(t_j)$$

$$- (L + 1)[(q + 1)(e^{-rt_i} + e^{-rt_j}) - 2qe^{-r(t_i + t_j)}] \quad (9 - 8)$$

根据式（9 - 8）求解可得：

$$\frac{dE(U)}{dt_i} = - (1 - s - \lambda) - (L + 1)[-r(q + 1)e^{-rt_i} + 2rqe^{-r(t_i + t_j)}]$$

$$(9 - 9)$$

$$\frac{d^2E(U)}{dt_i^2} = - (L + 1)[r^2(q + 1)e^{-rt_i} - 2r^2qe^{-r(t_i + t_j)}] \quad (9 - 10)$$

同样，令 $r^2(q + 1)e^{-rt_i} - 2r^2qe^{-r(t_i + t_j)} < 0$，有 $q > 1$。因此在 $0 < q < 1$ 范围内 $r^2(q + 1)e^{-rt_i} - 2r^2qe^{-r(t_i + t_j)} > 0$ 成立，故 $d^2E(U)/dt_i^2 < 0$。令式（9 - 9）为零得：

$$s + \lambda - 1 = r(L + 1)e^{-rt_i}[2qe^{-rt_j} - (q + 1)] \Rightarrow t_i^*$$

$$= \frac{1}{r}\ln\left[\frac{r(L + 1)(2qe^{-rt_j} - q - 1)}{s + \lambda - 1}\right] \quad (9 - 11)$$

9.5 强制性约束和不可观测损失下的 投资—保险模型

本部分讨论保险公司无法观测企业安全投资的情形，这也与现实比较相符。此时，保险公司对企业收取按照比例赔付的保险契约，即 $\pi_i(C_i) = \theta C_i$，$0 < \theta < 1$，将其代入式（9 - 3）可得企业的期望效用为：

$$E(U_i^u) = B_i(t_i, t_j)PX_i + B_i(t_i, t_j)(1 - P)Y_i + [1 - B_i(t_i, t_j)]N_i$$

$$= W - (1 - s)t_i + g_i(t_i) - (L + 1)B_i(t_i, t_j)$$

$$+ (PB_i(t_i, t_j) - \theta)C_i + 1 \quad (9 - 12)$$

定理 9 - 4：不可观测损失下，当网络相依风险 $0 < q < 1/3$ 时，强制性投资标准或者安全投资补贴满足 $1 - \lambda < s$ 时，企业有最优投资额 t_i^{u*}，且 $t_i^{u*} > t_i^*$。

证明：

对式（9－12）求导数可得：

$$\frac{dE(U_i^u)}{dt_i} = -(1-s) + \lambda - (L-1)B_i{}'(t_i, t_j) + PC_iB_i{}'(t_i, t_j)$$

$$= s + \lambda - 1 + r(L + 1 - PC_i)[(q+1)e^{-rt_i} - 2qe^{-2rt_i}]$$

$$(9-13)$$

$$\frac{d^2E(U_i^u)}{dt_i^2} = r(L + 1 - PC_i)[-r(q+1)e^{-rt_i} + 4rqe^{-2rt_i}] \quad (9-14)$$

由定理 9－1 可知 $(q+1)e^{-rt_i} - 2qe^{-2rt_i} > 0$，即式（9－12）存在零解。判断式（9－14），即对 $-r(q+1)e^{-rt_i} + 4rqe^{-2rt_i}$ 进行判断。由定理 9－1 可知，当 $0 < q < 1/3$ 时，$d^2E(U_i^u)/dt_i^2 < 0$；当 $1/3 < q < 1$ 时，$d^2E(U_i^u)/dt_i^2 > 0$。因此，当 $0 < q < 1/3$ 时，令 $dE(U_i^u)/dt_i = 0$ 得：

$$[(q+1)e^{-rt_i} - 2qe^{-2rt_i}] = \frac{1-s-\lambda}{r(L+1-PC_i)} \quad (9-15)$$

令 $D = e^{-rt_i}$，对式（9－15）化简得：

$$2qD^2 - (q+1)D + \frac{1-s-\lambda}{r(L+1-PC_i)} = 0 \quad (9-16)$$

当没有强制性约束和过度安全投资补贴时，式（9－16）有两个最优值，即：

$$D_1 = \frac{q+1+\sqrt{(q+1)^2 - 8q\dfrac{1-s-\lambda}{r(L+1-PC_1)}}}{4q},$$

$$D_1 = \frac{q+1-\sqrt{(q+1)^2 - 8q\dfrac{1-s-\lambda}{r(L+1-PC_1)}}}{4q}$$

当安全投资补贴满足 $1 - \lambda < s$ 时，或强制约束水平较高时，式（9－16）仅存在唯一解 D_1。将 $D = e^{-rt_i}$ 代入 D_1 获得最优安全投资：

$$t_i^{u*} = \frac{1}{r}\ln\left(\frac{4q}{q+1-\sqrt{(q+1)^2 - 8q\dfrac{1-s-\lambda}{r(L+1-PC_i)}}}\right) \quad (9-17)$$

对比式（9－17）和命题 9－2 的结果，式（9－17）等式分母上多出 $-PC_i$ 使得式（9－17）的结果变小，证毕。

进一步分析不可观测情况下，社会的期望效用为：

$$E(U^u) = \sum_{i=1}^{2} B_i(t_i, t_j)PX_i + B_i(t_i, t_j)(1-P)Y_i + [1 - B_i(t_i, t_j)]N_i$$

$$= 2W + 2 - (1 - s)(t_i + t_j) + g_i(t_i) + g_j(t_j) - (L + 1)[B_i(t_i, t_j) + B_j(t_i, t_j)] + p[B_i(t_i, t_j)C_i + B_j(t_i, t_j)C_j] - \theta(C_i + C_j)$$

$$(9 - 18)$$

根据式（9 - 18）求安全投资 t_i 的导数：

$$\frac{dE(U^u)}{dt_i} = -(1 - s - \lambda) - (L + 1 - PC_i)[-r(q + 1)e^{-rt_i} + 2rqe^{-r(t_i + t_j)}]$$

$$(9 - 19)$$

$$\frac{d^2E(U^u)}{dt_i^2} = -(L + 1 - PC_i)[r^2(q + 1)e^{-rt_i} - 2r^2qe^{-r(t_i + t_j)}]$$

$$(9 - 20)$$

根据式（9 - 8）～式（9 - 11）的结果，发现在不可观测风险损失下，$0 < q < 1$ 范围内有 $d^2E(U^u)/dt_i^2 < 0$，说明式（9 - 18）存在最优值，再令式（9 - 19）等于零，可得：

$$t_i^* = \frac{1}{r}\ln\left(\frac{r(L + 1 - PC_i)(2qe^{-rt_j} - q - 1)}{s + \lambda - 1}\right)$$
。对比式（9 - 11）的结果，企业安全投资额的系数变小，即 $2qr(L + 1 - PC_i) < 2qr(L + 1)$，即在不可观测情况下，网络内的企业都不会减少信息安全投资安全投资，即使在同一个互联网络中的对方企业减少其安全投资。

187

9.6　强制性约束下安全保险的数值分析

本部分对各定理的结论进行数值分析（见图 9 - 1），参数的设置如下：企业财富 $W = 10$，信息安全风险损失 $L \sim \log N(0.1, 0.01)$，其期望为 $E(L) = e^{1.5}$，网络风险相依系数 $q = 0.2$，政府的补贴系数 $s = 0.3$，安全投资系数 $r = 0.5$，可观测概率 $P \in (0, 1)$。

由图 9 - 1（a）可知，随着企业安全投资的增加，可观测和不可观测情形中企业的保费均未发生变化。同时，可观测情况下保险公司赔付额随着安全投资额的增加而增加，反之则保险赔付额不变。在可观测情况下，保险公司的赔付额与企业安全风险水平相关，而安全投资的增加

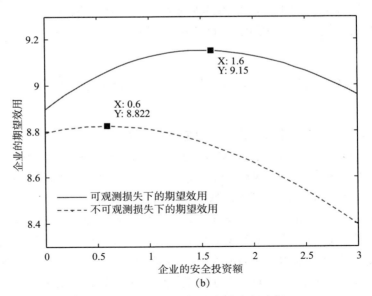

图 9 - 1　企业安全投资额的参数分析

资料来源: 笔者整理。

降低了安全风险水平，从而增加了保险公司的赔付。当不可观测时，企业所获赔付仅与其缴纳的保费有关。此外，随着企业安全投资的增加，网络安全风险降低，由定理 9-2 和定理 9-4 可知，在强制性约束下企业的期望效用存在最大值。图 9-1（b）描述了在既定的参数范围，两种情形中都有最优投资额使期望效用最大化。当可观测时，最优安全投资是 $t^* = 1.6$；而不可观测下，最佳安全投资是 $t^* = 0.6$。若安全投资额相同，不可观测情形下企业期望效用小于可观测情况，且不可观测时最优安全投资会更小，与定理 9-5 互证。

图 9-2 展示了不同保费下企业保额、安全投资、风险和期望的变化。当保险费用增加时，企业的保额也增加，且可观测情形下获得更多保额［见图 9-2（a）］。同时，保险费用的增加使得不可观测情况下企业的安全投资减少，进而提高了企业的安全风险，增加了潜在信息安全风险损失，并进一步降低了企业期望效用［见图 9-2（b）］。在可观测情况中，保险公司的保费契约设计与企业的安全投资无关，此由定理 9-2，定理 9-4 和图 9-1（a）佐证，故保险公司保费的增加也不会促进企业安全投资的增加，从而也就不会使得网络安全水平和期望效用的降低。

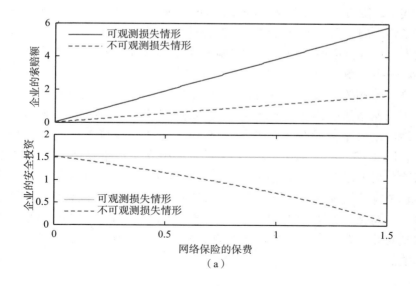

（a）

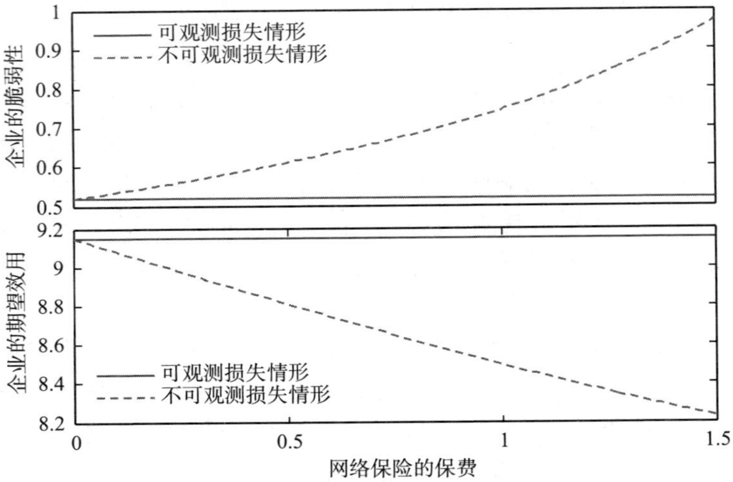

图9-2 信息安全保险保费的参数分析

资料来源：笔者整理。

图9-3中展示了随着网络安全风险相依系数的变化，可观测和不可观测两种情况下企业和保险公司各自变量的变化过程。图9-3（a）描述了，随着网络安全风险相依系数的增加，只有课观测情形中安全投资是增加的。而当不可观测时，若保险公司实施AFP策略，那么企业的安全投资会逐渐增加，倘若保险公司采用RCP策略那么安全投资会逐渐减少。图9-3（b）刻画了可观测和不可观测两种情况下，网络安全风险相依系数与企业网络风险之间的正向关系。图9-3（c）描述了当网络风险相依性增加时，企业的安全投资也会增加。此外，由于因网络安全风险导致的损失会增加，会进一步减少企业的期望效用。图9-3（d）描述了基于在基准损失分布，忽略安全投资影响时，保险公司承保额与企业缴纳保费的分布函数。当AFP策略下保险公司赔付金额满足对数正态分布时，当可观时企业缴纳的保险费应服从正态分布，同时有较高的保费均值；而当不可观测时，企业缴纳的保险费会服从对数正态分布，且其分布有更大的极值和厚尾，以及较低的保费均值。

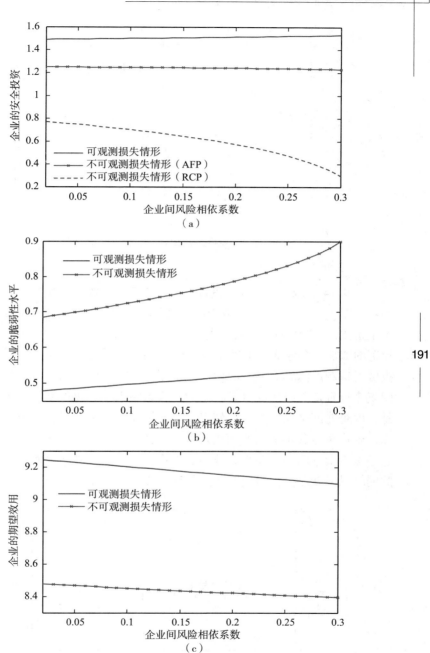

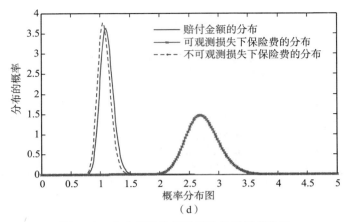

图 9 - 3　企业间风险相依系数的灵敏度分析

资料来源：笔者整理。

图 9 - 4 展示了企业安全投资系数与企业和保险公司决策变量的变化关系。图 9 - 4（a）中企业安全投资系数与可观测和不可观测的安全投资都呈正比，其中可观测情况下的投资依然增加最快。随着企业对信息安全投资的增加，企业面临的网络风险也急剧变小 [见图 9 - 4（b）]，可见投资对抑制风险具有显著的作用。由图 9 - 4（a）可知，可观测情况下的安全投资最大，因此具有较小的网络风险水平 [见图 9 - 4（b）]。此外，因企业网络风险的降低使得企业的损失减小了。因此安全投资的增加，企业也会获得更高的期望效用 [见图 9 - 4（c）]。图 9 - 4（d）描述了保险费率增加，使得企业的安全投资也增加，进而促使企业所面临的网络风险变小，但是此时企业的期望效用会变小。

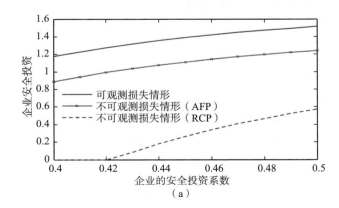

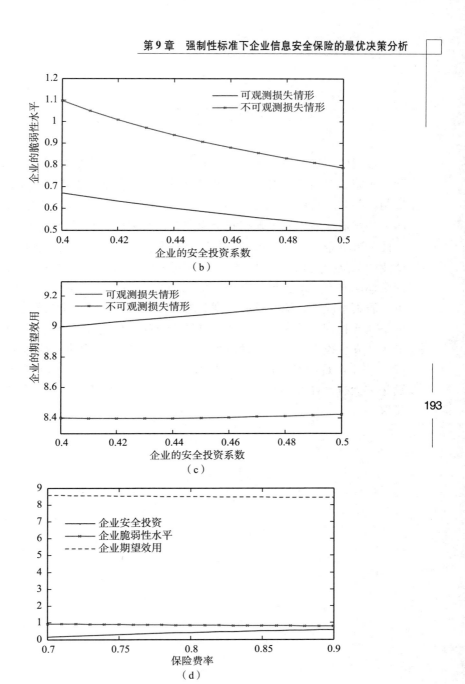

图 9 - 4　企业安全投资系数的灵敏度分析

资料来源：笔者整理。

9.7　本　章　小　结

　　强制公司建立最低安全控制级别的强制性安全标准在许多领域都得到了实施，包括信息安全。信息安全领域的特点是多重相互交织的安全控制，并非所有的安全控制都可以由标准来管理，但如果发生安全漏洞，公司通常使用遵守现有安全标准来转移责任。本部分就分析了在强制性标准下企业自我防御投资和保险联合决策的模型，其中保险公司对企业的风险损失是否可见是本章所探讨的两个方面。我们发现，更高的安全标准并不一定会导致更高的信息安全。（1）在可观测及 AFP 策略下，若网络风险相依性较弱，则此时会存在唯一最优安全投资值；而若网络风险相依性较大，网络中所有的企业都不想进行安全投资，为了促进企业安全投资，可采取强制性约束或给予补贴才能使系统达到最优；（2）当不可观测时，若网络风险相依性较弱，强制性标准约束或者补贴足够大时，存在最优安全投资额，而且还大于可观测时的信息安全投资。

第四篇

企业信息安全外包和保险协同决策

本篇概括：

信息安全外包作为企业减缓信息安全风险的有力工具，信息安全保险作为转移剩余风险的有效工具，如何将二者结合？结合后如何进行协调？国家颁布的强制性约束标准对协调企业信息安全外包和保险又有什么影响？这些问题都是目前企业进行信息安全风险管理所面临的现实问题之一。

为了回答上述三个问题，我们在前期研究的基础上，综述已有的文献，发现研究如何协调企业信息安全外包和保险的文献很有限。我们进行了深入的研究并厘清了企业信息安全外包和保险的协调机理，分析了资金约束下的协调机制，并探究了国家强制性安全约束和政府补贴对企业信息安全外包和保险决策机制的影响。本篇具体的安排如下：

第 10 章：企业信息安全外包与保险的协同决策机制

第 11 章：带约束的企业信息安全外包与保险的协同决策机制

第 12 章：强制性约束下信息安全外包和保险的协同决策机制

通过上述三个章节的研究，我们对企业信息安全外包和保险的协同决策作出了系统的研究，并获得了可用于指导企业控制信息安全风险实践的对策建议。

第 10 章　企业信息安全外包与保险的协同决策机制

企业信息安全外包作为风险减缓的有效工具，信息安全保险作为风险转移的主要方式，两者对于企业进行信息安全风险控制的重要性不言而喻。但是，目前国内外对两者结合的研究甚少，因为将两者结合研究的复杂性要比单个研究复杂很多。本章综合前面两部分的研究结果和研究过程，自然延伸至对两种信息安全风险控制工具的协同决策研究。本章作为第三部分的开篇，我们研究不带任何约束条件的，理想的企业信息安全外包和保险协同决策模型，后续我们将逐渐增加约束条件以使得我们的模型更贴合实际。

10.1　信息安全外包与保险协同风控现状

在数字经济时代，产品/服务的创新、生产或提供均离不开网络。这种广泛连接的网络除了给社会和企业带来巨大便捷之外，也由于网络的相依性而增加的组织面临的网络信息安全风险。如果黑客进入合作伙伴的网络，则该组织的网络将面临风险，即使是没有密切业务关系的公司在逻辑上也可能是相互依赖的。为了减少组织面临的网络信息安全风险，主要有两种途径：一是减少企业面临的网络安全脆弱性，即企业组织进行购买防火墙，对员工进行安全培训等自我安全防御投资，或者企业组织向网络安全服务提供商（MSSP）购买网络安全服务，由于 MSSP 拥有更专业的网络安全知识和服务，因而具有更有效的网络安全防御效率；二是转移企业因网络安全风险差生的损失，即企业向保险公司购买网络安全保险产品。

目前，大多数企业在国家网络安全的等级要求下均进行了或多或少的网络安全投资，以使企业的网络安全水平符合国家要求。但是，随着企业数字资产的增加，网络安全复杂性的增加，当前的低水平网络安全投资已经不能满足企业网络安全发展的需求，因而很多企业向 MSSP 购买信息安全外包服务，如 2017 年全球网络安全服务外包市场额达 989.86 亿美元。然而，多数 MSSP 的信息安全外包服务均为被动防御，不可避免地给黑客带来的攻击的机会，故这种由专业网络安全知识构建的防御体系也会被攻击，并可能产生严重的经济安全损失。网络安全保险为这种潜在损失提供了风险转移的手段，2018 年全球网络信息安全保险市场金额达 75 亿美元，而我国网络信息安全保险则处于起步阶段。本部分就企业如何利用自身的网络安全防御投资、MSSP 外包服务和网络信息安全保险等工具联合减少企业网络安全风险，增加企业的期望效用。因此，本部分对指导企业网络安全投资、减少网络信息安全风险具有重要的理论意义和实践指导意义。

10.2　信息安全外包与保险协同决策文献回顾

目前，已有诸多文献对企业网络信息安全防范与投资的决策进行了广泛的研究，主要集中在网络安全投资与外包决策，网络安全投资与保险决策，网络安全投资、外包与保险决策三个方面，其中关于网络安全投资与外包决策，以及网络安全投资与保险决策的相关文献已经在前面章节进行综述，这里不再重复，因此主要对网络安全投资、外包与保险联合决策的相关文献进行阐述。

目前研究外包和保险联合决策的文献仅局限于 IT 外包领域，如格里茨利等（Gritzalis et al.，2007）分析了采用外包模式的公司如何通过保险合同来保护其客户的个人数据和隐私，并提出了从保费和赔偿金额两方面优化保险合同的概率模型。解慧慧等（2012）分析了在风险中性和风险厌恶下发包方和接包方引入保险的决策模型，发现在风险中性下，保险机制的引入与否不影响双方受益，而在风险厌恶型的一定条件下，引入保险优于不引入保险的效用。而对于网络信息安全领域仅有赵霞等（Zhao et al.，2013）对外包和保险决策进行了对比研究，其研究

了解决网络安全保险无效的两种替代的风险管理方法：风险池安排
（RPA）和安全管理服务（MSSP），发现公司可以使用RPA作为信息安全保险的补充，以解决由安全投资的负面外部性引起的过度投资问题；使用MSSP时可以内部化安全投资的外部性并减轻安全投资的效率低下。但是赵霞等（Zhao et al.，2013）的文献也仅对外包和保险做了简单的对比，并未考虑网络信息安全外包和保险联合决策下企业的期望效用问题和保险公司参与网络安全投资的情形。

综上所述，虽然在信息安全领域探讨网络安全风险防御和风险转移的文章较多，但都从单一的防御或者转移角度分析，并未将两者结合研究。为了弥补相关研究的不足，本部分从企业角度分析企业进行自我防御、购买MSSP外包服务和网络信息安全保险三种不同策略下的最优决策。与已有文献不同之处：（1）构建了网络信息安全风险防御和转移策略的联合最优决策模型；（2）考虑了保险公司参与企业网络安全防御投资的情形；（3）延伸了第一责任和第三责任网络信息安全保险在企业网络安全风险转移中的作用。

10.3　信息安全外包与保险协同决策
问题描述与假设

考虑由一个企业，一个网络安全服务提供商（MSSP）和一个保险公司组成的企业网络安全风险控制决策系统。企业为了保护其内部数据资产不被黑客攻击和窃取，保障企业网络安全的可用性、完整性和保密性，以及降低网络系统的脆弱性，企业往往通过网络安全的自我防御投资或购买MSSP的信息安全外包服务来降低系统的脆弱性水平，或通过购买网络安全保险来转移因系统脆弱性造成的网络安全风险。

假设，企业的初始财富为W，初始脆弱性水平为V，$V \in (0, 1)$，若企业被黑客成功攻击，则其损失为L，$L \leqslant W$。企业对网络安全进行自我防御性投资的投资额为c_i，那么企业脆弱性则变为$p_i(c_i) = Ve^{-r_i c_i}$，其中r_i是企业进行自我防御性投资的系数，其中$1 < r_i$。同时，企业为了提高网络安全水平，降低网络系统的脆弱性，通常购买MSSP的网络安全的外包服务。在网络安全服务外包合同中，MSSP将通过网络安全

防御投资降低企业网络系统的脆弱性，同时根据合同中的 SLA 协议对可能出现的网络安全损失进行补偿。当企业购买的信息安全外包服务价格为 π 时，MSSP 的网络安全防御投资成本为 c_j，企业的脆弱性水平为 $p_j(c_j) = Ve^{-r_j c_j}$，r_j 是 MSSP 进行信息安全外包服务的投资系数，且 $c_i > c_j$，$r_j > r_i$，$e^{-r_j c_j} < e^{-r_i c_i}$。若在信息安全外包服务期内企业被攻击并产生损失，那么 MSSP 将给予企业相应 h 比例的补偿，$h \in [0, 1]$，此时企业获得的损失补偿为 hL（Hui et al.，2012，2019；Cezar et al.，2013）。假设，目前网络安全保险市场已较为成熟，企业为了转移网络安全风险，向保险公司购买保费额为 I 的网络安全保险，网络安全的保费为 $b = \alpha I$，其中 α 为保费率，$0 < I \leq L$。表 10 - 1 列出了本章所涉及的变量。

表 10 - 1　　　　　　　　　　模型符号

变量	变量描述
W	企业初始财富
V	企业网络的初始脆弱性
L	企业脆弱性损失
c_i	企业自我防御投资
$p_i(c_i) = Ve^{-r_i c_i}$	企业自我防御投资下的脆弱性，r_i 为自我防御投资系数 $1 < r_i$，（Laszka and Grossklags，2015）
$p_j(c_j) = Ve^{-r_j c_j}$	MSSP 防御投资下的脆弱性，r_j 为 MSSP 防御投资系数
h	损失补偿系数
I	保险额
a	保费费率
b	保费
$E(U_{1,(i,j,k,jk)})$	企业的期望效用，其中 i 表示企业自我防御投资的情形，j 表示仅购买 MSSP 信息安全外包服务的情形，k 表示仅购买网络安全保险的情形，jk 则表示同时购买信息安全外包服务和网络安全保险的情形
$E(U_{2,(j,jk)})$	MSSP 的期望效用，其中 j，jk 含义与上述相同
$E(U_{3,(k,jk)})$	保险公司的期望效用，其中 k，jk 含义与上述相同
$E^*(\cdot)$	最优期望值

资料来源：笔者整理。

10.4　信息安全外包与保险协同决策的基本问题

我们首先讨论两个企业为降低信息安全风险采取企业自我防御投资、企业仅购买 MSSP 网络安全服务，企业仅购买网络安全保险，以及同时购买信息安全外包服务和保险服务，四种不同情形下企业、MSSP 和保险公司的期望效用，并获得在最大化企业期望效用时的最优决策。

情形 10 - 1：当企业进行自我防御投资时，企业效用 $U_{1,i}$ 的期望为：

$$E(U_{1,i}) = (1 - p_i)(W - c_i) + p_i(W - L - c_i) = W - c_i - VLe^{-r_i c_i}$$

$$(10 - 1)$$

定理 10 - 1：当企业进行自我防御投资时，最优的自我防御投资额为 $c_i^* = \ln(r_i VL)/r_i$。

推论 10 - 1：当 $r_i = e/(VL)$ 时，企业的自我防御投资的效率最高，当 $r_i < e/(VL)$ 时，随着防御投资系数 r_i 的增加，企业的最优投资额也增加；当 $r_i > e/(VL)$ 时，企业的自我防御投资额随着投资系数的增加而减少。

由式（10 - 1）可知，$\partial^2 U_{1,i}/\partial c_i^2 < 0$，故存在极大值。令 $\partial U_{1,i}/\partial c_i = 0$，得到企业进行自我防御投资的最优投资额为 $c_i^* = \ln(r_i VL)/r_i$，由于 $dc_i^*/dr_i = (1 - \ln VLr_i)/r_i^2$，故当 $dc_i^*/dr_i = 0$ 时，企业获得最优防御投资系数下的最优防御投资额。当 $r_i < e/(VL)$ 时，企业防御投资系数的增加可以促进企业的防御投资行为，当 $r_i > e/(VL)$ 时，企业的防御投资积极性减少，这说明企业的自我防御存在极限阈值。当企业进行自我防御时，企业的最优期望效用为：

$$E^*(U_{1,i}) = W - \frac{1}{r_i}[1 + \ln(r_i VL)] \qquad (10 - 2)$$

式（10 - 2）显示，当企业自我投资进行防御时，其最优投资额和期望效用仅与投资系数 r_i 和网络安全损失 L 有关。由于 $\partial E^*(U_{1,i})/\partial r_i = \ln(r_i VL)/r_i^2 > 0$，所以企业的最优期望随着企业防御性投资系数的增加而增加。由于 $\partial E^*(U_{1,i})/\partial L = -1/r_i L < 0$，所以企业的最优期望随着网络安全损失的增加而减少。

情形 10 - 2：当企业向 MSSP 购买信息安全外包服务时，由于 MSSP

具有专业的安全技术以及较高的安全投资系数，故企业将所有的网络安全任务全部交由 MSSP 执行，此时企业效用 $U_{1,j}$ 和 MSSP 效用 $U_{2,j}$ 的期望分别为：

$$E(U_{1,j}) = (1-p_j)(W-\pi) + p_j(W-\pi-L+hL) = W-\pi+(h-1)VLe^{-r_jc_j}$$
$$(10-3)$$

$$E(U_{2,j}) = (1-p_j)(\pi-c_j) + p_j(\pi-c_j-hL) = \pi-c_j-hVLe^{-r_jc_j}$$
$$(10-4)$$

根据式（10-3）可知，企业购买 MSSP 的信息安全外包服务需要满足采用信息安全外包的效用不小于企业自己防御投资的效用，即满足激励相容条件 $E(U_{1,i}) \leqslant E(U_{1,j})$，以及 MSSP 的参与约束，因此企业的最优问题应满足：

$$\max_{c_j,\pi}[W-\pi+(h-1)VLe^{-r_jc_j}]$$
$$\text{s. t. } c_i + e^{-r_ic_i}VL - \pi + (h-1)VLe^{-r_jc_j} \geqslant 0$$
$$\pi - c_j - hVLe^{-r_jc_j} \geqslant 0, \quad c_j \geqslant 0, \quad \pi \geqslant 0 \quad (10-5)$$

定理 10-2：在企业购买 MSSP 信息安全外包服务的激励相容条件下，MSSP 的最优防御支出为 $c_j^* = \ln(r_jVL)/r_j$，同时 MSSP 给予企业的最优补偿比例 h 时，企业的最优外包服务费为 $\pi^* = \frac{1}{r_j}[h+\ln(VLr_j)]$。

推论 10-2：虽然，MSSP 的最优防御成本不一定小于企业的最优防御成本，但是企业购买信息安全外包服务可以降低脆弱性；同时，MSSP 在 $r_j = \frac{e^{1-h}}{VL}$ 处，取得最优的外包服务费。

定理 10-2 说明了 MSSP 的防御投资额仅与其投资防御系数和企业的网络安全损失有关。由于 $dc_j^*/dr_j = 1/L - \ln r_jL$，MSSP 的防御投资额仅与其投资防御系数的关系与企业自我投资的情形相似。如果当 $r_i < r_j < e^{1/(VL)}/(VL)$ 时，MSSP 的防御投资额随着企业的网络安全损失额的增加而迅速增加，此时企业非常希望购买 MSSP 的安全服务，以快速增加企业的期望效用。对于 MSSP 而言，当其防御投资系数足够大时，其防御成本会大幅下降，因此更为专业的 MSSP 具有更大的市场竞争力。由于 $h^* \geqslant 0$，$1 \geqslant r_j(c_i + VLe^{-r_ic_i} - \pi)$，得到 $c_i + VLe^{-r_ic_i} - 1/r_j \leqslant \pi$；$h^* \leqslant 1$，得到 $\pi \leqslant c_i + VLe^{-r_jc_j}$，即 MSSP 的外包服务费存在取值区间 $\pi \in c_i + [VLe^{-r_ic_i} - 1/r_j, \ VLe^{-r_ic_i}]$，定理 10-2 的证明过程如本章附录

10 - A 所示。

将定理 10 - 2 的结果分别代入式（10 - 3）和式（10 - 4），可以得到企业和 MSSP 的最优期望函数：

$$E^*(U_{1,j}) = W - \pi + (h-1)VLe^{-r_jc_j} = W - \frac{1}{r_j}[1 + \ln(VLr_j)], \quad E^*(U_{2,j}) = 0$$

$$(10 - 6)$$

由式（10 - 6）可知，在企业进行信息安全外包时，MSSP 的最优期望效用为零。同时对比式（10 - 1）和式（10 - 6）可知，$\Delta E = \left(\frac{1}{r_i} - \frac{1}{r_j}\right) + \left(\frac{\ln(VLr_i)}{r_i} - \frac{\ln(VLr_j)}{r_j}\right) > 0$，故当企业进行信息安全外包时最优的期望效用增加了，网络安全水平也增加了。

情形 10 - 3：当企业购买网络安全保险时，一般保险公司会要求企业适当进行自我防御投资，这样保险公司不仅可以减少赔付次数和金额，又可以减少企业相关的保费。因此，企业效用 $U_{1,k}$ 和保险公司效用 $U_{3,k}$ 的期望分别为：

$$E(U_{1,k}) = (1 - p_i)(W - c_i - b) + p_i(W_0 - c_i - b - L + I)$$
$$= W - c_i - \alpha I + (I - L)Ve^{-r_ic_i} \quad (10 - 7)$$

$$E(U_{3,k}) = (1 - p_i)b + p_i(b - I) = \alpha I - IVe^{-r_ic_i} \quad (10 - 8)$$

根据式（10 - 8）可知，企业购买网络安全保险的效用应不小于企业自己防御投资的效用，即满足激励相容约束 $E(U_{1,i}) \leqslant E(U_{3,k})$，同时应该满足保险公司的非负效用约束，因此企业在购买保险下的最优问题应满足：

$$\max_{c_i, \alpha}[W - c_i - \alpha I + (I - L)Ve^{-r_ic_i}]$$
$$\text{s. t. } \alpha I - IVe^{-r_ic_i} = 0, \quad c_i \geqslant 0, \quad \alpha \geqslant 0 \quad (10 - 9)$$

定理 10 - 3：当企业购买网络安全保险服务时，企业自我防御投资额为 $c_i^* = \frac{1}{r_i}\ln(VLr_i)$，保险公司根据企业剩余风险的大小收取的保险服务费率为 $\alpha^* = \frac{1}{Lr_i}$。

将定理 10 - 3 的结果代入式（10 - 7）和式（10 - 8）可得：

$$E^*(U_{1,k}) = W - (1 + \ln VLr_i)/r_i, \quad E^*(U_{3,k}) = 0 \quad (10 - 10)$$

由式（10 - 10）可知，保险公司的期望效用为零，企业的安全水平未发生变化，因此，第一方保险仅起到风险转移的作用。

情形 10-4： 当企业通过购买 MSSP 的信息安全外包服务和网络安全保险两种服务进行风险防御时，企业的安全防御安全由 MSSP 承担，当黑客攻击成功时，企业同时得到 MSSP 的补偿和保险公司的赔付，注意此时保险公司不再对企业进行网络安全投资，因为有 MSSP 的专业服务。因此，企业效用 $U_{1,jk}$，MSSP 的效用 $U_{2,jk}$ 和保险公司效用 $U_{3,jk}$ 的期望分别为：

$$E(U_{1,jk}) = (1 - p_j)(W - \pi - b) + p_j(W - \pi - b - L + hL + I)$$
$$= W - \pi - \alpha I + (I + hL - L)Ve^{-r_jc_j} \qquad (10-11)$$

$$E(U_{2,jk}) = (1 - p_j)(\pi - c_j) + p_j(\pi - c_j - hL) = \pi - c_j - hVLe^{-r_jc_j}$$
$$(10-12)$$

$$E(U_{3,jk}) = (1 - p_j)b + p_j(b - I) = \alpha I - VIe^{-r_jc_j} \qquad (10-13)$$

根据上述式子可知，企业信息安全外包和保险的协同决策若取得最优值则必须满足 $E(U_{1,i}) \leqslant E(U_{1,jk})$，$E(U_{1,j}) \leqslant E(U_{1,jk})$，$E(U_{1,k}) \leqslant E(U_{1,jk})$ 和保险公司期望效用非负的约束，因此企业期望效用最优表达式为：

$$\max_{c_j, \pi, \alpha} \left[W - \pi - \alpha I + (I + hL - L)Ve^{-r_jc_j} \right]$$

$$\text{s. t. } 0 \leqslant c_i - \pi + VLe^{-r_ic_i} - I\alpha + (I - L + hL)Ve^{-r_jc_j}$$

$$0 \leqslant \pi - c_j - hVLe^{-r_jc_j}, \quad \alpha I = VIe^{-r_jc_j}, \quad c_j \geqslant 0, \quad \pi \geqslant 0, \quad \alpha \geqslant 0$$

$$(10-14)$$

定理 10-4： 当企业同时购买信息安全外包和网络安全保险服务时，当 MSSP 给定补偿比例时，企业购买的最优外包服务费为 $\pi^* = \frac{1}{r_j}(h + \ln VLr_j)$，此时 MSSP 的最优防御投资为 $c_j^* = \frac{1}{r_j}\ln(VLr_j)$，同时保险公司根据企业的脆弱性水平和潜在损失收取的保费费率为 $\alpha^* = \frac{1}{Lr_j}$。

由定理 10-4 可知，在保险市场中，企业外包网络安全服务可以降低防御投资成本，即 $(\ln(1/\alpha^*))/r_j - (\ln(1/\alpha^*))/r_i < 0$。根据 $\pi^* \leqslant c_i$，可得 MSSP 给定补偿系数的范围 $h^* \leqslant 1 - e^{-r_ic_i}$，同时将定理 10-3 和定理 10-1 中外包服务费做差可得，$(h^* - 1)L + (1 - h^*)/r_j = (1 - h^*)(1/r_j - L) < 0$，说明在有网络安全保险的情况下，MSSP 在保持防御投资额不变的情况下，减少了企业信息安全外包的服务费用。分析定理 10-2 和定理 10-3 中保费费率的大小可知，保险公司在企业购买信

息安全外包服务时，收取更低的保费，$1/Lr_j < 1/Lr_i$。因此，当企业同时购买信息安全外包服务和网络安全保险时，其在保持网络安全水平不变的情况下，会同时降低企业购买外包服务和保险服务的成本。

将定理 10 - 4 的结果代入式（10 - 11）~式（10 - 13）可得：

$$E^*(U_{1,jk}) = W - (1 + lnVLr_j)/r_j, \quad E^*(U_{2,jk}) = 0, \quad E^*(U_{3,jk}) = 0$$

$$(10 - 15)$$

对比不同情境下的最优期望可知，企业同时购买信息安全外包和保险服务既可以降低脆弱性，又可以增加期望效用。

10.5 信息安全外包与保险协同决策模型拓展

为了进一步分析网络信息安全外包和保险对企业期望效用的影响，本部分对基本模型进行两方面的拓展，一是考虑企业购买网络信息安全保险，同时保险公司为了降低未来可能的赔付概率而主动对企业面临的网络安全进行投资防御；二是 MSSP 为了降低在企业遭受网络信息安全风险下的补偿，向保险公司购买保险。

10.5.1 保险企业投资网络信息安全

当企业购买网络安全保险时，保险公司为了降低索赔额以投资的方式对企业所使用信息系统进行安全扫描，确保软件运营安全，这样保险公司不仅可以减少赔付次数和金额，又可以减少企业相关的保费。假设在本情形下企业不参与安全投资，而保险公司的安全投资额为 c_k，那么企业的脆弱性变为 $p_k = Ve^{-r_kc_k}$，$r_j > r_k > r_i$，$e^{-r_jc_j} < e^{-r_kc_k} < e^{-r_ic_i}$。此时，企业和保险公司的期望效用分别为：

$$E(U_{11,k}) = (1 - p_k)(W - b) + p_k(W - b - L + I) = W - \alpha I + Ve^{-r_kc_k}(I - L)$$

$$(10 - 16)$$

$$E(U_{31,k}) = (1 - p_k)(b - c_k) + p_k(b - c_k - I) = \alpha I - c_k - IVe^{-r_kc_k}$$

$$(10 - 17)$$

由式（10 - 16）和式（10 - 17）构建最大化企业期望效用的方程

满足：

$$\max_{c_k,\alpha}\left[W-\alpha I+Ve^{-r_kc_k}(I-L)\right]$$

$$\text{s. t. } 0\le c_i+e^{-r_ic_i}VL-\alpha I+(I-L)Ve^{-r_kc_k}$$

$$0\le \alpha I-c_k-IVe^{-r_kc_k},\ c_k\ge 0,\ \alpha\ge 0 \qquad (10-18)$$

定理 10-5：在保险公司投资的情况下，保险公司的最优防御投资

额为 $c_k^*=\dfrac{1}{r_k}\ln LVr_k$，其收取的保费费率为 $\alpha^*=\dfrac{1}{Lr_k}+\dfrac{\ln VLr_k}{Ir_k}$。

由定理 10-5 可知，当仅有保险公司参与网络安全投资时其保费费率要大于企业自己进行网络安全投资。将定理 10-5 的结果代入式（10-16）和式（10-17）可得：

$$E^*(U_{11,k})=W-\frac{1}{r_k}\ln VLr_k,\ E^*(U_{31,k})=0 \qquad (10-19)$$

10.5.2 MSSP 购买第三方保险

MSSP 为了避免因所服务企业产生巨大损失，而给予企业巨额的补偿风险，其会购买第三方网络安全责任保险，以覆盖较大的尾部风险。此时企业、MSSP 和保险公司的期望效用分别为：

$$E(U_{12,j})=(1-p_j)(W-\pi)+p_j(W-\pi-L+I)=W-\pi+(I-L)Ve^{-r_jc_j}$$
$$(10-20)$$

$$E(U_{22,j})=(1-p_j)(\pi-c_j-b)+p_j(\pi-c_j-b)=\pi-c_j-\alpha I$$
$$(10-21)$$

$$E(U_{32,jk})=(1-p_j)b+p_j(b-I)=\alpha I-VIe^{-r_jc_j} \qquad (10-22)$$

由式（10-20）、式（10-21）和式（10-22）构建最大化企业期望效用的方程满足：

$$\max_{c_j,\pi,\alpha}\left[W-\pi+(I-L)Ve^{-r_jc_j}\right]$$

$$\text{s. t. } 0\le c_i+VLe^{-r_ic_i}-\pi+(I-L)Ve^{-r_jc_j}$$

$$\pi-c_j-\alpha I\ge 0,\ \alpha I-VIe^{-r_jc_j}\ge 0,\ c_j\ge 0,\ \pi\ge 0,\ \alpha\ge 0(10-23)$$

定理 10-6：MSSP 购买第三方保险时，MSSP 的最优防御投资额为 $c_j^*=(\ln VLr_j)/r_j$，保险公司的最优保费率为 $\alpha^*=1/Lr_j$，公司的最优购买外包服务额为 $\pi^*=(\ln VLr_j+I/L)/r_j$。

由定理 10-6 可知，与企业购买网络安全保险相比，MSSP 购买

网络安全保险下 MSSP 的最优防御投资额和保险公司的保费费率未发生变化。但是，当 MSSP 的补偿系数 h 大于保损率（I/L）时，MSSP 购买第三方保险下的外包服务额较大；而当 MSSP 的补偿系数小于保损率（I/L）时，企业购买第三方保险下的外包服务额较大。因此，MSSP 是否购买第三方保险，应根据补偿系数 h 和保损率（I/L）的大小进行决策。

将定理 10 - 6 结果代入式（10 - 39）~ 式（10 - 41）可得：

$$E^*(U_{12,j}) = W - \frac{1}{r_j}(1 + \ln VLr_j), \ E^*(U_{22,j}) = 0, \ E^*(U_{32,jk}) = 0$$

$$(10 - 24)$$

同时，式（10 - 24）也说明了在最大化企业期望效用目标下，MSSP 和保险公司的收益都转移至企业。

10.6　信息安全外包与保险协同决策数值分析

为了企业更清晰地分析上述定理的内容和含义，本部分对企业的期望效用、MSSP 的外包服务以及保险公司的保费率进行深入分析。将本章中涉及的参数赋值如下：初始财富 W = 10000，企业的网络安全损失 L = 1000，企业的初始网络安全脆弱性 V = 0.2，MSSP、保险公司和企业的防御投资系数满足 $r_j < r_k < r_i$，且满足（0，1）范围约束，MSSP 的损失补偿系数 h = 0.3。

由图 10 - 1 可知，在网络安全损失较小的情况下，随着企业防御投资系数的增加，其防御投资额为先增加后减少；在网络安全损失较大的情况下，则随着企业防御投资字数的增加而减少，两种情况均在 $r_i = e^{1/(VL)}/(VL)$ 处取得最大值，之后则随着投资防御系数的增加而迅速减少；即便当企业的损失非常大时，如果企业的投资防御系数足够大，那么企业的防御投资额也将非常小。企业的期望效用随着投资系数的增加先是迅速增加，后缓慢增加；当投资系数较小时，企业的期望效用随着网络安全损失的增加而减少，但是当投资系数较大时，网络安全损失对企业的期望效用影响变得非常小。

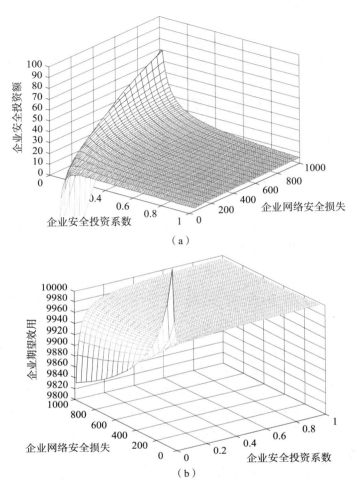

图 10 - 1　企业自我防御下的最优投资额与最优期望效用

资料来源：笔者整理。

　　图 10 - 2 描述了企业将网络安全防御外包给 MSSP 情形下的结果，其趋势与图 10 - 1 相似，但是，总体上 MSSP 外包服务的效率更高。对比图 10 - 1 （a） 和图 10 - 2 （a） 可知，当企业面临较大的网络安全损失下，MSSP 服务外包在更大的安全损失下所付出的安全投资要大于企业自己的安全投资；当企业和 MSSP 的投资系数均较小的情况下，MSSP 因效率高而安全投资较小。对比图 10 - 1 （b） 和图 10 - 2 （b） 可知，当企业面临的网络安全损失较大时，MSSP 外包服务可以增加企业的期望效用。

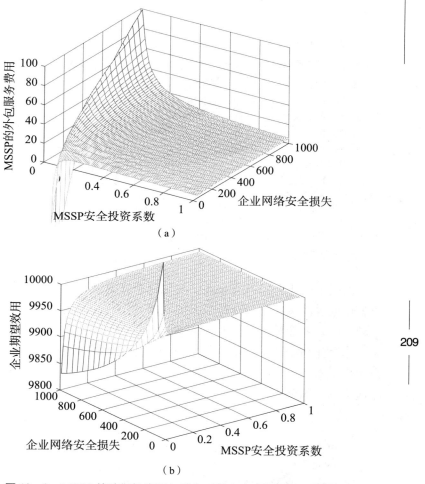

图 10 - 2 MSSP 的防御投资额与防御系数和企业损失的关系
资料来源：笔者整理。

由图 10 - 3 可知，当企业的初始脆弱性较低时，无论企业网络安全损失多大，企业进行自我防御投资的成本最低，而进行安全外包，让 MSSP 进行安全投资成本最大；当企业初始脆弱性增加时，企业将安全防御外包给 MSSP，并由 MSSP 进行安全防御投资，此时投资额最小。其中，企业初始脆弱性较低时，企业购买保险和外包安全服务成本均较大；而企业脆弱性较高时，应优先选择购买 MSSP 的安全外包服务，网络安全保险服务次之。

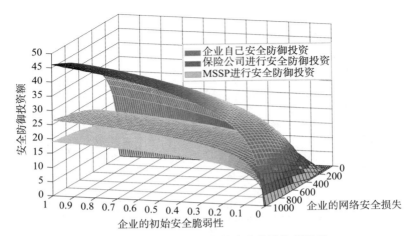

图 10 – 3　三种安全防御投资主体投资额比较

资料来源：笔者整理。

由图 10 – 4 可知，当企业的初始安全脆弱性较小时，企业自我防御或者仅通过购买保险可获得最大的期望效用；而当企业的初始安全脆弱性较大时，企业购买 MSSP 的安全外包服务获得的期望效用最大。同时，当企业初始安全脆弱性较大时或企业的网络安全风险损失较大时，企业购买 MSSP 的安全外包服务其期望效用的变化不明显，因此企业只需适当购买 MSSP 的安全外包服务即可。

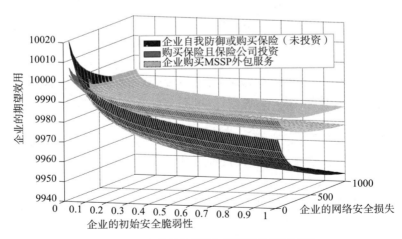

图 10 – 4　不同情形下企业期望效用的对比

资料来源：笔者整理。

10.7　本 章 小 结

本章针对减少企业网络安全脆弱性，研究了企业自我防御投资、MSSP 外包服务和网络信息安全保险，及其组合策略在降低企业网络信息安全风险和企业期望效用方面的作用，建立了引入网络信息安全外包和保险的风险防御模型。研究结果表明：（1）无论何种网络防御投资策略均存在最优投资额，在企业损失较小的情况下企业投资额随着投资效率的增加而增加，而在企业损失较大的情况下企业投资额则逐渐减少，因为已无法通过安全投资弥补损失；（2）企业的期望效用随着投资系数的增加先是迅速增加，后缓慢增加；当投资系数较小时，企业的期望效用随着网络安全损失的增加而减少，但是当投资系数较大时，网络安全损失对企业的期望效用影响变得非常小；（3）当企业同时购买信息安全外包服务和网络安全保险时，其在保持网络安全水平不变的情况下，会同时降低企业购买外包服务和保险服务的成本；（4）在不同的策略中购买 MSSP 提供了信息安全外包服务可以获得较高的期望效用，同时安全防御投资额最小。

本章附录：定理证明

附录 10 - A：定理 10 - 2 证明

根据式（10 - 5）构建如下拉格朗日函数：

$$L(c_j,\ \pi,\ h,\ \lambda) = W - \pi + (h-1)VLe^{-r_jc_j} + \lambda(c_i + e^{-r_ic_i}VL + (h-1)e^{-r_jc_j}VL - \pi) + \upsilon(\pi - c_j - hVLe^{-r_jc_j})$$

$$(A-1)$$

然后，根据具有不等式约束的最优化思想，由库恩塔克条件（KKT）分别对变量 c_j，π，h，λ 求偏导数得：

$$\frac{\partial L}{\partial c_j} = (1-h)VLr_je^{-r_jc_j} + \lambda VLr_j(1-h)e^{-r_jc_j} + \upsilon(hVLr_je^{-r_jc_j} - 1) \leqslant 0,$$

$$c_j \geqslant 0, \quad c_j \frac{\partial L}{\partial c_j} = 0 \qquad (A-2)$$

由式（A-2）可知，唯一成立的条件为 $c_j > 0$ 且 $\partial L / \partial c_j = 0$，即 $\frac{\partial L}{\partial c_j} = 0$。

$$\frac{\partial L}{\partial \pi} = 1 + \lambda - \upsilon \leqslant 0, \quad \pi \geqslant 0, \quad \pi \frac{\partial L}{\partial \pi} = 0 \qquad (A-3)$$

由式（A-3）可知，$\pi > 0$，唯一成立的条件为 $1 + \lambda - \upsilon = 0$。

$$\frac{\partial L}{\partial \lambda} = c_i + e^{-r_i c_i} VL + (h-1) e^{-r_j c_j} VL - \pi \geqslant 0, \quad \lambda \geqslant 0, \quad \lambda \frac{\partial L}{\partial \lambda} = 0 \qquad (A-4)$$

由式（A-4）可知，

$c_i + e^{-r_i c_i} VL + (h-1) e^{-r_j c_j} VL - \pi = (c_i - \pi) + VL(e^{-r_i c_i} - e^{-r_j c_j}) + he^{-r_j c_j} VL > 0$。因此，$\lambda = 0$。再根据式（A-3）可知，$\upsilon = 1$，并将其代入式（A-2）可知：

$$\frac{\partial L}{\partial c_j} = (1-h) VLr_j e^{-r_j c_j} + hVLr_j e^{-r_j c_j} - 1 = 0 \qquad (A-5)$$

$$\frac{\partial L}{\partial \upsilon} = \pi - c_j - hVLe^{-r_j c_j}, \quad \upsilon = 1, \quad \upsilon \frac{\partial L}{\partial \upsilon} = 0 \qquad (A-6)$$

由式（A-5）和式（A-6）可得，$c_j = \frac{1}{r_j} \ln(VLr_j)$，$\pi = \frac{1}{r_j}(h + \ln(VLr_j))$，定理 10-2 证毕。

附录 10-B：定理 10-3 证明

根据式（10-10）构建如下拉格朗日函数：

$$L(c_i, \alpha) = W - c_i - \alpha I + (I-L)Ve^{-r_k c_k} + \lambda(\alpha I - VIe^{-r_i c_i}) \qquad (B-1)$$

根据等式约束的最优化思想，分别对变量 c_i 和 α 求偏导数得：

$$\frac{\partial L}{\partial c_i} = -1 - (I-L)Vr_i e^{-r_i c_i} + \lambda IVr_i e^{-r_i c_i} = 0, \quad \frac{\partial L}{\partial \alpha} = (1-\lambda)I = 0,$$

$$\frac{\partial L}{\partial \lambda} = \alpha I - VIe^{-r_i c_i} = 0 \qquad (B-2)$$

由式（B-1）和式（B-2）可知，$c_i = \frac{1}{r_i} \ln(VLr_i)$，$\alpha = \frac{1}{Lr_i}$，定理 10-2 证毕。

附录 10 – C：定理 10 – 4 证明

根据式（10 – 15）构建如下拉格朗日函数：

$$L(c_j, \pi, \alpha) = W - \pi - \alpha I + (I + hL - L)Ve^{-r_jc_j} + \lambda(\alpha I - VIe^{-r_jc_j})$$

$$+ \upsilon(c_i - \pi + VLe^{-r_ic_i} - I\alpha + (I - L + hL)Ve^{-r_jc_j})$$

$$+ \eta(\pi - c_j - hVLe^{-r_jc_j}) \qquad (C-1)$$

首先由等式约束条件可知 $\dfrac{\partial L}{\partial \lambda} = \alpha I - VIe^{-r_jc_j} = 0$，根据具有不等式约束的最优化思想，由库恩塔克条件（KKT）分别对变量 c_j，π，α，υ 和 η 求偏导数得：

$$\frac{\partial L}{\partial c_j} = -(I - L + hL)Vr_je^{-r_jc_j} + \lambda VIr_je^{-r_jc_j} - \upsilon(I - L + hL)Vr_je^{-r_jc_j}$$

$$+ \eta(-1 + hLVr_je^{-r_jc_j}) \leqslant 0,\ c_j \geqslant 0,\ c_j\frac{\partial L}{\partial c_j} = 0 \qquad (C-2)$$

$$\frac{\partial L}{\partial \pi} = -1 - \upsilon + \eta \leqslant 0,\ \pi \geqslant 0,\ \pi\frac{\partial L}{\partial \pi} = 0 \qquad (C-3)$$

$$\frac{\partial L}{\partial \alpha} = -I + \lambda I - \upsilon I \leqslant 0,\ \alpha \geqslant 0,\ \alpha\frac{\partial L}{\partial \alpha} = 0 \qquad (C-4)$$

由式（C – 3）和式（C – 4）可知，$\lambda = \eta = 1$，$\upsilon = 0$，并将其代入式（C – 2）可得：

$$\frac{\partial L}{\partial c_j} = -(I - L + hL)Vr_je^{-r_jc_j} + VIr_je^{-r_jc_j} - 1 + hLVr_je^{-r_jc_j} = 0 \qquad (C-5)$$

$$\frac{\partial L}{\partial \eta} = \pi - c_j - hVLe^{-r_jc_j} = 0 \qquad (C-6)$$

综合式（C – 5）、式（C – 6）和 $\alpha = Ve^{-r_jc_j}$，可得 $c_j = \dfrac{1}{r_j}\ln(VLr_j)$，$\alpha = \dfrac{1}{Lr_j}$，$\pi = \dfrac{1}{r_j}(h + \ln VLr_j)$，定理 10 – 4 证毕。

附录 10 – D：定理 10 – 5 证明

根据式（10 – 33）构造拉格朗日函数：

$$L(c_k, \alpha) = W - \alpha I + Ve^{-r_kc_k}(I - L) + \lambda(c_i + e^{-r_ic_i}VL - \alpha I$$

$$+ (I - L)Ve^{-r_kc_k}) + \eta(\alpha I - c_k - IVe^{-r_kc_k}) \qquad (D-1)$$

根据 KKT 条件求解式（D – 1）可得：

$$\frac{\partial L}{\partial c_k} = (L - I)Vr_k e^{-r_k c_k} + \lambda(L - I)Vr_k e^{-r_k c_k} + \eta(-1 + IVr_k e^{-r_k c_k}),$$

$$c_k \geq 0, \quad c_k \frac{\partial L}{\partial c_k} = 0 \qquad (D-2)$$

$$\frac{\partial L}{\partial \alpha} = -I - \lambda I + \eta I, \quad \alpha \geq 0, \quad \alpha \frac{\partial L}{\partial \alpha} = 0 \qquad (D-3)$$

$$\frac{\partial L}{\partial \eta} = \alpha I - c_k - IVe^{-r_k c_k} \qquad (D-4)$$

由式（D-3）可知，$\lambda = 0$，$\eta = 1$，将其代入式（D-2）可得：

$$\frac{\partial L}{\partial c_k} = LVr_k e^{-r_k c_k} - 1 = 0, \quad 即 c_k = \frac{1}{r_k}\ln LVr_k。将 c_k 值代入式（D-4）$$

可得：$\alpha = \dfrac{1}{Lr_k} + \dfrac{\ln VLr_k}{Ir_k}$，定理 10-5 证毕。

附录 10-E：定理 10-6 证明

根据式（10-24）构造拉格朗日函数：

$$L(c_j, \alpha, \pi) = W - \pi + (I - L)Ve^{-r_j c_j} + \lambda(c_i + VLe^{-r_i c_i} - \pi$$
$$+ (I - L)Ve^{-r_j c_j}) + \upsilon(\pi - c_j - \alpha I)$$
$$+ \eta(\alpha I - VIe^{-r_j c_j}) \qquad (E-1)$$

根据 KKT 条件求解式（E-1）可得：

$$\frac{\partial L}{\partial c_j} = (L - I)Vr_j e^{-r_j c_j} + \lambda(L - I)Vr_j e^{-r_j c_j} - \upsilon + \eta IVr_j e^{-r_j c_j} \leq 0,$$

$$c_j \geq 0, \quad c_j \frac{\partial L}{\partial c_j} = 0 \qquad (E-2)$$

$$\frac{\partial L}{\partial I} = (1 + \lambda - \eta)Ve^{-r_j c_j} + (\eta - \upsilon)\alpha \leq 0, \quad I \geq 0, \quad I\frac{\partial L}{\partial I} = 0 \quad (E-3)$$

$$\frac{\partial L}{\partial \pi} = -1 - \lambda + \upsilon \leq 0, \quad \pi \geq 0, \quad \pi \frac{\partial L}{\partial \pi} = 0 \qquad (E-4)$$

$$\frac{\partial L}{\partial \alpha} = (\eta - \upsilon)I \leq 0, \quad \alpha \geq 0, \quad \alpha \frac{\partial L}{\partial \alpha} = 0 \qquad (E-5)$$

由式（E-3）~式（E-5）可知，$\eta = \upsilon = 1$，$\lambda = 0$，将其代入式（E-2）可得：

$$\frac{\partial L}{\partial c_k} = (L - I)Vr_j e^{-r_j c_j} - 1 + IVr_j e^{-r_j c_j} = 0 \qquad (E-6)$$

$$\frac{\partial L}{\partial \upsilon} = \pi - c_j - \alpha I = 0 , \ \frac{\partial L}{\partial \eta} = \alpha I - VIe^{-r_j c_j} = 0 \qquad (E-7)$$

由式（E-6）和式（E-7）可得，$c_j = \dfrac{1}{r_j}\ln VLr_j$，$\alpha = \dfrac{1}{Lr_j}$，$\pi = \dfrac{1}{r_j}\ln VLr_j + \dfrac{I}{Lr_j}$。

第11章 带约束的企业信息安全外包与保险的协同决策机制

本章将对第 10 章的研究模型加强约束，即考虑任何一个企业的资源都是有限的，也就是企业将有限的资源分别用于自我防御、外包和购买保险。那么在有限的资源下应该如何进行分配？此外，我们还对带资源约束的模型进行了扩展研究，分析第 8 章情形和第三方责任险的情形，并获得了有意义的结论。

11.1 带约束的信息安全外包
与保险协同风控现状

随着组织越来越依赖于完全基于计算机的环境，信息安全的重要性已经越来越高。当今的业务性质使得它需要快速而可靠的信息流。对于大多数组织而言，保护这种非常敏感的信息正日益成为优先事项。根据弗雷斯特（Forrester，2020）研究项目的报告，即使在要求削减成本的经济条件下，大型企业和中小型企业中仍有很大一部分计划增加 IT 安全支出。波耐蒙研究所（Ponemon）的 2018 年全球 IT 安全支出与投资全球研究发现，超过 90% 接受了调查的机构，并预计未来会增加或维持在信息安全方面的支出。尽管很多企业防御网络安全做出了很多努力，但是安全攻击和数据泄露仍然很普遍。弗雷斯特（Forrester，2020）报告表明，组织因安全漏洞而遭受的损失 90 美元/次至 305 美元/次，至 2019 年网络安全给全球造成经济损失将达到 2.5 万亿美元。

在网络安全防御过程中，中小企业由于资金约束的情形，从而做出与大公司的信息安全决策不相同的信息安全决策（Mayadunne and Park，

2016）。先前对信息安全投资的研究基于两个主要假设，能够洞悉基于系统参数，攻击条件和投资回报来优化投资：（1）公司一次防御一次单独攻击和一次攻击；（2）公司投资安全性仅基于优化而没有预算限制。实际上，公司经常同时面临各种类型的安全挑战，每种挑战具有不同的攻击特征并且需要不同的防御机制。此外，公司在信息安全方面或其他方面的投资能力受到财务状况的限制。特别是，信息安全必须与其他项目竞争才能获得资金，并且其在 IT 总预算中所占的份额最近呈下降趋势。鉴于并发异构攻击数量众多且预算有限，管理信息安全投资所面临的更大挑战不是所需的总投资水平，而是分配有限的资源来抵御不同类型的攻击。本部分将探讨在预算约束下企业如何进行安全防御，主要探讨的防御策略有降低网络安全风险（安全防御投资和购买 MSSP 信息安全外包服务）和进行网络安全风险转移（购买网络信息安全保险）。

11.2 带约束的信息安全外包与保险协同决策文献回顾

本部分相关的研究主要集中关于网络信息安全投资决策、MSSP 外包决策和网络信息安全保险决策，其中的相关综述已在前章描述，本部分主要总结了与预算约束相关的文献，具体如下：

在运营领域资金约束研究成果比较丰富。如赖国明等（2009）研究了财务约束下供应链风险分担问题，发现在财务约束下，即使零售商的内部资本为零，组合模式也是最有效的模式。考维利斯和赵文辉（Kouvelis and Zhao，2016）研究供应链中供应商和零售商都资金约束的情形，分析了不同协调合同下的最优策略。徐晓媛等（2015）研究了在财务约束下协调呼叫中心外包供应链的方法，结果表明，成本分摊合同可以实现渠道协调，提高每个成员企业的利润，但是收益共享合同和产出罚款合同通过牺牲用户公司的利润来实现渠道协调。陈祥锋和王安宇（2012）研究了贸易信贷和有限责任对受预算约束的两级供应链绩效的影响。尤天慧等（2020）分析了无资金约束、内部/外部融资三种供应商契约设计。陈中洁和于辉（2018）分析企业反向保理下，供应链的批发价契约博弈模型。李波等（2018）研究了资金约束供应链系统，基于 CVaR 准则构建供应链博弈模型，获得了供应链均衡解及融资渠道的影响机制。

在信息安全领域研究成果较少，如，黄德里克和贝哈拉（Huang and Behara，2013）构建了具有固定预算的信息安全投资分配模型，考虑了不同并发异构攻击的特征，并基于无标度网络理论推导了突破概率函数，讨论公司应如何分配其有限的信息安全预算，以同时防御针对性攻击和机会性攻击两类安全攻击，发现安全预算有限的公司最好将大部分或全部投资分配给针对一种攻击类型的措施，以及当信息系统相依性较高、相对开放且相对于安全预算而言潜在损失较大时，管理人员应将安全投资重点放在防止定向攻击上。纳古尼等（Nagurney et al.，2017）构建了由零售商和需求市场组成的供应链网络博弈模型，其中零售商进行非合作性竞争，以便通过确定最佳产品交易以及受包括网络安全在内的非线性预算约束的网络安全投资来最大化其预期利润投资成本函数，其中需求价格函数取决于产品需求和供应链网络中网络安全的平均水平。考虑供应链网络受到网络攻击以及各个零售商的攻击情景下，提出了控制纳什平衡条件可以表述为变分不等式问题，并提出了新算法来解决这一类问题。丹尼尔等（Daniele et al.，2017）考虑了零售商面临着对其网络安全投资的非线性预算约束的供应链系统，构造了控制纳什均衡条件的派生变分不等式的新公式，对边际预期交易效用和边际预期网络安全投资效用的分析，与零售商面临的网络攻击相关的财务损失进行了一些稳定性结果分析。丹尼尔和斯克里马利（Daniele and Scrimali，2018）研究了每个零售商在其安全投资上都面临非线性预算约束下网络安全投资供应链博弈理论模型中强纳什均衡的存在。随后，科拉扬尼等（Colajanni et al.，2018）提出了一种新的网络安全投资供应链博弈理论模型，该模型是具有非线性预算约束的广义纳什平衡模型，并定义了变分均衡，通过数值示例报告均衡产品流量，网络安全投资水平和拉格朗日乘数，以及各个公司的脆弱性和网络脆弱性。此外，针对企业安全预算问题，席林和沃纳（Schilling and Werners，2015）提出了一种新的定量优化模型，以支持决策者确定在信息安全方面投资多少以及如何分配资金。该方法考虑了安全风险的不确定属性，并提供了具体的投资建议，以整体方式评估问题可以提高对问题结构的洞察力，并可以做出更好的决策。通过使用数学优化方法，可以最有效地利用可用预算。

通过上述文献分析，目前在信息安全风险控制领域分析资金约束下企业信息安全外包和保险协同决策的文献稀少。但是资金约束问题是中小企业面临最大的问题之一。基于此背景，以及与第 10 章内容的承接，本部分研究带资金约束的企业信息安全外包与保险协同决策问题。

11.3　带约束的信息安全外包与保险协同问题描述与假设

承接上一部分的研究，本部分依然考虑由一个企业，一个网络安全服务提供商（MSSP）和一个保险公司组成的企业网络安全风险控制决策系统，但是该系统中考虑企业对网络安全投资的预算约束。也就是，企业为了保护其内部数据资产不被黑客攻击和窃取，保障企业网络安全的可用性、完整性和保密性，以及降低网络系统的脆弱性，企业往往通过网络安全的自我防御投资或购买 MSSP 的信息安全外包服务来降低系统的脆弱性水平，或通过购买网络安全保险来转移因系统脆弱性造成的网络安全风险。

假设，企业的初始财富为 W，初始脆弱性水平为 V，$V \in (0, 1)$，若企业被黑客成功攻击，则其损失为 L，$L \leqslant W$。企业对网络安全进行自我防御性投资的投资额为 c_i，那么企业脆弱性则变为 $p_i(c_i) = Ve^{-r_ic_i}$，其中 r_i 是企业进行自我防御性投资的系数，其中 $1 < r_i$。由于企业本身受资源的限制，其用于安全防御的最大投资额为 $\bar{c}$。企业为了提高网络安全水平，降低网络系统的脆弱性，通常购买 MSSP 的网络安全的外包服务。在网络安全服务外包合同中，MSSP 将通过网络安全防御投资降低企业网络系统的脆弱性，同时根据合同中的 SLA 协议对可能出现的网络安全损失进行补偿。当企业购买的信息安全外包服务价格为 π 时，MSSP 的网络安全防御投资成本为 c_j，企业的脆弱性水平为 $p_j(c_j) = Ve^{-r_jc_j}$，r_j 是 MSSP 进行信息安全外包服务的投资系数，且 $c_i > c_j$，$r_j > r_i$，$e^{-r_jc_j} < e^{-r_ic_i}$。若在信息安全外包服务期内企业被攻击并产生损失，那么 MSSP 将给予企业相应 h 比例的补偿，$h \in [0, 1]$，

此时企业获得的损失补偿为 hL（Hui et al., 2012, 2019；Cezar et al., 2013）。假设，目前网络安全保险市场已较为成熟，企业为了转移网络安全风险，向保险公司购买保费额为 I 的网络安全保险，网络安全的保费为 b = αI，其中 α 为保费率，0 < I ≤ L。表 11 - 1 列出了本章所涉及的变量。

表 11 - 1 模型符号

变量	变量描述
W	企业初始财富
V	企业网络的初始脆弱性
L	企业脆弱性损失
c_i	企业自我防御投资
$\bar{c}$	企业的最大值预算的约束
$p_i(c_i) = Ve^{-r_ic_i}$	企业自我防御投资下的脆弱性，r_i 为自我防御投资系数（Laszka and Grossklags, 2015），$1 < r_i$
$p_j(c_j) = Ve^{-r_jc_j}$	MSSP 防御投资下的脆弱性，r_j 为 MSSP 防御投资系数
h	补偿系数
I	保险额
a	保费费率
b	保费
$E(U_{1,(i,j,k,jk)})$	企业的期望效用，其中 i 表示企业自我防御投资的情形，j 表示仅购买 MSSP 信息安全外包服务的情形，k 表示仅购买网络安全保险的情形，jk 则表示同时购买信息安全外包服务和网络安全保险的情形
$E(U_{2,(j,jk)})$	MSSP 的期望效用，其中 j，jk 的含义与上述相同
$E(U_{3,(k,jk)})$	保险公司的期望效用，其中 k，jk 的含义与上述相同
$E(U'_{1,(i,j,k,jk)})$	预算约束下企业的期望效用，其中 i，j，k，jk 的含义与上述相同
$E(U'_{2,(j,jk)})$	预算约束下 MSSP 的期望效用，其中 j，jk 的含义与上述相同
$E(U'_{1,(k,jk)})$	预算约束下保险公司的期望效用，其中 k，jk 的含义与上述相同
$E^*(\cdot)$	最优期望值

资料来源：笔者整理。

11.4　信息安全外包与保险协同决策问题

由于前面部分已经对基本模型进行了详细说明，本部分仅列出最基本的表达式，以方便后续数值分析的对比。首先讨论两个企业为降低信息安全风险采取企业自我防御投资、企业仅购买 MSSP 网络安全服务，企业仅购买网络安全保险，以及同时购买信息安全外包服务和保险服务，四种不同情形下企业、MSSP 和保险公司的期望效用，并获得在最大化企业期望效用时的最优决策。

情形 11－1：当企业进行自我防御投资时，企业效用 $U_{1,i}$ 的期望为：

$$E(U_{1,i}) = (1 - p_i)(W - c_i) + p_i(W - L - c_i) = W - c_i - VLe^{-r_ic_i}$$

$$(11 - 1)$$

当企业进行自我防御时，企业的最优期望效用为：

$$E^*(U_{1,i}) = W - \frac{1}{r_i}[1 + \ln(r_iVL)]\qquad(11 - 2)$$

情形 11－2：当企业向 MSSP 购买信息安全外包服务时，由于 MSSP 具有专业的安全技术以及较高的安全投资系数，故企业将所有的网络安全任务全部交由 MSSP 执行，此时企业效用 $U_{1,j}$ 和 MSSP 效用 $U_{2,j}$ 的期望分别为：

$$E(U_{1,j}) = (1 - p_j)(W - \pi) + p_j(W - \pi - L + hL) = W - \pi + (h - 1)VLe^{-r_jc_j}$$

$$(11 - 3)$$

$$E(U_{2,j}) = (1 - p_j)(\pi - c_j) + p_j(\pi - c_j - hL) = \pi - c_j - hVLe^{-r_jc_j}$$

$$(11 - 4)$$

经计算到企业和 MSSP 的最优期望：

$$E^*(U_{1,j}) = W - \pi + (h - 1)VLe^{-r_jc_j} = W - \frac{1}{r_j}(1 + \ln(VLr_j)),\ E^*(U_{2,j}) = 0$$

$$(11 - 5)$$

情形 11－3：当企业购买网络安全保险时，一般保险公司会要求企业适当进行自我防御投资，这样保险公司不仅可以减少赔付次数和金额，又可以减少企业相关的保费。因此，企业效用 $U_{1,k}$ 和保险公司效用 $U_{3,k}$ 的期望分别为：

$$E(U_{1,k}) = (1 - p_i)(W - c_i - b) + p_i(W_0 - c_i - b - L + I)$$
$$= W - c_i - \alpha I + (I - L)Ve^{-r_i c_i} \qquad (11-6)$$

$$E(U_{3,k}) = (1 - p_i)b + p_i(b - I) = \alpha I - IVe^{-r_i c_i} \qquad (11-7)$$

对式（11 - 7）和式（11 - 8）求解可得企业和保险公司的最优期望：

$$E^*(U_{1,k}) = W - (1 + \ln VL r_i)/r_i, \quad E^*(U_{3,k}) = 0 \qquad (11-8)$$

情形 11 - 4： 当企业通过购买 MSSP 的信息安全外包服务和网络安全保险两种服务进行风险防御时，企业的安全防御安全由 MSSP 承担，当黑客攻击成功时，企业同时得到 MSSP 的补偿和保险公司的赔付，注意此时保险公司不再对企业进行网络安全投资，因为有 MSSP 的专业服务。因此，企业效用 $U_{1,jk}$，MSSP 的效用 $U_{2,jk}$ 和保险公司效用 $U_{3,jk}$ 的期望分别为：

$$E(U_{1,jk}) = (1 - p_j)(W - \pi - b) + p_j(W - \pi - b - L + hL + I)$$
$$= W - \pi - \alpha I + (I + hL - L)Ve^{-r_j c_j} \qquad (11-9)$$

$$E(U_{2,jk}) = (1 - p_j)(\pi - c_j) + p_j(\pi - c_j - hL) = \pi - c_j - hVLe^{-r_j c_j}$$
$$\qquad (11-10)$$

$$E(U_{3,jk}) = (1 - p_j)b + p_j(b - I) = \alpha I - VIe^{-r_j c_j} \qquad (11-11)$$

经计算到企业、MSSP 和保险公司的最优期望：

$$E^*(U_{1,jk}) = W - (1 + \ln VL r_j)/r_j, \quad E^*(U_{2,jk}) = 0, \quad E^*(U_{3,jk}) = 0$$
$$\qquad (11-12)$$

11.5 带约束的信息安全外包与保险协同决策问题

假设企业用于网络安全风险防御的总预算为 $\bar{c}$。当企业进行自我防御投资时会使用全部的预算 $\bar{c}$；当企业购买 MSSP 的信息安全外包服务时，其购买服务的价格 $\pi = \bar{c}$，即网络安全预算全部用来购买 MSSP 的网络安全服务；当企业购买网络安全保险时，需要留出比例为 θ 的预算用于网络安全防御投资，故购买网络安全的保费为 $b = (1 - \theta)\bar{c} = aI$；当企业同时购买 MSSP 的信息安全外包和网络安全保险服务时，ρ 比例的预算用于购买信息安全外包服务，$1 - \rho$ 比例的预算用于购买网络安全保险，即 $\pi = \rho\bar{c}$，$b = (1-\rho)\bar{c} = aI$。基于上述假设，构建不同情境下带有预算资金约束的决策模型。在资金约束下情形 11-1-1 至情形 11-1-4 的决策模型如下。

情形 11-5-1：在企业在总预算为 $\bar{c}$ 的预算下，企业的自我防御投资为：

$$E(U'_{1,i}) = (1-p_i)(W-\bar{c}) + p_i(W-L-\bar{c}) = W-\bar{c}-VLe^{-r_i\bar{c}}$$

$$(11-13)$$

定理 11-1：当 $\bar{c} < \ln(r_iVL)/r_i$ 时，企业的最优自我防御投资为 $c^* = \bar{c}$；当 $\bar{c} \geqslant \ln(r_iVL)/r_i$ 时，即自我防御投资不受预算限制，此时企业的最优自我防御投资为 $c_i^* = \ln(r_iVL)/r_i$。随着 c_i^* 的增加，企业的期望效用减少，但是企业的脆弱性水平逐渐降低。

定理 11-1 描述了在考虑资金约束时，企业进行网络安全防御自我投资的最优值。当安全投资的资金较少时，则会降低企业的安全水平和企业的期望效用；当安全投资的资金较多时，虽然企业的安全水平获得了提升，但是企业的期望效用却会减少。

根据定理 11-1 获得企业的期望效用为：

$$E^*(U'_{1,i}) = \begin{cases} W-\bar{c}-VLe^{-r_i\bar{c}}, & \bar{c} \leqslant \ln(r_iVL)/r_i \\ W-\ln(r_iVL)/r_i-1/r_i, & \bar{c} > \ln(r_iVL)/r_i \end{cases} \quad (11-14)$$

情形 11-5-2：企业在总预算为 $\bar{c}$ 的预算下，当购买 MSSP 的信息安全外包服务时，必须满足 MSSP 参与条件 $\bar{c} \geqslant c_j + hVLe^{-r_jc_j}$，企业和 MSSP 的期望效用为：

$$E(U'_{1,j}) = (1-p_j)(W-\bar{c}) + p_j(W-\bar{c}-L+hL) = W-\bar{c}+(h-1)VLe^{-r_jc_j}$$

$$(11-15)$$

$$E(U'_{2,j}) = (1-p_j)(\bar{c}-c_j) + p_j(\bar{c}-c_j-hL) = \bar{c}-c_j-hVLe^{-r_jc_j}$$

$$(11-16)$$

根据式（11-15）和式（11-16）求解企业参与的激励相容约束下最大化企业期望效用的方程：

$$\max_{c_j,h}[W-\bar{c}+(h-1)VLe^{-r_jc_j}]$$

$$\text{s. t. } e^{-r_i\bar{c}}VL-(1-h)VLe^{-r_jc_j} \geqslant 0$$

$$\bar{c}-c_j-hVLe^{-r_jc_j} \geqslant 0, \ c_j \geqslant 0, \ h \geqslant 0 \quad (11-17)$$

定理 11-2：在有预算约束情况下，当企业将网络安全预算全部购买 MSSP 的信息安全外包服务时，当 $c_j^* + hVLe^{-r_jc_j^*} \leqslant \bar{c}$ 时，MSSP 的最优网络安全防御投资额为 $c_j^* = \ln(VLr_j)/r_j$，SLA 协议中最优的补偿系数为 $h^* = \bar{c}r_j - \ln(VLr_j)$；当 $\bar{c} < c_j^* + hVLe^{-r_jc_j^*}$ 时，由于企业效用是补偿系数 h 和 MSSP 防御投资额 c_j 的增函数，所以 c_j 越大越好，假设此种情况下 MSSP 的最大防御投资为 c_j' 满足 $0 \leqslant c_j' < c_j^*$。在最大化企业期望效用的情况下，MSSP 的期望效用为 $E(U_{2,j}') = 0$，此时 MSSP 的补偿系数为 $h^{**} = \dfrac{\bar{c} - c_j'}{VLe^{-r_jc_j'}}$。当 $c_j' = 0$ 时，我们可以求得企业购买 MSSP 信息安全外包服务的最低价格应满足 $\bar{c} > hVL$。

由定理 11-2 可知，在有预算约束的情况下，MSSP 的最优网络全防御投资不变，但是此时 MSSP 能给出最优的补偿系数，这是与无预算约束情况的不同之处。因 $dh^*/dr_j = -Le^{-r_jc_i} < 0$，MSSP 的补偿系数随着其防御投资系数的增加而降低，这是因为具有技术优势。$dh^*/dr_j = Lr_ir_je^{-r_jc_i} > 0$，MSSP 的补偿系数随着企业的防御投资系数的增加而增加，这是因为具有。由 h^* 可知，预算约束下的最优补偿系数是基本模型的特殊情况，即 $\pi = c_i$。将定理 11-2 的结果代入式（11-15）式（11-16）得：

$$E^*(U_{1,j}') = W - \bar{c} + \frac{h-1}{r_j}, \quad E^*(U_{2,j}') = \bar{c} - \frac{h + \ln VLr_j}{r_j}, \quad c_j^* + hVLe^{-r_jc_j^*} \leqslant \bar{c}$$

$$(11-18)$$

$$E^*(U_{1,j}') = W - c_j' - VLe^{-r_jc_j'}, \quad E^*(U_{2,j}') = 0, \quad \bar{c} < c_j^* + hVLe^{-r_jc_j^*}$$

$$(11-19)$$

情形 11-5-3：在企业在总预算为 $\bar{c}$ 的预算下，$\theta\bar{c}$ 用于防御投资，$(1-\theta)\bar{c}$ 用于购买网络安全保险服务，此时企业和保险公司的期望效用为：

$$E(U_{1,k}') = (1-p_i)(W-\bar{c}) + p_i(W-\bar{c}-L+I) = W - \bar{c} + (I-L)Ve^{-\theta r_i\bar{c}}$$

$$(11-20)$$

$$E(U_{3,k}') = (1-\theta)\bar{c} - IVe^{-\theta r_i\bar{c}} \qquad (11-21)$$

根据式（11-20）和式（11-21）求解企业和保险公司参与的激励相容约束下最大化企业期望效用的方程：

$$\max_{\theta,I}\left[W - \bar{c} + (I-L)Ve^{-\theta r_i\bar{c}}\right]$$

$$\text{s. t. } 0 \leqslant (I-L)Ve^{-\theta r_i\bar{c}} + VLe^{-r_i\bar{c}},$$

$$0 \leqslant (1-\theta)\bar{c} - IVe^{-\theta r_i \bar{c}}, \quad \theta \geqslant 0, \quad I \geqslant 0 \qquad (11-22)$$

定理 11-3：在有预算约束情况下，当企业购买网络安全保险服务时，当 $\frac{1}{r_i}\ln VLr_i \leqslant \bar{c}$ 时，企业自我防御投资额占总预算的最优比例为 $\theta^* = \frac{1}{r_i \bar{c}}\ln VLr_i$，此时保险公司给予企业的最优保额 $I^* = L(r_i\bar{c} - \ln VLr_i)$。

当 $\frac{1}{r_i}\ln VLr_i > \bar{c}$ 时，企业将全用于自我防御投资，不会购买保险。由于 $\theta^* \leqslant 1$，可知，$\frac{1}{r_i}\ln VLr_i \leqslant \bar{c}$；$\theta^* \geqslant 0$ 时，$r_i > \frac{1}{VL}$。

由定理 11-3 可知，投资比例与企业防御投资效率成反比，与资金约束额成反比，说明在企业具有较高的安全技术水平下，更多的预算可用于购买网络安全保险服务，资金约束较大情况下，企业更应该进行自我防御。此外，定理 11-3 还说明，只有企业在达到自己最优的防御投资额后，才会考虑进行购买网络安全保险进行风险转移。

将定理 11-3 的结果代入式（11-20）和式（11-21）得到企业和保险公司的最优期望值为：

$$E^*(U'_{1,k}) = W - \frac{1}{r_i}(1 + \ln VLr_i), \quad E^*(U'_{3,k}) = 0, \quad \frac{1}{r_i}\ln VLr_i \leqslant \bar{c}$$

$$(11-23)$$

$$E^*(U'_{1,k}) = W - \bar{c} - LVe^{-r_i\bar{c}}, \quad E^*(U'_{3,k}) = 0, \quad \frac{1}{r_i}\ln VLr_i > \bar{c}$$

$$(11-24)$$

情形 11-5-4：在企业在总预算为 $\bar{c}$ 的预算下，$\rho\bar{c}$ 用于购买 MSSP 的信息安全外包服务，$(1-\rho)\bar{c}$ 用于购买信息安全外包服务，此时 MSSP 的收入为 $\pi = \rho\bar{c}$，保险公司的保费收入为 $b = (1-\rho)\bar{c} = \alpha I$，那么企业、MSSP 和保险公司的期望效用分别为：

$$E(U'_{1,jk}) = (1-p_j)(W-\bar{c}) + p_j(W-\bar{c}-L+hL+I)$$
$$= W - \bar{c} + (I + hL - L)Ve^{-r_jc_j} \qquad (11-25)$$

$$E(U'_{2,jk}) = (1-p_j)(\rho\bar{c}-c_j) + p_j(\rho\bar{c}-c_j-hL) = \rho\bar{c} - c_j - hVLe^{-r_jc_j}$$

$$(11-26)$$

$$E(U'_{3,jk}) = (1-p_j)(1-\rho)\bar{c} + p_j((1-\rho)\bar{c}-I) = (1-\rho)\bar{c} - VIe^{-r_jc_j}$$

$$(11-27)$$

225

首先比较式（11－15）、式（11－20）和式（11－25），可知式（11－25）的企业期望效用均大于在其他情况下的期望效用，故在资金约束下想比较与购买单个服务，企业有积极性同时购买信息安全外包和保险服务。因此，激励相容约束仅考虑 MSSP 和保险公司的效用非负即可，此时企业期望效用的方程：

$$\max_{c_j,\rho,h}\left[W-\bar{c}+(I+hL-L)Ve^{-r_jc_j}\right]$$

$$\text{s. t. } (1-\rho)\bar{c}-VIe^{-r_jc_j}\geqslant 0, \ c_j\geqslant 0, \ \rho\geqslant 0$$

$$\rho\bar{c}-c_j-hVLe^{-r_jc_j}\geqslant 0, \ h\geqslant 0 \tag{11-28}$$

定理 11－4：在有预算约束情况下，若企业同时购买 MSSP 的信息安全外包和保险公司的网络安全保险服务，当 $\bar{c}\geqslant c_j+(I+hL)Ve^{-r_jc_j}$ 时，若企业确定保额 I（或保险公司给定保额 I）时，企业购买安全外包服务的比例为 $\rho^*=1-I/(Lr_j\bar{c})$，MSSP 所付出的防御成本为 $c_j^*=(\ln(VLr_j))/r_j$，SLA 补偿协议为 $h^*=r_j\bar{c}-I/L-\ln VLr_j$，保险公司收取的最优保费费率为 $\alpha^*=1/(Lr_j)$。而当 $\bar{c}<c_j+(I+hL)Ve^{-r_jc_j}$ 时，MSSP 和保险公司至少有一方退出决策。

由定理 11－4 可知，当企业信息安全防御投资不足时，如果通过同时购买 MSSP 服务和网络安全保险达到期望最优值是不可行的。而当企业信息安全防御投资足够时，企业不仅可以获得最高安全水平的同时，还可以获得最优的期望效用。由于 $\rho^*=1-I/(Lr_j\bar{c})>0$，可知 $Lr_j\bar{c}>I$，因此当 $r_j\bar{c}>1$ 时，存在 $I\geqslant L$，即保险全覆盖企业潜在的网络安全损失。

将定理 11－3 的结果代入式（11－25）~式（11－27）可知，

$$E^*(U'_{1,jk})=W-\frac{1}{r_j}[1+\ln(VLr_j)], \ E^*(U'_{2,jk})=0, \ E^*(U'_{3,jk})=0 \tag{11-29}$$

11.6 带约束的信息安全外包与保险协同决策模型扩展

与第 10 章相同，为了进一步分析网络信息安全外包和保险对企业期望效用的影响，本部分对基本模型进行两方面的拓展，一是考虑企业购买网络信息安全保险，同时保险公司为了降低未来可能的赔付概率而主动对企业面临的网络安全进行投资防御；二是 MSSP 为了降低在企业遭受网络信息安全风险下的补偿，向保险公司购买保险。

11.6.1　保险企业投资网络信息安全

当企业购买网络安全保险时，保险公司为了降低索赔额以投资的方式对企业所使用信息系统进行安全扫描，确保软件运营安全，这样保险公司不仅可以减少赔付次数和金额，又可以减少企业相关的保费。假设保险公司的安全投资额为 c_k，那么企业的脆弱性变为 $p_k = Ve^{-r_k c_k}$，$r_j > r_k > r_i$，$e^{-r_j c_j} < e^{-r_k c_k} < e^{-r_i c_i}$。在有资金约束下，企业将资金 $\bar{c}$ 全部用于购买保险，即 $\bar{c} = \alpha I$，此时企业和保险公司的期望效用分别为：

$$E(U'_{11,k}) = (1 - p_k)(W - \bar{c}) + p_k(W - \bar{c} - L + I) = W - \bar{c} + Ve^{-r_k c_k}(I - L)$$

$$(11 - 30)$$

$$E(U'_{31,k}) = (1 - p_k)(\bar{c} - c_k) + p_k(\bar{c} - c_k - I) = \bar{c} - c_k - IVe^{-r_k c_k}$$

$$(11 - 31)$$

$$\max_{c_k, I} \left[W - \bar{c} + Ve^{-r_k c_k}(I - L) \right]$$

$$\text{s. t. } (I - L)Ve^{-r_k c_k} + Ve^{-r_i \bar{c}} \geqslant 0$$

$$\bar{c} - c_k - IVe^{-r_k c_k} \geqslant 0, \quad c_k \geqslant 0, \quad I \geqslant 0 \qquad (11 - 32)$$

定理 11 - 5：在考虑资金预算情况下，当 $\bar{c} > \dfrac{1}{r_k} \ln VLr_k$ 时，保险公司的最优防御投资额为 $c_k^* = \dfrac{1}{r_k} \ln VLr_k$，保险公司收取的最优保费费率为 $\alpha^* = \dfrac{\bar{c}}{L(\bar{c}r_k - \ln VLr_k)}$。当 $\bar{c} \leqslant (\ln VLr_k)/r_k$ 时，有 $E(U''_{3,k}) = 0$，当保险公司的保费给定时，保险公司最大防御投资额为 $c_k^* = \dfrac{1}{r_k} \ln \dfrac{\bar{c}Vr_k}{\alpha}$，则 $I^* = \dfrac{\bar{c}}{\alpha}$。

将定理 11 - 5 的结果代入式（11 - 30）和式（11 - 31）可得：

$$E^*(U'_{11,k}) = W - \frac{1}{r_k}(1 + \ln(VLr_k)), \quad E^*(U'_{31,k})$$

$$= (\bar{c} - \frac{\ln VLr_k}{r_k})(1 - \frac{1}{L}), \quad \bar{c} > \frac{1}{r_k}\ln VLr_k \quad (11-33)$$

$$E^*(U'_{11,k}) = W - \bar{c} + \frac{1}{\bar{c}r_k}(\bar{c} - \alpha L), \quad E^*(U'_{31,k}) = 0, \quad \bar{c} \leqslant \frac{1}{r_k}\ln VLr_k$$

$$(11-34)$$

11.6.2 MSSP 购买第三方保险

MSSP 为了避免因所服务企业产生巨大损失，而给予企业巨额的补偿风险，其会购买第三方网络安全责任保险，以覆盖较大的尾部风险。此时在资金 $\bar{c}$ 约束下，构建企业、MSSP 和保险公司的期望效用分别为：

$$E(U'_{12,j}) = (1-p_j)(W-\bar{c}) + p_j(W-\bar{c}-L+I) = W-\bar{c}+(I-L)Ve^{-r_jc_j}$$

$$(11-35)$$

$$E(U'_{22,j}) = (1-p_j)(\bar{c}-c_j-b) + p_j(\bar{c}-c_j-b) = \bar{c}-c_j-\alpha I$$

$$(11-36)$$

$$E(U'_{32,jk}) = (1-p_j)b + p_j(b-I) = \alpha I - VIe^{-r_jc_j} \quad (11-37)$$

由式（11-44）、式（11-45）和式（11-46）构建最大化企业期望效用的方程满足：

$$\max_{c_j,I,\alpha}\left[W-\bar{c}+(I-L)Ve^{-r_jc_j}\right]$$

$$s.t.\ 0 \leqslant VLe^{-r_j\bar{c}} + (I-L)Ve^{-r_jc_j}, \quad \bar{c}-c_j-\alpha I \geqslant 0,$$

$$\alpha I - VIe^{-r_jc_j} \geqslant 0, \quad c_j \geqslant 0, \quad I \geqslant 0, \quad \alpha \geqslant 0 \quad (11-38)$$

定理 11-6：当 $e^{-r_j\bar{c}} \geqslant e^{-r_jc_j}$（企业自我投资脆弱性依然小于 MSSP 外包）时，当 $\bar{c} \geqslant \frac{1}{r_j}\ln VLr_j + \frac{I}{Lr_j}$ 时，最优值为 $c_j^* = \frac{1}{r_j}\ln VLr_j$，$\alpha^* = \frac{1}{Lr_j}$，$I^* = \bar{c}Lr_j - L\ln VLr_j$，当 $\frac{1}{r_j}\ln VLr_j + \frac{I}{Lr_j} > \bar{c} \geqslant VI$ 时，存在 MSSP 的最大投资额 $c_j'^* = \frac{1}{r_j}\ln VIr_j$，此时，$\alpha^* = Ve^{-r_jc_j}$，$I^* = \frac{e^{\bar{c}r_j-1}}{Vr_j}$ 代入 $c_j'^*$，得 $c_j'^* = \bar{c} - 1/r_j$；当 $\bar{c} < VI$ 时，MSSP 将不会给企业投保。

定理 11-6 描述了在企业安全投资预算较小的情况下，MSSP 将不会给企业投保；而企业安全投资额的预算较大时，存在使企业效用最大化的网络安全投资额，保费率。同时，在有限的投资额下虽然不能最大化企业效用，但是一旦给定网络安全投资额，MSSP 就可指定最佳的投保策略。当 I = hL 时，MSSP 屏蔽了所有损失，

将定理 11 - 6 的结论代入式（11 - 35）~式（11 - 37），可得：

$$E^*(U'_{12,j}) = W - \frac{1}{r_j}(1 + \ln(VLr_j)),\ E^*(U'_{22,j}) = 0,$$

$$E^*(U'_{32,jk}) = 0,\ \bar{c} \geqslant \frac{1}{r_j}\ln VLr_j + \frac{I}{Lr_j} \tag{11 - 39}$$

$$E^*(U'_{12,j}) = W - \bar{c} + \frac{e^{\bar{c}r_j - 1} - LVr_j}{VIr_j^2},$$

$$E^*(U'_{22,j}) = 0,\ E^*(U'_{32,jk}) = 0,\ \frac{1}{r_j}\ln VLr_j + \frac{I}{Lr_j} > \bar{c} \geqslant VI$$

$$\tag{11 - 40}$$

根据式（11 - 39）中的条件分析可知，$\bar{c} - \frac{1}{r_j}\ln VLr_j - \frac{I}{Lr_j} \geqslant 0$，仅存在一点值使之成立。因此，在实数范围内出该点外，均只有式（11 - 40）成立。

11.7　带约束的信息安全外包与保险协同决策数值分析

为了企业更清晰地分析上述定理的内容和含义，本部分对预算约束下企业的期望效用、MSSP 的外包服务以及保险公司的保费率进行深入分析。将本章中涉及的参数赋值如下：初始财富 W = 1100，企业的网络安全损失 L = 1000，企业的初始网络安全脆弱性 V = 0.2，MSSP、保险公司和企业的防御投资系数满足 $r_i = 0.1$，$r_j = 0.3$，$r_k = 0.2$，且满足（0，1）范围约束，MSSP 的损失补偿系数 h = 0.3。首先，对不同情景下企业期望效用和脆弱性水平进行分析，结果如表 11 - 2 所示。

根据表 11 - 2 对比的结果，我们将不同条件下的约束值作图，如 11 - 1 所示。

表11-2 不同情景下企业、MSSP和保险公司的期望效用和脆弱性水平

情景	企业期望效用	MSSP期望效用	保险公司效用	脆弱性水平
1-1	$W-[1+\ln(r_iVL)]/r_i$	N/A	N/A	$1/(Lr_i)$
1-2	$W-(1+\ln(VLr_j))/r_j$	0	N/A	$1/(Lr_j)$
1-3	$W-[1+\ln(r_iVL)]/r_i$	N/A	0	$1/(Lr_i)$
1-4	$W-(1+\ln(VLr_j))/r_j$	0	0	$1/(Lr_j)$
2-1	$\begin{cases}W-\bar c-VLe^{-r\bar c}, & \bar c\le\ln(r_iVL)/r_i\\ W-\ln(r_iVL)/r_i-1/r_i, & \bar c>\ln(r_iVL)/r_i\end{cases}$	N/A	N/A	$\begin{cases}Ve^{-r\bar c}, & \bar c\le\ln(r_iVL)/r_i\\ 1/(Lr_i), & \bar c>\ln(r_iVL)/r_i\end{cases}$
2-2	$\begin{cases}W-\bar c+(h-1)/r_j, & c_j^*+hVLe^{-rc'_j*}\le\bar c\\ W-c'_j-VLe^{-rc'_j}, & \bar c<c_j^*+hVLe^{-rc'_j*}\end{cases}$	$\begin{cases}\bar c-\dfrac{h+\ln VLr_j}{r_j}, & \bar c<c_j^*+hVLe^{-rc'_j*}\\ 0, & \bar c>c_j^*+hVLe^{-rc'_j*}\end{cases}$	N/A	$\begin{cases}1/Lr_j, & c_j^*+hVLe^{-rc'_j*}\le\bar c\\ Ve^{-rc'_j}, & 0\le c'_j<c_j^*,\ \bar c<c_j^*+hVLe^{-rc'_j*}\end{cases}$
2-3	$\begin{cases}W-(1+\ln VLr_i)/r_i, & (\ln VLr_i)/r_i\le\bar c\\ W-\bar c-LVe^{-r\bar c}, & (\ln VLr_i)/r_i>\bar c\end{cases}$	N/A	0	$\begin{cases}1/Lr_i, & (\ln VLr_i)/r_i\le\bar c\\ Ve^{-r\bar c}, & (\ln VLr_i)/r_i>\bar c\end{cases}$
2-4	$\begin{cases}W-\dfrac{1+\ln VLr_j}{r_j}, & \bar c\ge c_j+(1+hL)Ve^{-r\bar c_j}\\ N/A, & (\ln VLr_i)/r_i>\bar c\end{cases}$	0	0	$\begin{cases}1/(Lr_j), & \bar c\ge c_j+(1+hL)Ve^{-r\bar c_j}\\ N/A, & (\ln VLr_i)/r_i>\bar c\end{cases}$

续表

情景	企业期望效用		MSSP 期望效用	保险公司效用	脆弱性水平
E1	$\begin{cases} W - \dfrac{1}{r_k}(1+\ln(VLr_k)), & \bar{c} > \dfrac{1}{r_k}\ln VLr_k \\[2mm] W - \bar{c} + \dfrac{1}{\bar{c}r_k}(\bar{c}-\alpha L), & \bar{c} \le \dfrac{1}{r_k}\ln VLr_k \end{cases}$	N/A	$\begin{cases} (\bar{c} - \dfrac{\ln VLr_k}{r_k})(1-\dfrac{1}{L}), & \bar{c} > \dfrac{1}{r_k}\ln VLr_k \\[2mm] 0, & \bar{c} \le \dfrac{1}{r_k}\ln VLr_k \end{cases}$	$\dfrac{1}{r_k}\ln VLr_k,\ \bar{c} > \dfrac{1}{r_k}\ln VLr_k$	$\begin{cases} \dfrac{1}{L_k}, & \bar{c} \ge \dfrac{1}{r_k}\ln VLr_k \\[2mm] \dfrac{\alpha}{\bar{c}r_k}, & \bar{c} \le \dfrac{1}{r_k}\ln VLr_k \end{cases}$
E2	$\begin{cases} W - \dfrac{1}{r_j}(1+\ln(VLr_j)), & \bar{c} \ge \dfrac{1}{r_j}\ln VLr_j + \dfrac{1}{L_j} \\[2mm] W - \bar{c} + \dfrac{e^{\bar{c}r_j-1} - LV_j}{VIr_j^2}, & \dfrac{1}{r_j}\ln VLr_j + \dfrac{1}{L_j} > \bar{c} \ge VI \end{cases}$		0	0	$\begin{cases} \dfrac{1}{L_j}, & \bar{c} \ge \dfrac{1}{r_j}\ln VLr_j + \dfrac{1}{L_j} \\[2mm] Ve^{1-\bar{c}r_j}, & \dfrac{1}{r_j}\ln VLr_j + \dfrac{1}{L_j} > \bar{c} \ge VI \end{cases}$

资料来源：笔者整理。

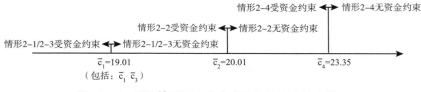

图 11 – 1　不同情形下企业安全防御的资金约束情况

资料来源：笔者整理。

图 11 – 1 描述了在参数假设基础上，不同情形在受资金约束和无资金约束情形下的取值区间。从区间数据可知，企业自我防御投资和仅购买网络信息安全保险策略最不容易受资金约束；而企业同时购买 MSSP 外包服务和网络信息安全保险则需要的预算最多。为了进一步了解在资金预算约束下企业期望效用的变化趋势，我们对不同情形下具有预算约束的企业网络安全防御策略进行了数值分析，结果如图 11 – 2 所示。

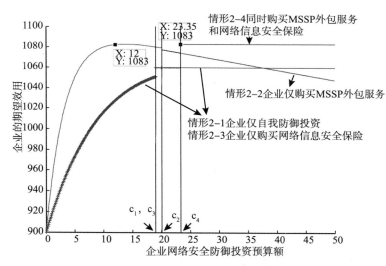

图 11 – 2　网络安全防御投资预算下企业的期望效用

资料来源：笔者整理。

图 11 – 2 描述了不同情形在预算约束下企业的期望效用，可知，当企业预算较少的时候购买 MSSP 的外包服务，可使得企业的期望效用最大，并且最大值的获取并不是在预算区间的最大值而是在区间内，这就意味着，只要取得让 MSSP 获得最优投资额即可。当企业的预算较大

时，最好同时购买 MSSP 的外包服务和网络信息安全保险。有意思的是，当预算较大时（预算超过 c4），多投资对于提升企业的期望效用并没有任何好处。这就是说，企业只需要得到最优投资额即可，而无须再多投入安全资金进行防御，对于企业网络安全投资实践具有重要的启示。综合上述分析可知，即便是在有预算约束下，只要企业的安全投资满足 MSSP 的最优安全投资额，即可获得最大的期望效用。

由图 11－3 可知，当企业安全防御预算金额较低时，企业自我防御投资、购买网络信息安全保险，或者购买 MSSP 的外包服务均可以迅速降低企业的网络安全脆弱性。但是，购买 MSSP 外包服务效果更明显，企业的脆弱性更低。当企业预算较大的时候，不难发现，企业的安全脆弱性不会发生变化，这给我们的启示是，任何企业的系统都存在安全脆弱性。有意思的是，我们发现，企业同时购买 MSSP 外包服务和网络信息安全保险时，企业的安全脆弱性竟低于只买 MSSP 外包服务时企业安全脆弱性的最小值，这是因为当企业同时购买两种服务时，存在道德风险，使得MSSP 降低了努力水平，进而使得企业的安全脆弱性有所增大。

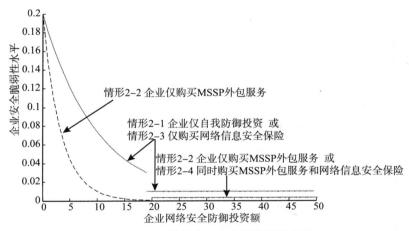

图 11－3　预算约束下企业的脆弱性水平

资料来源：笔者整理。

在保险企业投资网络信息安全情形下，当保险公司给予企业的保费为 $\alpha = 0.3$ 时，获得此种情形下企业和保险公司效用，以及企业的脆弱性如图 11－4 所示。

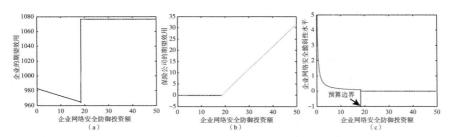

图 11 - 4　保险企业投资网络信息安全的情形

资料来源：笔者整理。

　　由图 11 - 4 可知，当企业的安全防御投资额较低时，随着安全防御投资的增加企业的期望效用在减少，但是同时其网络安全脆弱性也急剧减少，而保险公司的期望效用为零。这意味着，此时保险公司收取的保费将全部用于网络安全防御和网络安全风险转移。而当企业的安全防御投资额超过越算约束边界时，企业的期望效用达到最大值，但其网络脆弱性保持不变，而保险公司的期望效用则不算增加。这意味着，保险公司已经达到能够降低企业信息安全脆弱性的极限，因此，多余的预算则直接转移支付给保险公司。

　　由图 11 - 5 可知，随着企业防御投资额的增加企业的期望效用是减少的，但是其脆弱性水平也在急剧降低。同时，不难发现在间断点处可以取得最优的平衡，即在保持企业最大期望下，企业的网络安全脆弱性水平也相对较低。当企业投资额较大的时候，其脆弱性并不能显著降低。这给企业网络安全投资的启示是，既不能不投资，也不能过度投资，寻找合适的投资值最为重要。

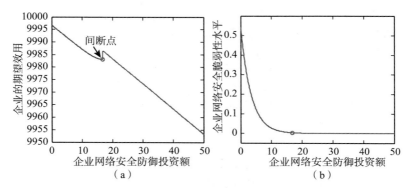

图 11 - 5　MSSP 购买保险的情形

资料来源：笔者整理。

11.8　本章小结

本部分研究了考虑资金约束时，企业在自我防御投资、购买 MSSP 外包服务和网络安全保险的决策问题，并分析了不同情形下企业的期望效用和网络安全脆弱性。通过对比模型及其最优解，发现：（1）企业自我投资和购买网络安全保险有相同的效用，且效率较低；而购买 MSSP 外包服务时，企业的期望效用达到最大，同时网络安全的脆弱性最低；（2）在保险公司参与网络安全投资的情形中，当企业的安全防御投资额较低时，随着安全防御投资的增加企业的期望效用在减少，但是同时其网络安全脆弱性也急剧减少，而保险公司的期望效用为零；（3）在 MSSP 购买第三方责任险的情形下，随着企业防御投资额的增加企业的期望效用是减少的，但是其脆弱性水平也在急剧降低；当企业投资额较大的时候，其脆弱性并不能显著降低。

通过研究结论，我们得到的管理启示是：（1）在较低的资金约束时，最优的安全防御方案是向 MSSP 购买信息安全外包服务；（2）网络安全保险作为转移风险的有效手段，不适合在事前防御，而适合时候风险补偿；（3）过度的投资网络安全对于企业来说不太划算，因为虽然脆弱性在降低，但是降低幅度很小，且此时企业的期望效用却大幅降低。本部分的结果，可以指导资金约束下企业如何进行网络安全风险投资的实践指导。

本章附录：定理证明

附录 11 - A：定理 11 - 2 证明

根据式（11 - 20），构建拉格朗日函数：

$$L(c_j, h) = W - \bar{c} + (h - 1)VLe^{-r_j c_j} + \lambda(e^{-r_j \bar{c}}VL - (1 - h)VLe^{-r_j c_j})$$
$$+ \upsilon(\bar{c} - c_j - hVLe^{-r_j c_j}) \tag{A-1}$$

根据 KKT 条件可得：

$$\frac{\partial L}{\partial c_j} = (1-h)VLr_j e^{-r_j c_j} + \lambda(1-h)VLr_j e^{-r_j c_j} + \upsilon(-1+hVLr_j e^{-r_j c_j}) \leqslant 0,$$

$$c_j \geqslant 0, \quad c_j \frac{\partial L}{\partial c_j} = 0 \qquad (A-2)$$

$$\frac{\partial L}{\partial h} = (1+\lambda-\upsilon)VLe^{-r_j c_j} \leqslant 0, \quad h \geqslant 0, \quad h\frac{\partial L}{\partial h} = 0 \qquad (A-3)$$

$$\frac{\partial L}{\partial \upsilon} = \bar{c} - c_j - hVLe^{-r_j c_j}, \quad \upsilon \geqslant 0, \quad \upsilon\frac{\partial L}{\partial \upsilon} = 0 \qquad (A-4)$$

由式（A-3）可知，$\upsilon = 1$，$\lambda = 0$，将其代入式（A-2）可得 $c_j = \ln(VLr_j)/r_j$，将 c_j 代入式（A-4）可得 $h = \bar{c}r_j - \ln(VLr_j)$，定理 11-2 证毕。

附录 11-B：定理 11-3 证明

根据式（11-25）构造拉格朗日函数：

$$L(\theta, I) = W - \bar{c} + (I-L)Ve^{-\theta r_i \bar{c}} + \lambda((I-L)Ve^{-\theta r_i \bar{c}} + VLe^{-r_i \bar{c}})$$
$$+ \upsilon[(1-\theta)\bar{c} - IVe^{-\theta r_i \bar{c}}] \qquad (B-1)$$

根据 KKT 条件可得：

$$\frac{\partial L}{\partial \theta} = (L-I)Vr_i\bar{c}e^{-\theta r_i \bar{c}} + \lambda(L-I)Vr_i\bar{c}e^{-\theta r_i \bar{c}} + \upsilon(-\bar{c}+IVr_i\bar{c}e^{-\theta r_i \bar{c}}) \leqslant 0,$$

$$\theta \geqslant 0, \quad \theta\frac{\partial L}{\partial \theta} = 0 \qquad (B-2)$$

由式（B-2）可知，唯一成立的条件为 $\theta > 0$ 且 $\partial L/\partial \theta = 0$。

$$\frac{\partial L}{\partial I} = (1+\lambda-\upsilon)e^{-\theta r_i \bar{c}} \leqslant 0, \quad I \geqslant 0, \quad I\frac{\partial L}{\partial I} = 0 \qquad (B-3)$$

由式（B-3）可知，唯一成立的条件为 $I > 0$ 且 $\partial L/\partial I = 0$。

$$\frac{\partial L}{\partial \lambda} = (I-L)Ve^{-\theta r_i \bar{c}} + VLe^{-r_i \bar{c}} \geqslant 0, \quad \lambda \geqslant 0, \quad \lambda\frac{\partial L}{\partial \lambda} = 0 \qquad (B-4)$$

$$\frac{\partial L}{\partial \upsilon} = (1-\theta)\bar{c} - IVe^{-\theta r_i \bar{c}} \geqslant 0, \quad \upsilon \geqslant 0, \quad \upsilon\frac{\partial L}{\partial \upsilon} = 0 \qquad (B-5)$$

令 $\lambda = 0$，由式（B-3）可知 $\upsilon = 1$，代入式（B-2）和式（B-5）可得：

$$\frac{\partial L}{\partial \theta} = (L-I)Vr_i\bar{c}e^{-\theta r_i \bar{c}} - \bar{c} + IVr_i\bar{c}e^{-\theta r_i \bar{c}} = 0 \qquad (B-6)$$

$$\frac{\partial L}{\partial \upsilon} = (1-\theta)\bar{c} - IVe^{-\theta r_i \bar{c}} = 0 \qquad (B-7)$$

由式（B-6）可得，$\theta^* = \dfrac{1}{r_i \bar{c}} \ln VLr_i$，由式（B-7）可得，$I^* = (1-\theta)\bar{c}Lr_i = L(r_i\bar{c} - \ln VLr_i)$，定理 11-3 证毕。

附录 11-C：定理 11-4 证明

MSSP 和保险公司都参与的条件为 $(1-\rho)\bar{c} - VIe^{-r_jc_j} \geqslant 0$，$\rho\bar{c} - c_j - hVLe^{-r_jc_j} \geqslant 0$，将两个不等式合并可得：$\bar{c} \geqslant c_j + (I+hL)Ve^{-r_jc_j}$。在此约束下根据式（11-29）构造拉格朗日方程式：

$$L(c_j, \rho) = W - \bar{c} + (I+hL-L)Ve^{-r_jc_j} + \lambda((1-\rho)\bar{c} - VIe^{-r_jc_j}) + \eta(\rho\bar{c} - c_j - hVLe^{-r_jc_j}) \tag{C-1}$$

根据 KKT 条件可得：

$$\frac{\partial L}{\partial c_j} = -(I+hL-L)Vr_je^{-r_jc_j} + \lambda VIr_je^{-r_jc_j} + \eta(-1 + hVLr_je^{-r_jc_j}) \leqslant 0,$$

$$c_j \geqslant 0, \quad c_j \frac{\partial L}{\partial c_j} = 0 \tag{C-2}$$

由式（C-2）可知，唯一成立的条件为 $c_j > 0$ 且 $\partial L/\partial c_j = 0$。

$$\frac{\partial L}{\partial \rho} = -\lambda\bar{c} + \eta\bar{c} \leqslant 0, \quad \rho \geqslant 0, \quad \rho\frac{\partial L}{\partial \rho} = 0 \tag{C-3}$$

$$\frac{\partial L}{\partial h} = VLe^{-r_jc_j} - \eta VLe^{-r_jc_j} \leqslant 0, \quad h \geqslant 0, \quad h\frac{\partial L}{\partial h} = 0 \tag{C-4}$$

由式（C-3）可知，唯一成立的条件为 $\lambda = \eta = 1$，代入式（C-2）可得：

$$\frac{\partial L}{\partial c_j} = LVr_je^{-r_jc_j} - 1 = 0 \tag{C-5}$$

$$\frac{\partial L}{\partial \lambda} = (1-\rho)\bar{c} - VIe^{-r_jc_j} = 0 \tag{C-6}$$

$$\frac{\partial L}{\partial \eta} = \rho\bar{c} - c_j - hVLe^{-r_jc_j} = 0 \tag{C-7}$$

由式（C-5）可知 $c_j = \dfrac{1}{r_j}\ln(VLr_j)$，由式（C-6）可知 $\rho = 1 - \dfrac{I}{Lr_j\bar{c}}$，将 c_j 和 ρ 代入式（C-7）可得，$h = r_j\bar{c} - \dfrac{I}{L} - \ln VLr_j$。由于 $\alpha I = (1-\rho)\bar{c}$，可得 $\alpha = \dfrac{1}{Lr_j}$。将上述结果代入 $\bar{c} \geqslant c_j + (I+hL)Ve^{-r_jc_j}$ 可得约束条件为定理 11-4 证毕。

附录 11 – D：定理 11 –5 证明

根据式（11 –37）构造拉格朗日函数：

$$L(c_k, \alpha) = W - \alpha I + Ve^{-r_k c_k}(I - L) + \lambda((I - L)Ve^{-r_k c_k} + Ve^{-r_j\bar{c}})$$
$$+ \eta(\alpha I - c_k - IVe^{-r_k c_k}) \qquad (E-1)$$

根据 KKT 条件求解式（E –1）可得：

$$\frac{\partial L}{\partial c_k} = (L - I)Vr_k e^{-r_k c_k} + \lambda(L - I)Vr_k e^{-r_k c_k} + \eta(-1 + IVr_k e^{-r_k c_k}),$$

$$c_k \geqslant 0, \quad c_k \frac{\partial L}{\partial c_k} = 0 \qquad (E-2)$$

$$\frac{\partial L}{\partial \alpha} = -I + \eta I, \quad \alpha \geqslant 0, \quad \alpha \frac{\partial L}{\partial \alpha} = 0 \qquad (E-3)$$

$$\frac{\partial L}{\partial I} = -\alpha + Ve^{-r_k c_k} - \lambda Ve^{-r_k c_k} + \eta(\alpha - Ve^{-r_k c_k}) \leqslant 0, \quad I \geqslant 0, \quad I\frac{\partial L}{\partial I} = 0$$
$$(E-4)$$

由式（E –3）和式（E –4）可知，$\eta = 1$，$\lambda = 0$，将其代入式（E –2）可得：

$$\frac{\partial L}{\partial c_k} = LVr_k e^{-r_k c_k} - 1 = 0, \quad \text{故} \ c_k^* = \frac{1}{r_k}\ln VLr_k。$$

由 $\frac{\partial L}{\partial \eta} = \alpha I - c_k - IVe^{-r_k c_k} = 0$ 可知，$\alpha^* = \frac{1}{Lr_k} + \frac{1}{Ir_k}\ln VLr_k$。由于 $\alpha^* I = \bar{c}$，将 $I = \bar{c}/\alpha^*$ 代入 α^* 可得，$\alpha^* = \dfrac{\bar{c}}{L(\bar{c}r_k - \ln VLr_k)}$。因此当 $\bar{c}r_k - \ln VLr_k > 0$ 时，$\bar{c} > \dfrac{1}{r_k}\ln VLr_k$ 上述最优结果成立。

根据 $\begin{cases} \bar{c} - c_k - IVe^{-r_k c_k} = 0 \\ \alpha I = \bar{c} \end{cases}$ 可得：$c_k^* = \dfrac{1}{r_k}\ln\dfrac{\bar{c}Vr_k}{\alpha}$，即给定保费 α 情况下可以获得保险公司的最优投资额，以及最优保额 $I^* = \bar{c}/\alpha$。

附录 11 – E：定理 11 –6 证明

根据式（11 –47）构建拉格朗日方程：

$$L(c_j, \alpha, I) = W - \bar{c} + (I - L)Ve^{-r_j c_j} + \lambda(VLe^{-r_j\bar{c}} + (I - L)Ve^{-r_j c_j})$$
$$+ \upsilon(\bar{c} - c_j - \alpha I) + \eta(\alpha I - VIe^{-r_j c_j}) \qquad (F-1)$$

根据 KKT 条件可得：

$$\frac{\partial L}{\partial c_j} = (L-I)Vr_j e^{-r_j c_j} + \lambda(L-I)Vr_j e^{-r_j c_j} - \upsilon + \eta VIr_j e^{-r_j c_j} \leq 0,$$

$$c_j \geq 0,\quad c_j \frac{\partial L}{\partial c_j} = 0 \qquad (F-2)$$

$$\frac{\partial L}{\partial I} = (1+\lambda-\eta)Ve^{-r_j c_j} + (\eta-\upsilon)\alpha \leq 0,\quad I \geq 0,\quad I\frac{\partial L}{\partial I}=0 \qquad (F-3)$$

$$\frac{\partial L}{\partial \alpha} = (\eta-\upsilon)I \leq 0,\quad \alpha \geq 0,\quad \alpha\frac{\partial L}{\partial \alpha}=0 \qquad (F-4)$$

根据式（F-3）和式（F-4）可知，$\eta=\upsilon=1$，$\lambda=0$，将其代入式（F-2）可得：

$$\frac{\partial L}{\partial c_j} = LVr_j e^{-r_j c_j} - 1 = 0,\quad \bar{c}-c_j-\alpha I=0,\quad \alpha I-VIe^{-r_j c_j}=0,\ 求解可得，$$

$c_j = \frac{1}{r_j}\ln VLr_j$，$\alpha=\frac{1}{Lr_j}$，$I=\bar{c}Lr_j - L\ln VLr_j$，此时满足 $\bar{c} \geq \frac{I}{Lr_j}+\frac{1}{r_j}\ln VLr_j$。

当 $\bar{c}<\frac{I}{Lr_j}+\frac{1}{r_j}\ln VLr_j$ 时，$\bar{c}-c_j-VIe^{-r_j c_j}\geq 0$，$c_j$ 最小取零，故 $\bar{c}\geq VI$，由于 MSSP 和保险公司此时的效用均为零，根据 $\bar{c}-c_j-VIe^{-r_j c_j}=0$，可以算得 $c_j' = \frac{1}{r_j}\ln VIr_j$，则有 $\alpha=Ve^{-r_j c_j}$，$I^* = \frac{e^{\bar{c}r_j-1}}{Vr_j}$；若 $\bar{c}<VI$，MSSP 则不会购买保险，定理 11-6 证毕。

第 12 章 强制性约束下信息安全外包和保险的协同决策机制

本章我们继续增加对第 10 章模型的约束条件，分析在政府强制性约束安全水平下企业的信息安全外包和保险的协同决策机制，并分析 MSSP 和保险公司的最优契约设计问题。最后，我们对强制性约束下的模型进一步扩展，分析了第 8 章和第三方保险的两种特殊情形下的协同决策。

12.1 强制性约束下信息安全外包与保险协同风控现状

数字经济的迅速发展，使得组织的数字资产损失大大超出组织的预算边界。例如，2020 年 4 月 1 日，万豪第二次数据泄露，泄露数量达 520 万条，瞬间市值蒸发 18 亿美元；2019 年全文搜索引擎（Elastic-search）数据库泄露，包括 27 亿个电子邮件地址，涉及国内多家互联网公司。类似于万豪数据泄露的安全事件，公司的违规行为或者不作为对消费者和商业生态系统造成了大规模损害。政府和企业的决策者越来越多地要求各组织制定信息安全标准，目的不仅是保护这些组织，而且保护将其敏感信息委托给这些组织的所有利益攸关方的价值。世界上两个主要标准政策制定机构是 PCI 安全标准委员会和国家标准与技术研究所（NIST），后者规定所有美国政府机构的信息安全标准。然而，强制性标准在改善组织信息安全方面是否有效？学术界和商业实践得出的结论却是：更严格的标准未必能带来更好的安全性。例如，米勒和塔克（Miller and Tucker，2010）提供了轶事证据，证明强制采用加密软件并没有减少公开的数据丢失案例。

目前，对于遵从国家强制标准符合脆弱性要求的方法主要是通过企业自我防御投资和购买 MSSP 服务外包。同时，为了转移剩余风险，企业也会购买网络信息安全保险。因此，本章分析研究了强制性标准对企业整体安全性的影响，特别关注了强制性标准何时、如何损害企业安全，以及在 MSSP 外包和保险下的决策。本章提出以下具体的研究问题：（1）在信息安全外包和保险决策下，政府强制性标准如何影响企业安全性？特别是，什么时候以及如何收紧标准会损害公司安全？（2）政府补贴的激励策略对公司安全投资有何影响？（3）政府补贴和政府强制性标准两个政策之间的互补关系如何？

12.2　强制性约束下信息安全外包与保险文献回顾

国内外已有丰富的文献研究网络信息安全的外包和保险策略，但是探讨强制性标准对网络安全风险决策影响的文献很少。强制性标准是政府为了提高社会福利水平所采取的措施，目前关于强制性标准作用分析的文献主要有两类：

一是强制可以提高社会或组织的福利水平或者效果。例如，布朗（Brown，2003）发现强制性年金计划有助于提高社会福利水平。梅钦和特雷洛尔（Machin and Treloar，2004）发现当培训是强制性的时，培训前干预措施应侧重于提高强制性培训的感知效益，这可能会积极影响员工对组织的承诺水平和培训前的学习动机。陈弗兰克等（Chan et al.，2010）开发了一种强制公民采用电子政务技术的模式，从技术接受和使用统一理论中确定了四个关键技术采用变量的各种外部因素，即绩效预期、努力预期、便利条件、社会影响，最终影响公民满意度。薛雅旻等（2011）研究了惩罚和公平感对用户遵守强制性信息技术政策的影响，结果表明信息技术遵从意愿受惩罚公平感的影响较大，而受实际惩罚的影响较小；当考虑惩罚的感知公平时，满意度对遵从意图的影响减小，感知有用性的影响不显著。格瑞沃等（Grewal et al.，2019）研究了欧盟关于企业强制纰漏信息的问题，发现强制纰漏对公司效益有显著的提升。

二是强制可以降低企业不合规和不合法的行为。莫比斯（Mobus，2005）发现强制披露环境法律制裁与随后的违规行为之间存在负相关关系，随后的监管合规是管理者采用的一种策略，目的是将强制会计披露所揭示的组织不当行为的去合法化效应最小化。

在网络安全领域研究政府强制性标注的主要集中在信息纰漏和风险投资激励两个方面。其中，在网络安全风险信息纰漏方面，埃林和施内尔（Eling and Schnell，2016）对网络风险和网络风险保险进行了文献综述，发现网络风险的保障存在着巨大的困难，特别是由于缺乏数据和建模方法、风险的变化和无法估量的风险积累，提出了强制性报告要求是一条有效的途径解决途径。劳贝和伯麦（Laube and Böhme，2016）研究了从安全审计的角度考虑信息安全立法的委托—代理模型，分析强制性安全违约向当局报告的经济效应，为了执行法律，监管者（负责人）可以引入安全审计，并制裁违规行为，然而审计无法区分代理人的隐瞒行为，很可能难以调整制裁水平，提高社会效益。

在风险外包和保险的投资决策方面，许佳龙等（2012）研究了企业为满足国家强制性安全标准要求，而将安全保护外包给托管安全服务提供商（MSSP），分析了这种系统互依风险如何与强制安全需求相互作用，从而影响 MSSP 及其客户的均衡行为，发现强制性的安全要求将增加 MSSP 的努力，并激励它为更多的客户服务，虽然更多的客户机可以从 MSSP 的保护中受益，但它们也面临更大的系统互依性风险，如果强制性的保障要求很高，社会福利就会减少，强制执行可核查性可能会加剧社会福利损失。李哲浩等（Lee et al.，2016）研究了强制公司建立最低安全控制级别的强制性安全标准下的企业安全防御模型，发现更高的安全标准并不一定会导致更高的公司安全，此外如果标准合规导致违约后公司的责任减少，那么这种责任减少反过来又削弱了标准与公司安全之间的联系；在企业达到决策者设定的最优标准的情况下，当违约对企业造成的损害在社会福利总损害中所占份额较高，并且企业承担的责任份额较大时，企业安全和社会福利都较高。奥古特等（Ögüt et al.，2011）认为适当的社会干预政策，可使公司投资在社会最优水平，政府通过提供自我保护补贴，促使企业选择社会最优的自我保护和保险水平，提供保险补贴并不能给公司提供类似的激励。伍兹和辛普森

（Woods and Simpson，2017）考虑政府干预下网络安全保险市场的决策，随着市场不断扩大，网络安全保险数据收集工作为政府提供了干预机会，以定义标准数据格式，建立最低评估标准，并收集高级别数据。

综上所述，目前在网络安全风险管理领域研究政府强制性标准的文献很少，并且在考虑 MSSP 信息安全外包和网络安全保险协同决策下的文献更为稀少。而政府强制性约束可以起到监督企业在公共物品上投资的逆向选择和道德风险问题。此外，政府的补贴可以激励企业积极参与到网络安全投资防御中。因此，本部分研究了考虑政府强制性标准和补贴情况下，企业仅购买 MSSP 信息安全外包服务、仅购买网络安全保险和同时购买 MSSP 信息安全外包和网络安全保险三种基本情形，同时将模型扩展至，保险公司参与网络安全投资和 MSSP 购买第三方责任险的两种安全实践操作。

12.3　强制性约束下信息安全外包与保险问题描述

考虑由政府、企业、MSSP 和保险公司组成的政府约束下企业网络安全风险控制决策系统。由于企业信息安全是一类典型的公共产品，故而会出现道德风险和逆向选择，而政府的强制性规定则可以起到控制整个网络的网络安全水平的作用。为了确保企业网络安全水平符合政府强制性规定，又能切实降低自己的网络安全脆弱性水平，企业往往通过网络安全的自我防御投资或购买 MSSP 的信息安全外包服务来降低系统的脆弱性水平，或通过购买网络安全保险来转移因系统脆弱性造成的网络安全风险。

假设，企业的初始财富为 W，初始脆弱性水平为 V，$V \in (0, 1)$，若企业被黑客成功攻击，则其损失为 L，$L \leqslant W$。国家对企业安全脆弱性的强制性要求水平为 V_0。企业对网络安全进行自我防御性投资的投资额为 c_i，那么企业脆弱性则变为 $p_i(c_i) = Ve^{-r_i c_i}$，其中 r_i 是企业进行自我防御性投资的系数，其中 $1 < r_i$。那么，在国家对网络安全脆弱性具有强制性要求的约束下，企业的最低投资额将满足 $\bar{c}_i \geqslant (\ln(V/V_0))/r_i$。国家为了促进每个企业均参与到网络安全防御行动中，进而对企业的防

御投资进行一定的补贴，补贴系数为 s，$0 \leqslant s < 1$。同时，企业为了提高网络安全水平，降低网络系统的脆弱性，通常购买 MSSP 的网络安全的外包服务。在网络安全服务外包合同中，MSSP 将通过网络安全防御投资降低企业网络系统的脆弱性，同时根据合同中的 SLA 协议对可能出现的网络安全损失进行补偿。当企业购买的信息安全外包服务价格为 π 时，MSSP 的网络安全防御投资成本为 c_j，企业的脆弱性水平为 $p_j(c_j) = Ve^{-r_j c_j}$，r_j 是 MSSP 进行信息安全外包服务的投资系数，且 $c_i > c_j$，$r_j > r_i$，$e^{-r_j c_j} < e^{-r_i c_i}$。若在信息安全外包服务期内企业被攻击并产生损失，那么 MSSP 将给予企业相应 h 比例的补偿，$h \in [0, 1]$，此时企业获得的损失补偿为 hL（Hui et al.，2012，2019；Cezar et al.，2013）。假设，目前网络安全保险市场已较为成熟，企业为了转移网络安全风险，向保险公司购买保费额为 I 的网络安全保险，网络安全的保费为 αI，其中 α 为保费率，$0 < I \leqslant L$。

12.4　强制性约束下信息安全外包与保险协同决策模型

本部分主要探讨在考虑政府强制性规定和网络安全保险补贴下，三种企业进行网络安全防御的策略：一是企业仅购买 MSSP 的网络信息安全外包服务；二是企业仅通过购买网络信息安全保险，但是保险公司担任网络安全防御的决策，对网络安全进行投资；三是企业同时购买 MSSP 的信息安全外包服务和网络信息安全保险，由 MSSP 进行网络信息安全投资防御角色。

情形 12 - 1：企业购买 MSSP 的信息安全外包服务。

在这种情形中，企业委托 MSSP 进行网络安全防御，同时政府对企业和 MSSP 之间的外包合同进行政府补贴，那么企业和 MSSP 的期望效用分别为：

$$E_{f1} = (1 - p_j)(W - (1 - s)\pi) + p_j(W - (1 - s)\pi - L + hL)$$
$$= W - (1 - s)\pi + LVe^{-r_j c_j}(h - 1) \tag{12-1}$$

$$E_{m1} = (1 - p_j)(\pi - c_j) + p_j(\pi - c_j - hL) = \pi - c_j - hLVe^{-r_j c_j} \tag{12-2}$$

由式（12-1）和式（12-2）构建最大化企业期望效用的最优问题应满足：

$$\max_{c_j, \pi} \left[W - (1-s)\pi + LVe^{-r_j c_j}(h-1) \right]$$

$$s.\,t.\ \pi - c_j - hLVe^{-r_j c_j} \geq 0$$

$$c_j \geq 0,\ \pi \geq 0 \tag{12-3}$$

定理 12-1：当企业购买 MSSP 信息安全外包服务时，MSSP 的防御安全脆弱性小于政府强制性标准水平时 $V_0 \geq \dfrac{1-s}{Lr_j}$，MSSP 安全防御的投资为 $c_j^* = \dfrac{1}{r_j}\ln\dfrac{LVr_j}{1-s}$，在最大化企业期望效用下，MSSP 外包合同金额为 $\pi^* = \dfrac{1}{r_j}\ln\dfrac{LVr_j}{1-s} + \dfrac{h(1-s)}{r_j}$；MSSP 的防御安全脆弱性大于政府强制性标准水平时 $V_0 < \dfrac{1-s}{Lr_j}$，MSSP 安全防御投资为 $c_j^* = \dfrac{1}{r_j}\ln\dfrac{V}{V_0}$，在最大化企业期望效用下，MSSP 外包合同金额为 $\pi = \dfrac{1}{r_j}\ln\dfrac{V}{V_0} + hLV_0$

证明：

当 $V_0 \geq \dfrac{1-s}{Lr_j}$ 时，求解上述不等式，根据式（12-3）拉格朗日函数：

$$L(c_j,\ \pi,\ \lambda) = W - (1-s)\pi + LVe^{-r_j c_j}(h-1) + \lambda\left[\pi - c_j - hLVe^{-r_j c_j}\right] \tag{12-4}$$

对式（12-4）求 π 的偏导数可得，$\dfrac{\partial L}{\partial \pi} = -(1-s) + \lambda = 0$，故 $\lambda = (1-s)$。将 λ 代入 $\partial L/\partial c_j$ 可得：

$$\frac{\partial L}{\partial c_j} = (1-h)LVr_j e^{-r_j c_j} + (1-s)(-1 + hLVr_j e^{-r_j c_j}) \tag{12-5}$$

令式（12-5）为零，我们根据 KKT 最优化条件可以得到，$e^{-r_j c_j} = \dfrac{1-s}{LVr_j}$，因此 MSSP 的最优投资额 $c_j^* = \dfrac{1}{r_j}\ln\dfrac{LVr_j}{1-s}$，此时企业网络安全脆弱性水平为 $\dfrac{1-s}{Lr_j}$。对比 MSSP 最大化自身利益的投资额 $c_j = \dfrac{1}{r_j}\ln LVhr_j$，可以发现政府补贴可以促进 MSSP 增加安全投资额。改写 MSSP 的期望可

以得到 $E_{m1} = \pi - \dfrac{1}{r_j} \ln \dfrac{LVr_j}{1-s} - \dfrac{h(1-s)}{r_j}$，最大化企业期望效用，即令 $E_{m1} = 0$ 为零可得，企业与 MSSP 最优合同金额为 $\pi = \dfrac{1}{r_j} \ln \dfrac{LVr_j}{1-s} + \dfrac{h(1-s)}{r_j}$。当 $V_0 < \dfrac{1-s}{Lr_j}$ 时，MSSP 将付出较大的成本满足政府的强制性要求，故 $Ve^{-r_j c_j} = V_0$，将 $c_j^* = \dfrac{1}{r_j} \ln \dfrac{V}{V_0}$ 代入式（12-2），可获得在较低脆弱性要求的政府强制性规定下企业与 MSSP 最优合同金额为 $\pi^* = \dfrac{1}{r_j} \ln \dfrac{V}{V_0} + hLV_0$。

由 $\partial \pi^* / \partial V_0$ 可知，当 $L < hL + sI$ 时，有 $V_0 < 1/(hLr_j)$ 得到满足，故 $\partial \pi^* / \partial V_0 < 0$，随着政府强制性标准的增加（即 V_0 减少），MSSP 的外包合同金额也增加，同时在 $1/(hLr_j) < V_0 < \dfrac{1-s}{(L-shL-sI)r_i}$ 区间内，$\partial \pi^* / \partial V_0 > 0$，并且在当 $L \geqslant hL + sI$ 时，$\partial \pi^* / \partial V_0 > 0$，在这两个区间内有，随着政府强制性标准的增加（即 V_0 减少），MSSP 的外包合同金额会减少的情况。这说明，如果政府制定了很严格的强制性标准将不利于 MSSP 参与网络安全防御。

从政府的角度而言，其目标为最大化整个社会的期望效用，因此从政府角度可得：

$$E_{g1} = W + s\pi - c_j - LVe^{-r_j c_j} \qquad (12-6)$$

其中 $s\pi$ 可视为政府的转移支付，式（12-6）对 c_j 求导可得，$c_j^* = \dfrac{1}{r_j} \ln LVr_j$，这与最大化 MSSP 效用时的 MSSP 的安全最优投资额相同。因此在政府最大化社会期望下最优的网络安全脆弱性为 $V_0^* = \dfrac{1}{Lr_j}$，此时 MSSP 的安全投资额为 $c_j^* = \dfrac{1}{r_j} \ln \dfrac{LVr_j}{1-s}$。

对比定理 12-1 的结果可知，政府在最大化社会效益时，其强制性脆弱性要求要低于企业外包给 MSSP 情况下的要求，并且政府的补贴促进了 MSSP 进行网络安全投资。也就是，在企业将安全防御外包给专业的 MSSP 时，是达到国家强制性标准要求的。此外，不难发现，政府规定的强制性标准与政府补贴系数 s 和 MSSP 的安全防御投资系数 r_j 成反比，意味着政府补贴或者 MSSP 具有较高的安全防御系数时，政府可以规定较高的强制性标准，以提高整个社会的网络安全水平。

情形 12 - 2：企业在自我防御的基础上通过购买保险转移风险。

在这种情形中，因为企业的安全防御能力并不足以克服网络信息安全风险产生的损失，故通过购买保险的形式转移可能的网络安全风险。据此，构建企业和保险公司的期望效用如下：

$$E_{f2} = W - (1 - s)(\alpha I + c_i) + (I - L)Ve^{-r_ic_i} \quad (12 - 7)$$

$$E_{b2} = (1 - p_i)\alpha I + p_j(\alpha I - I) = I(\alpha - Ve^{-r_ic_i}) \quad (12 - 8)$$

由式（12 - 7）和式（12 - 8）构建最大化企业期望效用的最优问题应满足：

$$\max_{c_i, \alpha}[W - (1 - s)(\alpha I + c_i) + (I - L)Ve^{-r_ic_i}]$$

$$s.t. \ I(\alpha - Ve^{-r_ic_i}) \geq 0$$

$$c_i \geq 0, \ \alpha \geq 0 \quad (12 - 9)$$

定理 12 - 2：当企业购买网络安全保险时，企业的防御安全脆弱性小于政府强制性标准水平时 $V_0 \geq \dfrac{1 - s}{(L - sI)r_i}$，企业安全防御的投资为 $c_i^* = \dfrac{1}{r_i}\ln\dfrac{(L - sI)Vr_i}{1 - s}$，在最大化企业期望效用下保险公司的最优费率为 $\alpha^* = \dfrac{1 - s}{(L - sI)r_i}$；企业的防御安全脆弱性大于政府强制性标准水平时 $V_0 < \dfrac{1 - s}{(L - sI)r_i}$，企业安全防御投资为 $c_i^* = \dfrac{1}{r_i}\ln\dfrac{V}{V_0}$，在最大化企业期望效用下保险公司的最优费率为 $\alpha^* = V_0$。

证明：

当 $V_0 \geq \dfrac{1 - s}{(L - sI)} \dfrac{1}{r_i}$ 时，根据式（12 - 9）构造拉格朗日方程：

$$L(c_i, \alpha) = W - (1 - s)(\alpha I + c_i) + (I - L)Ve^{-r_ic_i} + \lambda I(\alpha - Ve^{-r_ic_i})$$

$$(12 - 10)$$

对式（12 - 10）分别求 c_i 和 I 的偏导数得：

$$\frac{\partial L}{\partial c_i} = -(1 - s) - (I - L)Vr_ie^{-r_ic_i} + \lambda IVr_ie^{-r_ic_i} \quad (12 - 11)$$

$$\frac{\partial L}{\partial \alpha} = -(1 - s)I + \lambda I \quad (12 - 12)$$

247

由 KKT 最优化条件可知，$\lambda = 1 - s$，此时式（12-10）存在最优值，求解式（12-11）可得，$c_i^* = \dfrac{1}{r_i}\ln\dfrac{(L - sI)Vr_i}{1 - s}$。因 $\partial c_i^*/\partial s > 0$，所以企业的最优安全投资额随着政府补贴的增加而增加。最大化企业的期望效用时，将 c_i^* 代入式（12-8），并令式（12-8）为零，可得 $\alpha^* = \dfrac{1 - s}{(L - sI)r_i}$。由于 $\partial \alpha^*/\partial s < 0$，因此保险公司的保费费率随着政府给予的补贴的增加而减小，这是因为随着政府补贴的增加，企业的网络安全水平提高，脆弱性减少，因此保险公司会调低企业的保费费率；当 $V_0 < \dfrac{1 - s}{(L - sI)r_i}$ 时，将 $c_i^* = \dfrac{1}{r_i}\ln\dfrac{V}{V_0}$ 代入式（12-8），并令式（12-8）为零，可得 $\alpha^* = V_0$。

这就是说明，随着政府强制性标准的增加（即 V_0 减少），保险公司的保险费率也降低了，因为此时较强的强制性标准增加了企业的安全水平，企业出险的概率下降，从而使得保险公司调低保费率。

从政府的角度而言，应该最大化整个社会的期望效用，因此从政府角度可得：

$$E_{g2} = W - (1 - s)c_i + s\alpha I - LVe^{-r_i c_i} \qquad (12-13)$$

对式（12-13）求 c_i 的导数可得：$\dfrac{\partial E_{g2}}{\partial c_i} = (1 - s) - LVr_i e^{-r_i c_i}$，令其为零可得，$c_i^* = \dfrac{1}{r_i}\ln\dfrac{LVr_i}{1 - s}$。因此在政府最大化社会期望下最优的网络安全脆弱性为 $V_0^* = \dfrac{1 - s}{Lr_i}$，此时企业的最优安全防御投资为 $c_i^* = \dfrac{1}{r_i}\ln\dfrac{V}{V_0}$，即刚刚满足国家强制性标准要求。也就是说在没有政府强制规定下，企业没有动机增加安全投资，除非政府给予补贴。

对比定理 12-2 的结果可知，政府在最大化社会效益时，其强制性脆弱性要求等于企业购买网络安全保险，自我进行防御投资情况下的要求，并且政府的补贴促进了企业进行网络安全投资，同时政府制定的网络安全水平与其补贴呈反比，即当政府规定的强制性网络安全脆弱性较高时，企业的自我投资就会减少，同时政府要给予企业更多的补贴，而当政府规定的强制性网络安全脆弱性较低时，企业的自我投资就会增加，同时政府给予的补贴也会更少。

情形 12 - 3：企业同时购买 MSSP 安全外包和网络安全保险

在这种情形中，企业为了达到政府所规定的强制性安全标准，同时减少网络安全风险不确定的损失，通过向 MSSP 购买信息安全外包服务来降低网络安全脆弱性水平，同时向保险公司购买网络信息安全保险，来转移将来发生网络信息安全的部分损失。此时，企业、MSSP 和保险公司的期望效用为：

$$E_{f3} = W - (1 - s)(\alpha I + \pi) + (I + hL - L)Ve^{-r_j c_j} \quad (12 - 14)$$

$$E_{m3} = (1 - p_j)(\pi - c_j) + p_j(\pi - c_j - hL) = \pi - c_j - hLVe^{-r_j c_j} \quad (12 - 15)$$

$$E_{b3} = (1 - p_j)\alpha I + p_j(\alpha I - I) = I(\alpha - Ve^{-r_j c_j}) \quad (12 - 16)$$

由式（12 - 14）~式（12 - 16）构建最大化企业期望效用的最优问题应满足：

$$\max_{c_j, \alpha, \pi} \left[W - (1 - s)(\alpha I + \pi) + (I + hL - L)Ve^{-r_j c_j} \right]$$

$$\text{s. t. } \pi - c_j - hLVe^{-r_j c_j} \geq 0, \quad I(\alpha - Ve^{-r_j c_j}) \geq 0$$

$$c_j \geq 0, \quad \alpha \geq 0, \quad \pi \geq 0 \quad (12 - 17)$$

定理 12 - 3：当企业同时购买 MSSP 外包服务和网络安全保险时，企业的防御安全脆弱性小于政府强制性标准水平时 $V_0 \geq \dfrac{1 - s}{(L - shL - sI)r_j}$，且满足 $L > \dfrac{sI}{1 - sh}$，MSSP 安全防御的投资为 $c_j^* = \dfrac{1}{r_j}\ln\dfrac{(L - shL - sI)Vr_j}{1 - s}$，当企业最大化期望效用时，MSSP 的外包合同金额为 $\pi^* = \dfrac{1}{r_j}\left[\dfrac{(1 - s)hL}{(L - shL - sI)} + \ln\dfrac{(L - shL - sI)Vr_j}{1 - s}\right]$，保险公司的保费率为 $\alpha^* = \dfrac{1 - s}{(L - shL - sI)r_i}$；企业的防御安全脆弱性大于政府强制性标准水平时 $V_0 < \dfrac{1 - s}{(L - shL - sI)r_j}$，企业安全防御投资为 $c_j^* = \dfrac{1}{r_j}\ln\dfrac{V}{V_0}$，当企业最大化期望效用时，MSSP 的外包合同金额为 $\pi^* = hLV_0 + \dfrac{1}{r_j}\ln\dfrac{V}{V_0}$，保险公司的保费率为 $\alpha^* = V_0$。

证明：

当 $V_0 \geq \dfrac{1 - s}{(L - shL - sI)r_i}$ 时，根据式（12 - 17）构造拉格朗日方程：

$$L(c_j, \alpha, \pi) = W - (1-s)(\alpha I + \pi) + (I + hL - L)Ve^{-r_jc_j}$$
$$+ \lambda(\pi - c_j - hLVe^{-r_jc_j}) + \mu I(\alpha - Ve^{-r_jc_j})$$

$$(12-18)$$

对式（12-18）分别求 c_j，π 和 I 的偏导数得：

$$\frac{\partial L}{\partial c_j} = -(I + hL - L)Vr_je^{-r_jc_j} + \lambda(-1 + hLVr_je^{-r_jc_j}) + \mu IVr_je^{-r_jc_j}$$

$$(12-19)$$

$$\frac{\partial L}{\partial \pi} = -(1-s) + \lambda, \quad \frac{\partial L}{\partial \alpha} = -(1-s)I + \mu I \qquad (12-20)$$

根据 KKT 最优化条件和式（12-20）可得，$\lambda = 1 - s$，$\mu = 1 - s$，代入式（12-19）可得，$c_j^* = \frac{1}{r_j}\ln\frac{(L - shL - sI)Vr_j}{1-s}$。当最大化企业的期望效用时，将 c_j^* 代入式（12-15）和式（12-16），并令式（12-15）和式（12-16）为零，可得 $\pi^* = \frac{1}{r_j}\left[\frac{(1-s)hL}{(L - shL - sI)} + \ln\frac{(L - shL - sI)Vr_j}{1-s}\right]$，$\alpha^* = \frac{1-s}{(L - shL - sI)r_i}$。由 $\partial\pi^*/\partial s$ 可求得，当 $L > \frac{I}{1-h}$ 和 $\frac{sI}{1-h} > L > \frac{sI}{1-sh}$ 时，$\partial\pi^*/\partial s > 0$，而当 $\frac{I}{1-h} > L > \frac{sI}{1-h}$ 时，$\partial\pi^*/\partial s < 0$，因此，随着政府补贴的增加，MSSP 的网络安全投资时先增加，然后减少，然后再增加。由于 $\partial\alpha^*/\partial s > 0$，因此保险费率随着政府补贴的增加而增加。

当 $V_0 < \frac{1-s}{(L - shL - sI)r_i}$ 时，当最大化企业的期望效用时，将 c_j^* 代入式（12-15）和式（12-16），并令式（12-15）和式（12-16）为零，可得 $\pi^* = hLV_0 + \frac{1}{r_j}\ln\frac{V}{V_0}$，$\alpha^* = V_0$。由 $\partial\pi^*/\partial V_0$ 可知，当 $L < hL + sI$ 时，有 $V_0 < 1/(hLr_j)$ 得到满足，故 $\partial\pi^*/\partial V_0 < 0$，随着政府强制性标准的增加（即 V_0 减少），MSSP 的外包合同金额也增加，同时在 $1/(hLr_j) < V_0 < \frac{1-s}{(L - shL - sI)r_i}$ 区间内，$\partial\pi^*/\partial V_0 > 0$，并且在当 $L \geq hL + sI$ 时，$\partial\pi^*/\partial V_0 > 0$，在这两个区间内有，随着政府强制性标准的增加（即 V_0 减少），MSSP 的外包合同金额会减少的情况。这说明，如果政府制定了很严的强制性标准将不利于 MSSP 参与网络安全防御。

从政府的角度而言，应该最大化整个社会的期望效用，因此从政府角度可得：

$$E_{g2} = W + s\alpha I + s\pi - c_j - LVe^{-r_jc_j} \qquad (12-21)$$

对式（12-21）求 c_j 的导数可得，$c_j^* = \dfrac{1}{r_j}\ln LVr_j$，故政府强制性约

束的最优脆弱性水平为 $V_0^* = \dfrac{1}{Lr_j}$。对比最大化企业效用的情形，若

$\dfrac{1-s}{(L-shL-sI)r_i}\Big/\dfrac{1}{Lr_j} > 1$ 的情形则 MSSP 必须遵从政府强制性标准，可得

$\dfrac{I}{L} > 1 - h$，即满足此范围的条件下，应遵从政府的强制性脆弱性标准要

求，反之脆弱性为 $\dfrac{1-s}{(L-shL-sI)r_i}$。从事实角度看，不等式 $\dfrac{I}{L} > 1 - h$ 意

味着企业所有的网络安全风险均由 MSSP 和保险公司分担，但实际上并

不如此。

12.5　强制性约束下信息安全外包与保险协同决策模型扩展

为了进一步分析在强制性标准下网络信息安全外包和保险对企业期
望效用的影响，本部分对基本模型进行两方面的拓展，一是考虑企业购
买网络信息安全保险，同时保险公司为了降低未来可能的赔付概率而主
动对企业面临的网络安全进行投资防御；二是 MSSP 为了降低在企业遭
受网络信息安全风险下的补偿，向保险公司购买保险。

12.5.1　保险公司进行网络安全投资

当企业购买网络安全保险时，保险公司为了降低索赔额以投资的方
式对企业所使用信息系统进行安全扫描，确保软件运营安全，这样保险
公司不仅可以减少赔付次数和金额，又可以减少企业相关的保费。假设
在本情形下企业不参与安全投资，而保险公司的安全投资额为 c_k，那么
企业的脆弱性变为 $p_k = Ve^{-r_kc_k}$，$r_j > r_k > r_i$，$e^{-r_jc_j} < e^{-r_kc_k} < e^{-r_ic_i}$。此时，
企业和保险公司的期望效用分别为：

$$E_{f4} = (1 - p_k)(W - (1 - s)\alpha I) + p_k(W - (1 - s)\alpha I - L + I)$$
$$= W - (1 - s)\alpha I + (I - L)Ve^{-r_k c_k} \qquad (12 - 22)$$

$$E_{b4} = (1 - p_k)(\alpha I - c_k) + p_k(\alpha I - c_k - I) = \alpha I - c_k - IVe^{-r_k c_k}$$
$$(12 - 23)$$

由式（12 - 22）和式（12 - 23）构建最大化企业期望效用的最优问题应满足：

$$\max_{c_j, \alpha}\left[W - (1 - s)\alpha I + (I - L)Ve^{-r_k c_k}\right]$$
$$\text{s. t. } \alpha I - c_k - IVe^{-r_k c_k} \geqslant 0, \ c_j \geqslant 0, \ \alpha \geqslant 0 \qquad (12 - 24)$$

定理 12 - 4： 当网络安全保险公司提供网络安全防御时，企业的防御安全脆弱性小于政府强制性标准水平时 $V_0 \geqslant \dfrac{1 - s}{(L - sI)r_k}$，保险公司的最优投资额为 $c_k^* = \dfrac{1}{r_k}\ln\dfrac{(L - sI)Vr_k}{1 - s}$；企业的防御安全脆弱性小于政府强制性标准水平时 $V_0 < \dfrac{1 - s}{(L - sI)r_k}$，保险公司的最优投资额为 $c_k^* = \dfrac{1}{r_k}\ln\dfrac{V}{V_0}$。

证明：

根据式（12 - 24）构建拉格朗日方程如下：

$$L(c_k, \alpha) = W - (1 - s)\alpha I + (I - L)Ve^{-r_k c_k} + \lambda(\alpha I - c_k - IVe^{-r_k c_k})$$
$$(12 - 25)$$

对式（12 - 25）求 c_j 和 α 的偏导数可得：

$$\frac{\partial L}{\partial c_k} = (L - I)Vr_k e^{-r_k c_k} + \lambda(-1 + IVr_k e^{-r_k c_k}), \ \frac{\partial L}{\partial \alpha} = -(1 - s)I + \lambda I$$
$$(12 - 26)$$

由 KKT 最优化条件的最优化规则可知，$\lambda = 1 - s$，$c_k^* = \dfrac{1}{r_k}\ln\dfrac{(L - sI)Vr_k}{1 - s}$。在最大化企业期望效用下，将 c_k^* 代入式（12 - 23），并令式（12 - 23）为零，可得 $\alpha^* = \dfrac{1 - s}{(L - sI)r_k} + \dfrac{1}{Ir_k}\ln\dfrac{(L - sI)Vr_k}{1 - s} = V^* + c_k^*/I$。由于 $\partial \alpha^*/\partial s > 0$，当政府补贴增加时，保险公司的保费费率也增加，这是因为保险公司在满足国家强制标准的基础上可以收取更高的保

费。当 $V_0 < \dfrac{1-s}{(L-sI)r_k}$ 时，将 $c_k^* = \dfrac{1}{r_k}\ln\dfrac{V}{V_0}$ 代入式（12-23），并令式（12-23）为零，可得 $\alpha^* = \dfrac{1}{Ir_k}\ln\dfrac{V}{V_0} + V_0$。由 $\partial\alpha^*/\partial V_0 > 0$ 可知，在这种情况下若政府提高网络安全脆弱性标准（降低 V_0），则保险公司会收取更低的保费率，因为此时企业的脆弱性将比较小，企业出险的概率较小，故保险公司会调低保费率。

从政府的角度而言，应该最大化整个社会的期望效用，因此从政府角度可得：

$$E_{g4} = W + s\alpha I - c_k - LVe^{-r_kc_k} \tag{12-27}$$

对式（12-27）求 c_k 的导数可得：$c_k^* = \dfrac{1}{r_k}\ln LVr_k$。对比定理 12-4 强制定安全水平范围，可知，当政府最大化整个社会时最优的网络安全脆弱性为 $\dfrac{1}{Lr_k}$，而企业效用最大化水平下的网络安全脆弱性为 $\dfrac{1-s}{(L-sI)r_k}$，我们对两个安全脆弱性进行比较，发现 $\dfrac{1-s}{(L-sI)r_k}\Big/\dfrac{1}{Lr_k} < 1$，也就是企业最大化自身效用情况下的脆弱性要低于政府最大化社会效用下的脆弱性。

因此，在保险公司投资网络安全保险的情形下，企业的安全脆弱性要低于政府最优的网络安全脆弱性。此外，由定理 12-4 可知，政府的补贴对于提高保险公司的最优投资有 $\partial L/\partial c_k^* > 0$，故保险公司的投资额随着政府补贴的增加而增加，政府补贴具有正向促进作用。

12.5.2　MSSP 购买网络安全保险

MSSP 为了避免因所服务企业产生巨大损失，而给予企业巨额的补偿风险，其会购买第三方网络安全责任保险，以覆盖较大的尾部风险。此时企业、MSSP 和保险公司的期望效用分别为：

$$E_{f5} = (1-p_j)(W-(1-s)\pi) + p_j(W-(1-s)\pi-L+I)$$
$$= W - (1-s)\pi + (I-L)Ve^{-r_jc_j} \tag{12-28}$$
$$E_{m5} = \pi - c_j - \alpha I \tag{12-29}$$
$$E_{b5} = (1-p_j)\alpha I + p_j(\alpha I - I) = \alpha I - IVe^{-r_jc_j} \tag{12-30}$$

253

由式（12-28）~式（12-30）构建最大化企业期望效用的最优问题应满足：

$$\max_{c_j, \alpha} \left[W - (1-s)\pi + (I-L)Ve^{-r_j c_j} \right]$$

$$\text{s. t. } \pi - c_j - \alpha I \geq 0, \quad \alpha I - IVe^{-r_j c_j} \geq 0, \quad c_j \geq 0, \quad \alpha \geq 0 \quad (12-31)$$

定理12-5：当MSSP购买网络安全保险时，企业的防御安全脆弱性小于政府强制性标准水平时 $V_0 \geq \dfrac{1-s}{(L-sI)r_j}$，MSSP的最优投资额为 $c_j^* = \dfrac{1}{r_j}\ln\dfrac{(L-sI)Vr_j}{1-s}$，在最大化企业期望情况下，MSSP的最优外包金额为 $\pi^* = \alpha^* I + c_j^*$，保险公司的保费费率为 $\alpha^* = \dfrac{1-s}{(L-sI)r_j}$；企业的防御安全脆弱性小于政府强制性标准水平时 $V_0 < \dfrac{1-s}{(L-sI)r_j}$，保险公司的最优投资额为 $c_j^* = \dfrac{1}{r_j}\ln\dfrac{V}{V_0}$。

证明：根据式（12-31）构建拉格朗日方程得：

$$L(c_j, \alpha, \pi) = W - (1-s)\pi + (I-L)Ve^{-r_j c_j} + \lambda(\pi - c_j - \alpha I) + \mu(\alpha I - IVe^{-r_j c_j}) \quad (12-32)$$

对式（12-32）求 c_j，α 和 π 的偏导数可得：

$$\frac{\partial L}{\partial c_j} = (L-I)Vr_j e^{-r_j c_j} - \lambda + \mu I V r_j e^{-r_j c_j}, \quad \frac{\partial L}{\partial \alpha} = -\lambda + \mu, \quad \frac{\partial L}{\partial \pi} = -(1-s) + \lambda \quad (12-33)$$

根据KKT条件求解式（12-33）可得，$\lambda = \mu = 1-s$，$c_j^* = \dfrac{1}{r_j}\ln\dfrac{(L-sI)Vr_j}{1-s}$。当最大化企业的期望效用时，将 c_j^* 代入式（12-29）和式（12-30），可得 $\pi^* = \dfrac{I(1-s)}{(L-sI)r_j} + \dfrac{1}{r_j}\ln\dfrac{(L-sI)Vr_j}{1-s} = \alpha^* I + c_j^*$，$\alpha^* = \dfrac{1-s}{(L-sI)r_j}$。$\partial \pi^*/\partial s > 0$，$\partial \alpha^*/\partial s < 0$。因此，随着政府补贴的增加，MSSP外包合同的金额也会增加，从而进一步提高网络安全水平，降低网络安全脆弱性，也因此，保险公司降低了其保费费率。

当 $V_0 < \dfrac{1-s}{(L-sI)r_j}$ 时，将 $c_j^* = \dfrac{1}{r_j}\ln\dfrac{V}{V_0}$ 代入式（12-29）和式

（12 – 30），可得 $\pi^* = IV_0 + \dfrac{1}{r_j}\ln\dfrac{V}{V_0}$，$\alpha^* = V_0$。

由 $\partial\pi^*/\partial V_0 > 0$，因此，随着政府提高网络安全脆弱性标准（降低 V_0），MSSP 的外包金额就会降低，因为此时政府制定了过高的网络安全水平，对于 MSSP 而言并不划算，但是，随着网络安全脆弱性标准的提高，企业出的脆弱性降低，预期的网络安全损失就会减少，故保险公司的保费费率会下降。由此可见，过高的网络安全强制性，会降低 MSSP 的积极性。

从政府的角度而言，应该最大化整个社会的期望效用，因此从政府角度可得：

$$E_{g5} = W + s\pi - c_j - LVe^{-r_jc_j} \qquad (12 - 34)$$

对式（12 – 34）求 c_j 的导数可得：$c_j^* = \dfrac{1}{r_j}\ln LVr_j$。对比定理 12 – 4 强制定安全水平范围，可知，当政府最大化整个社会时最优的网络安全脆弱性为 $\dfrac{1}{Lr_j}$，而企业效用最大化水平下的网络安全脆弱性为 $\dfrac{1-s}{(L-sI)\,r_j}$，我们对两个安全脆弱性进行比较，发现 $\dfrac{1-s}{(L-sI)\,r_j}\Big/\dfrac{1}{Lr_j} < 1$，也就是企业最大化自身效用情况下的脆弱性要低于政府最大化社会效用下的脆弱性。

因此，在 MSSP 购买网络安全保险情形下，企业的安全脆弱性要低于政府最优的网络安全脆弱性。此外，由定理 12 – 5 可知，政府的补贴对于提高 MSSP 公司的最优投资有 $\partial L/\partial c_j^* > 0$，MSSP 的投资额随着政府补贴的增加而增加。

12.6　强制性约束下信息安全外包与保险的数值分析

本部分通过数值方法对企业的期望效用、MSSP 的外包服务、保险公司的保费率和政府强制性水平进行深入分析。将本文中涉及的参数赋值如下：初始财富 $W = 10000$，企业的网络安全损失 $L = 1000$，企业的初始网络安全脆弱性 $V = 0.2$，MSSP、保险公司和企业的防御投

资系数满足 $r_j < r_k < r_i$，且满足（0，1）范围约束，外包合同金额 $\pi = 100$，MSSP 的损失补偿系数 $h = 0.3$，保险公司保费率 $\alpha = 0.2$，政府补贴系数 $s = 0.1$。

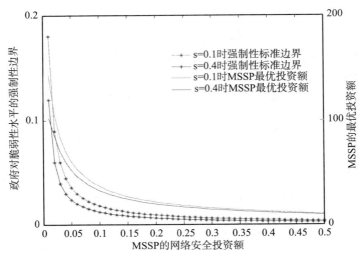

图 12 – 1　情景 1 中不同 MSSP 投资系数和补贴系数下强制性边界与最优投资额
资料来源：笔者整理。

由图 12 – 1 可知，随着 MSSP 投资系数的增加，MSSP 的最优安全投资额逐渐减少，而政府对企业脆弱性的强制性标准水平却在提高（即脆弱性变小），这是因为 MSSP 投资效率的增加可以大幅降低企业的安全脆弱性，政府为了提升整个社会的安全水平，也增加了强制性水平。此外，当政府的补贴系数变大时，政府的强制性标准水平进一步提高，而企业的投资额却降低了，这是因为，高补贴意味着企业难以达到政府规定的强制性标准水平，而 MSSP 要达到政府规定的强制性水平也要付出很大努力，可能仍无法达到，进而使得 MSSP 积极性降低，从而降低了投资额。

图 12 – 2（b）表示 MSSP 的防御安全脆弱性小于政府强制性标准水平时的情形，随着 MSSP 投资系数的增加，企业、MSSP 和政府的期望效用均增加。当企业提高信息安全外包合同金额时，企业的效用减小，MSSP 的效用增加，但政府的期望也增加了。当政府增加对网络安全投资的补贴系数时，企业的期望效用和政府的期望效用均增加了，而 MSSP

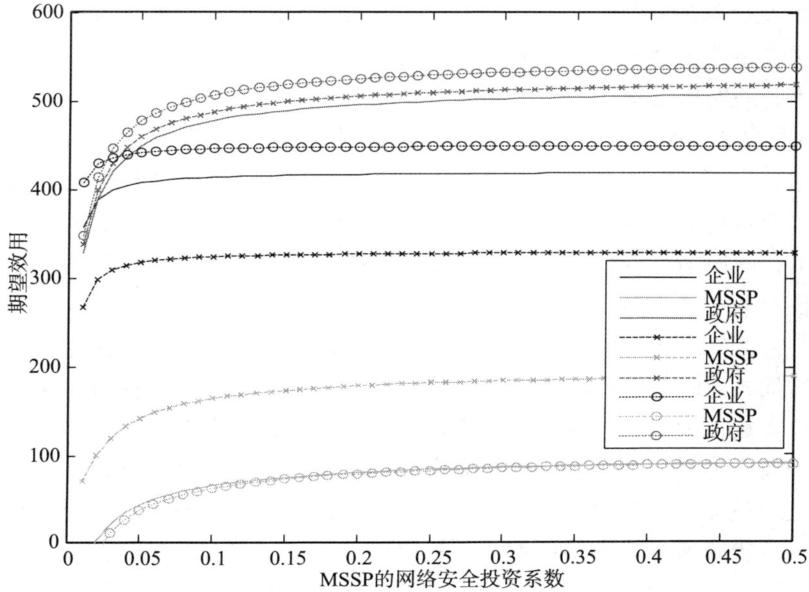

（a）

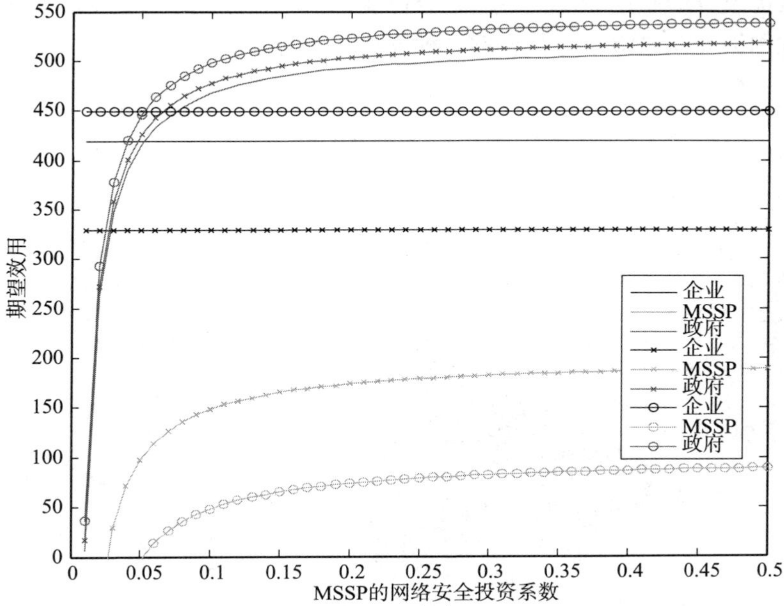

（b）

图 12 − 2　情景 1 中不同 MSSP 投资系数和补贴系数下各主体的期望效用

资料来源：笔者整理。

的期望效用却减少了。图 12 - 2（a）表示 MSSP 的防御安全脆弱性大于政府强制性标准水平时的情形，可知随着 MSSP 投资系数的增加，MSSP 和政府的期望效用均增加了，而企业期望效用却不变。此外，政府的补贴 s 增加对 MSSP 的期望效用没有影响，但是会增加企业和政府的期望效用。当 MSSP 增加外包合同金额时，MSSP 的期望和政府的期望均增加，但是企业的期望却减少了。由此可见，在企业外包网络信息安全情形下，政府增加补贴对 MSSP 没有积极的影响，但是 MSSP 提高网络安全投资系数，会对整体的效用有所增加。

　　由图 12 - 3 可知，随着网络安全保险额的增加网络安全保险费率缓慢增加，而随着企业网络安全防御系数的增加，网络安全保险费率迅速减少。这说明，企业网络安全投资系数在降低保费费率方面很有效，所以企业应尽量增加自己的网络安全防御投资系数，以减少保险费率，而不是通过减少投保金额。同时，企业最优的网络安全投资随着企业的网络安全投资系数的增加而增加，这是因为企业可以获得较低的网络安全脆弱性，未来的网络安全风险损失就越低，但是随着保险额的增加企业的最优投资额有所降低，可能是企业变得依赖通过网络安全风险转移来降低网络安全风险，但是显然这种方法并不有效。

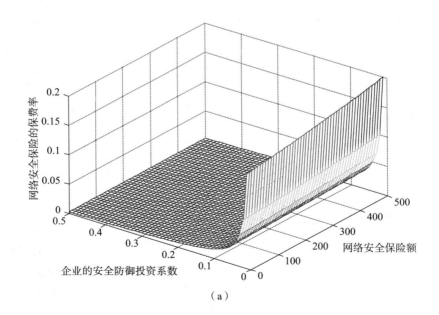

（a）

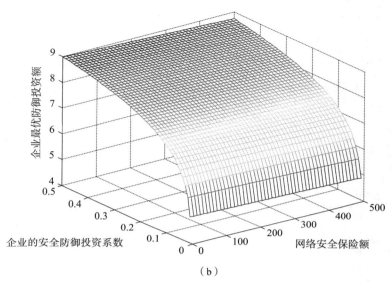

（b）

图 12 – 3 情景 2 中企业最优防御投资额与安全保险保费率

资料来源：笔者整理。

图 12 – 4（a）描述了企业的防御安全脆弱性小于政府强制性标准水平时各主体的期望效用，在企业购买网络安全风险情形下，随着企业自我防御投资系数的增加，企业的期望效用不变，而保险公司和政府的期望效用水平逐渐增加。同时，增加政府补贴增加了企业和政府的期望效用，保险公司的期望效用却不变，而保险公司增加保费时，企业的期望效用变小，保险公司和政府的期望效用增加。这说明，企业提高网络安全投资系数或政府增加补贴系数最整个系统具有帕累托改进的作用。右图描述了在企业的防御安全脆弱性大于政府强制性标准水平时各主体的期望效用，随着企业防御投资系数的增加企业的期望效用逐渐增大，而保险公司和政府的期望效用几乎不变，同时，增加政府补贴可以增加政府和企业的期望效用，而保险公司的效用在增加保费时变大。通过对比可以发现，如果政府制定较低的网络安全水平，将不利于保险公司生存和整体社会效用的提升。

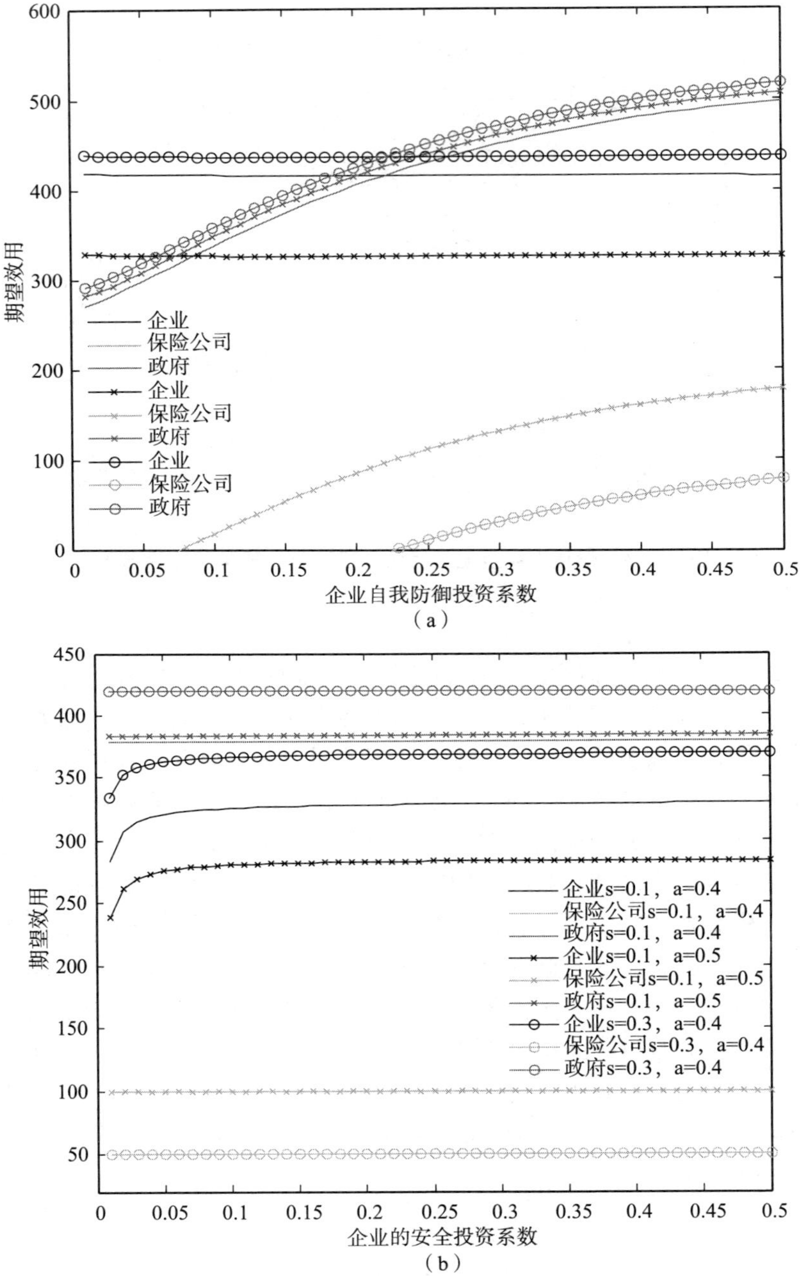

（a）

横轴：企业自我防御投资系数

纵轴：期望效用

图例：
企业
保险公司
政府
企业
保险公司
政府
企业
保险公司
政府

（b）

横轴：企业的安全投资系数

纵轴：期望效用

图例：
企业s=0.1，a=0.4
保险公司s=0.1，a=0.4
政府s=0.1，a=0.4
企业s=0.1，a=0.5
保险公司s=0.1，a=0.5
政府s=0.1，a=0.5
企业s=0.3，a=0.4
保险公司s=0.3，a=0.4
政府s=0.3，a=0.4

图 12 - 4　情景 2 中不同情形下企业的期望效用

资料来源：笔者整理。

由图 12 - 5 可知，当企业的防御安全脆弱性小于政府强制性标准水平时，随着 MSSP 网络安全防御投资系数的增加，MSSP 的最优投资额、外包合同和保险公司最优保费费率均逐渐减少。这是因为 MSSP 的安全防御投资系数的增加会降低 MSSP 的投资成本，减少投资额，并能减少网络脆弱性，使得企业面临的网络信息安全风险变小，保险公司就可以设定较低的保费费率。随着政府补贴系数的增加，MSSP 的最优投资额和最优保费费率先减少，后增加，并存在最小投资额，而最优外包合同金额先增加后减少，然后增加的趋势。从图形分析可知，政府补贴系数存在间断点，当政府补贴系数较小时，最优保费费率和最优投资额均逐渐减少，而 MSSP 所需的外包合同金额却增加，这是因为在政府补贴系数变大时，要求的网络安全水平就会增加，MSSP 则会通过提高投资效率，降低投资成本，从而获得更高的收益。

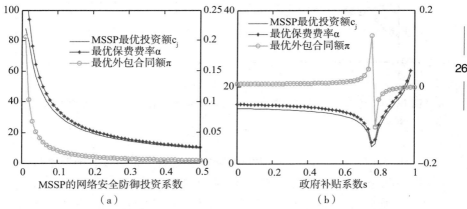

图 12 - 5　情景 3 中不同情形下各决策变量的趋势

资料来源：笔者整理。

由图 12 - 6 可知，当企业的防御安全脆弱性小于政府强制性标准水平时，随着 MSSP 的网络安全防御投资系数的增加，企业的期望效用逐渐减少，而 MSSP、保险公司和政府的期望效用均逐渐增加。当 MSSP 增加外包合同金额时，MSSP 的期望效用和政府的期望效用均增加，保险公司的期望不变，企业的期望效用大幅减少；当保险公司增加保费时，企业的期望效用和 MSSP 的期望效用减少，政府和保险公司的期望效用减少了；当政府增加投资补贴系数时，企业、政府和 MSSP 的期望效用增加了，而保险公司的期望效用减少了。通过不同参数的变化，我们可以得出结论，任何参数的改进均会增加社会总效用的提升。

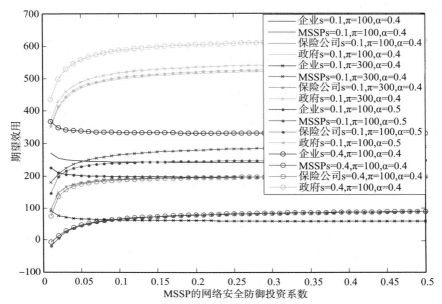

图 12 – 6   情景 3 中各主体期望值随 MSSP 网络安全防御投资系数的变化趋势
资料来源：笔者整理。

由图 12 – 7 可知，当企业的防御安全脆弱性大于政府强制性标准水平时，除企业的期望效用随着 MSSP 网络安全系数的增加而降低外，MSSP、保险公司和政府的期望效用均随着 MSSP 的网络安全投资系数的增加而增加。与企业的防御安全脆弱性大于政府强制性标准水平时的结论相似，随着保险公司保费费率、政府补贴系数和 MSSP 外包合同金额的变化，不同主体的期望效用均呈现不同的变化趋势。值得注意的是，随着政府提高对网络安全脆弱性水平的标准要求，虽然企业的期望效用减少了，但是保险公司和 MSSP 的效用没有变化，而整个社会的期望效用增加了，所以，政府在一定程度上提高对企业网络安全脆弱性水平的强制性标准要求，有助于提升整个社会的期望效用和整个社会的网络安全水平。

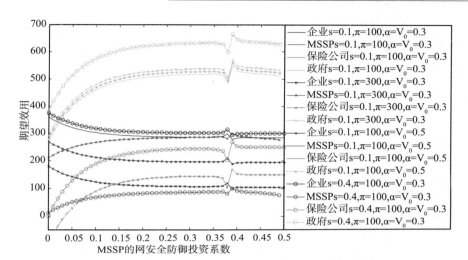

图 12 - 7　情景 3 中 MSSP 安全防御系数与期望效用的关系

资料来源：笔者整理。

图 12 - 8 根据定理 12 - 1 ～ 定理 12 - 5 的结果，描述了本章讨论的 5 种不同情形下政府强制性边界范围，以及不同范围内的最优投资额。根据图 12 - 8 绘制整个脆弱性水平范围内，不同政府强制性边界，以及不同网络安全防御策略下的脆弱性水平，为了便于说明结果，我们对假设的参数进行重新设定，L = 12，如图 12 - 9 所示。

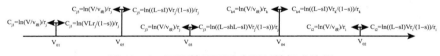

图 12 - 8　不同情形下政府强制性标准边界

资料来源：笔者整理。

由图 12 - 9 可知，随着网络安全脆弱性的增加，不同网络安全防御策略下的投资都逐渐减少，并且在不同情景下强制性边界上具有最小的投资额。对于不同安全策略下的网络安全脆弱性，不难发现，当政府强制性边界比较大（V_{02}）时，除了企业只购买网络安全保险外，其他安全策略的企业安全脆弱性均控制在 0.4 以内，同时我们可以根据图 12 - 9，以及国家规定的强制性脆弱性标准可知，在这种情况下，如果国家规定的强制性脆弱性小于 V_{01}，那么这将对所有的参与方来说是难以达到的挑战，所以国家制定的脆弱性标准只能在其之上，这也就是说明了，系统保留一定的脆弱性，并非坏事，而是应该根据实际需求制定脆弱性标准。

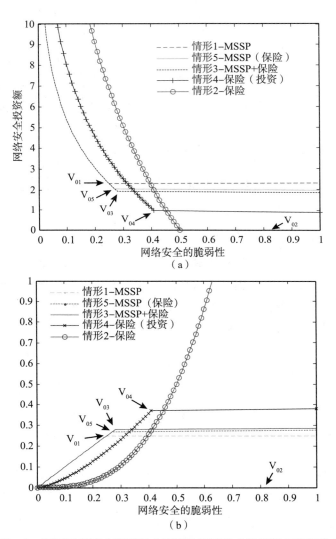

图 12 – 9　不同网络安全脆弱性水平下的网络安全投资额与脆弱性水平

资料来源：笔者整理。

12.7　本 章 小 结

本部分研究了企业最优网络信息安全防御策略问题，在考虑政府强制性标准和政府补贴下，构建了企业、MSSP 和保险公司之间的最优决策模型，分别分析购买 MSSP、网络安全保险和两者组合的最优策略。发现：（1）企业将安全防御外包给专业的 MSSP 时，可达到国家强制性标准要求，政府补贴或者 MSSP 具有较高的安全防御系数时，政府可以规定较高的强制性标准，以提高整个社会的网络安全水平。（2）没有政府强制规定下，企业没有动机增加安全投资，除非政府给予补贴。政府在最大化社会效益时，其强制性脆弱性要求等于企业购买网络安全保险，自我进行防御投资情况下的要求，并且政府的补贴促进了企业进行网络安全投资，当政府规定的强制性网络安全脆弱性较高时，企业的自我投资就会减少，同时政府要给予企业更多的补贴，而当政府规定的强制性网络安全脆弱性较低时，企业的自我投资就会增加，同时政府给予的补贴也会更少。（3）当企业提高信息安全外包合同金额时，企业的效用减小，MSSP 的效用增加，但政府的期望也增加了。当政府增加对网络安全投资的补贴系数时，企业的期望效用和政府的期望效用均增加了，而 MSSP 的期望效用却减少。本章的结果可以对企业进行网络安全防御策略和政府制定网络安全强制性标准提供理论和决策依据。

第五篇

基于系统动力学的多主体联动风险控制

本篇概括：

管理企业信息资产的安全性是一项极其重要和具有挑战性的任务。有效的信息安全管理要求在多个方面部署安全资源，包括防止攻击、降低脆弱性和威慑威胁。在厘清外部攻击者可能的攻击方式和手段后，企业应采取可能的手段进行防御。但是，企业信息安全风险的控制不单是企业自身的问题，而是整个网络协同控制风险的过程。因此，基于上述篇章的研究结论，我们认为企业、MSSP、保险公司、政府和与企业相关的利益相关方都应在防御信息安全方面有所作为。

基于此，我们利用能够刻画系统非线性关系的系统动力学方法对参与企业信息安全防御的多个主体进行建模，刻画各主体间的变量关系，以期获得扎根于实践，且能直接用于实践的对策建议。本篇的研究内容安排包括两方面：

第 13 章：企业信息安全风险防控的系统动力学机制

第 14 章：多主体联动防御信息安全风险的系统动力学分析

通过上述两章的研究，我们发现了企业最优的信息安全防御组合，以及各个主体在防御信息安全中的角色与地位，但是由于系统是动态复杂的，未来还应进一步完善，在有限资源的基础上，动态反映防御的有效措施。

第 13 章 企业信息安全风险防控的系统动力学机制

上述章节已经从企业自身、外部的 MSSP 和保险公司之间的博弈关系研究了企业信息安全风险防御机制，尤其是企业信息安全外包和保险的风控机制进行了深入研究。基于上述章节中各主体之间的函数关系框架，本部分将利用系统理论的方法对上述各主体之间决策变量与决策变量间的关系进行宏观分析，以探索在宏观的系统层面各个主体决策行为对整个社会和企业信息安全决策和信息安全风险水平的影响。

本章主要是从外部恶意软件攻防的角度，分析企业在面对恶意软件攻击时所遭受的信息安全风险，以及在不同防御阶段企业应采取的防御手段，以最大限度降低信息安全风险。本章节为后面第 14 章多主体协同联动防御提供多样、多源、多维的防御手段提供理论基础。

13.1 企业主动防御恶意软件攻击现状

恶意软件（malware）是执行恶意任务的病毒、蠕虫和特洛伊木马的程序（Trilling and Nachenberg, 1999），旨在专门破坏或干扰系统，攻击其保密性、完整性或可用性。据 CNCERT 报告显示，2015 年共发现 10.5 万余个木马和僵尸网络等电脑端恶意软件，以及 148 万个移动端恶意软件，造成损失达 915 亿元。虽然我国网络安全保障措施不断完善，但是网络安全问题仍难以避免。对于企业，新一代信息技术与制造业的深度融合，引发了针对工业控制系统的网络攻击，攻击手段不断专业化和精确化，如 2015 年国家信息安全漏洞共享平台（CNVD）共向基础电信企业通报 2447 份漏洞风险，涉及的企业门户网站及业务系统漏洞风险攻击事件达 2530 起。对于个人，随着移动互联网的普及，私人信息遭受严重泄露，如万豪国际顾客数据泄露，Facebook 数据泄露等。截至 2016 年，我国因恶意软件或人为造成的信息安全问题更加严重，如山东考生因信息泄露而被诈骗案；美国最大电信运营商威瑞森（Verizon）公司的客户泄露事件等，给个人和企业带来财产和生命威胁。因此，保护信息安全，防治恶意软件攻击成为企业界和学术界共同关注的重要议题。基于此，本章将探讨在面对恶意软件攻击情况下，组织和个人应如何采取最佳防治策略进行应对，以最大限度减少恶意软件带来的损失。

现有文献对恶意软件攻防的研究主要集中在两个方面：一是，计算机技术角度的密码学（Stallings，2006）、侦测技术（Christodorescu，2005）和攻击意图分析（Brand et al.，2010）；二是，经济管理角度的组织及员工对恶意软件预防的战略和策略分析（Blakley et al.，2001；Cheng et al.，2013）。此外，王世伟（2015）和张焕国等（2016）认为，研究恶意软件不能仅从内容和信息保护、密码学、信息技术等信息安全角度去研究，更重要是从网络空间安全角度，即应把人、组织、网络、关键基础设施和计算机技术进行整合，实现多种防御机制的协同联动。因此，从网络空间安全角度探讨恶意软件攻防是一个全新视角的系统问题。虽然上述文献对恶意软件防治的研究做出了较大的贡献，但采用的方法多为技术研发型的实践法、回归分析法与数理模型法，只能定性或者定量的探讨恶意软件防治策略的效果，缺乏系统性分析、定性与定量的整合分析。

系统动力学作为研究复杂信息反馈系统的科学，通过融合控制论、信息论、协同论、系统论和结构论等五个基础理论，从定性和定量的角度对研究问题从系统的角度进行动态分析。因此，一些学者应用系统动力学方法对网络安全问题进行了研究。阿卜杜勒－阿齐姆和沃赫拜（Abdelazim and Wahba，2002），德尔莫拉等（Drmola et al.，2015）分别使用系统动力学方法模拟了病毒传播和黑客攻击的过程。为了减少病毒传播，黑客攻击和组织信息安全的脆弱性，拿撒勒和崔佑在（Nazareth and Choi，2015）认为应适当将组织资源分配至防御技术投资、减少脆弱性投资和增加威慑性投资三个方面。特尔切克（Trček，2007）发现信息安全投资显著降低了组织信息系统脆弱性，并有效地保护了组织资产。洛曼丽等（Roumani et al.，2015）发现信息安全投资不仅能有效抑制外部攻击者的攻击，还有助于减少内部信息安全的脆弱性。由于组织内部的一些员工行为也会导致信息安全的脆弱性（Melara et al.，2003），洛曼丽等（Roumani et al.，2015）通过模拟发现只进行入侵检测投资和减少脆弱性投资等一般性投资远远不够，还应该重视组织信息安全的人力资源投资与管理。并且宋佩贞和苏近元（2013）、宋佩贞等（2012）通过构建 SD 模型发现，在减少电脑感染率方面信息安全管理策略可能比物理安全更有效。因此，为减少信息安全脆弱性，组织应对员工进行安全教育培训，明确员工在信息安全管理中的角色，对信息安全技术进行审计，并定时对防火墙和杀毒软件进行升级等。

　　上述文献虽然对基本的防治策略进行了分析，但是其研究的主体数量和防治策略均较片面，未能从网络空间安全的角度对多种防治机制的协同联动进行分析。本章首次尝试从网络空间安全视角整合用户（组织或个人）、计算机、攻击者（黑客）、安全服务提供商等主体，结合成本—收益分析、技术进步和合作防治等机制，遵循现有文献和《信息安全管理体系要求》的防治要求，应用系统动力学方法探索不同防治策略的效果，为个人和组织提供最有效的恶意软件防治策略。与已有文献相比，本部分有如下不同：（1）首次全面探讨了恶意软件攻击生命周期内的攻防策略，并对各策略进行了对比分析；（2）在恶意软件传播过程中，同时考虑用户和安全服务提供商在恶意软件防治过程中的作用，拓展了现有恶意软件的传播模型；（3）与静态的数理模型分析相比，运用系统动力学可以从动态角度对信息安全防治进行分析。

13.2　恶意软件攻防的系统动力学模型

13.2.1　恶意软件的防治策略

　　恶意软件的预防是一个整体的、循环渐进的过程。国际标准化组织已对信息安全的控制规则进行了详细说明，即《信息安全管理体系要求》，该标准包括 14 个安全控制措施的章节，共含有 35 个主要安全类别和 113 项安全控制措施，其中不仅明确了恶意软件预防策略的两个目标，即降低攻击发生率和降低攻击发生后的影响（Böhme et al.，

2006），还在第 12.2 章节给出了控制恶意软件的具体控制措施。本章根据 ISO 标准给出的预防目标、控制措施，以及《信息技术安全信息安全风险评估实施指南》标准，将恶意软件的防治依据恶意软件攻击的生命周期分为预防（detection & prevention）、应对（treatment/response）、恢复（recovery）三个过程（见图 13 -1）。其中，事前预防包括备份，运行软件的控制，技术脆弱性管理，信息安全意识的教育和培训。事中应对是对电脑进行隔离，然后进行全面杀毒。事后恢复主要是对恶意软件造成的损失进行评估，最大限度降低损失，并使电脑恢复至事前安全水平。最后，总结攻击教训，学习如何防止此类攻击再次发生。

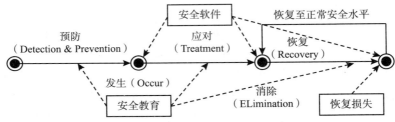

图 13 -1　恶意软件的攻击生命周期和防治策略

资料来源：笔者整理。

　　根据《信息技术　安全技术　信息安全控制实用规则》对预防过程的控制，可总结出三种恶意软件的防治策略：（1）安全教育，即对用户进行信息安全意识的教育和培训；（2）安全工具投资，即购买备份设备、防火墙和杀毒软件等安全工具及服务；（3）恢复损失努力，即对已经产生的损失进行评估，并对损失尽可能进行恢复以最大限度降低损失。《信息技术　安全技术　信息安全控制实用规则》与防治策略对应关系如表 13 -1 所示。

表 13 -1　防治策略与对应的《信息技术　安全技术　信息安全控制实用规则》

阶段	防治策略	对应的《信息技术　安全技术　信息安全控制实用规则》
预防	增加安全教育、安全工具投资	7.22，12.2，12.3，12.6
应对	增加安全教育、安全工具投资	12.3，16.1.2，16.1.3，16.1.4，16.1.5

阶段	防治策略	对应的《信息技术 安全技术 信息安全控制实用规则》
恢复	增加恢复损失成本、安全教育和安全工具投资	16.1.6，16.1.7

资料来源：笔者整理。

13.2.2 恶意软件的攻击策略

目前，既有文献主要以聚类方式对恶意代码的行为（Bailey et al.，2007）、特征码（Nataraj，2011）和攻击过程（卢浩，2006）进行分类研究，以实现对恶意软件的提前预防和控制（Cesare，2010）。根据研究意图，本章对恶意软件的分类标准不是从技术角度对其分类，而是根据恶意软件传播的范围及造成损失的大小，将恶意软件分为广泛传播策略和定量传播策略。广泛传播策略是指凡恶意软件搜索到的任何可利用、入侵的目标系统都进行感染，将自身传播到目标系统中，具有传播速度快、被感染的目标系统数量大等特征，如蠕虫、病毒和木马。定量传播策略是指恶意软件在传播过程中，仅感染特定条件的目标，且当成功感染一定目标值后则不再继续传播，虽然传播速度快，但被感染的目标系统数量相对较少，造成的损失亦相对较大（Fossi et al.，2011）。

13.2.3 恶意软件的传染模型

虽然不同攻击策略的攻击范围和目标不同，但是攻击成功后恶意软件的传播模式却具有相同的特点。目前，较为典型的恶意软件传播模型有 SI 模型、SIR 模型和双因素模型。其中，双因素模型是对 SI 模型和 SIR 模型的拓展，考虑了感染率随时间的动态变化以及人为干预在病毒免疫中的作用。但是，双因素模型假设用户对恶意软件的恢复率是常数，没考虑到信息安全服务提供商技术能力对恶意软件的影响（Benamati et al.，2008）。而事实上，随着用户相关安全知识的积累，用户对恶意软件的认识增多，电脑的恢复率会逐渐增加。同时，信息安全服务商技术能力的增加会减缓恶意软件的传染速度。虽然，国际电信联盟电信标准化部门2014年制定的X系列标准《ITU. T X. 1211》建议书对网络空间中恶意软件的感染过程有了较概括的描述，但是一些电脑在感染后因用户未触发相关操作，未能使攻击立即生效，这种状态类似于自然界病毒传染过程中的潜伏期，可其称为潜伏态（张宏琳等，2006）。基于此，本章在张宏琳等（2006）的 LP 模型上，构建了考虑信息安全服务提供商和用户共同参与的恶意软件传播与防治模型，如图 13 - 2 所示。

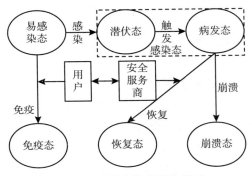

图 13 - 2　恶意软件传染模型

资料来源：笔者整理。

图 13 - 2 中，易感染态指没有受到恶意软件感染的电脑，其比经过免疫和恢复的电脑有较大的脆弱性；感染态是指电脑被恶意软件感染，分为潜伏态和病发态；潜伏态指电脑受到恶意软件感染但未被触发；病发态指完全表现出被感染特征，例如信息被完全截取，电脑无法工作等；免疫态指主机在未被感染恶意软件前，已经通过防火墙和杀毒软件等防治手段对安全脆弱性进行了控制；恢复态指电脑被恶意软件感染后，用户在升级安全服务商的补丁或者对电脑进行隔离后，对电脑进行恢复处理，使其对恶意软件具有免疫性能；崩溃态指因被恶意软件感染而无法运行的电脑。其中，安全服务商和用户通过使用安全软件和已有的防毒意识对电脑的免疫过程和恢复过程进行积极干预，使得电脑的免疫和恢复过程更为迅速和有效。恶意软件传染的数理方程详见附录 13 - A。

13.3　企业面对恶意软件攻防的系统动力学模型

13.3.1　模型假设

通过对恶意软件攻防策略和传染过程的分析可知，恶意软件攻防的模型包含用户、安全服务商、攻击者和电脑等四个主体，以及安全脆弱性、感知风险、安全服务商技术、攻击者收益和攻击成功次数等多个考量因素。基于此，根据本文情景和钱等（Qian et al.，2012）对企业新技术采纳过程中的信息安全假设，做如下假设：

假设1：用户安全知识水平与所需知识水平之间的差距产生操作安全风险。

假设2：不考虑用户（组织）内部的故意攻击，仅考虑外部攻击者攻击和内部员工非故意造成的安全脆弱性。

假设3：安全服务商收益来自安全工具的销售和安全培训服务。

假设4：检测能力可减少攻击成功概率。

假设5：攻击工具的研发和扩散，增加了成功攻击的数量。

13.3.2　系统因果回路分析

网络空间安全事件的因果关系反映了系统内用户和安全服务商防治、攻击者攻击等各主体之间的相互对抗关系，这种相互对抗关系影响着事件中各参与主体的决策与行为，并最终影响信息安全事件的趋势、安全脆弱性、损失和感染电脑数量等。本章根据已梳理的用户防治策略，攻击者攻击策略，《信息技术—安全技术—信息安全控制实用规则》的第15章内容对用户与供应商（安全服务商）关系的规定，以及相关文献和专家的咨询建议，绘制网络空间安全视阈下恶意软件攻防的因果关系图，如图13-3所示。

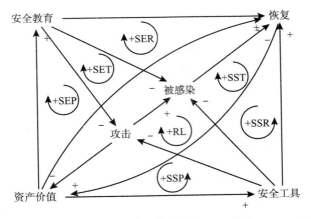

图 13 – 3   恶意软件攻防的因果关系

注：（1）安全教育投资缩写为 SE，安全工具投资缩写为 ST，恢复损失成本缩写为 RL；
（2）预防阶段缩写为 P，应对阶段缩写为 T，恢复阶段缩写为 R。
资料来源：笔者整理。

图 13 – 3 描述了用户为保护资产价值（Bailey，2014），对可能产生的信息安全风险，在预防阶段、应对阶段和恢复阶段采用安全教育或购买安全服务商的安全软件进行防御和恢复。同时，攻击者为了非法获得用户的资产价值，而不断实施攻击。因此，在恶意软件攻防因果关系中存在用户、电脑、安全服务商和攻击者四个主体，根据用户和攻击者之间的攻防关系形成如图 7 个正向反馈环。

安全教育在预防阶段的作用（SEP）：用户资产价值→安全教育→攻击→资产价值。在 SEP 反馈环中，用户为防止遭受攻击致使资产价值损失，通过安全教育来提高安全意识，防止人为错误操作而受到攻击。安全教育在应对阶段的作用（SET）：用户资产价值→安全教育→被感染电脑→恢复→资产价值。安全教育在恢复阶段的作用（SER）：用户资产价值→安全教育→恢复→资产价值。在 SET 和 SER 反馈环中，用户根据安全知识来减少电脑感染量，以实现免疫和快速恢复的效果。SEP + SET + SER 即为安全教育在预防、应对和恢复恶意软件攻击中的完整防治体系。

安全软件在预防阶段的作用（STP）：用户资产价值→安全软件→攻击→用户资产价值。在该反馈环中，用户通过购买安全服务商的安全软件，抵御攻击者的攻击，以实现保护资产价值的目的。安全软件在应对阶段的作用（STT）：用户资产价值→安全软件→被感染电脑→恢复→用户资产价值。安全软件在恢复阶段的作用（STR）：用户资产价值→安全软件→恢复→资产价值。在 STT 和 STR 反馈环中，用户和安全服务商通力合作，对系统脆弱性进行弥补，减少被恶意软件感染的电脑量，并恢复资产价值，减少损失。STP + STT + STR 即为安全软件在预防、应对和恢复恶意软件攻击中的完整防治体系。

恢复损失的努力成本在恢复阶段的作用（RL）：用户资产价值→恢复→用户资产价值。在 RL 反馈环中，用户为最大限度减少攻击产生的损失，而立即对损失进行修复和弥补，如重新购买新的杀毒工具，备份工具，雇用专业人员进行恢复等。

由于图 13-3 对各个主体内部因果关系，以及与其他主体关系的描述较为模糊，但是其完整地刻画了用户、安全服务商、攻击者和恶意软件四者之间的攻防逻辑关系，以及安全教育、安全工具、恢复损失三种防治策略的防治过程，四个主体和防治策略的因果关系详见附录 13-B。

13.3.3　子系统 SD 模型及主要方程式

通过对四个主体和防治策略因果关系图的分析（见附录 13-B），恶意软件攻防的系统模型可以分解为四个子系统，分别为恶意软件传染子系统，安全服务商防治子系统，用户防治子系统和攻击者子系统。

（1）恶意软件传染子系统的 SD 模型。

恶意软件传染子系统描述了恶意软件在用户电脑间传染的过程（见图 13-4）。在恶意软件传播过程中，用户通过增加安全意识或购买安全软件来减少恶意软件的传染及其损失；安全服务商则力图在较短的时间内，开发出能够对恶意软件进行免疫的补丁，以减少恶意软件的传播。该子模块包含易感染电脑、潜伏电脑、病态电脑、免疫电脑、崩溃电脑和恢复电脑六个存量；传染率、免疫率、触发率、崩溃率和恢复速率五个流量；用户安全意识防御力、安全软件防御力、外接设备接触率、网络接触率、感染总量、平均防御时间等辅助变量，以及免疫系数、病发系数、崩溃系数、恢复系数、潜伏期和电脑总量等常量。

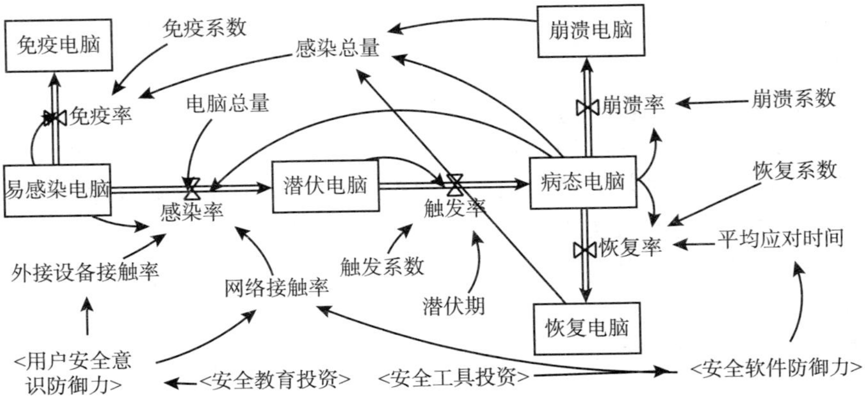

图 13 – 4   恶意软件传染子系统模块

资料来源：笔者整理。

恶意软件传染子系统的主要方程式如下：

易感染电脑＝INTEG（－免疫率－感染率，7000）；潜伏电脑＝IN-TEG（感染率－病发率，1000）；病态电脑＝INTEG（病发率－崩溃率－恢复率，1000）；恢复电脑＝INTEG（恢复率，0）；崩溃电脑＝INTEG（崩溃率，0）；免疫电脑＝INTEG（免疫率，0）；感染率＝（0.1×外接设备接触率＋0.2×网络接触率）×易感染电脑×（1－病态电脑/电脑总量）^η，η是恶意软件感染速率的敏感度，取η＝3；触发率＝触发系数×潜伏电脑/潜伏期；恢复率＝恢复系数×病态电脑/平均应对时间；崩溃率＝崩溃系数×病态电脑；免疫率＝免疫系数×易感染电脑/感染总量；感染总量＝崩溃电脑＋恢复电脑＋病态电脑；用户安全意识防御力＝安全教育投资×RANDOM UNIFORM（0，1，0.1）；安全软件防御力＝安全工具投资×RANDOM UNIFORM（0，1，0.5）；外接设备接触率＝IF THEN ELSE（用户安全意识防御力＝0，0.6，0.6×用户安全意识防御力）；网络接触率＝IF THEN ELSE（安全软件防御力＝0：AND：用户安全意识防御力＝0，0.4，1－MAX（用户安全意识防御力，安全软件防御力））；平均应对时间＝a＋b/（安全软件防御力），a是安全服务商平均反应时间，取a＝1；b是安全服务商开发防御恶意软件的经验时间，取b＝5。

（2）安全服务商防治子系统的SD模型。

安全服务商防治子系统是安全服务商为遏制恶意软件的传播，提高自身安全技术水平和增加安全服务收入，而不断进行技术升级的过程（见图13-5）。该子模块包含：安全技术水平和安全服务收入两个存量；技术进步率、收入增加率和收入减少率三个流量；攻击者压力、市场占有率、平均应对时间、安全R&D投入，以及由恶意软件传染子系统、用户防御子系统和攻击者子系统等形成的其他辅助变量。

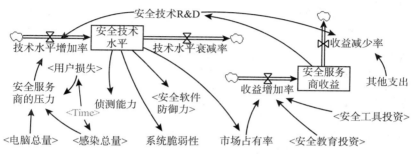

图13-5　安全服务商防治子系统模块

资料来源：笔者整理。

安全服务商防治子系统的主要方程式如下：

安全技术水平 = INTEG（技术水平增加率 - 技术水平衰减率，100）；安全服务商收益 = INTEG（收益增加率 - 收益减少率，0）；技术水平增加率 = 0.001 × 安全技术 R&D × 安全服务商的压力；技术水平衰减率 = 0.001 × PULSE TRAIN（0，2，5，72）；收益增加率 =（安全工具投资 + 安全教育投资）× 市场占有率；收益减少率 = 其他支出 + 安全技术 R&D；安全技术 R&D = c × 安全服务商收益，c 是服务商将收益用于技术研发的比例，取 c = 0.3；安全服务商压力 = 用户损失 × 感染总量/电脑总量；市场占有率 = d × 安全技术水平，d 是市场占有率系数，表示市场占有率是安全技术水平的增函数，取 d = 0.03；侦测能力 = 1 + EXP（0.1 × 安全技术水平）；系统脆弱性 = g × EXP（- 安全技术水平），g 为技术脆弱性系数，取 g = 2。

（3）用户防治子系统的 SD 模型。

用户防治子系统是，为了减少因安全脆弱性而受到恶意软件攻击导致资产损失，用户采取购买安全软件或加强安全教育提高安全意识等措施对恶意软件进行防治和损失恢复的过程。如图13-6所示，该子系统包括安全投资、安全脆弱性和用户损失三个存量；投资增加率、脆弱性减少率、脆弱性增加率、损失减少率和损失增加率五个流量；安全预算、攻击技术、漏洞和资产价值三个常量；安全工具投资、安全教育投资、恢复损失成本等三种防治策略，以及风险感知和其他辅助变量。

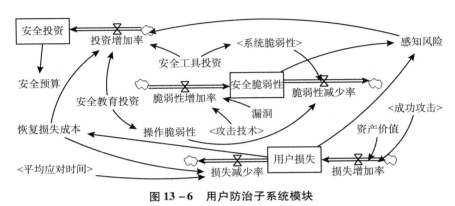

图 13－6　用户防治子系统模块

资料来源：笔者整理。

用户防治子系统的方程式：

安全脆弱性 = INTEG（脆弱性增加率 - 脆弱性减少率，0）；用户损失 = INTEG（损失增加率 - 损失减少率，0）；安全投资 = INTEG（投资增加率，100）；脆弱性增加率 = 漏洞×攻击技术；脆弱性减少率 = 系统脆弱性 + 操作脆弱性；损失减少率 = 恢复损失成本/平均应对时间；损失增加率 = 成功攻击×资产价值；投资增加率 =（安全工具投资 + 安全教育投资 + 恢复损失成本）×感知风险；感知风险 = 用户损失×安全脆弱性；操作脆弱性 = EXP(- 安全教育投资)；恢复损失成本 = 用户损失×RANDOM UNIFORM（0，1，0.4）；安全教育投资 = 2×PULSE TRAIN（0，2，5，72）；安全工具投资 = 10×PULSE TRAIN（0，5，5，72）。

（4）攻击者子系统的 SD 模型。

攻击者子系统刻画了攻击者实施攻击的动机，攻击技术水平的变化，以及攻击数量和收入之间关系（见图 13－7）。该子系统中有：成功攻击次数和攻击者收入两个存量；攻击增加率、攻击减少率、收入增加率和收入减少率四个流量；攻击总次数、攻击概率、目标吸引力、攻击成功率、攻击工具、攻击技术、技术 R&D 投入、侦测能力等辅助变量；以及攻击动机、工具扩散率、攻击者数量、组织愿景和每次攻击平均收益等常量。

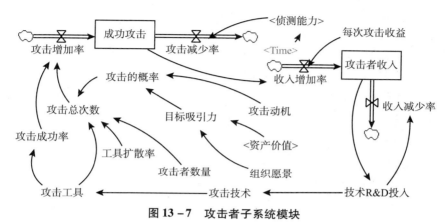

图 13 – 7　攻击者子系统模块

资料来源：笔者整理。

攻击者子系统的方程式：

成功攻击 = INTEG（攻击增加率 – 攻击减少率，10）；攻击者收入 = INTEG（收入增加率 – 收入减少率，0）；攻击增加率 = 攻击总次数 × 攻击成功率；攻击减少率 = 0.001 × 侦测能力；收入增加率 = 成功攻击 × 每次攻击收益；收入减少率 = 0.3 × 技术 R&D 投入；技术 R&D 投入 = 0.3 × 攻击者收入；攻击技术 = IF THEN ELSE（RANDOM UNIFORM（0，1，0）= 0，0，0.2 × EXP（技术 R&D 投入））；攻击工具 = PULSE TRAIN（0，2，4，72）× 攻击技术；攻击成功率 = h × 攻击工具，攻击者使用攻击工具成功的概率，取 h = 0.01；目标吸引力 = g × 资产价值 × 组织愿景，g 是吸引力系数，取 g = 5；攻击概率 = k × 攻击动机 × 目标吸引力，k 是攻击概率系数，取 k = 0.2；攻击总次数 = 工具扩散率 × 攻击工具 × 攻击者数量 × 攻击的概率。

13. 3. 4　恶意软件攻防的 SD 模型

对上述 4 个子系统进行整合，形成恶意软件攻防的系统动力学模型，如图 13 – 8 所示。

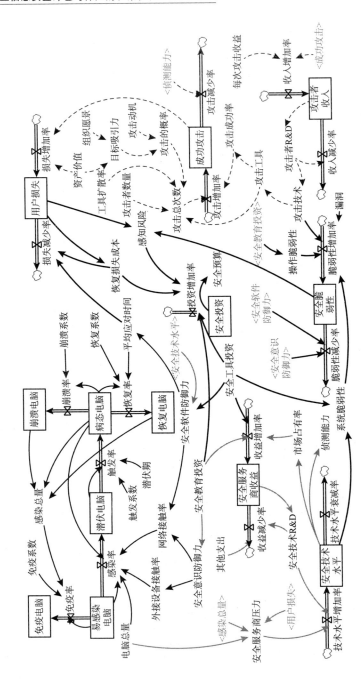

图13-8 恶意软件攻防的SD模型

资料来源：笔者整理。

图 13 - 8 的 SD 模型描述了恶意软件制造者实施恶意攻击的过程，恶意软件传染过程，防御者（用户和安全服务商）为减少损失对恶意软件进行对抗防治的过程，以及用户在受到攻击后恢复损失的过程。为了更好地对每个主体内部关系，及其之间的关系进行梳理，用不同的线型表示不同主体内部的关系，其中黑色细线代表的是恶意软件传染子系统，灰色细线是安全服务商防治子系统，黑色粗线是用户防治子系统，虚线则为攻击者子系统。模型中常量的假设如表 13 - 2 所示。

表 13 - 2 模型中主要常量的数值与描述

常量	常量描述
FINAL TIME	= 72，模拟的全部时间为 72 小时
INITIAL TIME	= 0，模拟的开始时间为 0 小时
STEP	= 0.5
电脑总量	= 10000，系统中所有电脑的数量
潜伏期	= RANDOM UNIFORM (0, 1, 0.5)，由于不同恶意软件的潜伏期不同，故采用随机函数表示
资产价值	= 2，用户的资产价值
漏洞	= PULSE TRAIN (0, 2, 4, 72)，假设系统缺陷以脉冲函数的形式发生
每次攻击收益	= RANDOM UNIFORM (0, 1, 1)，由于每次攻击不一定获得收益，故采用随机函数表示
攻击动机	= 0.5，标准化后的攻击动机，范围是 [0, 1]
工具扩散率	= 0.5，标准化后的工具扩散率，范围是 [0, 1]
组织愿景	= 0.5，标准化后的组织愿景，范围是 [0, 1]
攻击者数量	= 100，网络中对用户系统实施攻击的攻击者数量初始值

资料来源：笔者整理。

13.4 恶意软件攻防策略的仿真与分析

本章使用 Vensime PEL 软件进行模拟，依据上述系统动力学模型的方程和初始参数值，首先对恶意软件传染情况进行模拟，如图 13 - 9 所示；然后对不同的防治策略和攻击策略进行分析，获得了可用于指导实践的最佳恶意软件防治策略。

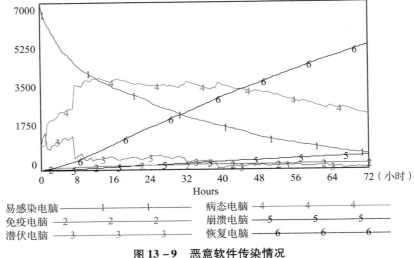

易感染电脑 ——————— 1 ——————— 1 ————   病态电脑 —4——————4——————4—

免疫电脑 ——2——————2——————2—   崩溃电脑 —5——————5——————5—

潜伏电脑 ——3——————3——————3—   恢复电脑 —6——————6——————6—

图 13 - 9   恶意软件传染情况

资料来源：笔者整理。

图 13 - 9 描述了用户受攻击后，恶意软件的传染情况。其中，易感染电脑数量呈指数形式下降，说明用户采取的防治措施是有效的。当用户采取适当的防治措施后，免疫电脑量和恢复电脑量不断增加，潜伏电脑量逐渐降低。此外，由于期初用户未能意识到恶意软件的存在，而触发恶意软件，导致病态电脑急剧增加；但随后，在安全工具和安全意识的双重作用下，病态电脑的传染得到控制，并持续减少。虽然崩溃电脑量随着时间的增加而不断增加，但是用户通过使用安全软件，加之安全意识和恢复损失努力，降低了受感染电脑的崩溃概率，因此崩溃电脑的增加速率变缓。

13.4.1   防治策略的仿真分析

防治策略的仿真主要是对用户增加教育投资、增加安全工具投资和增加恢复损失成本三种策略进行模拟，探讨在预防阶段、应对阶段和恢复阶段各个防治策略的效果及变化趋势。在仿真过程中，增加安全教育投资策略，即安全教育投资由 1 增至 1.5；增加安全工具投资策略，即安全工具投资由 1 增至 1.5；增加恢复损失成本策略，即恢复损失成本由 RANDOM UNIFORM（0，1，0.3）增至 5 × RANDOM UNIFORM（0，1，1），其他参数均保持不变。

284

（1）预防阶段。

事前预防对减少成功攻击数量和损失具有重要的作用，用户通过事前对安全教育的投资能够增加用户的安全意识，从而减少人为操作导致的操作安全脆弱性；而通过对安全工具的投资能够减少系统漏洞的出现，从而减少安全服务商所提供的安保系统脆弱性。

由图 13 - 10 可知，增加安全教育投资和增加安全工具投资具有显著降低安全脆弱性的效果，并能显著提高免疫电脑数量。在 36 小时前，企业员工的安全教育比安全工具更有效，之后虽然员工具有一定的安全水平，但是缺乏必要的技术能力，此时安全工具成为主要免疫工具。此外，用户事后的恢复成本投资，因减少了用户损失给安全服务商的压力，使得安全服务商未尽努力提高技术水平，导致了安全脆弱性的增加。由于事后的恢复损失策略仅作用于恢复阶段，因此对预防和应对阶段的电脑免疫并无影响。

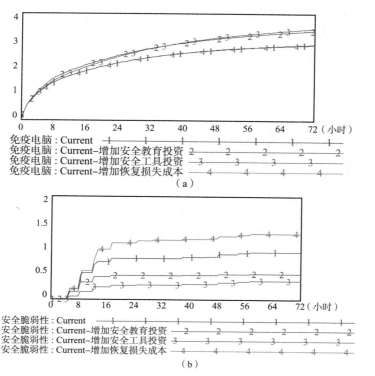

图 13 - 10　预防阶段防治策略分析

资料来源：笔者整理。

（2）应对阶段。

应对阶段主要是对已经感染的电脑进行免疫和恢复，通过安全教育投资可以增加用户对已感染电脑的合情处理，减少因错误操作带来的损失；通过安全软件投资可以间接增加安全服务商的技术 R&D 投资，缩短研发抑制恶意软件补丁的平均应对时间。

由图 13-11 可知，增加安全教育投资和安全工具投资均有助于减少病态电脑，且增加安全工具投资比增加安全教育投资更有效。当用户增加恢复损失成本时，由于后期投入较大的成本进行电脑恢复，促进了病态电脑的减少。此外，平均应对时间是安全服务商为克服恶意软件而对安全工具进行升级或打补丁的时间，其与安全服务商的 R&D 投入有关。因此，与增加安全教育投资和增加恢复损失成本相比，增加安全软件投资可直接增加安全服务商的技术投入，明显缩短平均应对时间。

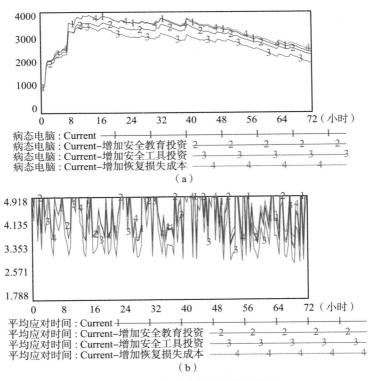

图 13-11　应对阶段防治策略分析

资料来源：笔者整理。

（3）恢复阶段。

在恢复阶段，用户利用安全知识、使用安全软件和恢复损失的努力对感染电脑以及造成的损失进行恢复，以最大限度降低恶意软件造成的损失。用户在恢复阶段的防御策略效果如图 13－12 所示。

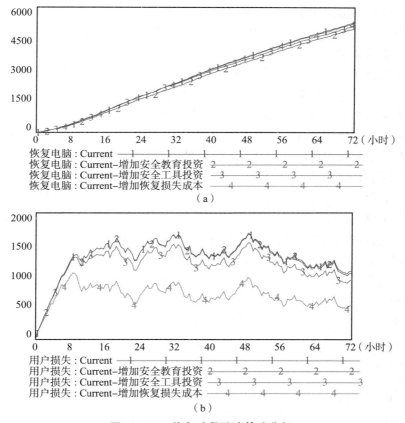

图 13－12　恢复阶段防治策略分析

资料来源：笔者整理。

由图 13－12 可知，增加安全教育投资、安全工具投资和恢复损失投资均有利于增加恢复电脑的数量，其中由于安全教育投资提高了用户的安全意识，在安全服务商未研发出对策期间，用户安全知识在恢复电脑过程中起着显著的作用。此外，增加安全教育投资、安全工具投资和恢复损失投资遏制了恶意软件的传播或损失，进而减少了用户的损失。

其中，由于恢复损失投资通过用户的努力可直接降低用户的损失，因而可以最大限度减少用户的损失。

13.4.2　攻击策略的仿真分析

根据攻击的规模、成本和成功概率，将攻击策略分为广泛攻击和定量攻击。其中在广泛攻击策略中，恶意软件的传播途径可以是外接设备，也可以是网络，且攻击者每次攻击成功的收益较少且不确定。在定量攻击策略中，恶意软件传播往往只通过网络进行定点投放和攻击，因此其传播路径只有网络接触；并且在定量攻击策略中，攻击收益和成功攻击概率呈反比，即攻击成功概率越小，其获得收益越大。图 13 - 8 是基于广泛攻击策略构建的恶意软件攻防系统动力学模型，在此基础上根据定量攻击的特点，对定量攻击策略的系统动力学方程进行如下调整：感染率 = （0.2 × 网络接触率）× 易感染电脑 ×（1 - 病态电脑/电脑总量）^{3}；网络接触率 = 安全意识防御力 × 安全软件防御力；每次攻击收益 = 0.2 × EXP（ - 成功攻击）；攻击者 R&D = 0.5 × 攻击者收入。通过对广泛攻击和定量攻击的仿真，得到不同攻击策略对用户、安全服务商和攻击者的影响，如图 13 - 13 所示。

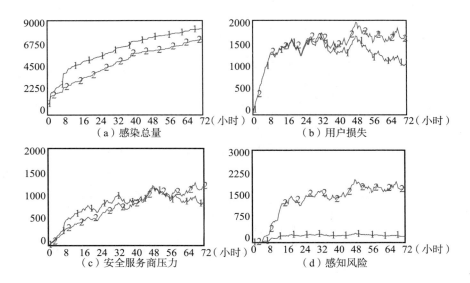

（a）感染总量　　　　　（b）用户损失

（c）安全服务商压力　　　　　（d）感知风险

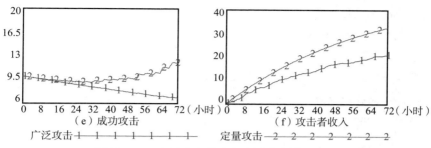

图 13－13　广泛攻击策略与定量攻击策略对比

资料来源：笔者整理。

由图 13－13（a）可知，因广泛攻击具有攻击范围大，对象不确定，攻击成功率较低等特点；而定量攻击具有攻击范围小，攻击对象较为固定且价值较高，攻击成功率较高的特点，所以广泛攻击比定量攻击有较大的感染电脑量，但定量攻击会产生比广泛攻击更大的用户损失（见图 13－13（b））。图 13－13（c）表明，在广泛攻击中，由于受攻击的电脑数量急剧增加，使得安全服务商压力也迅速增加，直到安全服务商提高防御技术水平，使得恶意软件的传播得以控制，安全服务商的压力也逐渐减小。在定量攻击中，由于被感染电脑数量较少，未获得安全服务商的足够重视，直至后期（48 小时后），定量攻击的损失增加，才给安全服务商带来较大的压力。此外，广泛攻击往往攻击力较小，容易恢复，故带来的损失较小，用户对其感知风险也较小；但是定量攻击往往对用户较高的资产价值感兴趣，故造成的损失较大，且不容易进行恢复，故而给用户带来较大的感知风险（见图 13－13（d））。

攻击者不同攻击策略因付出的努力和成本不同，而使得其成功的攻击次数和收入亦不同。与广泛攻击不同，在定量攻击过程中，攻击者往往事先知道用户系统中存在有价值的漏洞或缺陷（这些缺陷安全服务商却难以发现），并根据自身技术水平针对这些缺陷进行攻击。因此，定量攻击的成功次数更多（见图 13－13（e））。虽然，定量攻击需要攻击者付出较多的时间和成本搜寻系统漏洞、缺陷以及开发新的攻击技术，但是定量攻击一旦成功则将获得更高的收入（见图 13－13（f））。

13.4.3　攻防策略的交叉分析

基于防治策略和攻击策略的仿真，本部分进行攻防策略的交叉分

289

析，即分析攻击策略下不同防治策略的效果，以及不同防治策略下不同攻击的效果，结果如表 13 - 3 所示。

表 13 - 3 　　　　　　　　　攻防策略的交叉分析

防治策略	增加安全教育投资（SE）		增加安全工具投资（ST）		增加恢复损失成本（RL）	
	广泛攻击	定量攻击	广泛攻击	定量攻击	广泛攻击	定量攻击
SE	7785，0.49，*1043*，6.66	7966，2.79，*1627*，11.7				
ST	**6973**，**0.16**，905，**6.63**	**8588**，**1.11**，1362，**11.55**	7527，0.36，928，6.72	8048，2.14，1456，11.76		
RL	7866，*2.15*，214，7.11	7787，10.46，443，12.1	7810，1.49，188，7.12	7883，7.07，432，12.12	**8244**，1.27，538，*7.97*	**7108**，*20.59*，480，*12.2*
SE + ST + RL 综合策略					7403，0.76，**187**，7.10	8422，3.49，**428**，12.09

注：（1）表格中数据对应的变量依次为：感染总量、安全脆弱性、用户损失、成功攻击，其中加黑数字和黑斜数字分别是该变量在攻击策略下的最小值和最大值；（2）安全教育投资缩写为 SE，安全工具投资缩写为 ST，恢复损失成本缩写为 RL。

资料来源：笔者整理。

根据表 13 - 3 的数据可知，不同防治策略在不同攻击策略下的效果和损失不同；不同攻击策略在不同防治策略下的成功攻击次数亦不同。对比广泛攻击和定量攻击的数据得到：在不同的防治策略上，增加安全教育和安全工具投资的组合策略对防御广泛攻击更有效；在两种攻击策略的防御上，增加恢复投资可以显著降低用户损失，但是不会明显降低感染总量、安全脆弱性和成功攻击次数。

对于攻击者来说，当用户采取任意一种或几种防治策略时，广泛攻击带来的负面效果均会迅速减小，例如增加安全教育投资和安全工具投资可以减少广泛攻击中系统脆弱性、电脑感染量和成功攻击次数，增加恢复损失成本可明显降低用户损失。反之，若攻击者采用定量攻击策略，无论用户采取何种防御策略总有缺陷存在，从而带来较大的负面效果。

针对攻击者不同的攻击策略，用户应根据自身的目标，采用合适的防治策略及其组合策略。为给用户提供可靠、清晰的政策建议，本章对各个防治策略在不同攻击策略下的效果进行排序，以指导用户根据不同的目标选择合适的防治策略。

由表 13-4 可知，对于广泛攻击，SE + ST 组合策略在减少感染量、安全脆弱性和成功攻击次数上最为有效；在减少用户损失方面，SE + ST + RL 的综合策略最为有效。对于定量攻击，其攻击目标是漏洞和缺陷等安全脆弱性，虽然 SE + ST 组合策略能降低安全脆弱性，但是一旦被定量攻击成功则会使感染总量迅速增加，SE 和 ST 策略均失去作用，此时 RL 策略因用户恢复努力增加，使得感染量得以控制。同时，SE + ST + RL 的综合策略在定量攻击下也是减少用户损失最为有效的策略。

表 13-4　　　　　　　　　　各防治策略的效果分析

攻击策略	用户目标	效果表现次序 （由好到差）						
广泛攻击	感染总量	SE + ST、SE + ST + RL、ST、SE、ST + RL、SE + RL、RL						
	安全脆弱性	SE + ST、ST、SE、SE + ST + RL、RL、SE + RL、ST + RL						
	用户损失	SE + ST + RL、ST + RL、SE + RL、RL、SE + ST、SE						
	成功攻击	SE + ST、ST、SE、SE + ST + RL、SE + RL、ST + RL、RL						
定量攻击	感染总量	RL、SE + RL、ST + RL、SE、ST、SE + ST + RL、SE + ST						
	安全脆弱性	SE + ST、SE、ST、SE + ST + RL、ST + RL、SE + RL、RL						
	用户损失	SE + ST + RL、ST + RL、SE + RL、RL、SE + ST、ST、SE						
	成功攻击	SE + ST、SE、ST、SE + ST + RL、ST + RL、SE + RL、RL						
防御策略及其组合排序		SE + ST	SE + ST + RL	ST	SE	SE + RL	ST + RL	RL
综合次序均值		22/8	27/8	30/8	32/8	37/8	37/8	39/8

注：安全教育投资缩写为 SE，安全工具投资缩写为 ST，恢复损失成本缩写为 RL。
资料来源：笔者整理。

由综合次序均值可知，SE + ST 组合策略可以覆盖预防、应对和恢复整个过程，除抵御部分攻击外，还可以迅速恢复损失，故其综合效果最为突出。而在 SE + ST + RL 策略中，因投资较为分散，使得 SE 和 ST 效果减小；但是增加 RL 投资，可使用户的损失可以降低至最小。此外，由 RL 的综合次数均值可知，仅进行事后的损失恢复不仅增加了安全脆弱性，给攻击者攻击的机会，还降低了电脑恢复速度。虽然 RL 可以降低用户损失，但是需要更多的时间进行损失的恢复。综上所述，用户应根据自身目标采纳合适的防治策略，以减少安全脆弱性和损失。

13.5 本章小结

信息安全事件的演化是一个多主体参与的复杂动态系统，其中用户的防治策略和攻击者攻击策略对恶意软件引发的网络空间安全事件有重要的影响。通过将不同影响因素纳入系统框架中，可定量化和动态化观察不同攻防策略对各主体的影响。通过构建 SD 模型及其仿真分析发现，增加安全工具投资在预防、应对阶段对减少恶意软件传播、恢复电脑、减少安全脆弱性有显著作用，增加恢复损失成本有助于减少恢复阶段的损失。攻击者采用定量攻击策略时，虽然攻击范围变小，但攻击成功率增加，并给用户造成更大的损失。

通过攻防策略的交叉分析发现，在组合策略中 SE + ST 策略效果最好，可有效降低任何攻击策略下感染电脑量、安全脆弱性和攻击成功次数；同时 SE + ST + RL 综合策略在减少用户损失方面效果最好。因此，用户可根据不同的目标实行不同的组合防治策略。本章描述了恶意软件的攻防机制与策略，可帮助企业根据自身情况和目标，采纳合适的网络空间安全保护策略，降低企业安全脆弱性，提高企业安全防御能力。

本 章 附 录

附录 13 - A：恶意软件传染方程

用 N 表示电脑总量，易感染电脑量 s 随时间变化的方程满足：

$$ds(t)/dt = (-\alpha) \cdot s(t) + (-\beta) \cdot s(t) \cdot j(t) \qquad (A-1)$$

其中，α 是传染率，$\alpha = \omega \cdot (1 - p(t)/N)^{\eta}$，其中 ω 是易感染电脑的接触率，η 是恶意软件感染速率敏感度（Zou et al., 2002）；β 是免疫率，$\beta = x \cdot (1 - q(t)/N)$，其中 x 是免疫系数；$j(t)$ 表示至 t 时刻，总的被感染的电脑量。

潜伏态电脑 p 随时间变化的速度方满足：

$$dp(t)/dt = \alpha \cdot s(t) + (-\delta) \cdot p(t) \cdot i(t) \qquad (A-2)$$

其中，δ 是触发率，$\delta = y \cdot q(t)/\pi$，其中 y 是触发系数，π 是潜伏期；$i(t)$ 是 t 时刻感染态的电脑，并满足如下方程：

$$di(t)/dt = \delta \cdot p(t) \cdot i(t) + (-\lambda) \cdot i(t) + (-\mu) \cdot i(t) \qquad (A-3)$$

其中，λ 是崩溃率，即因恶意软件感染而无法恢复的电脑，$\lambda \cdot i(t)$ 则是单位时间内崩溃的电脑量，用 $db(t)/dt$ 表示。由于用户在恢复阶段直接通过修复避免攻击的补丁或进行免疫，直接恢复的概率是 μ，$\mu \cdot i(t)$ 则表示单位时间内恢复的电脑量，用 $dr(t)/dt$ 表示。

免疫态电脑量 q 随时间变化的速度方满足：

$$dq(t)/dt = \beta \cdot s(t) \cdot j(t) \qquad (A-4)$$

累计被感染电脑量随时间变化的方程为：

$$j(t) = i(t) + r(t) + b(t) \qquad (A-5)$$

附录 13 - B：各子系统因果关系图

（1）恶意软件传染的因果关系图。

本部分结合阿卜杜勒—阿齐姆（2002）、宋佩贞和苏近元（2013）对恶意软件传染过程的描述，加之用户通过使用安全软件、提高安全意识等措施，绘制安全干预下恶意软件传染的因果关系图。

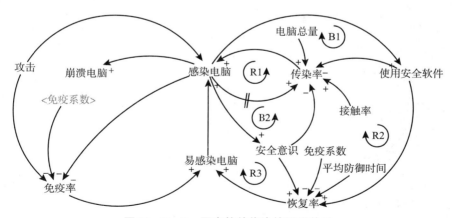

图 13 - B - 1　恶意软件传染的因果关系

资料来源：笔者整理。

恶意软件的传播过程主要分为两个阶段：一是恶意软件传播过程的因果关系；二是电脑恢复过程的因果关系。根据图 13－B－1 可知，在恶意软件传染过程中有三个正向反馈环和两个负向反馈环，其中 R1 描述了电脑被恶意软件传染的过程；R2 是通过安全软件对已感染的电脑进行恢复；R3 是安全意识在电脑恢复阶段的积极作用；B1 和 B2 分别描述了安全软件和安全意识在恶意软件感染过程中的抑制作用。

（2）安全服务商防治因果关系图。

在安全服务商的因果关系中，安全服务商通过向用户出售安全服务和产品获得收益，同时提升自身安全服务水平，以抵抗攻击者的攻击，获得更多的市场份额。

由图 13－B－2 可知，在安全服务商防治的因果关系图中有两个正向反馈环和两个负向反馈环。R′1 描述了安全服务商技术水平的提升对其市场占有率和收入的正向影响；R′2 是在恶意软件传播阶段，安全服务商研发新技术的平均时间对其市场占有率和服务收入的影响。B′1 是在攻击者形成的压力下，安全服务商不断提高技术水平，降低安全服务的脆弱性；B′2 由于安全技术水平的提高增加了对恶意软件的侦测能力，减少了恶意软件攻击成功率，降低了用户损失以及安全服务商的压力。

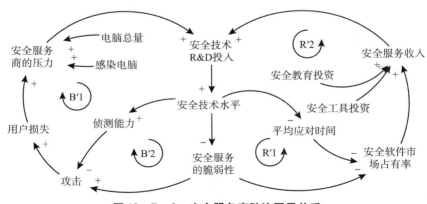

图 13－B－2　安全服务商防治因果关系

资料来源：笔者整理。

（3）用户防治因果关系图。

用户作为恶意软件攻击的对象和安全服务商保护的主要对象，已有学者对如何保护用户资产价值进行了研究。特尔切克（Trček，2007）使用动力学方法描述了安全投资对风险和资产价值的保护。在此基础上，杜塔和罗伊（Dutta and Roy，2008）又探讨了安全技术和用户安全意识对资产价值和感知风险的影响。拿撒勒和崔佑在（Nazareth and Choi，2015）综合了特尔切克（Trček，2007）、杜塔和罗伊（Dutta and Roy，2008）的研究，分析了安全投资、安全脆弱性与损失之间的动态关系。本章根据现有研究的描述从安全教育投资和安全工具两个方面分析用户防治策略的效果，如图 13 – B – 3 所示。

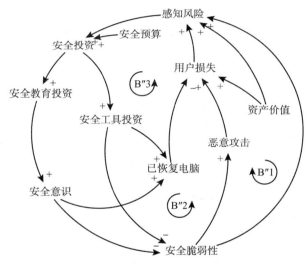

图 13 – B – 3 用户防治因果关系

资料来源：笔者整理。

在图 13 – B – 3 的用户防治因果关系中有三个负向反馈环，其中 B″1 描述了用户通过安全投资（安全教育投资和安全软件投资）降低安全脆弱性和感知风险；B″2 是用户通过安全投资减少恶意攻击以减少用户的损失；B″3 则是用户凭借通过安全投资形成的较高安全意识以及安全技术水平来及时恢复被恶意感染的电脑，以最大限度减少损失。

（4）攻击者因果关系图。

攻击者的攻击动机和策略是本章研究研究的另一个重要主题。贝哈拉等（Behara et al.，2010）率先通过动力学方式刻画了目标吸引力与攻击者攻击之间的关系。随后，拿撒勒和崔佑在（Nazareth and Choi，2015）探讨了攻击成功次数、系统脆弱性和攻击目标可能性之间的关系。德尔莫拉等（Drmola et al.，2015）和洛曼丽等（Roumani et al.，2015）分析了资产价值和攻击者收入等攻击动机与技术研发对用户损失的动态影响。根据已有研究和本章的研究情景，构建攻击者的因果关系图，如图 13 - B - 4 所示。

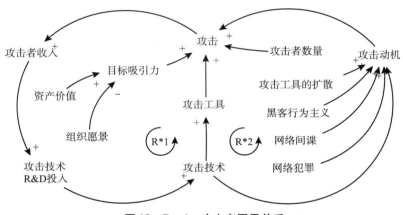

图 13 - B - 4　攻击者因果关系

资料来源：笔者整理。

图 13 - B - 4 的攻击者因果回路描述了攻击者的两个正向反馈环，其中 R*1 是攻击者攻击成功获得收入后，对攻击技术的投资，提升了攻击技术水平，促进了攻击工具的升级，增加了攻击的成功率和收入；R*2 描述了攻击技术的改进和工具的扩散增加了攻击动力，进而增加了攻击成功率和收入。

附录 13 - C：防治策略对其他关键变量的影响（以下资料均为笔者整理）

防治策略对其他关键变量的影响如图 13 - C - 1、图 13 - C - 2、图 13 - C - 3 所示。

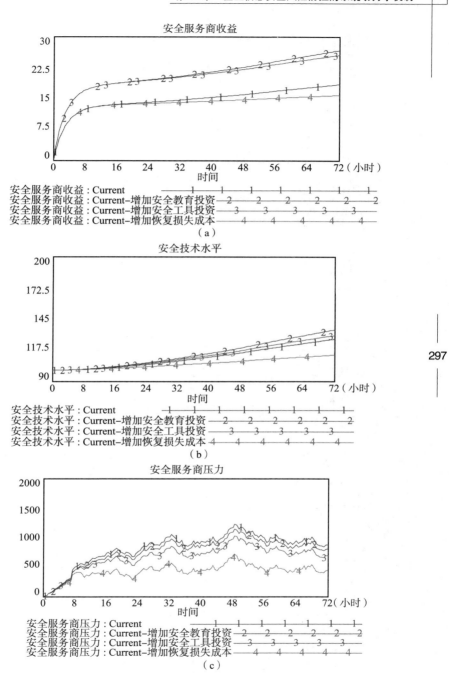

图 13 - C - 1　不同防治策略对安全服务商变量的影响

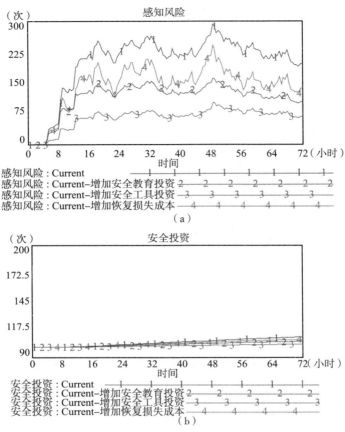

图 13 - C - 2　不同防治策略对用户其他变量的影响

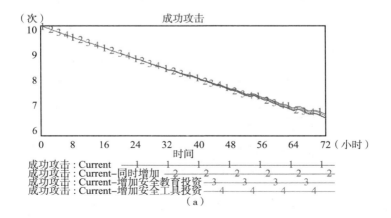

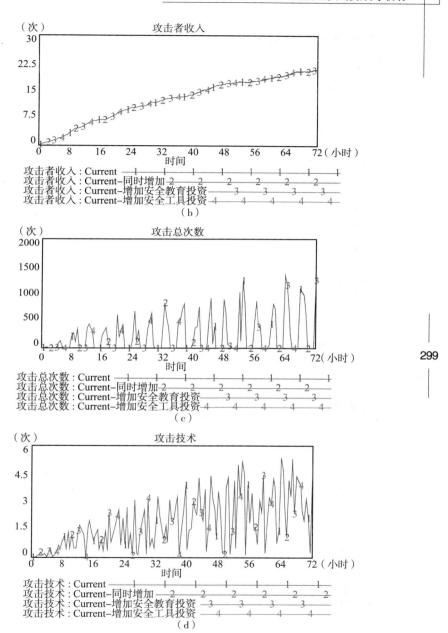

图 13 - C - 3　不同防治策略对攻击者变量的影响

附录 13 – D：攻击策略对其他关键变量的影响（以下资料均为笔者整理）

攻击策略对其他关键变量的影响如图 13 – D – 1 ~ 图 13 – D – 3 所示。

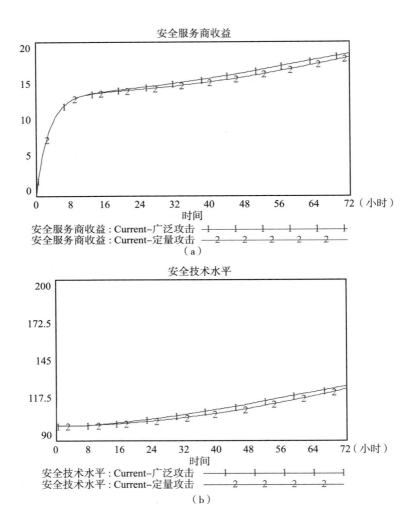

图 13 – D – 1　不同攻击策略对安全服务商变量的影响

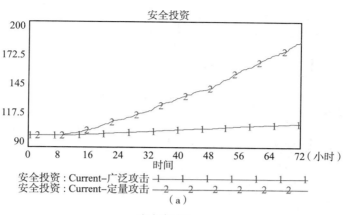

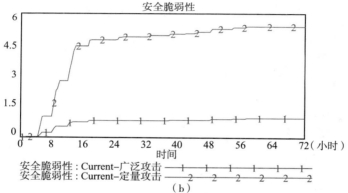

图 13－D－2 不同攻击策略对用户变量的影响

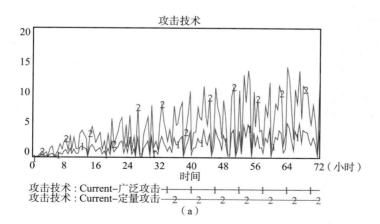

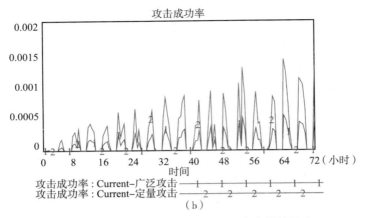

图 13 – D – 3　不同攻击策略对攻击者变量的影响

第14章 多主体联动防御信息安全风险的系统动力学分析

基于第13章对外部恶意软件攻防的深入分析，本章我们构建包括前面第一部分、第二部分和第三部分研究内容的所有主体，即企业、MSSP、保险公司和政府共同参与的，多主体联动防御的，企业信息安全风险控制系统。利用系统动力学研究多主体联动防御的策略及其效果，最终给出可行的风险控制建议。

14.1 多主体联动风控的需求现状

随着企业在日益相互连接的世界中推动对数据和应用程序的频繁访问，攻击安全漏洞的机会将不断增加。尽管大多数企业都采取了一些措施来加强网络信息安全，但有学者认为，安全投资通常是对感知到的和具体化的威胁做出回应，而不是对解决方案在打击此类威胁方面的有效性进行更严格的分析的回应。对问题采用成本效益法通常是无效的，因为许多模型往往会忽略定性或非财务标准。因此，安全威胁对策的选择仍然是一个更为紧迫的问题。管理者可以选择应对各种各样的安全威胁应对策略，包括侦查、威慑、减少脆弱性、教育和培训。显然，如第13章所述，比起采用单一的解决方案，策略组合更受欢迎。每种安全策略都需要不同的成本、有效性和潜在的好处。

因此，管理企业信息资产的安全性是一项极其重要和具有挑战性的任务。有效的信息安全管理要求在多个方面部署安全资源，包括防止攻击、降低脆弱性和威慑威胁。由于越来越依赖互联网作为商业平台，互联网技术固有的脆弱性，以及信息系统中存储的信息价值的不断增加，网络信息安全管理已成为组织面临的一个日益严峻和高风险的挑战。由于网络信息安全问题的复杂性和大量密切耦合的变量，需要复杂的分析工具帮助决策者在有限的资源下解决信息安全管理问题。如何平衡系统不同部分的投资以减少网络攻击造成的损失，需要一种专门的分析工具。而系统动力学作为描述复杂动态系统的最佳工具，成为研究多主体复杂情形下企业网络信息安全风险防御策略的研究工具。本部分就利用系统动力学方法，从宏观角度分析政府、企业、攻击者、MSSP和保险公司在整个企业网络信息安全防御中的作用，以期望对政府、企业的网络安全防御提供决策支持。

14.2 基于系统动力学联合防控的文献回顾

由于信息安全系统涉及技术、行为、管理、人、环境等多个相互关联的因素，也涉及许多动态方面。因此在描述这样的复杂系统时，系统动力学提供了一个很好的途径（Sarriegi et al.，2007）。因此，诸多研究利用系统动力学方法分析企业面临网络信息安全的各种要进行分析。综合目前的研究，相关文献主要从企业网络信息安全系统相依性和复杂性刻画，黑客攻击策略分析，病毒传播机制分析，企业内外部防御策略，MSSP外包服务在网络安全风险防御中的作用。具体如下：

（1）网络信息安全系统的相依性和复杂性刻画。特尔切克（Trček，2007）利用系统动力学方法研究了信息系统中复杂相依的信息安全风险，以及提高信息系统安全决策能力的方法；托雷斯等（Torres et al.，2008）提出了系统动力学模型，研究安全控制是如何相互关联和相互依赖的；斯魏恩等（Sveen et al.，2009）利用系统动力学模型刻画了安全控制的关联性和依赖性，研究了网络信息安全管理系统风控时涉及复杂性，人、组织和技术因素相互作用，以及从主动安全活动中获得的知识如何帮助管理者提高安全控制、风险评估和事件检测能力的有效性。

（2）黑客攻击策略分析。布拉藤和萨尔特（Braathen and Salte，2004）讨论了系统动力学模型刻画了易受攻击的主机、修补程序、有或没有脚本的黑客、复杂和不成熟的黑客、攻击和攻击频率等变量对安全系统的影响；贝哈拉等（Behara et al.，2007）以信息安全生命周期模型为基础，采用系统动力学的方法，通过识别信息目标吸引力和攻击总数等变量之间的因果循环，分析了多个安全管理场景下组织安全投资在信息安全生命周期攻击阶段的影响；拉加齐奥等（Lagazio et al.，2014）基于系统动力学方法的多层次模型，研究了黑客对企业的影响，研究结果表明各参与主体的决策均会对黑客攻击产生影响，增加安全防御措施可有效防御黑客攻击；进一步的，德尔莫拉等（Drmola et al.，2015）利用系统动力学方法刻画了黑客攻击的系统，解释了黑客行动主义的模式。

（3）病毒传播机制分析。孔红山等（2009）利用系统动力学方法对蠕虫攻击进行了仿真，结果表明系统动力学能够很好地描述蠕虫的攻击过程；宋佩贞等（2012），阿卜杜勒 - 阿齐姆和沃赫拜（Abdelazim and Wahba，2002）利用系统动力学方法模拟电脑病毒的传播过程，并发现了有效的防治策略宋佩贞和苏近元（Sung and Su，2013）利用系统动力学研究了计算机病毒的传播与控制，认为安全策略优先，资产分类，安全投资和快速响应是确保信息安全的有效方式。

（4）企业的安全防御主要分为对人为因素的分析以及对投资决策的分析。其中内部因素尤其人的行为、心理、培训、意识等因素对企业安全影响很大，冈萨雷斯和萨维卡（Gonzalez and Sawicka，2002），安德森等（Andersen et al.，2004）利用系统动力学刻画了组织员工的行为在信息安全管理中的影响；随后，里奇和冈萨雷斯（Rich and Gonzalez，2006）进一步研究了高威胁、高回报情况下的公司创新风险，发现在安全意识强的环境中可减少对数据机密性得泄露；福鲁吉（Foroughi，2008）则刻画了网络信息安全风险管理中的安全问题涉及心理动机、技术流程、业务流程、意识方法、文化和关键员工的动态变化；杜塔和罗伊（Dutta and Roy，2008）描述技术和行为安全因素之间的相互作用，以及它们对组织 IT 基础设施的业务价值的影响，表明除了通常的培训和意识活动外，在维护用户遵从性方面也可很重要；杰拉里等（Jalali et al.，2019）研究了专业人员的安全经验对系统安全性的影响，解释了有关网络安全复杂性的心理偏见。关于企业安全投资方面，罗森菲尔德等（Rosenfeld et al.，2007）基于系统动力学原理，建立了组织努力对抗外部攻击者的网络信息安全模型并进行了仿真；拿撒勒和崔佑在（Nazareth and Choi，2015）则从投资和安全成本的角度对安全管理策略进行评价，研究结果表明，投资于安全检测工具的回报率高于威慑投

305

资；洛曼丽等（Roumani et al.，2015）研究了网络攻击中目标对损失的吸引力及其相互关系等变量对复杂情况的影响。

（5）MSSP 外包服务在网络安全风险防御中的作用研究。MSSP 的动力学参与研究并不多见，丁文和尤尔奇克（Ding and Yurcik，2006）人为企业面临的动态和复杂的信息安全风险迫使他们认真考虑外包给 MSSP，外包的潜在优势是以较低的成本提高安全级别，其在模拟施奈尔（Schneier，2002）网络安全决策模型的基础上，提出了一种企业评估外包网络安全权衡的期望效用方法，发现 MSSP 外包决策对服务质量的变化相对不敏感，但对 MSSP 破产的商业风险敏感；冯楠等（2019）建立了 MSSP 参与防御的系统动力学模型，探讨安全投资策略对其商业价值的影响，在机会攻击和目标攻击下进行了仿真，发现 MSSP 的各种安全投资策略对其业务价值都有巨大的影响。

此外，还有关于利用系统动力学方法进行信息系统安全评估，捕捉无法用传统方法测量的风险（Qian et al.，2012；Wei et al.，2015），以及利用系统动力学构建基于决策和学习理论的威胁识别（Martinez et al.，2011）。政府角色的参与可以将现有模型扩展至宏观层面进行分析（Armenia et al.，2014；Jalali et al.，2019），这类研究目前研究尚少。因此，本部分将研究视野扩大至宏观和微观联动的层面，分析政府、企业、黑客、MSSP、保险公司等多主体联动防御网络信息安全策略，对我国确保网络空间安全，维护信息系统稳定性，具有重要的指导作用。

14.3 多主体联动防御的模型描述

以电脑的感染过程为主线，政府、企业、MSSP 和保险公司联合防御。其中，主线体现了网络信息安全防御的三个步骤：预防、应对和恢复，此外还体现了企业的资产价值、系统脆弱性、企业与企业之间的网络安全风险相依性以及网络信息安全损失。攻击者主体为黑客等网络信息安全的威胁者，防御主体为政府、企业、MSSP 和保险公司。

在多主体协同防御时，白帽、政府和保险公司分别作为外生的网络安全风险控制和风险转移主体存在，而企业、MSSP 作为防御的主要主体参与抵御外部黑客攻击。其中，白帽会对攻击者可能的攻击行为进行公开汇报，从而使得企业和 MSSP 做好针对性的防御。政府通过法律规范来约束攻击者的攻击行为，同时通过对企业的脆弱性制定强制性等级保护提升企业的安全水平，以及通过补贴或者罚款的形式对企业产生网络信息安全事件予以一定程度的告诫。企业为了保护自己的资产并满足政府的强制性等级保护标准，除了自己购买安全防御措施进行防御外，还可以通过购买 MSSP 的网络信息安全外包服务降低网络脆弱性，以及购买保险公司的网络信息安全保险转移产生的网络损失。MSSP 按照与企业约定的外包合同对企业系统进行预防、侦测、应对和恢复工作，此外 MSSP 为了减少潜在可能的损失，会向保险公司购买第三方责任险。保险公司虽然不参与整个体统的网络安全防御和应对工作，但是在损失恢复阶段，保险公司应按照保险合同金额赔付企业相应的损失，最大限度减少企业因网络安全事件产生的损失。

14.4　多主体联动防御的反馈与因果流图

本部分根据图 14-1 和假设描述除政府、保险公司、攻击者、企业和 MSSP 的反馈与因果流图。

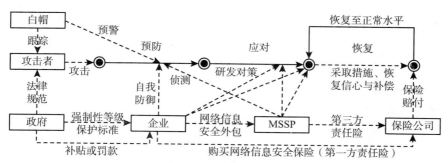

图 14-1　多主体协同防御下企业网络信息安全的联防流程
资料来源：笔者整理。

14.4.1　政府强制标准的制定流图

图 14-2 描述了政府如何制定强制性标准的，以及如何对系统脆弱性进行影响的。其中，网络中的总损失标志着网络系统存在脆弱性缺

口，损失越大说明缺口越大；为了降低系统脆弱性缺口，MSSP和企业均增加对安全防御的投资，以减少网络的感知脆弱性。同时，感知的网络脆弱性以及攻击者的攻击技术水平又增加了系统的脆弱性。政府为了从源头降低整个网络的脆弱性，通过制定强制性标准和惩罚等措施给企业施压，以迫使企业和MSSP将整个网络的脆弱性降低到预期水平。

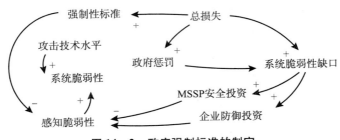

图 14-2　政府强制标准的制定

资料来源：笔者整理。

14.4.2　保险公司流图

　　图14-3描述了保险公司是如何为企业转移网络信息安全风险的。首先，保险公司会根据企业的资产，以及企业资产面临的脆弱性和攻击者攻击的可能性，制定网络信息安全保险的保费率，并计算保全企业资产所需的保额。当系统所受攻击概率和损失越大时，保险的保费费率就越高，而当目标资产越高时，保额则越大。由此，我们可以知道，网络信息安全保险并不能直接降低网络信息安全的脆弱性，只能对企业遭受网络攻击后产生的损失进行补偿。

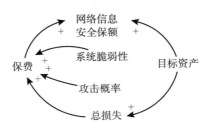

图 14-3　保险公司风险转移

资料来源：笔者整理。

14.4.3　攻击者反馈流图

图 14 - 4 描述了攻击者攻击、开发和扩散的过程。由此可知，攻击者攻击数量是由系统可以被攻击的概率，攻击的动机和白帽揭发可能攻击途径的约束三者构成，其中系统被攻击概率是由目标资产价值，目标资产系统的脆弱性和攻击的技术水平决定的，当目标的资产价值越高，系统脆弱性越大，攻击技术水平越高时，系统被攻击的概率也就越大（例如银行系统）。此外，攻击工具的开发与扩散增加了攻击工具的可用性和应用范围，增加了攻击动机，同时，政府的法律约束又减少了攻击者攻击的冲动（如我国颁布了《中华人民共和国网络安全法》，以制约非法的网络安全活动）。此外，由于攻击数量的增加，企业被攻击，攻击者获得收益的概率就会增加，当攻击者获得收入，尝到甜头时会进一步想方设法寻找新的漏洞，或开发新的攻击工具，同时会吸引更多的人参与到黑客攻击中。

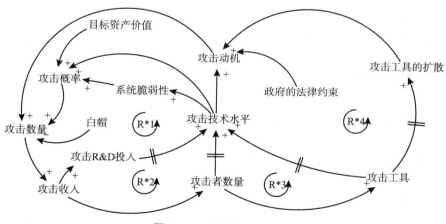

图 14 - 4　攻击者攻击反馈

资料来源：笔者整理。

14.4.4　MSSP 反馈流图

图 14 - 5 描述了 MSSP 进行投资防御网络信息安全的过程。MSSP 的主要收入包括两部分：一是自身软件安全市场的收入，这是由其所占

的市场份额决定的；二是企业向 MSSP 购买的信息安全外包服务。MSSP 的主要支出包括，安全投资和向企业支付的损失补偿；当 MSSP 增加安全投资时，其安全技术水平也得到增加，进而其对外部攻击者以及攻击行为的侦测能力也提高了，以及应对企业出现的网络安全能力增加了。MSSP 网络攻击侦测能力的增加，会拦截攻击者攻击数量，但是如果攻击者攻击数量增加会给 MSSP 的声誉带来较大的影响，进而 MSSP 为了挽回其声誉而增加安全投资。由此可以看出，当 MSSP 的安全投资额增加时，其安全技术水平的提升，使得侦测能力和应对措施的响应能力均得到提升，此时会减少网络安全成功攻击的次数，提升整个网络的安全性。

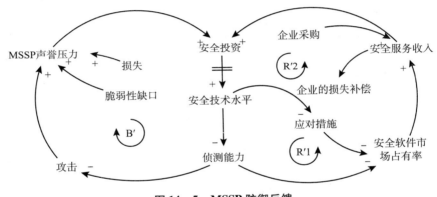

图 14 – 5　MSSP 防御反馈

资料来源：笔者整理。

14.4.5　企业反馈流图

图 14 – 6 描述了企业在受到外部攻击后的一系列防御流程。从图 14 – 6 中可以看到，企业之所以被攻击是因为企业的资产价值及其存在的网络安全脆弱性，给攻击者可乘之机获取企业的资产价值。企业为了防御攻击者攻击，一方面自己投资安全防御（如购买安全软件，雇用相关员工或制定相关规章制度等），另一方面会购买 MSSP 的网络信息安全外包服务，让更加专业的 MSSP 进行网络防御。此外，为了转移网络信息安全事件发生后产生的损失，企业还会购买网络信息安全保险转移部分风险。当企业和 MSSP 进行联合防御时，首先对

企业的信息系统进行安全加固，增加信息系统安全性，对可能的攻击进行预防和报警，从而在源头控制网络信息安全风险。但是由于任何系统都不是最安全的，必定有潜在攻击成功绕过 MSSP 和企业的预防机制，攻进企业信息系统，此时 MSSP 的侦测机制启动，对企业内信息系统的流程和数据进行实时扫描，根据侦测结果判断是否有非法入侵或者数据泄露发生，如果没有发现，或者发现不及时都会造成企业资产的流失和被盗，从而给企业带来损失。当企业发生损失时，企业和 MSSP 都会投入更多的资金降低系统的脆弱性，以预防未来可能的其他损失。

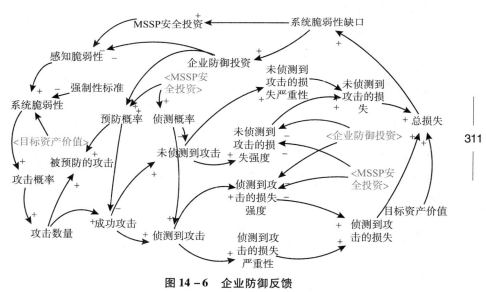

图 14 - 6　企业防御反馈

资料来源：笔者整理。

14.5　多主体联动防御的系统动力学模型与方程

根据图 14 - 2 ~ 图 14 - 6 的反馈流图和图 14 - 1 的概念图，我们构建政府、企业、MSSP 和保险公司多主体联动防御的网络信息安全系统动力学模型，如图 14 - 7 所示。

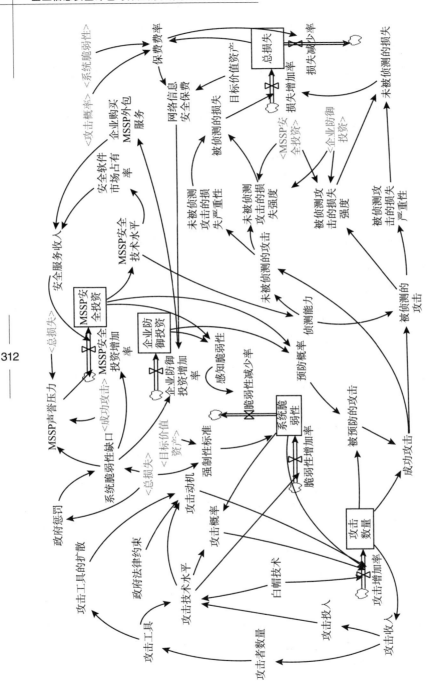

图14-7 系统动力学模型

资料来源：笔者整理。

图 14-7 描述了在防御攻击的攻击下，多主体在联合防御中的主要行为变量和结果变量。其中 MSSP 安全投资、企业防御投资、系统脆弱性、总损失和攻击数量为存量，其他变量为辅助变量或常量，他们共同描述了整个攻防关系。每个变量的具体方程如表 14-1 所示。

表 14-1　　　　　　　　　　各变量的方程式

变量	方程
存量	
系统脆弱性	IF THEN ELSE（脆弱性增加率 - 脆弱性减少率 ＜0，LN（脆弱性减少率 - 脆弱性增加率），LN（强制性标准））
攻击数量	IF THEN ELSE（攻击增加率 ＜0，0，攻击增加率）
企业防御投资	企业防御投资增加率
MSSP 安全投资	MSSP 安全投资增加率
总损失	损失增加率 - 损失减少率
辅助变量	
攻击者数量	20 + EXP（攻击收入）
攻击工具	LN（攻击者数量）
攻击工具扩散	LN（攻击工具）
攻击投入	0.2 × 攻击收入
攻击技术水平	攻击工具 × 攻击投入 × RANDOM UNIFORM（0，1，0.5）/ 白帽技术
攻击概率	系统脆弱性 ×（攻击技术水平 +0.5）/（攻击技术水平 +1）
攻击动机	攻击工具的扩散 × 攻击技术水平/政府法律约束
攻击增加率	攻击动机 × 攻击概率 × 系统脆弱性/白帽技术
脆弱性增加率	0.2 × EXP（攻击技术水平）
脆弱性减少率	0.6 × 感知脆弱性
强制性标准	0.4 ×（目标价值资产 - 总损失）/目标价值资产
政府惩罚	0.1 × LN（总损失）+1
脆弱性缺口	0.05 × 政府惩罚 × LN（总损失）
成功攻击	攻击数量 - 被预防的攻击
预防概率	0.5 ×（MSSP 安全投资 + 企业防御投资 -5）/（MSSP 安全投资 + 企业防御投资 +5）

续表

变量	方程
侦测能力	（MSSP 安全技术水平 – 0.1）/（MSSP 安全技术水平 + 1）
被侦测攻击	侦测能力 × 成功攻击
被侦测攻击的损失严重性	2 × 被侦测的攻击
被侦测攻击的损失强度	被侦测的攻击/MSSP 安全投资/企业防御投资
未被侦测攻击的损失严重性	未被侦测的攻击 × 5
未被侦测攻击的损失强度	未被侦测的攻击/MSSP 安全投资/企业防御投资
被侦测攻击的损失	被侦测攻击的损失严重性 × 被侦测攻击的损失强度
未被侦测攻击的损失	未被侦测攻击的损失严重性 × 未被侦测攻击的损失强度
损失增加率	未被侦测的损失 + 被侦测的损失
损失减少率	保费费率
保费费率	总损失 ×（攻击概率 × 系统脆弱性）/总损失
网络信息安全保费	保费费率 × 目标价值资产
感知脆弱性	0.4 ×（MSSP 安全投资 – 10）/（MSSP 安全投资 + 10）×（企业防御投资 – 10）/（企业防御投资 + 10）
企业防御投资增加率	（企业购买 MSSP 外包服务 + 网络信息安全保费 + 系统脆弱性缺口）× 0.02
MSSP 安全投资增加率	（MSSP 声誉压力 + 安全服务收入 + 系统脆弱性缺口）× 0.01
MSSP 声誉压力	LN（总损失 × 成功攻击 × 系统脆弱性缺口）
MSSP 安全技术水平	0.2 × LN（MSSP 安全投资）
安全软件市场占有率	（MSSP 安全技术水平 + 0.2）/（MSSP 安全技术水平 + 1）
安全服务收入	企业购买 MSSP 外包服务 ×（1 + 安全软件市场占有率）

资料来源：笔者整理。

14.6　多主体联动防御的系统仿真分析

为了更清楚地分析各个主体是如何在防御网络安全中起作用的，本部分使用 Vensime PEL 软件进行模拟，根据表 8 – 1 的方程和初始参数值设置，对存量情况进行模拟，如图 14 – 8 所示；然后对不同攻击和不同主体的参数设定分析，获得联合防御下的决策启示。

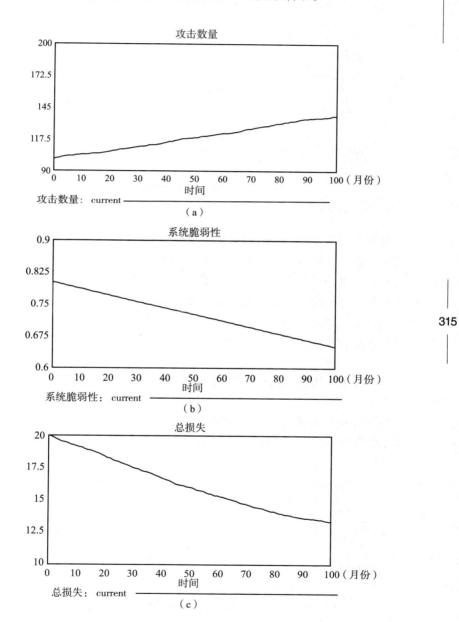

（a）

（b）

（c）

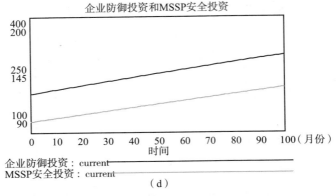

企业防御投资：current ————
MSSP安全投资：current ·······

（d）

图 14-8　模型主要存量模拟结果

资料来源：笔者整理。

由图 14-8 可知，随着时间的推移，由于攻击者获得了攻击收入，促进了攻击者对资产的攻击数量，但是随着 MSSP 和企业安全防御投资的增加，系统的脆弱性减少了，虽然攻击者的攻击数量增加，但是成功攻击的概率却下降了，进而系统的总损失也就进一步下降了。同时，不难发现，企业的防御投资要高于 MSSP 的防御投资，因为企业仍要为网络安全保险进行买单。

14.6.1　攻击者参数变化分析

为了分析攻击者行为对整个系统的影响，我们对攻击者攻击水平和攻击增加率进行灵敏度分析，结果如图 14-9 和图 14-10 所示。

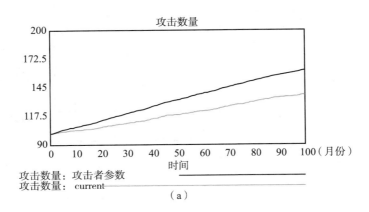

攻击数量：攻击者参数 ————
攻击数量：current ·······

（a）

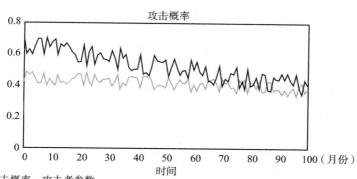

攻击概率：攻击者参数
攻击概率：current

（b）

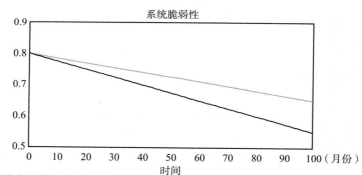

系统脆弱性：攻击者参数
系统脆弱性：current

（c）

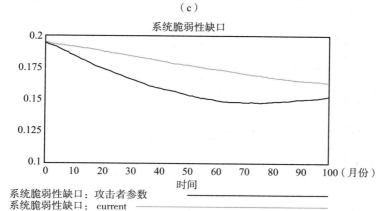

系统脆弱性缺口：攻击者参数
系统脆弱性缺口：current

（d）

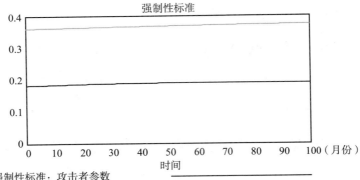

（e）

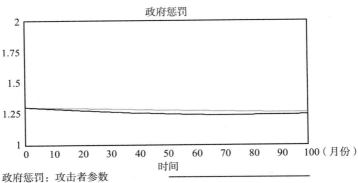

（f）

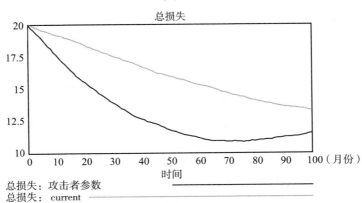

（g）

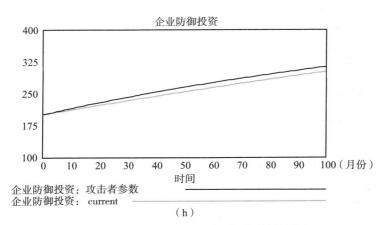

（h）

图 14-9　攻击者技术水平提升对系统的影响

资料来源：笔者整理。

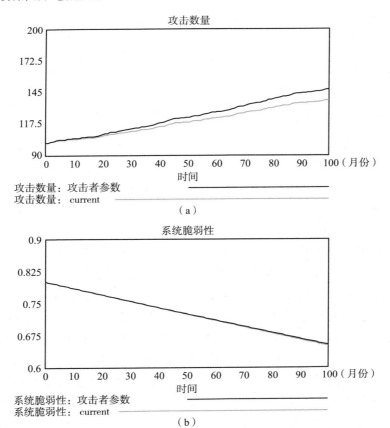

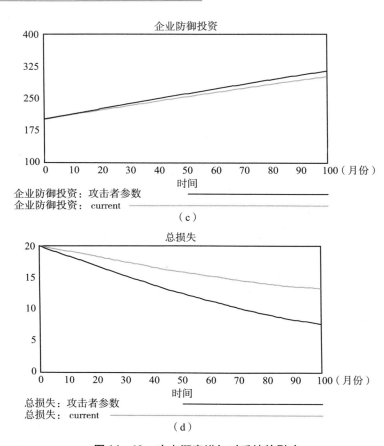

图 14 - 10 攻击概率增加对系统的影响

资料来源：笔者整理。

由图 14 - 9 可知，当攻击者技术水平提升时，有助于攻击者增加攻击数量和攻击概率，可见技术水平的提升会增加黑客攻击机会，然而攻击概率随着时间的推移却在下降，这是因为 MSSP 和企业做出了相应应对措施。但是我们发现，攻击者技术水平的提升，对防御系统的影响却不相同，例如，对系统的脆弱性逐渐下降但最终会与技术水平未提升时持平，企业安全防御投资增加了，但 MSSP 的安全投资没有显著的影响，这可能是因为，企业投资额主要用于其自身系统的安全性升级上。对于脆弱性而言，系统的脆弱性反而下降了，其原因我们可以从脆弱性缺口、强制性标准和政府惩罚中寻找，由于攻击者攻击水平提升，政府制定了较强的标准，此时企业自然会增加安全投资，减少脆弱性和脆弱性缺口。同时因为政府规定了较为严格的强制性标准，其惩罚也相应降低了。

通过上述不同要素之间的作用，最终总损失会出现最小值，之后虽然有所增加，但是仍然比初始值小。由此可以看出，攻击者技术水平的提升对系统的作用并非我们理性中的样子，而是通过政府之手减少了系统中的脆弱性和损失。

根据图 14 – 10 的结果可知，当攻击者概率增加时，虽然攻击数量增加了，但是系统的脆弱性没有增加，这是因为企业增加了网络安全投资，进而将系统的脆弱性维持在原来水平，同时，由于企业增加了安全投资，从而增加了预防攻击的概率，使得总损失下降。因此，我们可以看出攻击概率增加对于系统而言是一次考验，更是体现系统安全性的量尺。

14.6.2　政府参数变化分析

为了分析政府的惩罚和强制性标准对整个系统的影响，我们对政府行为的相关参数进行灵敏度分析，结果如图 14 – 11 和图 14 – 12 所示。

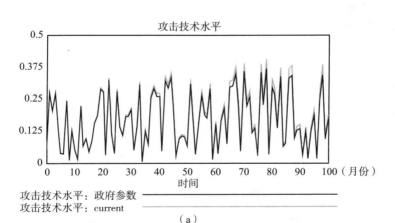

（a）

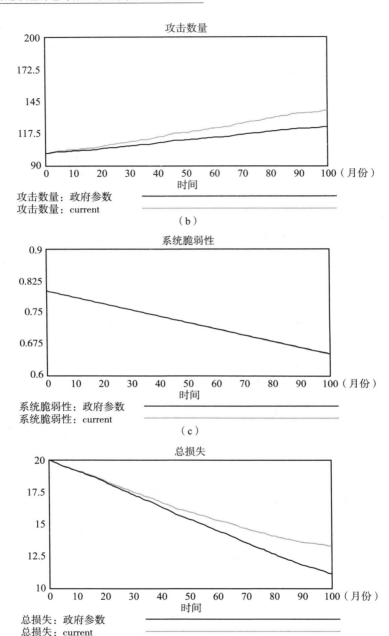

322

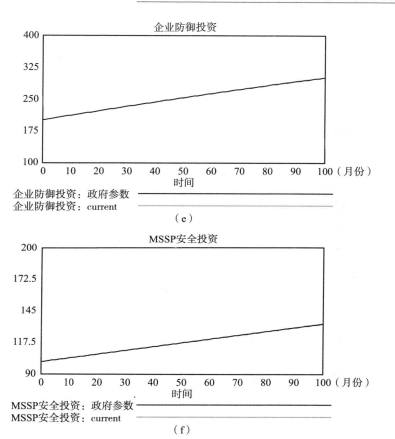

（e）

（f）

图 14 - 11 政府法律约束变大对系统的影响

资料来源：笔者整理。

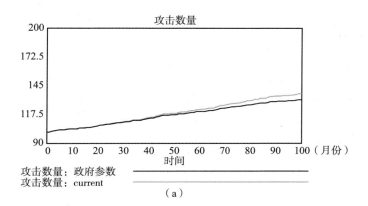

（a）

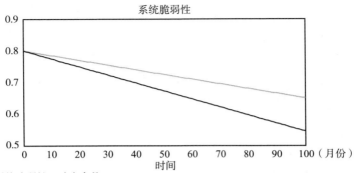

系统脆弱性：政府参数
系统脆弱性：current

（b）

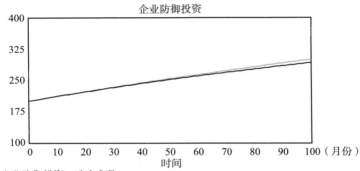

企业防御投资：政府参数
企业防御投资：current

（c）

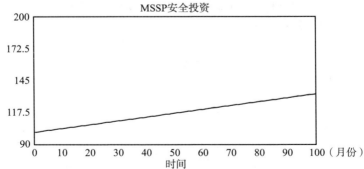

MSSP安全投资：政府参数
MSSP安全投资：current

（d）

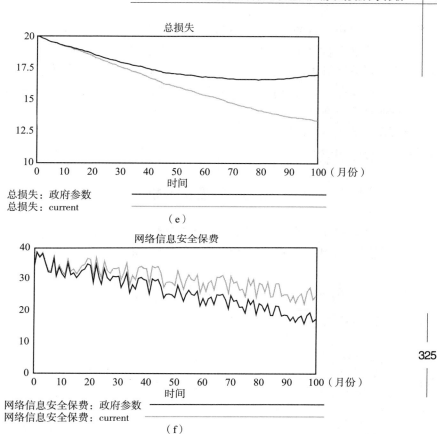

图 14 - 12　政府强制性标准提高对系统的影响

资料来源：笔者整理。

由图 14 - 11 可知，当政府的法律约束增加时，攻击者攻击技术水平稍微有所减少，且攻击数量显著降低了，说明政府行政手段的威慑性起到了很好的作用。然而，这对系统脆弱性并没有影响，这是因为，企业和 MSSP 均为因此而增加安全防御投资。政府威慑作用的另一个成效就是降低了系统的总损失，对于政府来说达到了提高整个社会总福利水平的目的。

由图 14 - 12 可知，当政府提高强制行标准时，攻击数量和系统脆弱性都降低了，同时企业的安全投资也降低了。这可能是因为，政府的强制性标准的提高有助于企业一开始就注重安全脆弱性，而提高了安全防御的效用，进而降低了企业的安全投资额。此外，我们发现此时损失反而增加了，这是由于保险公司提供的保费服务额度减少。因为，当政府制定较严格的强制性标准时，系统的脆弱性降低，企业出险的可能性变小，从而保险公司降低对企业收取的保费，但是一旦发生网络安全事件，企业将会面临更大的损失，此时网络安全保险并不能及时补救。因此，政府在最大化整个社会的福利水平时不应制定过高的强制性标准，应恰如其分地促进 MSSP 和保险公司参与其中，减少系统的损失。

14.6.3 保险公司参数变化分析

为了分析保险公司参数变化对整个系统的影响，我们对保险公司保费制定进行灵敏度分析，结果如图 14 - 13 所示。

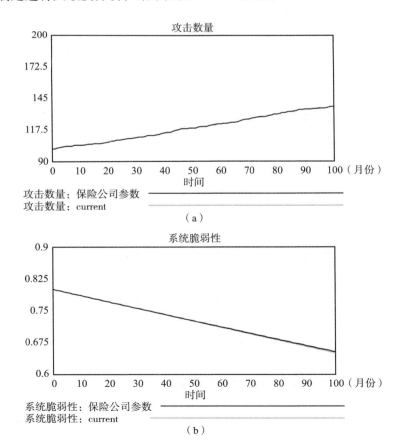

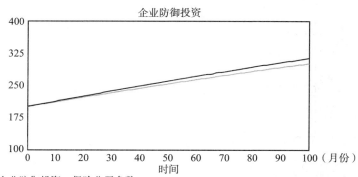

企业防御投资：保险公司参数 ————————
企业防御投资：current ————————

（c）

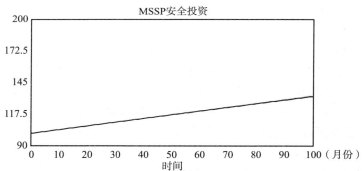

MSSP安全投资：保险公司参数 ————————
MSSP安全投资：current ————————

（d）

总损失：保险公司参数 ————————
总损失：current ————————

（e）

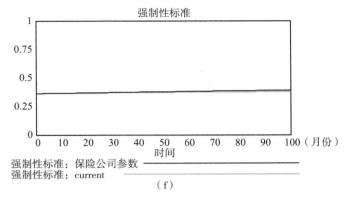

强制性标准：保险公司参数 ────────
强制性标准：current ────────

（f）

图 14 – 13 保费费率提高对系统的影响

资料来源：笔者整理。

由图 14 – 13 可知，保费费率的提高对于攻击者并没有任何影响，但是会增加企业安全防御的投资额。此外，保费费率的提高虽然降低了损失，但是政府应该制定更高的强制性标准，因为保费是根据综合水平判断出来，如果保费高则说明网络信息安全风险较大，此时政府就要制定较严格的标准，由此也可看出政府的决策可以观察保险市场的参数。

14.6.4 MSSP 参数变化分析

为了分析 MSSP 参数变化对整个系统的影响，我们对 MSSP 的侦测能力与防御参数进行灵敏度分析，结果如图 14 – 14 所示。

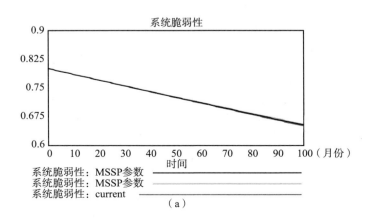

系统脆弱性：MSSP参数 ────────
系统脆弱性：MSSP参数 ────────
系统脆弱性：current ────────

（a）

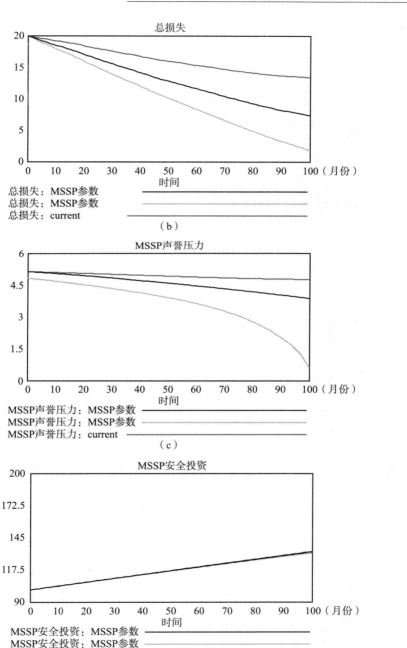

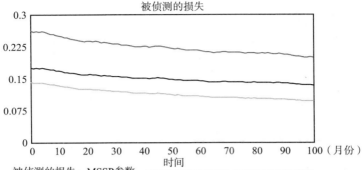

（e）

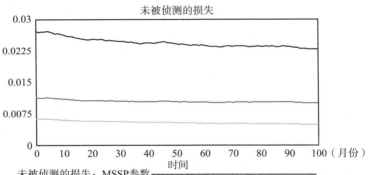

（f）

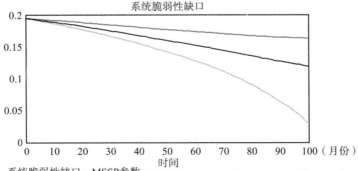

（g）

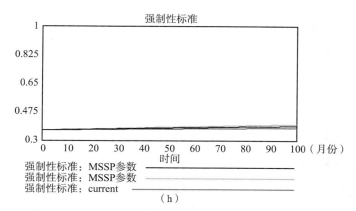

图 14 – 14　MSSP 侦测能力和预防能力提高对系统的影响

资料来源：笔者整理。

从图 14 – 14 可以看出，随着 MSSP 侦测能力和防御能力的变化系统中的大部分参数均发生变化，说明 MSSP 在整个企业的网络安全防御中起到举足轻重的作用。随着侦测能力和防御能力的增加系统的脆弱性水平并没有因此而减少，这一点很有意思，这从侧面也说明了任何系统都存在脆弱性。同时我们发现，随着 MSSP 侦测能力和防御能力的增加，总损失、被侦测的损失和系统脆弱性缺口均减少了，这是因为更多的攻击被阻止。同时我们发现，强制性标准也随着 MSSP 侦测能力和防御能力的增加而增加，这可能时因为 MSSP 侦测能力和防御能力的增加可以自然降低系统脆弱性，政府也就可以指定较高的标准水平。

14.6.5　企业参数变化分析

为了分析企业参数变化对整个系统的影响，我们对企业投资进行灵敏度分析，结果如图 14 – 15 所示。

由图 14 – 15 可知，随着企业安全投资的增加，虽然系统的脆弱性未发生显著的变化，但是系统的脆弱性缺口变小了，同时对外部攻击的预防概率增大了，从而减少了系统的总损失。由此可知，企业增加安全投资或者 MSSP 增加安全投资对整体的脆弱性没有显著影响，但是均显著降低了系统的损失，所以在减少损失方面，网络信息安全自我防御、外包或者网络信息安全保险均能显著降低系统的损失以及脆弱性缺口，使得系统脆弱性与系统自然脆弱性差距减少。

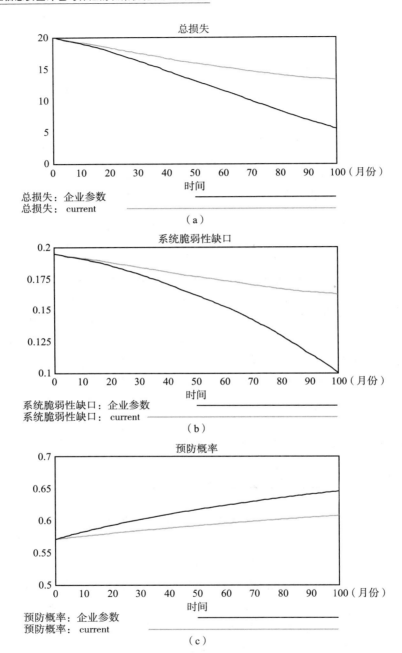

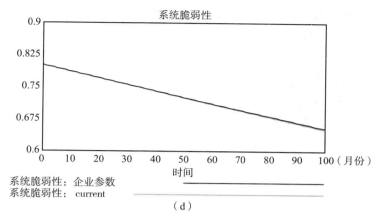

系统脆弱性：企业参数
系统脆弱性：current

（d）

图 14 – 15　企业安全投资增加对系统的影响

资料来源：笔者整理。

14.7　本章小结

　　本部分研究了攻击者、企业、政府、MSSP 和保险公司多个主体联合防御情形下的系统动力学模型，分别刻画了政府子系统、保险子系统、MSSP 安全防御子系统和企业防御子系统，并获得了各个主体之间关联的因果关系图，最终形成多主体联动防御网络信息安全策略的系统动力学模型。

　　通过已有文献对模型参数假设的参考，我们对动力学模型涉及的水平变量、辅助变量和常量进行设置，并进行模拟，我们发现不同主体参数变化对系统的影响均不相同，具体的：（1）当攻击者提高技术水平和攻击数量时，政府应该制定更严格强制性标准，增加企业的安全防御，同时政府应该减少企业发生信息安全损失的惩罚；（2）当政府的法律规制较为严格时，可以抑制攻击者攻击的数量从而减少系统损失，当政府提高强制性标准时，会通过促进企业增加安全投资，而降低系统脆弱性，但是由于较高的强制标准使得保险企业提供的保险服务额变小，而增加了总损失，因此相比提高强制性标准，政府制定严格的法律更能提高社会总福利；（3）保险公司在网络信息安全中仅是风险转移作用，可以显著降低总损失，但是对系统的脆弱性等方面没有影响；（4）企业增加安全投资或者 MSSP 增加安全投资均有助于减少系统脆弱性和总损失，两者通过安全投资提高了对攻击的侦测效率以及提高了整个系统的安全水平，故两者的投资不失为一种较为均衡的策略。

虽然本章的模型中还有其他变量或者要素未考虑，但本章所选取的变量在网络信息安全攻防过程中是极具代表性的变量，因此本章模拟的结果具有一定的参考作用，部分结论可以为政府、企业和 MSSP 的实践操作提供理论支撑和决策服务，具有一定的现实实践意义。

第 15 章　总结与展望

15.1　总　　结

本书以企业信息安全风险控制系统为研究对象，研究企业信息安全外包和保险的契约设计与协同机制，及其对企业风险控制的作用路径与机理。通过针对本书研究内容的研究，我们研究了强制性标准下企业的信息安全外包和保险决策、激励契约设计和风险控制的相互作用关系，获得了提高企业信息安全和社会总福利水平的方法。本书获得主要结论有：

第二篇：企业信息安全外包及其风险控制。

（1）基于 TAM 和 TOE 整合理论，利用多元回归方法分析企业采纳信息安全外包的影响因素和影响路径，研究结果表明，感知有用性、感知易用性、相对优势、兼容性、组织能力、高管支持、竞争压力和制度压力是企业采用 MSSP 信息安全外包服务的重要决定因素。该模型解决了 MSSP 信息安全外包服务的关键要素，并通过使 IT 专业人员考虑有效的关注要素，使他们在其组织中的 MSSP 信息安全外包服务采纳过程中采取有效行动，从而与 IT 专业人员具有相关性。

（2）企业信息安全自我防御与外包最优策略研究发现，当企业潜在网络安全损失较小或较大时，主要应该防御第二类攻击，以避免一旦被攻击导致企业主要核心资产的大量损失；在考虑最小化网络防御成本时，企业应尽量将价值较高的业务完全外包给 MSSP，甚至可以将全部业务安全外包给 MSSP 时可以付出最小的防御成本；当最大化企业自身期望效用时，应将全部业务安全外包给 MSSP，当最大化总期望效用时，将核心业务的信息安全外包给 MSSP 时可以获得最大的期望效用。

（3）强制性标准下企业信息安全外包决策研究发现，在企业自我防御或者外包资产的网络信息安全情况下，若其高价值资产和低价值资产的脆弱应都满足政府关于企业网络安全脆弱性的强制要求，那么企业可以选择自我防御、MSSP 全包或者高价值资产外包给 MSSP，但是不能将低价值资产的安全性外包 MSSP，因为此时企业系统具有最大的网络脆弱性以及最小的期望效用；但是，若其高价值资产和低价值资产的脆弱应都不满足政府关于企业网络安全脆弱性的强制要求，那么企业一定要将资产（无论高价值资产还是低价值资产）的安全保护外包给 MSSP，因为此时企业自我防御的企业系统脆弱性最大，企业的期望效用最小。

第三篇：企业信息安全保险及其风险控制。

（1）首次利用 Gemalto 数据泄露库刻画全球范围内不同类型的数据泄露风险，并利用最优拟合分布度量网络信息安全风险和相应保费。发现，不同数据泄露类型风险具有不同的拟合分布，但基本可以用二项分布或泊松分布对信息安全事件发生次数进行衡量，而损失严重性则可以使用对数正态分布进行刻画。通过 VaR 和 CVaR 原则计算的信息安全风险可用于信息安全保险实践的产品开发，为我国网络信息安全保险实践提供理论依据。

（2）当保险公司主动参与企业信息安全风险防御时，在保险公司投资被保险企业安全软件的三种投资策略下，相比被保险企业不购买保险，被保险企业购买保险可以显著地提高期望效用，并且整个系统的网络安全水平逐渐提高。此外，在简单情形中，保险公司在不同的投资策略下存在不同的最优投资决策，且在均等投资策略和弱相依风险下系统各主体效用和风险水平均最高；在复杂情形中，在弱相依风险和最重要投资策略下整个系统具有较高的期望和较低的风险水平。

（3）强制性标准下企业信息安全保险决策研究发现，信息不对称下保险可以促进企业安全投资，并存在最优决策；而在信息共享下企业的安全投资动机减少。此外，政府的强制性约束可以缓解于信息不对称下的企业道德风险的问题。

第四篇：企业信息安全外包和保险协同决策。

（1）企业信息安全外包与保险的协同决策研究发现，无论何种网络防御投资策略均存在最优投资额，在企业损失较小的情况下企业投资额随着投资效率的增加而增加，而在企业损失较大的情况下企业投资额则逐渐减少，因为已无法通过安全投资弥补损失；当企业同时购买信息安全外包服务和网络安全保险时，其在保持网络安全水平不变的情况下，会同时降低企业购买外包服务和保险服务的成本。

（2）带约束的企业信息安全外包与保险的协同决策研究发现，企业自我投资和购买网络安全保险有相同的效用，且效率较低；而购买 MSSP 外包服务时，企业的期望效用达到最大，同时网络安全的脆弱性最低；在保险公司参与网络安全投资的情形中，当企业的安全防御投资额较低时，随着安全防御投资的增加企业的期望效用在减少，但是同时其网络安全脆弱性也急剧减少，而保险公司的期望效用为零。

（3）强制性约束下企业信息安全外包和保险的协同决策研究发现，企业将安全防御外包给专业的 MSSP 时，可达到国家强制性标准要求，政府补贴或者 MSSP 具有较高的安全防御系数时，政府可以规定较高的强制性标准，以提高整个社会的网络安全水平；没有政府强制规定下，企业没有动机增加安全投资，除非政府给予补贴；当政府规定的强制性网络安全脆弱性较高时，企业的自我投资就会减少，同时政府要给予企业更多的补贴，而当政府规定的强制性网络安全脆弱性较低时，企业的自我投资就会增加，同时政府给予的补贴也会更少。

第五篇：基于系统动力学的多主体联动风险控制。

（1）企业的信息安全事件的演化是一个多主体参与的复杂动态系统，通过构建 SD 模型及其仿真分析发现，增加安全工具投资在预防、应对阶段对减少恶意软件传播、恢复电脑、减少安全脆弱性有显著作用，增加恢复损失成本有助于减少恢复阶段的损失。攻击者采用定量攻击策略时，虽然攻击范围变小，但攻击成功率增加，并给用户造成更大的损失。此外，通过攻防策略的交叉分析发现，在组合策略中 SE + ST 策略效果最好；同时 SE + ST + RL 综合策略在减少用户损失方面效果最好。因此，用户可根据不同的目标实行不同的组合防治策略。

（2）企业信息安全外包和保险决策的系统动力学分析及政府政策模拟研究发现，当攻击提高技术水平和攻击数量时，政府应该制定更严格强制性标准，增加企业的安全防御，同时政府应该减少企业发生信息安全损失的惩罚；当政府的法律规制较为严格时，可以抑制攻击者攻击

337

的数量从而减少系统损失，当政府提高强制性标准时，会通过促进企业增加安全投资，而降低系统脆弱性，但是由于较高的强制标准使得保险企业提供的保险服务额变小，而增加了总损失，因此相比提高强制性标准，政府制定严格的法律更能提高社会总福利；保险公司在网络信息安全中仅是风险转移作用，可以显著降低总损失，但是对系统的脆弱性等方面没有影响；企业增加安全投资或者 MSSP 增加安全投资均有助于减少系统脆弱性和总损失，两者通过安全投资提高了对攻击的侦测效率以及提高了整个系统的安全水平，故两者的投资不失为一种较为均衡的策略。

综上各部分的研究结果，我们得出对企业信息安全管理实践的对策建议如下：

（1）要对企业信息安全业务进行模块化外包。

根据第二篇的研究内容可知，CIO 期望将具有高安全技术的部分业务外包给 MSSP，以满足企业的战略需求。这不仅使企业获得了高于自我防御的安全水平，还能降低因此所支付的安全成本，企业还能将精力集中于企业的核心业务。同时，企业在安全资金预算受限的情况下应将核心业务的安全外包给 MSSP，而非核心业务因其受到攻击的可能性较小，企业采取自我防御即可。因此，企业在进行信息安全外包时，应该对企业的资产进行分类、分模块，将脆弱性较大的模块进行外包，可以获得更大的期望效用。

（2）信息安全外包与保险协同整合控制信息安全风险。

根据研究内容的第三篇和第四篇可知，信息安全保险是企业转移信息安全风险的有效手段。在信息安全外包和保险协同作用下企业信息安全风险会进一步降低，企业的期望效用和社会的福利水平均有所提升，所以将信息安全外包与保险整合具有更好的风险控制效果。同时我们还研究了第三方保险和保险公司参与安全防御的情形，均显示外包和保险的协同控制具有更优的防御效果。

（3）由内及外的多主体协同联动控制信息安全风险。

根据第五篇的研究结果可知，在面对外部动态、复杂的恶意软件攻击情况下，企业应采取全周期的防御措施。在企业内部，应加强员工安全教育和安全工具的购买的使用，此时可以最有效地抗击外部攻击；若进行后期的积极回复，则会大幅减少企业的损失。在企业外包，企业应配合或利用 MSSP、保险公司进行风险防御，同时政府在防御企业信息安全防御中的道德风险和投资积极性也要有所作为，并不是制定很高的强制性标准，而是适当的标准下促进企业安全防御。

15.2　未来研究方向

（1）在企业信息安全外包部分，我们首次拓展了网络信息安全外包中对资产异质性外包的模型构建，由于等级保护规定在信息安全外包中的情景非常复杂，而模型构建部分参数设定极其复杂，所以我们仅讨论了两类极端情况，即无论企业自我防御还是外包都满足高价值资产和低价值资产的脆弱性标准约束要求，以及无论企业自我防御还是外包都不满足高价值资产和低价值资产的脆弱性标准约束要求。虽然，本部分只是初步探索了等级保护与网络信息安全外包，但是其结论对于企业实践等级保护，采用网络信息安全外包决策提供了有力的支持。未来，随着数字资产的标准化和等级化，该模型将更加凸显其现实价值，我们将继续深化考虑资产异质性情况下的企业信息安全风险外包理论。

（2）在企业信息安全保险部分，我们首次对我国信息安全风险进行了分类度量，并在置信区间范围内确定了我们所构建的度量模型的准确性，但是我们的分析仍然属于静态的度量研究。由于企业信息安全风险具有随机性、动态性、异质性、多维性等复杂特征，动态度量必将成为主要研究方向。目前我们已经在探索如何使用机器学习和人工智能技术实时动态处理企业信息安全的跨尺度风险的度量问题。同时，由于企业信息安全公开数据依然相当少，我们也已经搭建完毕用于共享和收集我国企业网络安全事件的网络平台，但是由于审核要求主体必须是企业，我们目前只能内网使用，将来择机上传公网，该网站的建设将推动我国企业信息安全风险度量与保险的研究与实践。

（3）在企业信息安全外包和保险协同决策部分，考虑企业信息安全投资的预算约束情况和国家等保 2.0 的强制性标准约束等我国企业信息安全风险控制的现实背景，我们构建了带资金约束和强制性标准的企业信息安全外包和保险协同决策模型，并获得了理论上的对策建议和管理启示。但是，我们在研究中并未考虑企业异质性数字资产和复杂风险相依结构的情形。因此，未来的研究中我们将继续深化复杂情景下企业信息安全外包和保险的协同决策，以获得扎根于中国背景与业界实践的理论模型，指导我国企业信息安全的风险防控。

参 考 文 献

［1］陈跃华、杨东升、穆彪:《信息安全服务外包管理思考》,载于《信息网络安全》2012 年第 12 期。

［2］陈中洁、于辉:《资金约束背景下反向保理的供应链合作》,载于《中国管理科学》2018 年第 12 期。

［3］程玉:《我国环境责任保险承保范围之思考:兼论渐进性污染的可保性问题》,载于《保险研究》2017 年第 4 期。

［4］董坤祥、谢宗晓、甄杰、林润辉:《高管支持、制度化与信息安全管理有效性》,载于《外国经济与管理》2018 年第 5 期。

［5］董坤祥、谢宗晓、甄杰、洪志娟:《基于数据泄露类型的网络信息安全风险度量与可保性研究》,载于《保险研究》2019 年第 11 期。

［6］董坤祥、谢宗晓、甄杰、林润辉:《相依风险下保险公司投资信息安全软件的最优决策分析》,载于《保险研究》2019 年第 6 期。

［7］董坤祥、谢宗晓、甄杰:《强制性约束下企业信息安全投资与网络保险的最优决策分析》,载于《中国管理科学》2021 年第 6 期。

［8］董坤祥、谢宗晓、甄杰:《网络空间安全视阈下恶意软件攻防策略研究》,载于《科研管理》2019 年第 11 期。

［9］方玲、仲伟俊、梅姝娥:《企业信息系统安全技术策略选择:自主防御还是外包》,载于《管理工程学报》2019 年第 1 期。

［10］高雷、吕文豪:《论建立我国网络信息安全保险体系》,载于《保险研究》2011 年第 7 期。

［11］顾建强、梅姝娥、仲伟俊:《基于网络安全保险的信息系统安全投资激励机制》,载于《系统工程理论与实践》2015 年第 4 期。

［12］顾建强、梅姝娥、仲伟俊:《信息安全外包激励契约设计》,载于《系统工程理论与实践》2016 年第 2 期。

［13］解慧慧、廖貅武、陈刚:《引入保险机制的 IT 外包合同设计

及分析》，载于《系统工程学报》2012 年第 3 期。

[14] 李波、安思敏、侯棚文：《风险规避零售商在资金约束供应链中的融资渠道选择策略》，载于《工业工程与管理》2018 年第 6 期。

[15] 李铭：《信息安全外包的风险与管理》，载于《统计与决策》2008 年第 11 期。

[16] 卢浩、胡华平、刘波：《恶意软件分类方法研究》，载于《计算机应用研究》2006 年第 9 期。

[17] 丘东、王维才、谢宗晓、王兴起：《信息安全服务外包决策分析模型研究》，载于《数学的实践与认识》2014 年第 16 期。

[18] 赛迪：《2019 中国网络安全发展白皮书》，载于《中国计算机报》2019 年 5 月 27 日。

[19] 宋佩贞、古政元、陈加屏：《以系统动力学探讨电脑病毒防治政策》，载于《资讯管理学报》2012 年第 3 期。

[20] 田玲、邢宏洋、高俊：《巨灾风险可保性研究》，载于《保险研究》2013 年第 1 期。

[21] 王世伟：《论信息安全、网络安全、网络空间安全》，载于《中国图书馆学报》2015 年第 2 期。

[22] 王新雷、王玥：《网络安全保险的策略分析——以网络安全保险的生命流程为研究架构》，载于《情报杂志》2017 年第 11 期。

[23] 武亦文、赵亚宁：《论惩罚性赔偿责任的可保性及其扩张》，载于《浙江社会科学》2019 年第 4 期。

[24] 肖佳文、杨政：《混合分布的 VaR 非参数估计：对期货市场的实证分析》，载于《系统工程学报》2016 年第 4 期。

[25] 谢宗晓：《信息安全风险管理相关词汇定义与解析》，载于《中国标准导报》2016 年第 4 期。

[26] 熊强、仲伟俊、梅姝娥：《基于委托代理理论的信息安全外包激励机制分析》，载于《东南大学学报：英文版》2014 年第 1 期。

[27] 许启发、陈士俊、蒋翠侠、刘曦：《极端 VaR 风险测度的新方法：QRNN + POT》，载于《系统工程学报》2016 年第 1 期。

[28] 杨凯生、刘瑞霞、冯乾：《〈塞尔 III 最终方案〉的影响及应对》，载于《金融研究》2018 年第 2 期。

[29] 杨云雪、王燕霞：《道德风险条件下的最优网络安全保险契

约模型研究》，载于《高技术通讯》2016 年第 8~9 期。

　　[30] 尤天慧、刘春怡、曹兵兵、吴雪艳：《制造商主导且回收商资金约束的闭环供应链融资模式选择策略》，载于《管理学报》2020 年第 1 期。

　　[31] 张宏琳、王小明、付争方、吴茜、罗琴：《基于潜伏期的网络蠕虫传播模型及其仿真分析》，载于《微电子学与计算机》2006 年第 10 期。

　　[32] 张焕国、韩文报、来学嘉、林东岱、马建峰：《网络空间安全综述》，载于《中国科学：信息科学》2016 年第 2 期。

　　[33] 赵柳榕、刘健楠、朱晓峰：《竞争企业的信息安全策略选择：自主防御或外包》，载于《情报理论与实践》2019 年第 12 期。

　　[34] 甄杰、谢宗晓、董坤祥：《基于 VaR 和 ES 的网络安全风险损失评估及其蒙特卡洛仿真》，载于《系统工程》2019 年第 6 期。

　　[35] 周峤、张曙光：《基于 Copula 函数对巴塞尔协议中操作风险的度量》，载于《运筹与管理》2012 年第 3 期。

　　[36] 卓志、丁元昊：《巨灾风险：可保性与可负担性》，载于《统计研究》2011 年第 9 期。

　　[37] Abdelazim H. Y. , Wahba K. *System Dynamic Model for Computer Virus Prevalance*. 20th International Conference of the System Dynamics Society, July 28, 2002.

　　[38] Aditya K. , Grzonkowski S. , Le – Khac N. A. *Riskwriter：Predicting Cyber Risk of an Enterprise*. International Conference on Information Systems Security, November 5, 2018.

　　[39] Ahmad S. Z. , Bakar A. R. A. , Ahmad N. Social Media Adoption and its Impact on Firm Performance：The Case of the UAE. *International Journal of Entrepreneurial Behavior & Research*, Vol. 25, No. 1, January 2019, pp. 84 – 111.

　　[40] Alfredo Reyes. *Outsourced Incident Management Services*. Aalto University, 2015, pp. 35 – 80.

　　[41] Allen J. , Gabbard D. , May C. et al. *Outsourcing Managed Security Services*. Carnegie-mellon Univ Pittsburgh Pa Software Engineering INST, 2003, pp. 3 – 12.

［42］ Allodi L. , Massacci F. Security Events and Vulnerability Data for Cybersecurity Risk Estimation. *Risk Analysis*, Vol. 37, No. 8, August 2017, pp. 1606 – 1627.

［43］ Andersen D. F. , Cappelli D. , Gonzalez J. J. et al. *Preliminary System Dynamics Maps of the Insider Cyber-threat Problem*. Proceedings of the 22nd International Conference of the System Dynamics Society, July 25, 2004.

［44］ Anderson R. , Moore T. The Economics of Information Security. *Science*, Vol. 314, No. 5799, October 2006, pp. 612 – 613.

［45］ Armenia S. , Cardazzone A. , Carlini C. *Understanding Security Policies in the Cyber Warfare Domain Through System Dynamics*. Proceedings of 4th International Defense and Homeland Security Simulation Workshop. September 10, 2014.

［46］ Asimit A. V. , Furman E. , Vernic R. On a Multivariate Pareto Distribution. *Insurance：Mathematics and Economics*, Vol. 46, No. 2, April 2010, pp. 308 – 316.

［47］ August T. , Tunca T. I. Network Software Security and User Incentives. *Management Science*, Vol. 52, No. 11, November 2006, pp. 1703 – 1720.

［48］ Axon L. , Erola A. , Agrafiotis I. et al. *Analysing Cyber-insurance Claims to Design Harm-propagation Trees*. International Conference on Cyber Situational Awareness, Data Analytics and Assessment, IEEE, February 28, 2019.

［49］ Bagchi A. , Bandyopadhyay T. Role of Intelligence Inputs in Defending Against Cyber Warfare and Cyberterrorism. *Decision Analysis*, Vol. 15, No. 3, June 2018, pp. 174 – 193.

［50］ Bailey L. M. D. . Mitigating Moral Hazard in Cyber-risk Insurance. *Journal of Law & Cyber Warfare*, Vol. 3, No. 1, April 2014, pp. 1 – 42.

［51］ Bailey M. , Oberheide J. , Andersen J. et al. *Automated Classification and Analysis of Internet Malware*. International Workshop on Recent Advances in Intrusion Detection. Springer Berlin Heidelberg, Aug 14, 2007.

[52] Bandyopadhyay T. , Mookerjee V. S. , Rao R. C. Why IT Managers Don't Go for Cyber-insurance Products. *Communications of the ACM*, Vol. 52, No. 1, November 2009, pp. 68 – 73.

[53] Bandyopadhyay T. , Mookerjee V. A Model to Analyze the Challenge of Using Cyber Insurance. *Information Systems Frontiers*, Vol. 21, No. 2, March 2017, pp. 1 – 25.

[54] Bartolini D. N. , Benavente-peces C. , Ahrens A. *Using Risk Assessments to Assess Insurability in the Context of Cyber Insurance*. International Conference on E – Business and Telecommunications, July 26, 2017.

[55] Behara R. , Huang C. D. , Hu Q. A System Dynamics Model of Information Security Investments. *Journal of Information System Security*, Volume 6, Number 2, March 2010, pp. 30 – 46.

[56] Benamati J. , Rajkumar T. M. An Outsourcing Acceptance Model: An Application of TAM to Application Development Outsourcing Decisions. *Information Resources Management Journal*, Vol. 21, No. 2, April 2008, pp. 80 – 102.

[57] Benavente – Peces C. , Bartolini D. *Insights in Machine Learning for Cyber-security Assessment*. International Conference on Smart Innovation, Ergonomics and Applied Human Factors, January 22, 2019.

[58] Biener C. , Eling M. , Wirfs J. H. Insurability of Cyber Risk: An Empirical Analysis. *The Geneva Papers on Risk and Insurance-issues and Practice*, Vol. 40, No. 1, January 2015, pp. 131 – 158.

[59] Blakley B. , McDermott E. , Geer D. *Information Security is Information Risk Management*. Proceedings of the 2001 Workshop on New Security Paradigms, September 10, 2001.

[60] Böhme R. , Kataria G. *On the Limits of Cyber-insurance*. International Conference on Trust, Privacy and Security in Digital Business, August 22, 2006.

[61] Böhme R. Schwartz G. *Modeling Cyber – Insurance: Towards a Unifying Framework*. Workshop on Economics and Information Security, June 7, 2010.

[62] Böhme R. *Security Metrics and Security Investment Models*. Interna-

345

tional Workshop on Security, June 8, 2010.

[63] Bouveret, Antoine, *Cyber Risk for the Financial Sector: A Framework for Quantitative Assessment.* IMF Working Paper, No. 18/142, 2018.

[64] Braathen K. E. *Threat to information security: the system vulnerability and denial of service attacks.* Agder University College, 2004, pp. 7 – 12.

[65] Brand M., Valli C., Woodward A. Malware Forensics: Discovery of the Intent of Deception. *The Journal of Digital Forensics, Security and Law*, Vol. 5, No. 4, November 2010, pp. 31 – 42.

[66] Brown J. R. Redistribution and Insurance: Mandatory Annuitization with Mortality Heterogeneity. *Journal of Risk and Insurance*, Vol. 70, No. 1, March, 2003, pp. 17 – 41.

[67] Bulgurcu B., Cavusoglu H., Benbasat I. Information Security Policy Compliance: An Empirical Study of Rationality – Based Beliefs and Information Security Awareness. *MIS Quarterly*, Vol. 34, No. 3, September 2010, pp. 523 – 548.

[68] Bullen J. I. *Information Security in Brazil: Modeling and Predicting Outsourcing Decisions.* Capella University, 2005, pp. 20 – 51.

[69] Camillo M. Cyber Risk and the Changing Role of Insurance. *Journal of Cyber Policy*, Vol. 2, No. 1, 2017, pp. 53 – 63.

[70] Cesare S., Xiang Y. *Classification of Malware Using Structured Control Flow.* Proceedings of the Eighth Australasian Symposium on Parallel and Distributed Computing, Jan. 18, 2010.

[71] Cezar A., Cavusoglu H., Raghunathan S. Outsourcing Information Security: Contracting Issues and Security Implications. *Management Science*, Vol. 60, No. 3, September 2014, pp. 638 – 657.

[72] Cezar A., Cavusoglu H., Raghunathan S. Sourcing Information Security Operations: The Role of Risk Interdependency and Competitive Externality in Outsourcing Decisions. *Production and Operations Management*, Vol. 26, No. 5, December 2017, pp. 860 – 879.

[73] Chan F. K. Y., Thong J. Y. L. Venkatesh V. et al. Modeling Citizen Satisfaction with Mandatory Adoption of an E – Government Technology.

Journal of the Association for Information Systems, Vol. 11, No. 10, January 2010, pp. 519 – 549.

[74] Chase J., Niyato D., Wang P. et al. A Scalable Approach to Joint Cyber Insurance and Security-as-a-service Provisioning in Cloud Computing. *IEEE Transactions on Dependable and Secure Computing*, Vol. 16, No. 4, May 2017, pp. 565 – 579.

[75] Chen P. Y., Kataria G., Krishnan R. Correlated Failures, Diversification, and Information Security Risk Management. *MIS Quarterly*, Vol. 35, No. 2, June 2011, pp. 397 – 422.

[76] Chen X., Wang A. Trade Credit Contract with Limited Liability in The Supply Chain with Budget Constraints. *Annals of Operations Research*, Vol. 196, No. 1, April 2012, pp. 153 – 165.

[77] Cheng L., Li Y., Li W. et al. Understanding The Violation of IS Security Policy in Organizations: An Integrated Model Based on Social Control and Deterrence Theory. *Computers & Security*, Vol. 39, No. 39, November 2013, pp. 447 – 459.

[78] Christodorescu M., Jha S., Seshia S. A. et al. *Semantics-aware Malware Detection*. IEEE Symposium on Security and Privacy, May 8, 2005.

[79] Colajanni G., Daniele P., Giuffrè S. et al. Cybersecurity Investments with Nonlinear Budget Constraints and Conservation Laws: Variational Equilibrium, Marginal Expected Utilities, and Lagrange Multipliers. *International Transactions in Operational Research*, Vol. 25, No. 5, January 2018, pp. 1443 – 1464.

[80] Daniele P., Maugeri A., Nagurney A. *Cybersecurity Investments with Nonlinear Budget Constraints: Analysis of The Marginal Expected Utilities*. Operations research, Engineering, and Cyber Security, Mar 14, 2017.

[81] Daniele P., Scrimali L. *Strong Nash Equilibria for Cybersecurity Investments with Nonlinear Budget Constraints*. New Trends in Emerging Complex Real Life Problems, December 30, 2018.

[82] Debar H. Ú., Viinikka J. Security Information Management as an Outsourced Service. *Information Management & Computer Security*, Vol. 14, No. 5, October 2006, pp. 416 – 434.

［83］ Deshpande D. *Managed Security Services*: *An Emerging Solution to Security*. Proceedings of the 2nd Annual Conference on Information Security Curriculum Development, Nov. 17, 2005.

［84］ Dhillon G. , Chowdhuri R. , De Sá – Soares F. *Secure Outsourcing*: *An Investigation of the Fit between Clients and Providers*. IFIP International Information Security Conference, July 8, 2013.

［85］ Ding W. , Yurcik W. , Yin X. *Outsourcing Internet Security*: *Economic Analysis of Incentives for Managed Security Service Providers*. International Workshop on Internet and Network Economics, December 15, 2005.

［86］ Ding W. , Yurcik W. *Economics of Internet Security Outsourcing*: *Simulation Results Based on the Schneier Model*. Workshop on the Economics of Securing the Information Infrastructure, October 23, 2006.

［87］ Ding W. , Yurcik W. *Outsourcing Internet Security*: *The Effect of Transaction Costs on Managed Service Providers*. International Conference on Telecommunication Systems Modeling and Analysis, November 12. 2005.

［88］ Dong, Lin, Yin & Xie. How Does Overconfidence Affect Information Security Investment and Information Security Performance, *Enterprise Information Systems*, Vol. 15, No. 4, July 2021, pp. 474 – 491.

［89］ Dor D. , Elovici Y. A Model of the Information Security Investment Decision Making Process. *Computers & Security*, Vol. 63, No. 1, November 2016, pp. 1 – 13.

［90］ Drmola J. , Bastl M. , Mares M. Modeling Hacktivism Using System Dynamics. *Journal of Applied Security Research*, Vol. 10, No. 2, April 2015, pp. 238 – 248.

［91］ Dutta A. , Roy R. Dynamics of Organizational Information Security. *System Dynamics Review*: *The Journal of the System Dynamics Society*, Vol. 24, No. 3, November 2008, pp. 349 – 375.

［92］ Edwards B. , Hofmeyr S. , Forrest S. Hype and Heavy Tails: A Closer Look at Data Breaches. *Journal of Cybersecurity*, Vol. 2, No. 1, December 2016, pp. 3 – 14.

［93］ Eling M. , Jung K. Copula Approaches for Modeling Cross-sectional Dependence of Data Breach Losses. *Insurance*: *Mathematics and Economics*, Vol. 82, No. 1, September 2018, pp. 167 – 180.

[94] Eling M. , Lehmann M. The Impact of Digitalization on the Insurance Value Chain and the Insurability of Risks. *The Geneva Papers on Risk and Insurance-issues and Practice*, Vol. 43, No. 3, July 2018, pp. 359 – 396.

[95] Eling M. , Loperfido N. Data Breaches: Goodness of Fit, Pricing, and Risk Measurement. *Insurance*: *mathematics and economics*, Vol. 75, No. 1, July 2017, pp. 126 – 136.

[96] Eling M. , Schnell W. , What Do We Know about Cyber Risk and Cyber Risk Insurance. *The Journal of Risk Finance*, Vol. 17, No. 5, November 2016, pp. 474 – 491.

[97] Eling M. , Wirfs J. , What are the Actual Costs of Cyber Risk Events. *European Journal of Operational Research*, Vol. 272, No. 3, February 2019, pp. 1109 – 1119.

[98] Eling M. , Zhu J. , Which Insurers Write Cyber Insurance? Evidence from the US Property and Casualty Insurance Industry. *Journal of Insurance Issues*, Vol. 41, No. 1, March 2018, pp. 22 – 56.

[99] Endorf C. Outsourcing Security: The Need, the Risks, the Providers, and the Process. *Information Security Journal*, Vol. 12, No. 6, February 2004, pp. 17 – 25.

[100] Ergashev B. , Pavlikov K. , Uryasev S. et al. , Estimation of Truncated Data Samples in Operational Risk Modeling. *Journal of Risk and Insurance*, Vol. 83, No. 3, February 2016, pp. 613 – 640.

[101] Feng N. , Chen Y. , Feng H. et al. , To Outsource or Not: The Impact of Information Leakage Risk on Information Security Strategy. *Information & Management*, Vol. 57, No. 5, July 2020, pp. 1 – 16.

[102] Feng N. , Wang M. , Li M. et al. , Effect of Security Investment Strategy on The Business Value of Managed Security Service Providers. *Electronic Commerce Research and Applications*, Vol. 35, No. 1, June 2019, pp. 1 – 16.

[103] Fenn C. , Shooter R. , Allan K. IT Security Outsourcing: How

Safe is Your IT Security. *Computer Law & Security Review*, Vol. 18, No. 2, March 2002, pp. 109 – 111.

[104] Figg J. Cyber Insurance to Cover E – Business. *Internal Auditor*, Vol. 57, No. 4, August 2000, pp. 13 – 13.

[105] Foroughi F. *The Application of System Dynamics for Managing Information Security Insider-threats of IT Organization*. Proceedings of the World Congress on Engineering, July 2, 2008.

[106] Fossi M., Egan G., Haley K. et al. *Symantec Internet Security Threat Report Trends for* 2010, Symantec Corporation, April 6, 2011, pp. 4 – 17.

[107] Gangwar H., Date H. Ramaswamy R. Understanding Determinants of Cloud Computing Adoption Using an Integrated TAM – TOE Model. *Journal of Enterprise Information Management*, Vol. 28, No. 1, February 2015, pp. 107 – 130.

[108] Gonzalez J. J., Sawicka A. *A Framework for Human Factors in Information Security*. Wseas International Conference on Information Security, October 15, 2002.

[109] Gordon L. A., Loeb M. P. The Economics of Information Security Investment. *ACM Transactions on Information and System Security*, Vol. 5, No. 4, November 2002, pp. 438 – 457.

[110] Grewal J., Riedl E. J., Serafeim G. Market Reaction to Mandatory Nonfinancial Disclosure. *Management Science*, Vol. 65, No. 7, August 2019, pp. 3061 – 3084.

[111] Gritzalis S., Yannacopoulos A. N., Lambrinoudakis C. et al. A Probabilistic Model for Optimal Insurance Contracts Against Security Risks and Privacy Violation in IT Outsourcing Environments. *International Journal of Information Security*, Vol. 6, No. 4, January 2007, pp. 197 – 211.

[112] Grossklags J., Christin N., Chuang J. *Security Investment (Failures) in Five Economic Environments: A Comparison of Homogeneous and Heterogeneous User Agents*. Workshop on Economics and Information Security, May 29, 2008.

[113] Guenane F., Pujolle G., Serhrouchni A. *An Authentication Ar-*

chitecture for Cloud-based Firewalling Service. First Conference on Mobile and Secure Services, Feb. 20, 2015.

[114] Gupta A. , Zhdanov D. Growth and Sustainability of Managed Security Services Networks: An Economic Perspective. *MIS Quarterly*, Vol. 36, No. 4, December 2012, pp. 1109 – 1130.

[115] Gupta R. , Tanwar S. , Tyagi S. et al. Machine Learning Models for Secure Data Analytics: A Taxonomy And Threat Model. *Computer Communications*, Vol. 153, No. 1, March 2020, pp. 406 – 440.

[116] Hare – Brown N. Confusing Terminology Stunts the Growth of Cyber Insurance. *Computer Fraud & Security*, Vol. 4, No. 1, April 2019, pp. 16 – 17.

[117] Hayel Y. , Zhu Q. *Attack-aware Cyber Insurance for Risk Sharing in Computer Networks.* International Conference on Decision and Game Theory for Security. Springer, October 28, 2015.

[118] Herath H. S. B. , Herath T. C. *Cyber-insurance: Copula Pricing Framework and Implication for Risk Management.* Workshop on Economics and Information Security, January 18, 2007.

[119] Herath H. , Herath T. Copula-based Actuarial Model for Pricing Cyber-insurance Policies. *Insurance Markets and Companies: Analyses and Actuarial Computations*, Vol. 2, No. 1, February 2011, pp. 7 – 20.

[120] Hofmann A. , Wheatley S. , Sornette D. *Heavy-tailed Data Breaches in the Nat-cat Framework & the Challenge of Insuring Cyber Risks.* Working Paper, NO. 1901. 00699, 2019.

[121] Huang C. D. , Behara R. S. Economics of Information Security Investment in The Case of Concurrent Heterogeneous Attacks with Budget Constraints. *International Journal of Production Economics*, Vol. 141, No. 1, January 2013, pp. 255 – 268.

[122] Hui K. L. , Hui W. , Yue W. T. Information Security Outsourcing with System Interdependency and Mandatory Security Requirement. *Journal of Management Information Systems*, Vol. 29, No. 3, December 2012, pp. 117 – 156.

[123] Hui K. L. , Ke P. F. , Yao Y. et al. Bilateral Liability-based

Contracts in Information Security Outsourcing. *Information Systems Research*, Vol. 30, No. 2, May 2019, pp. 414 – 429.

[124] Jalali M. S., Siegel M., Madnick S. Decision-making and Biases in Cybersecurity Capability Development: Evidence from a Simulation Game Experiment. *The Journal of Strategic Information Systems*, Vol. 28, No. 1, March 2019, pp. 66 – 82.

[125] Jansen C., Jeschke S. Mitigating Risks of Digitalization Through Managed Industrial Security Services. *AI & Society*, Vol. 33, No. 2, February 2018, pp. 163 – 173.

[126] Jeffrey L. Ott, Managed Security Services. *Information Systems Security*, Vol. 10, No. 4, October 2001, pp. 1 – 3.

[127] Jevtić P., Lanchier N. Dynamic Structural Percolation Model of Loss Distribution for Cyber Risk of Small and Medium-sized Enterprises for Tree-based LAN Topology. *Insurance: Mathematics and Economics*, Vol. 91, No. 1, March 2020, pp. 209 – 223.

[128] Jeyaraj A., Rottman J. W., Lacity M. C. A Review of the Predictors, Linkages, and Biases in IT Innovation Adoption Research. *Journal of Information Technology*, Vol. 21, No. 1, 2006, pp. 1 – 23.

[129] Ji Y., Kumar S., Mookerjee V. When being Hot is Not Cool: Monitoring Hot Lists for Information Security. *Information Systems Research*, Vol. 27, No. 4, November 2016, pp. 897 – 918.

[130] Katsikas S. K., Gritzalis S., Karyda M. et al. A Framework for Outsourcing IS/IT Security Services. *Information Management & Computer Security*, Vol. 14, No. 5, October 2006, pp. 402 – 415.

[131] Ke P. F., Hui K. L., Yue W. T. *Information Security as a Credence Good*. International Conference on Financial Cryptography and Data Security, April 1, 2013.

[132] Kesan J. P., Hayes C. M. Strengthening Cybersecurity with Cyberinsurance Markets and Better Risk Assessment. *Minnesota Law Review*, Vol. 101, No. 1, December 2017, pp. 191 – 246.

[133] Kesan J. P., Majuca R. P., Yurcik W. J. *The Economic Case for Cyberinsurance*. University of Illinois College of Law, Working Paper,

No. 2, 2004.

[134] Ketler K. and Willems J. R. *A Study of the Outsourcing Decision:
Preliminary Results.* ACM Sigcpr Conference on Computer Personnel Research, April 6, 1999.

[135] Khalili M., Liu M., Romanosky S. Embracing and Controlling
Risk Dependency in Cyber – Insurance Policy Underwriting. *Journal of Cyber-
security*, Vol. 5, No. 1, January 2019, pp. 1 – 16.

[136] Khalili M. M., Zhang X., Liu M. *Effective Premium Discrimi-
nation for Designing Cyber Insurance Policies with Rare Losses.* International
Conference on Decision and Game Theory for Security. Springer, October 28,
2019.

[137] Kong H., Zhang M., Tang J. et al. *The Research of Simulation
for Network Security Based on System Dynamics.* Fifth International Conference
on Information Assurance and Security, August 18, 2009.

[138] Kouvelis P., Zhao W. Supply Chain Contract Design under Fi-
nancial Constraints and Bankruptcy Costs. *Management Science*, Vol. 62,
No. 8, December 2016, pp. 2341 – 2357.

[139] Kunreuther H., and Heal G. Interdependent Security. *Journal of
Risk and Uncertainty*, Vol. 26, No. 2 – 3, March 2003, pp. 231 – 249.

[140] Kwasha S. *Determinants of Corporate Information Systems Users'
Intentions to Implement Information Security Protective Measures.* University of
Pretoria, 2019, pp. 2 – 34.

[141] Kwon J., Johnson M. E. Proactive Versus Reactive Security In-
vestments in The Healthcare Sector. *MIS Quarterly*, Vol. 38, No. 2, June
2014, pp. 451 – 471.

[142] Lagazio M., Sherif N., Cushman M. A Multi – level Approach
to Understanding the Impact of Cyber Crime on the Financial Sec-
tor. *Computers & Security*, Vol. 45, No. 1, September 2014, pp. 58 – 74.

[143] Lai G., Debo L. G., Sycara K. Sharing Inventory Risk in Sup-
ply Chain: The Implication of Financial Constraint. *Omega*, Vol. 37, No. 4,
August 2009, pp. 811 – 825.

[144] Laszka A., Grossklags J. *Should Cyber – Insurance Providers In-*

vest in Software Security. European Symposium on Research in Computer Security, September21, 2015.

[145] Laszka A. , Panaousis E. , Grossklags J. *Cyber-insurance as a Signaling Game: Self-reporting and External Security Audits.* International Conference on Decision and Game Theory for Security, October 29, 2018.

[146] Laube S. , Böhme R. The Economics of Mandatory Security Breach Reporting to Authorities. *Journal of Cybersecurity*, Vol. 2, No. 1, December 2016, pp. 29 – 41.

[147] Lee C. H. , Geng X. , Raghunathan S. Contracting Information Security in the Presence of Double Moral Hazard. *Information Systems Research*, Vol. 24, No. 2, October 2013, pp. 295 – 311.

[148] Lee C. H. , Geng X. , Raghunathan S. Mandatory Standards and Organizational Information Security. *Information Systems Research*, Vol. 27, No. 1, February 2016, pp. 70 – 86.

[149] Legris P. , Ingham J. , Collerette P. Why Do People Use Information Technology? A Critical Review of The Technology Acceptance Model. *Information & Management*, Vol. 40, No. 3, January 2003, pp. 191 – 204.

[150] Luzwick P. If most of Your Revenue is from E – Commerce, then Cyber-insurance Makes Sense. *Computer Fraud & Security*, Vol. 3, No. 1, March 2001, pp. 16 – 17.

[151] Machin M. A. , Treloar C. A. *Predictors of Motivation to Learn When Training is Mandatory.* Proceedings of the 39th Australian Psychological Society Annual Conference: Psychological Science in Action, Sep. 29, 2004.

[152] Marabelli M. , Newell S. Managing the Outsourcing of Information Security Processes: The Cloud Solution. *Parallel & Cloud Computing*, Vol. 2, No. 1, January 2013, pp. 24 – 31.

[153] Marotta A. , Martinelli F. , Nanni S. et al. Cyber-insurance Survey. *Computer Science Review*, Vol. 24, No. 1, May 2017, pp. 35 – 61.

[154] Martinelli F. , Orlando A. , Uuganbayar G. et al. *Preventing the Drop in Security Investments for Non-competitive Cyber – Insurance Market.* In-

ternational Conference on Risks and Security of Internet and Systems, September 19, 2017.

[155] Martinez – Moyano I. J., Conrad S. H., Andersen D. F. Modeling Behavioral Considerations Related to Information Security. *Computers & Security*, Vol. 30, No. 6 – 7, September – October 2011, pp. 397 – 409.

[156] Massacci F., Swierzbinski J., Williams J. Cyberinsurance and Public Policy: Self-protection and Insurance with Endogenous Adversaries. *Paragraph*, Vol. 1, No. 2, May 2017, pp. 1 – 38.

[157] Masuda B. Managing the Risks of Managed Security Services. *Information Security Journal*, Vol. 15, No. 1, March 2006, pp. 35 – 42.

[158] Mayadunne S., Park S. An Economic Model to Evaluate Information Security Investment of Risk-taking Small and Medium Enterprises. *International Journal of Production Economics*, Vol. 182, No. 1, December 2016, pp. 519 – 530.

[159] Mckenna B. Managed Security Services—New Economy Relic or Wave of the Future. *Computers & Security*, Vol. 21, No. 7, November 2002, pp. 613 – 616.

[160] Meland P. H., Tøndel I. A., Moe M. et al. *Facing Uncertainty in Cyber Insurance Policies*. International Workshop on Security and Trust Management, September 17, 2017.

[161] Melara C., Sarriegui J. M., Gonzalez J. J. et al. *A System Dynamics Model of an Insider Attack on an Information System*. Proceedings of the 21st International Conference of the System Dynamics Society. July 20, 2003.

[162] Meyser Abduljabbar M., Pudic S. Adoption of Managed Security Services: Case Studies on Four Large Swedish Firms. *Industrial Marketing*, Vol. 4, No. 1, September 2015, pp. 1 – 20.

[163] Miaoui Y., Boudriga N., Abaoub E. Economics of Privacy: A Model for Protecting Against Cyber Data Disclosure Attacks. *Procedia Computer Science*, Vol. 72, No. 1, December 2015, pp. 569 – 579.

[164] Miller A. R., Tucker C. *Encryption and Data Loss*. Workshop on Economics and Information Security, Jun 10, 2010.

[165] Mobus L., Janet. Mandatory Environmental Disclosures in a Le-

gitimacy Theory Context. *Accounting Auditing & Accountability Journal*, Vol. 18, No. 4, August 2005, pp. 492 – 517.

[166] Moon J., Lee C., Park S. et al. Mathematical Model-bfased Security Management Framework for Future ICT Outsourcing Project. *Discrete Applied Mathematics*, Vol. 241, No. 1, May 2018, pp. 67 – 77.

[167] Mukhopadhyay A., Chatterjee S., Bagchi K. K. et al. Cyber Risk Assessment and Mitigation (CRAM) Framework Using Logit and Probit Models for Cyber Insurance. *Information Systems Frontiers*, Vol. 21, No. 5, October 2019, pp. 997 – 1018.

[168] Mukhopadhyay A., Chatterjee S., Saha D. et al. Cyber-risk Decision Models: To insure IT or Not. *Decision Support Systems*, Vol. 56, No. 1, December 2013, pp. 11 – 26.

[169] Nagurney A., Daniele P., Shukla S. A Supply Chain Network Game Theory Model of Cybersecurity Investments with Nonlinear Budget Constraints. *Annals of Operations Research*, Vol. 248, No. 1 – 25, April 2017, pp. 405 – 427.

[170] Nagurney A., Nagurney L. S. A Game Theory Model of Cybersecurity Investments with Information Asymmetry. *NETNOMICS: Economic Research and Electronic Networking*, Vol. 16, No. 1 – 2, May 2015, pp. 127 – 148.

[171] Nataraj L., Yegneswaran V., Porras P. et al. *A Comparative Assessment of Malware Classification Using Binary Texture Analysis and Dynamic Analysis*. Proceedings of the 4th ACM workshop on Security and Artificial Intelligence, October 1, 2011.

[172] Navarro L. Information Security Risks and Managed Security Service. *Information Security Technical Report*, Vol. 3, No. 6, September 2001, pp. 28 – 36.

[173] Naveh E., Marcus A. A. When Does the ISO 9000 Quality Assurance Standard Lead to Performance Improvement? Assimilation and Going Beyond. *IEEE Transactions on Engineering Management*, Vol. 51, No. 3, September 2004, pp. 352 – 363.

[174] Nazareth D. L., Choi J. A System Dynamics Model for Informa-

tion Security Management. *Information & Management*, Vol. 51, No. 1, January 2015, pp. 123 – 134.

[175] Neidenbach N., Wolf E., Savii G. *Contributions to IT security in Outsourcing*. Proceedings of the 11th WSEAS International Conference on Computers, July 23, 2007.

[176] Nero R. L. Risks, *Benefits*, *and Perceived Effectiveness of Outsourcing it Network Security in Small Businesses*: *A Multiple-case Study*. Capella University, 2018, pp. 20 – 53.

[177] Öğüt H., Raghunathan S., Menon N. Cyber Security Risk Management: Public Policy Implications of Correlated Risk, Imperfect Ability to Prove Loss, and Observability of Self-protection. *Risk Analysis*: *An International Journal*, Vol. 31, No. 3, March 2011, pp. 497 – 512.

[178] Oladapo S., Zavarsky P., Ruhl R. et al. *Managing Risk of IT Security Outsourcing in the Decision – Making Stage*. International Conference on Computational Science and Engineering, August. 29, 2009.

[179] Ozcelik Y., Rees J. A New Approach for Information Security Risk Assessment: Value at Risk. *Social Science Electronic Publishing*, Vol. 1, No. 1, May 2008, pp. 1 – 18.

[180] Pal R., Golubchik L., Psounis K. et al. *On a Way to Improve Cyber – Insurer Profits When a Security Vendor Becomes the Cyber – Insurer*. IFIP Networking Conference, May 22, 2013.

[181] Pal R., Golubchik L., Psounis K. et al. Security Pricing as Enabler of Cyber Insurance a First Look at Differentiated Pricing Markets. *IEEE Transactions on Dependable and Secure Computing*, Vol. 16, No. 2, April 2017, pp. 358 – 372.

[182] Pal R., Golubchik L., Psounis K. et al. *Will Cyber Insurance Improve Network Security? A Market Analysis*. IEEE Conference on Computer Communications, May 2, 2014.

[183] Pal R., Golubchik L., Psounis K. *Aegis a Novel Cyber Insurance Model*. International Conference on Decision and Game Theory for Security, November 22, 2001.

[184] Pal R. *Cyber-insurance for Cyber-security A Solution to the Infor-*

mation Asymmetry Problem. Proc. SIAM Annu, Nov. 3, 2012.

[185] Pandey P. , Snekkenes E. A. *A Performance Assessment Metric for Information Security Financial Instruments*. International Conference on Information Society, November 9, 2015.

[186] Pereira L. F. X. *Information Systems Security Outsourcing Key Issues: A Service Providers' Perspective*. Instituto Superior de Economia e Gestão, 2011.

[187] Power R. , Forte D. Outsourced or Outsmarted?. *Computer Fraud & Security*, Vol. 11, No. 1, November 2005, pp. 17 – 19.

[188] Qian X. , Liu X. , Pei J. et al. A New Game of Information Sharing and Security Investment between Two Allied Firms. *International Journal of Production Research*, Vol. 56, No. 12, November 2018, pp. 4069 – 4086.

[189] Qian Y. , Fang Y. , Gonzalez J. J. Managing Information Security Risks During New Technology Adoption. *Computers & Security*, Vol. 31, No. 8, November 2012, pp. 859 – 869.

[190] Raghavan R. Cyber Insurance A Risk Mitigation Tool for Cyber Risk in India. *Bimaquest*, Vol. 18, No. 1, January 2018, pp. 1 – 24.

[191] Randeree E. , Kishore R. , Rao H. R. *Managed Security Service Providers: Issues in Outsourcing Security*. Proceedings of the Eleventh Americas Conference on Information Systems, August 11, 2005.

[192] Rebollo O. , Mellado D. , Fernandez – Medina E. Isgcloud: a Security Governance Framework for Cloud Computing. *The Computer Journal*, Vol. 58, No. 10, October 2015, pp. 2233 – 2254.

[193] Ren J. , Liu L. , Zhang D. et al. *ESI – Cloud: Extending Virtual Machine Introspection for Integrating Multiple Security Services*. IEEE International Conference on Services Computing, June 27, 2016.

[194] Rich E. , Gonzalez J. J. *Maintaining Security and Safety In High-threat E – operations Transitions*. Proceedings of the 39th Annual Hawaii International Conference on System Sciences, January 8, 2006.

[195] Riyadh M. , Akter S. , Islam N. The Adoption of E – banking in Developing Countries: A Theoretical Model for SMEs. *International Review of*

Business Research Papers, Vol. 5, No. 6, January 2009, pp. 212 – 230.

[196] Rolf Hulthén. *Communicating the Economic Value of Security Investments: Value at Security Risk*. Managing Information Risk and the Economics of Security, February 19, 2009.

[197] Romanosky S. , Ablon L. , Kuehn A. et al. Content Analysis of Cyber Insurance Policies: How Do Carriers Price Cyber Risk? . *Journal of Cybersecurity*, Vol. 5, No. 1, April 2019, pp. 1 – 19.

[198] Romanosky S. Examining the Costs and Causes of Cyber Incidents. *Journal of Cybersecurity*, Vol. 2, No. 2, August 2016, pp. 121 – 135.

[199] Rosenfeld S. N. , Rus I. , Cukier M. Archetypal Behavior in Computer Security. *Journal of Systems and Software*, Vol. 80, No. 10, October 2007, pp. 1594 – 1606.

[200] Roumani M. A. , Fung C. C. , Choejey P. *Assessing Economic Impact Due to Cyber Attacks with System Dynamics approach*. 12th International Conference on Electrical Engineering/Electronics, Computer, Telecommunications and Information Technology, June 24, 2015.

[201] Rowe B. R. *Will Outsourcing IT Security Lead to a Higher Social Level of Security?* . North Carolina State University, 2007, pp. 1 – 33.

[202] Ruan K. Introducing Cybernomics: A Unifying Economic Framework for Measuring Cyber Risk. *Computers & Security*, Vol. 65, No. 1, March 2017, pp. 77 – 89.

[203] Sarriegi J. M. , Santos J. , Torres J. M. et al. *Modeling and Simulating Information Security Management*. International Workshop on Critical Information Infrastructures Security, Jan 2, 2007.

[204] Scheuermann J. E. Cyber Risks, Systemic Risks, and Cyber Insurance. *Pennsylvania State Law Review*, Vol. 122, No. 1, July 2017, pp. 613 – 642.

[205] Schilling A. , Werners B. *Optimal Information Security Expenditures Considering Budget Constraints*. Pacific Asia Conference on Information Systems, Jun 17, 2015.

[206] Schneier B. The Case for Outsourcing Security. *Computer*, Vol. 35,

No. 4, May 2002, pp. 20 – 26.

[207] Schwartz G. A., Sastry S. S. *Cyber-insurance Framework for Large Scale Interdependent Networks*. Proceedings of the 3rd International Conference on High Confidence Networked Systems, April 15, 2014.

[208] Schwartz G., Shetty N., Walrand J. *Why Cyber Insurance Contracts Fail to Reflect Cyber Risks*. 51st Annual Allerton Conference on Communication, Control, and Computing, October 2, 2013.

[209] Senk C. Adoption of Security as a Service. *Journal of Internet Services and Applications*, Vol. 4, No. 1, April 2013, pp. 11 – 27.

[210] Shackelford S. J. Should Your Firm Invest in Cyber Risk Insurance? . *Business Horizons*, Vol. 55, No. 4, July – August 2012, pp. 349 – 356.

[211] Shahrasbi A., Shamizanjani M., Alavidoost M. H. et al. An Aggregated Fuzzy Model for the Selection of a Managed Security Service Provider. *International Journal of Information Technology & Decision Making*, Vol. 16, No. 3, March 2017, pp. 625 – 684.

[212] Sheehan B., Murphy F., Mullins M. et al. Connected and Autonomous Vehicles: A Cyber – Risk Classification Framework. *Transportation Research Part A: Policy and Practice*, Vol. 124, No. 1, June 2019, pp. 523 – 536.

[213] Shetty N., Schwartz G., Walrand J. *Can Competitive Insurers Improve Network Security?* . International Conference on Trust and Trustworthy Computing, June 21, 2010.

[214] Soomro Z. A., Shah M. H., Ahmed J. Information Security Management Needs More Holistic Approach: A Literature Review. *International Journal of Information Management*, Vol. 36, No. 2, April 2016, pp. 215 – 225.

[215] Spanaki K., Gürgüç Z., Mulligan C. et al. Organizational Cloud Security and Control: A Proactive Approach. *Information Technology & People*, Vol. 32, No. 3, June 2019, pp. 516 – 537.

[216] Srinidhi B., Yan J., Tayi G. K. Allocation of Resources to Cyber-security: The Effect of Misalignment of Interest between Managers and

Investors. *Decision Support Systems*, Vol. 75, No. 3, July 2015, pp. 49 – 62.

[217] Stallings W. *Cryptography and Network Security*: *Principles and Practices*. Pearson Education India Press, 2006, pp. 2 – 10.

[218] Strupczewski G. *What Is the Worst Scenario? Modeling Extreme Cyber Losses*. Multiple Perspectives in Risk and Risk Management, Apr. 17, 2019.

[219] Subroto A. , Apriyana A. Cyber Risk Prediction Through Social Media Big Data Analytics and Statistical Machine Learning. *Journal of Big Data*, Vol. 6, June 2019, pp. 50 – 69.

[220] Sung P. C. , Su C. Y. Using System Dynamics to Investigate the Effect of the Information Medium Contact Policy on the Information Security Management. *Transfer*, Vol. 8, No. 12, May 2013, pp. 461 – 480.

[221] Sunny S. , Patrick L. , Rob L. Impact of Cultural Values on Technology Acceptance and Technology Readiness. *International Journal of Hospitality Management*, Vol. 757, No. 1, January 2019, pp. 89 – 96.

[222] Sveen F. O. , Torres J. M. , Sarriegi J. M. Blind Information Security Strategy. *International Journal Of Critical Infrastructure Protection*, Vol. 2, No. 3, October 2009, pp. 95 – 109.

[223] Tang Z. , Hu Y. , Smith M. D. Gaining Trust Through Online Privacy Protection: Self-regulation, Mandatory Standards, or Caveat Emptor. *Journal of Management Information Systems*, Vol. 24, No. 4, December 2008, pp. 153 – 173.

[224] Tøndel I. A. , Seehusen F. , Gjære E. A. et al. *Differentiating Cyber Risk of Insurance Customers*: *The Insurance Company Perspective*. International Conference on Availability, Reliability, and Security, August 2, 2016.

[225] Tonn G. , Kesan J. P. , Zhang L. et al. Cyber Risk and Insurance for Transportation Infrastructure. *Transport Policy*, Vol. 79, No. 1, July 2019, pp. 103 – 114.

[226] Tornatzky L. and Fleischer M. The Process of Technological Innovation. *The Journal of Technology Transfer*, Vol. 16, No. 1, March 1990,

pp. 45 – 46.

[227] Torres J. M. , Sveen F. O. , Sarriegi J. M. *Security Strategy Analysis for Critical Information Infrastructures.* International Workshop on Critical Information Infrastructures Security, October 13, 2008.

[228] Tosh D. K. , Shetty S. , Sengupta S. et al. *Risk Management Using Cyber – threat Information Sharing and Cyber – Insurance.* International Conference on Game Theory for Networks, May 09, 2017.

[229] Trček D. *System Dynamics Based Approach to Risk Management for Security in Information Systems.* Proceedings of the 11th WSEAS International Conference on SYSTEMS, July 23, 2007.

[230] Trilling S. , Nachenberg C. *The Future of Malware.* EICAR Proceedings, Nov. 09, 1999.

[231] Tsohou A. , Theoharidou M. , Kokolakis S. et al. *Addressing Cultural Dissimilarity in the Information Security Management Outsourcing Relationship.* International Conference on Trust, Privacy and Security in Digital Business, September 3, 2007.

[232] Uuganbayar G. , Massacci F. , Yautsiukhin A. et al. *Cyber Insurance and Time-to – Compromise: An Integrated Approach.* International Conference on Cyber Situational Awareness, Data Analytics and Assessment, Feb. 28, 2019.

[233] Uuganbayar G. , Yautsiukhin A. , Martinelli F. *Cyber Insurance and Security Interdependence: Friends or Foes?* . International Conference On Cyber Situational Awareness, Data Analytics and Assessment, June 11, 2018.

[234] Vakilinia I. , Sengupta S. A Coalitional Cyber Insurance Framework for a Common Platform. *IEEE Transactions on Information Forensics and Security*, Vol. 14, No. 6, June 2018, pp. 1526 – 1538.

[235] Wang Y. M. , Wang Y. S. , Yang Y. F. Understanding the Determinants of RFID Adoption in the Manufacturing Industry. *Technological Forecasting and Social Change*, Vol. 77, No. 5, June 2010, pp. 803 – 815.

[236] Wei L. , Yong-feng C. , Ya L. Information Systems Security Assessment Based on System Dynamics. *International Journal of Security and Its*

362

Applications, Vol. 9, No. 2, February 2015, pp. 73 – 84.

[237] Weiss M., Muegge S. Conceptualizing a New Domain Using Topic Modeling and Concept Mapping: A Case Study of Managed Security Services for Small Businesses. *Technology Innovation Management Review*, Vol. 9, No. 8, August 2019, pp. 55 – 64.

[238] Whitworth M. Outsourced Security the Benefits and Risks. *Network Security*, Vol. 10, October 2005, pp. 16 – 19.

[239] Williams S. P., Hardy C. A., Holgate J. A. Information Security Governance Practices in Critical Infrastructure Organizations: A Sociotechnical and Institutional Logic Perspective. *Electronic Markets*, Vol. 23, No. 4, August 2013, pp. 341 – 354.

[240] Woods D., Agrafiotis I., Nurse J. R. C. et al. Mapping the Coverage of Security Controls in Cyber Insurance Proposal Forms. *Journal of Internet Services and Applications*, Vol. 8, No. 1, July 2017, pp. 1 – 13.

[241] Woods D., Moore T., Simpson A. *The County Fair Cyber Loss Distribution: Drawing Inferences from Insurance Prices*. Workshop on the Economics of Information Security, June 3, 2019.

[242] Woods D., Simpson A. Policy Measures and Cyber Insurance: A framework. *Journal of Cyber Policy*, Vol. 2, No. 2, August 2017, pp. 209 – 226.

[243] Wu Y., Fung R. Y. K., Feng G. et al. Decisions Making in Information Security Outsourcing: Impact of Complementary and Substitutable Firms. *Computers & Industrial Engineering*, Vol. 110, No. 1, August 2017, pp. 1 – 12.

[244] Xu M., Schweitzer K. M., Bateman R. M. et al. Modeling and Predicting Cyber Hacking Breaches. *IEEE Transactions on Information Forensics and Security*, Vol. 13, No. 11, November 2018, pp. 2856 – 2871.

[245] Xu X., Cheng X., Sun Y. Coordination Contracts for Outsourcing Supply Chain with Financial Constraint. *International Journal of Production Economics*, Vol. 162, No. 4, April 2015, pp. 134 – 142.

[246] Xue Y., Liang H., Wu L. Punishment, Justice, and Compliance in Mandatory IT Settings. *Information Systems Research*, Vol. 22, No. 2,

February 2011, pp. 400 – 414.

[247] Yang Y., Yang Q., Yang Z. et al. *Optimal Model Design for the Cyber – Insurance Contract with Asymmetric Information.* International Conference on Internet of Things and IEEE Green Computing and Communications and IEEE Cyber, Physical and Social Computing and IEEE Smart Data, Feb. 1, 2019.

[248] Yang Z., Lui J. C. S. Security Adoption and Influence of Cyber Insurance Markets in Heterogeneous Networks. *Performance Evaluation*, Vol. 74, No. 4, April 2014, pp. 1 – 17.

[249] Yue W. T., Akany M., Ryu Y. U. et al. Network Externalities, Layered Protection and IT Security Risk Management. *Decision Support Systems*, Vol. 44, No. 11, November 2007, pp. 1 – 16.

[250] Yurcik W., Doss D. *Cyberinsurance: A Market Solution to the Internet Security Market Failure.* Workshop on Economics and Information Security, May 16, 2002.

[251] Zhang R., Zhu Q., Hayel Y. A Bi – level Game Approach to Attack-aware Cyber Insurance of Computer Networks. *IEEE Journal on Selected Areas in Communications*, Vol. 35, No. 3, February 2017, pp. 779 – 794.

[252] Zhao M., Wang J., Zhang J. *Multilateral Contracts in Information Security Outsourcing.* SSRN Working Paper, NO. 2985058, 2017.

[253] Zhao X., Xue L., Whinston A. B. Managing Interdependent Information Security Risks: Cyberinsurance, Managed Security Services, and Risk Pooling Arrangements. *Journal of Management Information Systems*, Vol. 3o, No. 1, December 2013, pp. 123 – 152.

[254] Zou C. C., Gong W., Towsley D. *Code Red Worm Propagation Modeling and Analysis.* Proceedings of the 9th ACM Conference on Computer and Communications Security, November 18, 2002.